FACHBUCHREIHE
für wirtschaftliche Bildung

Aufgaben und Lösungen zur Betriebswirtschaftslehre der Unternehmung

15. Auflage

Verfasst von Lehrern des kaufmännisch-beruflichen Schulwesens

Jürgen Müller, Lektorat

VERLAG EUROPA-LEHRMITTEL
Nourney, Vollmer GmbH & Co. KG
Düsselberger Straße 23
42781 Haan-Gruiten

Europa-Nr.: 94713

Mitarbeiter des Arbeitskreises:

Felsch, Stefan	Oberstudienrat	Freiburg i. Br.
Frühbauer, Raimund	Oberstudiendirektor	Wangen i. Allg.
Krohn, Johannes	Oberstudienrat	Freiburg i. Br.
Kurtenbach, Stefan	Studiendirektor	Bad Saulgau
Metzler, Sabrina	Oberstudienrätin	Wangen i. Allg.
Müller, Jürgen	Studiendirektor	Freiburg i. Br.

Leitung des Arbeitskreises und Lektorat:

Jürgen Müller, Im Kapellenacker 4 a, 79112 Freiburg i. Br.

Wichtiger Hinweis:

In diesem Buch finden sich Verweise/Links auf Internetseiten. Für die Inhalte auf diesen Seiten sind ausschließlich die Betreiber verantwortlich, weshalb eine Haftung ausgeschlossen wird. Für den Fall, dass Sie auf den angegebenen Internetseiten auf illegale oder anstößige Inhalte treffen, bitten wir Sie, uns unter info@europa-lehrmittel.de davon in Kenntnis zu setzen, damit wir beim Nachdruck dieses Buches den entsprechenden Link entfernen können

15. Auflage 2022

Druck 5 4 3 2 1

Alle Drucke derselben Auflage sind parallel einsetzbar, da sie bis auf die Korrektur von Druckfehlern identisch sind.

ISBN 978-3-7585-9190-7

© 2022 by Verlag Europa-Lehrmittel, Nourney, Vollmer GmbH & Co.KG, 42781 Haan-Gruiten
www.europa-lehrmittel.de

Satz, Umschlag: Satz+Layout Werkstatt Kluth GmbH, 50374 Erftstadt
Umschlagkonzept: tiff.any GmbH, 10555 Berlin
Umschlagfoto: © Zhu difeng – Fotolia.com
Druck: UAB BALTO print, 08217 Vilnius (LT)

Vorwort

»Betriebswirtschaftslehre der Unternehmung – Aufgaben und Lösungen« richtet sich an

- Schülerinnen und Schüler an Wirtschaftsgymnasien und Wirtschaftsoberschulen
- Schülerinnen und Schüler an Fachgymnasien und Fachoberschulen
- Schülerinnen und Schüler an Berufskollegs, Berufsaufbauschulen und Fachschulen für Betriebswirtschaft
- Studierende an Akademien
- Studierende im berufspädagogischen und wirtschaftswissenschaftlichen Studium
- Lehrende und Teilnehmende an Fort- und Weiterbildungen in Betrieben, Verbänden und sonstigen Institutionen
- Lernende in der Prüfungsvorbereitung

Das Buch enthält die **Aufgaben und Lösungen** zu den im **Lehrbuch »Betriebswirtschaftslehre der Unternehmung«**, 33. Auflage abgedruckten Aufgaben und Fragen.

Der inhaltliche **Aufbau entspricht der Gliederung der »Betriebswirtschaftslehre der Unternehmung«**. Dadurch wird das Auffinden der gewünschten Abschnitte und Themenstellungen erleichtert.

Das Aufgaben- und Lösungsbuch eignet sich für **Lehrende und Lernende** sowohl zur **Anwendung, Erweiterung und Vertiefung der Kenntnisse** als auch zur **Prüfungsvorbereitung**.

Ihr Feedback ist uns wichtig.

Ihre Anmerkungen, Hinweise und Verbesserungsvorschläge zu diesem Buch nehmen wir gerne auf – schreiben Sie uns unter lektorat@europa-lehrmittel.de.

Die Verfasser   Rottenburg, Frühjahr 2022

Inhaltsverzeichnis

1 Grundlagen der Wirtschaft

1.1 Bedarfsdeckung als Aufgabe der Wirtschaft

20/1 »Ein jeder Wunsch, wenn er erfüllt, kriegt augenblicklich Junge« (Wilhelm Busch).

a) Belegen Sie diese Aussage mit Beispielen aus Ihrem persönlichen Leben.

b) Nennen Sie Beispiele dafür, dass Bedürfnisse individuell verschieden, wandelbar und von verschiedenen Bedingungen abhängig sind.

a) Beispiel:

»Einziger« Wunsch eines Jungen oder Mädchens: ein Fahrrad. Kaum ist der Wunsch erfüllt, tauchen nach kurzer Zeit neue Wunschvorstellungen auf: Skiausrüstung, Smartphone, Spielekonsole, Moped, Kleinwagen, Tennisausrüstung.

b) – individuell verschieden: Nicht jeder wünscht sich eine Ski- und Tennisausrüstung; mancher bevorzugt Wassersport, Fußball, Skat.

– wandelbar: Mopedfahrer möchte auf Kleinwagen umsteigen.

– Bedingungen: neue technische Erfindungen, Modeströmungen, Skifahren setzt Skikurs voraus, Autofahren erfordert den Führerschein und ein entsprechendes Einkommen.

20/2 Ordnen Sie die Bedürfnisse nach folgenden Gütern entsprechend ihrer Dringlichkeit als Existenz-, Kultur- oder Luxusbedürfnisse:

a) Auto eines Schülers,   **d)** Schönheitsoperation,

b) Auto eines Handelsvertreters,   **e)** Theaterbesuch.

c) Zigaretten,

Begründen Sie Ihre Entscheidungen.

	Gut	Existenz-bedürfnis	Kultur-, Luxus-bedürfnis	Begründung
a)	Auto eines Schülers		x	Schule könnte zu Fuß, mit Fahrrad, mit öffentlichen Verkehrsmitteln erreicht werden.
b)	Auto eines Handels-vertreters	x		Kunden können in kurzen Zeiträumen nur mit Auto bedient werden. Großer Kundenbezirk. Evtl. ist ein schwerer Musterkoffer zu transportieren.
c)	Zigaretten		x	Ursachen des Rauchens sind in Zivilisationsgewohnheiten zu suchen (Langeweile, Geltungsstreben, Nervosität, Nikotinsucht). Kann sogar existenzgefährdend werden.
d)	Schönheits-operation	(x)	x	Steigert das Lebensgefühl. (Bei Schauspielern evtl. Existenzfrage.)
e)	Theater-besuch		x	Steigert das Lebensgefühl.

Die Bedeutung für den Einzelnen und die Dringlichkeit sind individuell verschieden.

20/3 **a) Welche Kulturbedürfnisse sind für Sie von Bedeutung?**

b) Worauf könnten Sie in einer wirtschaftlichen Notsituation verzichten?

a) Beispiele:

– Nahrung: französische, griechische, chinesische Küche

– Kleidung: Modekleidung, Modeschmuck

– Wohnung: moderne Zimmereinrichtung, Zentralheizung, elektrische Haushaltsgeräte

– Bildung und Unterhaltung: gehobene Schulbildung, Theater, Konzert, Club, Reisen

b) schülerabhängige Antworten

20/4 **Mit welchen Mitteln versuchen Industrie und Handel, Bedürfnisse in Bedarf und anschließende Nachfrage umzuwandeln?**

– Werbung (Aufmerksamkeit, Interesse, Wünsche wecken)

– Verkaufsförderung (Einkaufen reizvoll und bequem machen)

– Kreditgewährung (Beschaffung von Zahlungsmitteln erleichtern)

20/5 **Nennen Sie Beispiele für Existenz-, Kultur- und Luxusbedürfnisse eines Menschen aus einem Industrieland und einem Entwicklungsland.**

– Mensch aus Industrieland: Grundnahrungsmittel wie Kartoffeln, Brot, Gemüse und Obst sind Existenzbedürfnisse; für die berufliche Existenz können ein Auto und anspruchsvolle Kleidung notwendig sein. Wohnung stellt ein Existenzbedürfnis dar. Jährliche Urlaubsreisen werden als Kulturbedürfnis angesehen.

– Mensch aus Entwicklungsland: Existenzbedürfnisse sind Reis oder Mais; für die berufliche Existenz ist es ein Pflug. Ein Dach über dem Kopf stellt ein Kulturbedürfnis dar.

20/6 **Sonnenlicht und Atemluft werden als Beispiele für freie Güter genannt. Prüfen Sie, unter welchen Umständen diese Beispiele nicht zutreffen.**

Die Umweltverschmutzung in Ballungsgebieten erfordert wirtschaftliche Maßnahmen zum Schutz der Erdatmosphäre und zur Reinhaltung der Luft.

20/7 **Erläutern Sie an jeweils drei Beispielen nachhaltiges Wirtschaften eines**
– Individuums,
– Unternehmens.

Individuum:

– Installation einer Fotovoltaikanlage zur Stromeinspeisung in das Stromnetz oder zum Eigenverbrauch

– Nutzung öffentlicher Verkehrsmittel statt Verwendung des privaten Fahrzeugs

– Verzicht bzw. Reduktion des Fleischkonsums

Unternehmen:

– Installation von Rußpartikelfiltern in Abluftanlagen

– Nutzung wiederverwendbarer Materialien

– Erhöhung der Produktlebensdauer der produzierten Güter

20/8 Suchen Sie nach Beispielen dafür, dass das gleiche Gut sowohl als Konsumgut als auch als Produktionsgut verwendet werden kann.

- Ein Auto kann für private *und* geschäftliche Zwecke verwendet werden.
- Mit einem PC können Briefe an Freunde *oder* an Geschäftspartner geschrieben werden.
- Ein Handy wird für private und geschäftliche Zwecke genutzt.

20/9 Erläutern und unterscheiden Sie die Begriffe »Gebrauchsgut« und »Verbrauchsgut«.

- Gebrauchsgüter werden mehrfach verwendet.
  Beispiele: Maschinen, Büroausstattung
- Verbrauchsgüter sind nur einmal zur Bedürfnisbefriedigung verwendbar.
  Beispiele: Brennstoffe, Lebensmittel

20/10 Begründen Sie, welche der folgenden wirtschaftlichen Vorgänge zum Handeln nach dem Maximalprinzip oder nach dem Minimalprinzip gehören:
- **Für den geplanten Urlaub stehen Ihnen 1.500 EUR zur Verfügung.**
- **Für den Bau eines Einfamilienhauses stehen 180.000 EUR Eigenkapital und 290.000 EUR Fremdkapital zur Verfügung.**
- **Ein Wohnhaus ist zum Verkauf ausgeschrieben. Als »Verhandlungsbasis« ist ein Preis von 380.000 EUR genannt.**

- Urlaub in Spanien, Mittel vorgegeben: Maximalprinzip
- Bau eines Einfamilienhauses, Mittel vorgegeben: Maximalprinzip
- Kauf eines Wohnhauses, Leistung vorgegeben: Minimalprinzip

20/11 Bei der Frage der Knappheit der Ressourcen stellt sich immer auch die Frage, ob moderne Industriegesellschaften ihre Bedarfsdeckung auf Kosten der Entwicklungsländer bzw. Rohstoffländer decken. Nehmen Sie dazu kritisch Stellung.

Viele moderne Industriegesellschaften decken ihren Bedarf an Rohstoffen durch den Import aus Entwicklungsländern, in denen diese Ressourcen teilweise in großem Umfang vorhanden sind. Dadurch werden mehrere Ziele erreicht:

- Bedarfsdeckung im Industrieland,
- Sicherung des technischen Fortschrittes im Industrieland,
- Sicherung von dringend benötigten Deviseneinnahmen im Entwicklungsland; dadurch
- Verbesserung der Zahlungsbilanzsituation des Entwicklungslandes,
- Verbesserung des Wohlstandes in den Entwicklungsländern.

Die grundsätzlich positiven Ziele werden leider eher einseitig erreicht. Die Erkundung und der Abbau der Rohstoffquellen erfolgt meist durch große multinationale Unternehmen, die lediglich marktwirtschaftliche Gesichtspunkte angehen. Die Interessen der Entwicklungsländer werden vernachlässigt oder nicht berücksichtigt. Die Preise werden einseitig diktiert; gleichzeitig haben Entwicklungsländer teure Importe für die aus dem Industrieland importierten Güter zu bezahlen. Durch Korruption bei der Auftragsvergabe bleiben die Gewinne aus dem Rohstoffexport sehr häufig bei einer kleinen elitären Schicht des Exportlandes. Die Arbeitsbedingungen gerade in der Rohstoffproduktion genügen in den Entwicklungsländern sehr häufig nicht den gesetzlichen Anforderungen der Industrieländer oder sie werden durch Druck und Betrug umgangen. Kriminalität, Gesundheitsschäden der Bevölkerung, eine geringe Lebenserwartung und Kinderarbeit sind die Folgen.

Man kann sagen: Die modernen Industrieländer decken ihren Rohstoffbedarf auf Kosten der Entwicklungsländer.

20/12 **Erläutern Sie, warum in der Wirtschaft in der Regel das ökonomische Prinzip angewandt werden sollte.**

Wirtschaftsgüter sind knapp und daher mehr oder weniger kostspielig. Die Vernunft gebietet daher,

- knappe Güter sparsam einzusetzen, um Kosten zu sparen,
- unvermeidbare Kosten durch möglichst hohe Leistungen zu rechtfertigen.

20/13 **a) Beschreiben Sie die für die Marktwirtschaft typische Form der Bedarfsdeckung.**

b) Nennen Sie Vorteile dieser Form der Bedarfsdeckung.

c) Auf welche Ursachen ist die zu beobachtende Zunahme kollektiver Bedarfsdeckung zurückzuführen?

a) Die für die Marktwirtschaft typische Form der Bedarfsdeckung ist die individuelle Bedarfsdeckung, d. h., der Einzelne entscheidet, welche Güter er im Rahmen seiner zur Verfügung stehenden Mittel erwirbt.

b) Der Einzelne hat ein Höchstmaß an Entscheidungsfreiheit. Die Gesellschaft hat ein Höchstmaß an Güterversorgung, da der Preis die Nachfrage und das Angebot regelt. Dadurch sind Unternehmen bereit, mit der Absicht, Gewinn zu erzielen, Güter zu produzieren und anzubieten.

c) Bei Bedarfen, die die Gemeinschaft als Ganzes betreffen, können die Preise überhöht sein und damit die Existenz einzelner Personen gefährden (Energieversorgung, Straßenbau, Gesundheitswesen). Diese Bedarfe sind oft zukunftsgerichtet und verlangen Schätzungen, Risikoabwägungen und langfristige Planungen, ohne dass der wirtschaftliche Erfolg ersichtlich wird. Fehlplanungen oder die Nichtumsetzung bestimmter Maßnahmen können aber die Existenz zukünftiger Generationen gefährden. Deshalb ist die öffentliche Hand gefordert, hier Maßnahmen zu ergreifen.

1.2 Unternehmen, Staat und private Haushalte als Wirtschaftseinheiten

---

24/1 **Welche Aufgaben übernehmen Unternehmen und der Staat als Produzenten?**

Unternehmen: Sie dienen der Leistungserstellung (im Sinne der Produktion von Gütern und Dienstleistungen) und der Leistungsverwertung (im Sinne des Absatzes der Güter und Dienstleistungen).

Staat: Er wird i. d. R. nur dort aktiv, wo privatwirtschaftliche Unternehmen keine ausreichende Güterversorgung garantieren, z. B. im Bereich des Verkehrs, der Energieversorgung.

24/2   Erläutern Sie, warum die Befolgung des erwerbswirtschaftlichen Prinzips eine gewisse Garantie für optimale Bedarfsdeckung in der Gesamtwirtschaft bietet.

- Betriebe arbeiten mit dem privaten Kapital der Unternehmen oder Gesellschafter. Diese sind an der Erhaltung und Vermehrung des Kapitals interessiert; zu diesem Zweck müssen sie Verlust vermeiden und wollen Gewinn erzielen.
- Deshalb richten sie die Produktionspläne nach der Nachfrage am Markt aus. Sie produzieren solche Leistungen, an denen der entsprechende Bedarf besteht, und vermeiden die Produktion von Gütern, bei denen kein hinreichender Bedarf besteht.
- Da erwerbswirtschaftliche Unternehmer so das Unternehmensrisiko selbst tragen und nach Sicherheit streben, ist eine gewisse Garantie für optimale Bedarfsdeckung gegeben.

24/3   Man kann sowohl in einem Gasthaus als auch in einem Familienhaushalt wohnen, essen und trinken. Stellen Sie die Unterschiede der beiden Wirtschaftseinheiten dar.

- Das Gasthaus ist ein Unternehmen; es gilt als Stätte der Leistungserstellung, obwohl dort auch Leistungen verwendet werden.
- Der Familienhaushalt gilt als Stätte der Leistungsverwendung, obwohl auch dort Leistungen erstellt werden.

24/4   Inwiefern können private Haushalte auch als ein Sektor der Leistungserstellung betrachtet werden?

Haushalte dienen nicht nur dem Konsum, sondern in ihnen werden auch produktive Leistungen erstellt.
- Sachleistungen: z. B. Gartenerzeugnisse, Speisen, Kleidungsstücke
- Dienstleistungen: z. B. Reparaturen, Reinigung, Erziehungsleistungen, soziale Dienste

24/5   a) Wer trägt den Jahresreinverlust der Rhein-Mosel-Wasserwerke AG?

          b) Wer trägt den Jahresverlust der gemeindeeigenen Wasserwerke?

a) der Unternehmer bzw. die Eigenkapitalgeber (der Verlust mindert das Eigenkapital)
b) die Allgemeinheit der Steuerzahler (der Verlust muss aus öffentlichen Haushalten und damit aus dem Steueraufkommen getragen werden)

24/6   Nachdem ein Einzelunternehmer seine Erfolgsrechnung im Vorjahr mit 45.000 EUR Verlust abschließen musste, gelang es ihm, in diesem Jahr 160.000 EUR Gewinn zu erwirtschaften. Bei einem Eigenkapital von 400.000 EUR entspricht dieser Gewinn einer Kapitalverzinsung von 40 %.

Begründen Sie, ob der Unternehmer eine solche Gewinnspanne allein für sich beanspruchen darf.

- Dem Gewinn in Höhe von 160.000 EUR in diesem Jahr stehen 45.000 EUR Verlust im Vorjahr gegenüber. Über zwei Jahre betrachtet ergibt sich folgende Kapitalverzinsung:

$$\frac{(160.000 \text{ EUR} - 45.000 \text{ EUR})}{2 \text{ Jahre}} = 57.500 \text{ EUR durchschnittlicher Jahresgewinn}$$

- durchschnittliche Kapitalverzinsung: $\frac{57.500 \text{ EUR}}{400.000 \text{ EUR}} \cdot 100 = 14,375\,\%$

- Diese Verzinsung schließt bei einem Einzelunternehmer das Entgelt für die leitende Tätigkeit und Mitarbeit im Betrieb, den Unternehmerlohn sowie eine Risikoprämie ein. So erscheint die Verzinsung nicht zu hoch.

24/7 **Häufig sind bestimmte Unternehmen in der Hand des Staates.**

Begründen Sie, weshalb der Staat diese Unternehmen führt.

Versorgungsbetriebe (Wasser-, Gas-, Stromversorgung), öffentliche Verkehrsbetriebe (Regionalbahnen, Bus, Straßenbahn). Sie müssen aus lebenswichtigen und sozialen Gründen auch bei Verlust betrieben werden, der dann zulasten des allgemeinen Haushaltsaufkommens (finanziert durch Steuern) geht.

24/8 **a) Nennen Sie Maßnahmen, die eine Gemeinde zur Förderung der Gewerbeansiedlung ergreifen kann.**

b) Begründen Sie, warum diese Maßnahmen ergriffen werden.

a) Maßnahmen: Ausweisung von Gewerbegebieten, günstige Bereitstellung von Grundstücksflächen, teilweise Übernahme von Erschließungs- und Anliegerkosten, niedrige Steuerhebesätze, mehrjähriger Verzicht auf die Erhebung der Grundsteuer

b) Begründung: Angesiedelte Unternehmen schaffen Arbeitsplätze in der Gemeinde und bringen Gemeindesteuern (Gewerbesteuer). Die Attraktivität der Gemeinde bleibt erhalten, ebenso das Güterangebot.

24/9 **Welche Leistungen erstellt**

a) ein Industrieunternehmen, **e) ein Speditionsbetrieb,**

b) ein Handelsunternehmen, **f) ein Reisebüro,**

c) eine Bank, **g) ein Hotel?**

d) ein Versicherungsunternehmen,

a) – hauptsächlich Sachgüter und Rechte, in geringerem Umfang auch Dienstleistungen (Kundendienst, Transporte)
 – Stoffe- und Energiegewinnung (Urproduktion); Be- und Verarbeitung von Stoffen, Umwandlung in Ge- und Verbrauchsgüter

b) – Warenvermittlung zwischen Erzeuger und Verbraucher, Überbrückung der Zeitspanne zwischen Erzeugung und Verbrauch
 – Sortimentsbildung, Vorratshaltung
 – Bedarfsweckung, Absatzwerbung
 – Kundendienst, Bedienung und Beratung

c) – Aufbewahrung und Verzinsung von Geldeinlagen
 – Kreditgewährung
 – Zahlungsvermittlung
 – Wertpapiergeschäfte

d) – Schadensverhütung (Vorsorge-, Unfallverhütungsmaßnahmen, Kuren)
 – materielle Vorsorge und finanzielle Leistung im Versicherungsfall (Lebens-, Renten-, Ausbildungsversicherung)
 – Schadensminderung und Schadensersatz (Kranken-, Kraftfahrzeugversicherung)

e) – Vermittlung und Durchführung von Transporten
 – Beratung und Mithilfe bei Transportverträgen

f) – Reiseberatung
 – Reisevermittlung
 – Abschluss von Reiseverträgen

g) – Beherbergung von Gästen
  – Verpflegung von Gästen
  – Bereitstellung von Freizeitangeboten
  – Bereitstellung von Tagungsräumen und -ausrüstung

1.3 Betriebswirtschaftliche Produktionsfaktoren

26/1 Erläutern Sie,

a) auf welche Weise die Natur an der betrieblichen Leistungserstellung beteiligt ist,

b) welche Personen und Personengruppen dem Unternehmen ihre Leistungskraft zur Verfügung stellen,

c) welche Kosten dadurch dem Unternehmen jeweils entstehen.

a) – Natur liefert Rohstoffe: Pflanzen, Tiere, Steine, Metalle, Metalle der Seltenen Erden.
  – Natur liefert Kraftstoffe und Energien: Wasser, Kohle, Erdöl, Gas, Uran; Wind, Licht, Strahlungen.
  – Natur liefert den Standort für jede Art der Produktion.

b) Arbeiter/-innen, Angestellte, Unternehmer (Manager)

c) bezogen auf a): Stoffkosten, Energiekosten, Grundstückskosten (Pacht, Abschreibungen), Zinskosten;
bezogen auf b): Löhne, Gehälter, Sozialkosten, Provisionen, Unternehmerlohn, Tantiemen.

27/2 Ordnen Sie die angegebenen Kosten nach folgendem Muster dem jeweiligen Faktoreinsatz zu:

Kostenart	entstanden durch den Einsatz des Produktionsfaktors
a) Miete für Lagerhalle	
b) Sozialkosten	
c) Vertreterprovision	
d) Fuhrparkkosten	
e) Rohstoffverbrauch	

Kostenart	entstanden durch den Einsatz des Produktionsfaktors
a) Miete für Lagerhalle	Betriebsmittel
b) Sozialkosten	Arbeitsleistung, dispositiver Faktor
c) Vertreterprovision	Arbeitsleistung
d) Fuhrparkkosten	Betriebsmittel
e) Rohstoffverbrauch	Betriebsmittel

27/3 Erklären Sie, warum Roh- und Hilfsstoffe zu den Werkstoffen, Vorrichtungen zur Lagerung von Rohstoffen aber zu den Betriebsmitteln gehören.

  – Roh- und Hilfsstoffe werden Erzeugnisbestandteile im Fertigungsprozess.
  – Vorrichtungen zur Lagerung von Rohstoffen gehören zur technischen Voraussetzung des Fertigungsprozesses.

27/4 **Erörtern Sie, welchen Einfluss Klima, Bildung und Lebenseinstellung der Menschen auf die Wirtschaftsverhältnisse eines Landes haben.**

Technologisch hochentwickelte Wirtschaftsverhältnisse setzen gehobene technisch-ökonomische Bildung, Fleiß und Arbeitswillen voraus. Diese können unterschiedlich entwickelt sein, wobei eine Abhängigkeit vom

– Klima (Bewohner der Sahara im Vergleich zu Westeuropäern) oder der

– Lebenseinstellung (Indianer der tropischen Regenwälder im Vergleich zu Einwohnern Chicagos)

bestehen kann.

27/5 **Was müsste geschehen, um die Verknappung und damit Verteuerung des Betriebsstoffes Energie in den Betrieben aufzufangen?**

Energiesparende Produktionsformen entwickeln, mehr Energie erzeugen, Energie zurück gewinnen, Kostensteigerungen durch Einsparung anderer Kosten ausgleichen.

27/6 **Eine Maschinenfabrik veröffentlicht die folgenden Zahlen:**

	Zahl der Beschäftigten	Anzahl Maschinen	Umsatz (in Mio. EUR)
2011	805	1.241	176
2021	439	1.645	330

a) Errechnen Sie den Umsatz je Mitarbeiter.

b) Beschreiben Sie den Trend, den diese Zahlen widerspiegeln.

c) Erörtern Sie die möglichen wirtschaftlichen und gesellschaftlichen Folgen einer solchen Entwicklung.

a) $\text{Umsatz 2011} = \dfrac{176 \text{ Mio. EUR}}{805 \text{ Mitarbeiter}} = 218.633,54 \text{ EUR/Mitarbeiter}$

$\text{Umsatz 2021} = \dfrac{330 \text{ Mio. EUR}}{439 \text{ Mitarbeiter}} = 751.708,42 \text{ EUR/Mitarbeiter}$

b) Trend zur Rationalisierung, d. h. Ersatz des Menschen durch die Maschine (Lean Production).

c) – wirtschaftliche Folgen: weniger Arbeitsplätze, steigende Arbeitslosigkeit, die Zahlungen an die Sozialversicherungen gehen zurück, Finanzierungsprobleme der Sozialversicherung, relativ zurückgehende Personalkosten, billigere Produkte, steigende Unternehmensgewinne (sofern die Preisreduktion geringer ist als die Einsparung bei den Personalkosten).

– gesellschaftliche Folgen: hohe Arbeitslosigkeit, auch bei Jugendlichen; dies fördert gesellschaftliche Unzufriedenheit, Politikverdruss, Kriminalität und Gewalt. Die individuelle Arbeitslosigkeit fördert psychische Probleme.

a) Berechnen Sie die günstigste Faktorkombination in Geldeinheiten (GE):

	1 Mitarbeiter kostet 5 GE		1 Maschine kostet 20 GE		Ergebnis
Fall 1	12 Arbeiter	+	2 Maschinen	=	?
Fall 2	6 Arbeiter	+	4 Maschinen	=	?
Fall 3	4 Arbeiter	+	6 Maschinen	=	?
Fall 4	2 Arbeiter	+	12 Maschinen	=	?

b) Wie verändert sich das Ergebnis, wenn die Kosten des Faktors Arbeit auf 30 GE steigen und die Kapitalkosten gleich bleiben?

c) Welche Gründe können für eine

   – Substitution des Faktors Arbeit durch den Faktor Betriebsmittel sprechen,

   – Beibehaltung des Faktors Arbeit sprechen,

wenn in beiden Fällen der Faktor Arbeit wesentlich höhere Kosten als der Faktor Betriebsmittel verursacht?

a) – Fall 1: $(12 \cdot 5) + (2 \cdot 20) = 100$ GE
   – Fall 2: $(6 \cdot 5) + (4 \cdot 20) = 110$ GE
   – Fall 3: $(4 \cdot 5) + (6 \cdot 20) - 140$ GE
   – Fall 4: $(2 \cdot 5) + (12 \cdot 20) = 250$ GE

Ergebnis: Fall 1 ist die günstigste Faktorkombination.

b) – Fall 1: $(12 \cdot 30) + (2 \cdot 20) = 400$ GE
   – Fall 2: $(6 \cdot 30) + (4 \cdot 20) = 260$ GE
   – Fall 3: $(4 \cdot 30) + (6 \cdot 20) = 240$ GE
   – Fall 4: $(2 \cdot 30) + (12 \cdot 20) = 300$ GE

Ergebnis: Fall 3 ist die günstigste Faktorkombination.

c) Gründe für die Substitution des Faktors Arbeit durch den Faktor Betriebsmittel:
   – kostengünstigere Produktion und damit Erhöhung der Wettbewerbsfähigkeit,
   – Verbesserung der Arbeitsergebnisse durch in der Regel höhere Präzision,
   – höhere Ergiebigkeit durch schnellere Arbeitsabläufe und dauerhaft gleichbleibende Arbeitsergebnisse,
   – dauerhaft gleichbleibende Kalkulationsgrundlage.

Gründe für die Beibehaltung des Faktors Arbeit:
   – Vermeidung von Arbeitslosigkeit,
   – Erhaltung des sozialen Friedens,
   – keine Gefahr der Kostenremanenz,
   – Erhaltung der Kaufkraft in der Volkswirtschaft.

1.4 Betriebliche Funktionen

29/1 Erläutern Sie, welche Funktionen man
   – bei einem Industrieunternehmen,
   – bei einem Handelsunternehmen unterscheidet
a) im Güterstrom,
b) im Geldstrom,
c) in der Leitung des Unternehmens.

Industrieunternehmen:

a) Beschaffung, Produktion, Absatz, Lagerhaltung

b) Finanzierung, Zahlung

c) Zielsetzung, Planung, Organisation, Realisation, Kontrolle, Rechenschaftslegung, Repräsentation

Handelsunternehmen:

a) Beschaffung, Lagerhaltung, Kommissionierung (Zusammenstellen von Artikeln), Absatz

b) Finanzierung, Zahlung

c) Zielsetzung, Planung, Organisation, Realisation, Kontrolle, Rechenschaftslegung, Repräsentation

29/2   Welche Auswirkungen hätte das Fehlen von Handelsbetrieben in einer Volkswirtschaft
a) für die Industrie,
b) für die Verbraucher?

a) – Ausdehnung der Absatzfunktionen bei der Industrie, wo spezielle Einrichtungen und örtliche Marktkenntnisse nicht vorhanden sind und kostspielig aufgebaut werden müssen
  – Aufbau einer Absatzorganisation mit eigenen Absatzeinrichtungen
  – steigende Personalkosten und mögliche Finanzierungsprobleme

b) – Der Verbraucher findet evtl. kein Angebot vor Ort.
  – Der Verbraucher findet keine umfassende Sortimentsauswahl; er hat einen schwierigen Angebotsvergleich.
  – eventuell ungleiche oder schlechte Güterversorgung
  – Die Kosten der Beschaffung und die Produktpreise steigen.

29/3   Skizzieren Sie den Güter- und Informationsfluss von der Rohstoffbeschaffung bis zum Verbraucher bei der industriellen Fensterproduktion.

Güterfluss:
Rohstoffe wie Holz, Glas, Lacke werden von den Lieferanten mit unterschiedlichen Verkehrsmitteln zum Beschaffungslager des Produktionsbetriebes transportiert und dort zwischengelagert, bis die einzelnen Stoffe bei der Produktion benötigt werden. Der Durchlauf der Rohstoffe/halbfertigen Produkte hängt von der mengenmäßigen und zeitlichen Kapazität der Produktionsmittel ab. Nach der Fertigstellung der Fenster werden sie entweder in das Fertigproduktlager gebracht oder direkt zum Endverbraucher/Handwerksbetrieb.

Informationsfluss:
Der Informationsfluss ist zunächst dem Güterfluss gegenläufig: Vom Absatzmarkt kommen die Informationen über Menge und Zeitpunkt der Lieferung der Fertigprodukte. Über die Fertigungssteuerung gehen die Informationen zur Beschaffungsstelle, die anhand von Abfragen im Beschaffungslager den optimalen Bestellzeitpunkt und die optimale Bestellmenge ermittelt. Daraufhin gehen die Informationen zu den einzelnen Lieferanten. Wenn daraufhin der Güterfluss einsetzt, wird dieser von den Informationen begleitet (z. B. Sendungsverfolgung) bzw. die Informationen eilen dem Güterfluss voraus (z. B. Meldung über das Eintreffen der Rohstoffe).

2 Grundzüge der Rechtsordnung

2.1 Bedeutung der Grundstruktur der Rechtsordnung

32/1 Welche Bedeutung hat eine Rechtsordnung?

Der Anspruch jeder Person auf Gerechtigkeit erfordert, dass die Freiheit des Einzelnen durch das Recht abgegrenzt und eingeschränkt wird. Die Gesamtheit des Rechts, das in einem Staate gilt, wird als Rechtsordnung bezeichnet.

32/2 Erklären Sie den Unterschied zwischen

a) Gesetz und Satzung,

b) Verordnung und Verwaltungsakt.

a) – Gesetz: wird von der Legislative des Bundes oder eines Bundeslandes beschlossen; Rechtsregel allgemeinen Charakters; gültig als Bundesgesetz für das ganze Bundesgebiet, z. B. Einkommensteuergesetz, oder als Landesgesetz für das betreffende Land, z. B. Landesbauordnung.

– Satzung: wird z. B. von den Selbstverwaltungsorganen der Kommunen verabschiedet (Gemeinderat); Rechtsvorschrift allgemeinen Inhalts, z. B. Bebauungsplan.

b) – Verordnung: Ergänzungs- und Durchführungsbestimmungen zu Gesetzen mit allgemeiner Gültigkeit; erlassen von der Exekutive, z. B. Einkommensteuer-Durchführungsverordnung.

– Verwaltungsakt: Verfügung oder Entscheidung zur Regelung des Einzelfalles nach Gesetz und Verordnung, z. B. Baugenehmigung.

32/3 Begründen Sie, ob es sich bei den folgenden Fällen um Vorgänge des öffentlichen Rechts oder des Privatrechts handelt:

a) Ein Großhändler vereinbart mit einem Einzelhändler eine Warenlieferung.

b) Eine Straße wird für den Durchgangsverkehr gesperrt.

c) Sie erhalten den Einkommensteuerbescheid für das vergangene Jahr.

d) Zwei Kaufleute gründen eine offene Handelsgesellschaft.

e) Bund und Länder beschließen eine Neuverteilung des Umsatzsteueraufkommens.

a) Privatrecht, Kaufvertrag, abgeschlossen nach BGB und HGB auf der Grundlage von Vertragsfreiheit und Gleichberechtigung

b) öffentliches Recht, Verfügung zur Regelung eines Einzelfalles (Verwaltungsakt)

c) öffentliches Recht, Verfügung zur Regelung eines Einzelfalles (Verwaltungsakt)

d) Privatrecht, Vertrag nach HGB

e) Öffentliches Recht, es wird ein Rechtsverhältnis zweier Träger der öffentlichen Gewalt zueinander neu geregelt.

32/4 Welche Folgen ergeben sich aus zwingendem und aus nachgiebigem Recht?

Von zwingendem Recht kann nicht abgewichen werden, es gilt für alle Personen gleichermaßen. Beim nachgiebigen Recht kann durch Verträge individuell abgewichen werden.

2.2 Rechtsfähigkeit und Geschäftsfähigkeit

35/1 Welche Fähigkeit verbirgt sich hinter der Rechtsfähigkeit?

Rechtsfähigkeit ist die Fähigkeit, Träger von Rechten und Pflichten zu sein.

35/2 Welche der folgenden Personen oder Institutionen sind juristische Personen?

a) Sportclub Oldenburg e. V.

b) Richter beim Landgericht

c) Bundesrepublik Deutschland

d) Vorstandsvorsitzender einer AG

a) Sportclub Oldenburg e. V.

b) Bundesrepublik Deutschland

35/3 Jemand behauptet: »Ein fünfjähriges Kind ist weder rechts- noch geschäftsfähig.« Überprüfen Sie diese Aussage.

Diese Aussage ist teilweise falsch. Das Kind ist seit seiner Geburt rechtsfähig, wird aber erst mit Vollendung des 7. Lebensjahres beschränkt geschäftsfähig und mit Vollendung des 18. Lebensjahres voll geschäftsfähig.

35/4 Die 17-jährige Hildegard Gut absolviert eine Ausbildung zur Kauffrau im Groß- und Außenhandelsmanagement.

a) Von der Ausbildungsvergütung stehen ihr monatlich 300 EUR als Taschengeld zur Verfügung. Eines Tages schließt sie mit dem Media-Center e. K. einen Kaufvertrag über eine Stereoanlage im Wert von 1.800 EUR ab. Dieser Betrag soll mit einer monatlichen Rate von 300 EUR bezahlt werden. Wie ist die Rechtslage?

b) Ein Onkel hat ihr für diesen Zweck 1.000 EUR geschenkt. Wie ist die Rechtslage?

c) Unter welchen Voraussetzungen könnte sie nach Beendigung des Ausbildungs-verhältnisses den Betrieb wechseln?

d) Unter welchen Voraussetzungen könnte sie das Großhandelsgeschäft des kranken Vaters übernehmen?

a) Die Auszubildende ist minderjährig und deshalb beschränkt geschäftsfähig(§ 106 BGB). Ein Kreditvertrag zieht Rückzahlungsverpflichtungen nach sich und kann wegen diesem Nachteil nicht von Minderjährigen abgeschlossen werden. Der Gesetzgeber erlaubt dies auch nicht mit Zustimmung der Eltern. Jeder Kreditvertrag muss zusätzlich vom Vormundschaftsgericht genehmigt werden. Der Vertrag ist ohne diese Genehmigung schwebend unwirksam. Genehmigt das Gericht nicht, ist der Vertrag unwirksam; § 1822 Nr. 8 BGB.

b) Es muss die Genehmigung der Eltern eingeholt werden, es sei denn, die Eltern waren mit der Schenkung der 1.000 EUR zu diesem Zweck einverstanden.

c) – Hildegard ist noch minderjährig und wechselt nicht den Geschäftszweig: Die Zustimmung der Eltern ist nicht notwendig, da sie die Zustimmung für diesen Geschäftszweig bereits gegeben haben.

– Hildegard ist noch minderjährig und wechselt den Geschäftszweig: Die Zustimmung der Eltern ist notwendig.

– Hildegard ist inzwischen volljährig: Sie kann den Betrieb ohne Weiteres wechseln.

d) Die Übernahme eines Erwerbsgeschäftes durch Hildegard bedarf der Zustimmung des gesetzlichen Vertreters und der Genehmigung des Vormundschaftsgerichtes.

Wie ist die Rechtslage in folgenden Fällen:

a) Die 15-jährige Christine hat von ihrem Patenonkel als Geschenk ein Fahrrad erhalten. Da die Eltern seit einiger Zeit mit dem Onkel Streit haben, verlangen sie von Christine, das Fahrrad zurückzugeben.

b) Der 6-jährige Jörg kauft ohne Wissen der Eltern von seinen Ersparnissen im benachbarten Spielwarengeschäft einen Spielzeugpanzer. Da die Eltern damit nicht einverstanden sind, wollen sie das Spielzeug zurückbringen.

c) Die 6-jährige Angie kauft sich ohne Wissen der Eltern von ihren Ersparnissen eine Tüte Gummibärchen, die sie auch alle isst. Die Eltern sind gegen den Kauf von Süßigkeiten und bringen die leere Tüte dem Einzelhändler zurück.

d) Die 17-jährige Mitarbeiterin eines Reinigungsunternehmens kündigt ihrem Arbeitgeber. Der Vater will die Kündigung rückgängig machen.

a) Christine ist beschränkt geschäftsfähig. Sie kann mit ihrem Onkel einen Schenkungsvertrag, der ihr nur rechtliche Vorteile bringt, rechtswirksam abschließen. Sie muss das Fahrrad nicht zurückgeben.

b) Jörg ist geschäftsunfähig. Es konnte kein Kaufvertrag zustande kommen, da die Willenserklärung des 6-jährigen Jörg nichtig ist. Die Eltern haben das Recht, das Spielzeug zurückzubringen und das Geld zurückzufordern.

c) Angie ist geschäftsunfähig. Es konnte kein Kaufvertrag zustande kommen, da die Willenserklärung der 6-jährigen Angie nichtig ist. Die Eltern haben das Recht, die leere Tüte zurückzubringen und das Geld zurückzufordern.

d) Die Mitarbeiterin ist grundsätzlich beschränkt geschäftsfähig, für diesen Arbeitsvertrag aber partiell unbeschränkt geschäftsfähig. Sie kann mit voller Wirksamkeit kündigen. Das Recht zur Kündigung ergibt sich aus der Genehmigung des Vaters für den Abschluss dieses Arbeitsvertrages. Der Vater kann die Kündigung nicht rückgängig machen.

In welchem Fall kann auch ein Erwachsener geschäftsunfähig sein?

Ein Erwachsener ist geschäftsunfähig, wenn er dauernd geisteskrank ist.

2.3 Rechtsgeschäfte

Wie kommen Verträge zustande?

Verträge kommen durch übereinstimmende Willenserklärungen (Antrag und Annahme) von mindestens zwei Personen zustande.

Ein Mieter kündigt den Mietvertrag. Wie ist die jeweilige Rechtslage?

a) Er lässt das Kündigungsschreiben auf seinem Schreibtisch liegen.

b) Er übergibt das Schreiben rechtzeitig persönlich dem Vermieter.

c) Er wirft das Kündigungsschreiben rechtzeitig in den Briefkasten des Vermieters, weil sich dieser zurzeit im Urlaub befindet.

a) Die Kündigung ist nicht rechtswirksam, da sie nicht in den Herrschaftsbereich des Vermieters gelangt ist (empfangsbedürftige Willenserklärung).

b) Die Kündigung ist rechtswirksam, da der Vermieter sie rechtzeitig persönlich empfangen hat.

c) Die Kündigung ist rechtswirksam, da der Briefkasten zum Herrschaftsbereich des Vermieters gehört.

44/3 **Jemand verfasst ein handschriftliches Testament und legt es in die Schreibtischschublade.**

a) Begründen Sie, ob dieses Testament im Erbfall rechtswirksam ist.

b) Warum ist es in jedem Fall besser, das Testament einem Notar zu übergeben?

a) Da das Testament ein nicht empfangsbedürftiges Rechtsgeschäft ist, ist es mit der Erstellung rechtsgültig.

b) Wenn der Erblasser sicher sein will, dass sein Wille ordnungsgemäß an die Erben vermittelt wird, ist eine sichere Aufbewahrung zu bevorzugen. Das Testament ist damit vor Verlust und Unterschlagung geschützt.

45/4 **Stellen Sie die Unterschiede folgender Verträge einander gegenüber:**

a) Mietvertrag – Leihvertrag

b) Mietvertrag – Pachtvertrag

c) Leihvertrag – Sachdarlehensvertrag

a) – Mietvertrag: Überlassung von Sachen zum Gebrauch gegen Entgelt

– Leihvertrag: unentgeltliche Überlassung von Sachen zum Gebrauch

b) – Mietvertrag: Überlassung von Sachen gegen Entgelt zum Gebrauch

– Pachtvertrag: Überlassung von Sachen zum Gebrauch und Fruchtgenuss gegen Entgelt

c) – Leihvertrag: unentgeltliche Überlassung von Sachen zum Gebrauch mit Pflicht zur Rückgabe derselben Sache

– Sachdarlehensvertrag: Überlassung von Sachen zum Verbrauch gegen Entgelt oder unentgeltlich mit Rückgabepflicht für eine Sache gleicher Art, Menge und Güte

45/5 **Welche Vertragsarten liegen vor?**

a) Jemand »leiht« bei der Bank 10.000 EUR.

b) Jemand »leiht« ein Auto und zahlt 0,60 EUR je gefahrenem Kilometer.

c) Jemand »leiht« ein Buch von einem Freund.

d) Eine Hausfrau »leiht« bei der Nachbarin 20 EUR zur Bezahlung der Nachnahme.

e) Für die Zeit der Reparatur »leiht« Frau Reuther einen Wagen von der »Autoverleih Klocke & Klober GmbH«.

a) Darlehensvertrag

b) Mietvertrag

c) Leihvertrag

d) Darlehensvertrag

e) Mietvertrag

45/6 **Welche Formen sind bei einem Formzwang von Rechtsgeschäften möglich?**

schriftliche Form, elektronische Form, Textform, öffentliche Beglaubigung, notarielle Beurkundung

45/7 **Begründen Sie, ob folgende Rechtsgeschäfte gültig sind:**

a) ein maschinenschriftlich abgefasstes und eigenhändig unterschriebenes Testament,

b) ein mündlich abgeschlossener Vertrag über den Verkauf eines Gebrauchtwagens,

c) ein schriftlich abgefasster Vertrag über den Kauf eines Hauses,

d) ein mündlich abgeschlossener Vertrag über die Vermietung eines Wohnhauses für die Dauer von fünf Jahren (vgl. § 550 BGB).

a) nicht gültig: Privattestamente müssen handschriftlich abgefasst sein.

b) gültig: Für Kaufverträge über bewegliche Sachen besteht Formfreiheit.

c) nicht gültig: Grundstückskaufverträge müssen öffentlich beurkundet werden.

d) – ausnahmsweise rechtswirksam, obwohl ein Wohnungsmietvertrag, der auf längere Zeit als ein Jahr abgeschlossen wird, der Schriftform bedarf. Nach § 550 BGB gilt der Vertrag auf unbestimmte Zeit abgeschlossen, er kann frühestens zum Schluss des ersten Vertragsjahres gekündigt werden.

   – nur dann nichtig, wenn die Schriftform vertraglich vereinbart wurde (§ 125 Satz 2 BGB)

45/8 **Welche Willenserklärungen und Rechtsgeschäfte sind von Anfang an nichtig?**

Von Anfang an nichtig sind

– Willenserklärungen von Geschäftsunfähigen,

– Willenserklärungen, die in bewusstlosem Zustand abgegeben wurden,

– Scheingeschäfte,

– Rechtsgeschäfte, die gegen ein gesetzliches Verbot verstoßen,

– Rechtsgeschäfte, die gegen die guten Sitten verstoßen,

– Rechtsgeschäfte, die gegen Formvorschriften verstoßen.

45/9 **Wie ist die Rechtslage in folgenden Fällen:**

a) Ein Waffenschieber schließt einen Kaufvertrag über die Lieferung von Maschinenpistolen ab.

b) Beim Schreiben eines Angebots vertippt sich die Sekretärin und gibt als Einzelpreis 58,00 EUR statt 85,00 EUR an. Der Kunde bestellt daraufhin 80 Stück der Ware zu je 58,00 EUR.

c) Der Vorstand eines Kegelklubs hat vor vier Wochen für eine Wochenendausflugsfahrt einen Reisebus bestellt. Der Wetterbericht kündigt am Freitag vor dem Ausflug nasskaltes, regnerisches Wetter an. Der Vorstand möchte deshalb die Bestellung wegen Irrtums anfechten.

d) Bei der Inbetriebnahme eines als fabrikneu verkauften Computers stellt der Käufer fest, dass das Gerät bereits als Vorführgerät eingesetzt war.

e) Ein Gastwirt, der sich in einer finanziellen Notlage befindet, schließt mit einem in der Tageszeitung inserierenden Finanzierungsinstitut einen Kreditvertrag ab, in dem ein Zinssatz von 3 % je Monat festgelegt ist.

a) Kaufvertrag ist nichtig: Verstoß gegen gesetzliches Verbot

b) Kaufvertrag ist anfechtbar: Irrtum in der Übermittlung

c) Vertrag ist nicht anfechtbar: kein Inhaltsirrtum, sondern Motivirrtum

d) Vertrag ist anfechtbar: arglistige Täuschung

e) Kreditvertrag ist nichtig: Verstoß gegen die guten Sitten (Wucherzinssatz 36 % im Jahr) und Ausnutzen einer finanziellen Notlage

---

45/10   Welche Folge hat die erfolgreiche Anfechtung eines Rechtsgeschäftes?

Das Rechtsgeschäft wird rückwirkend von Anfang an nichtig.

45/11   Begründen Sie, warum das System der Marktwirtschaft ohne Vertragsfreiheit nicht denkbar ist.

Der freie Austausch von Gütern und Leistungen auf dem Markt ist nur möglich, wenn die Menschen das Recht haben, ihre Beziehungen zueinander durch Verträge frei zu gestalten.

45/12   Unsere Rechtsordnung enthält Bestimmungen, die auch durch einen Vertrag nicht geändert werden können. Geben Sie dafür Beispiele.

– AGB-Vorschriften im BGB zur Verhinderung des Missbrauchs der Vertragsfreiheit durch Ausnutzen der Marktmacht in Mangelsituationen
– Verbot von Wucherzinsen von Kreditgebern
– Arbeitsschutzgesetze zur Verhinderung der Ausbeutung von Arbeitnehmern in Notlagen

---

45/13   Was sind allgemeine Geschäftsbedingungen?

AGB sind vorformulierte Vertragsbedingungen.

45/14   Warum gelten die Bestimmungen der AGB-Paragrafen im Regelfall nur gegenüber Verbrauchern?

Bei Unternehmern werden entsprechende Rechtskenntnisse vorausgesetzt. Verbraucher haben nur selten mit AGB zu tun und sollen mangels Rechtskenntnissen besonders geschützt werden.

46/15   Entscheiden Sie, ob folgende Klauseln in den AGB eines Händlers gegenüber Verbrauchern Gültigkeit haben:

a) Mängel an der Ware können nur innerhalb von 14 Tagen geltend gemacht werden.

b) Vereinbarte Preise gelten nur bei Lieferung innerhalb von zwei Monaten nach Vertragsabschluss.

c) Rücktritt vom Kaufvertrag wird als Gewährleistungsanspruch ausgeschlossen.

a) ungültig: Die gesetzliche Gewährleistungsfrist von zwei Jahren darf durch AGB nur auf ein Jahr verkürzt werden.

b) unwirksam: Preiserhöhungsfristen in AGB von weniger als vier Monaten sind unwirksam.

c) unwirksam: Rücktritt und Recht auf Schadensersatz beim Lieferungsverzug können durch AGB nicht ausgeschlossen werden.

46/16 **Die Pauli GmbH, Sanitär- und Heizungsfachbetrieb, legt einem Angebot an Erika Faber – eine private Bauherrin – über die Lieferung von Material zur Sanitärinstallation ihre allgemeinen Geschäftsbedingungen bei. Frau Faber bestellt zu den Bedingungen des Angebots.**

a) Prüfen Sie mithilfe des Gesetzes, ob die AGB Vertragsbestandteil geworden sind.

b) In den AGB stehen u. a. folgende Klauseln:

– **»Bei Nachbesserung im Rahmen von Gewährleistungsansprüchen übernimmt der Kunde die Wege- und Arbeitskosten.«**

– **»Reklamationen sind nur innerhalb von 30 Tagen möglich.«**

Begründen Sie anhand des Gesetzes, ob diese Klauseln wirksam sind.

a) Nach § 305 (2) BGB werden allgemeine Geschäftsbedingungen nur dann Vertragsbestandteil, wenn die Pauli GmbH bei Vertragsabschluss
– ausdrücklich auf diese hingewiesen bzw. diese deutlich sichtbar am Ort des Vertragsabschlusses ausgehängt hat,
– und die Kundin mit ihrer Geltung einverstanden war.

Da die Pauli GmbH dem Angebot die AGB beigelegt hatte und Frau Faber zu den Bedingungen des Angebotes bestellt hat, gelten unter den genannten Voraussetzungen grundsätzlich die AGB.

b) Verbraucher wie Frau Faber werden durch die AGB vor ungünstigen Bedingungen geschützt:
– Die Verpflichtungsklausel zur Übernahme der Wege- und Arbeitskosten durch die Kundin ist nach § 309 Z. 8. b) cc) BGB unwirksam.
– Die Vertragsklausel zur Verkürzung der Gewährleistungsfrist ist nach § 309 Z. 8. b) ff) BGB unwirksam, wenn sie weniger als ein Jahr beträgt.

2.4   Besitz und Eigentum

49/1 **Wie ist die jeweilige Rechtslage?**

a) Es wird Ihnen Ihr eigenes oder ein entliehenes Fahrrad entwendet. Sie haben den Dieb auf frischer Tat ertappt bzw. nach zwei Tagen entdeckt.

b) Der Mieter eines Lagerhauses gibt den Raum nicht frei, obwohl der Vermieter rechtzeitig gekündigt hat.

c) Der Mieter nimmt ohne Erlaubnis des Vermieters bauliche Veränderungen vor.

a) Wird der Dieb auf frischer Tat ertappt, dann kann man ihm das Fahrrad mit angemessener Gewalt wegnehmen (Selbsthilferecht). Wird der Dieb aber erst später entdeckt, muss man die Herausgabe verlangen bzw. auf Herausgabe klagen (Beseitigung der Besitz- bzw. Eigentumsstörung).

b) Der Vermieter muss eine Räumungsklage einreichen.

c) Da der Mieter nur Besitzer, nicht aber Eigentümer ist, darf er keine baulichen Veränderungen vornehmen. Der Vermieter kann die Beseitigung verlangen, gegebenenfalls kann er klagen.

49/2 **Wann und wo geht das Eigentum an einer Ware in folgenden Fällen auf den Käufer über?**

    a) Der Käufer kauft die Ware im Laden und nimmt sie mit (Handkauf).

    b) Der Verkäufer sendet die Ware dem Käufer am gleichen Ort zu (Platzkauf).

    c) Verkäufer und Käufer wohnen an verschiedenen Orten und der Verkäufer sendet die Ware mithilfe eines Paketdienstleisters (Versendungskauf).

    a) mit der Übergabe der Ware im Laden (Einigung und Übergabe)

    b) mit der Übergabe in der Wohnung des Käufers

    c) mit der Übergabe der Ware an den Paketdienstleister

49/3 **Frau Reich kauft einen Perserteppich gegen sofortige Bezahlung.**

    a) Zu welchem Zeitpunkt erwirbt sie das Eigentum?

    b) Nach einigen Tagen erhält sie die polizeiliche Aufforderung, den Teppich abzuliefern, da er aus einem Einbruchdiebstahl stamme. Was kann sie bezüglich des Teppichs beziehungsweise des gezahlten Kaufpreises unternehmen?

    a) bei der Übergabe des Teppichs

    b) Sie muss den Teppich herausgeben, da an gestohlenen Sachen kein Eigentum erworben werden kann. Der Händler muss den bezahlten Kaufpreis zurückerstatten.

49/4 **Wann werden Sie in folgenden Fällen Eigentümer (Begründung)?**

    a) Sie schließen am 15. Oktober im Computershop einen Kaufvertrag über einen PC mit Zubehör. Sie bezahlen sofort mittels electronic cash. Die Anlage wird erst am 30. Oktober geliefert.

    b) Sie kaufen am 1. Juni im Fahrradgeschäft ein Rennrad für 1.000 EUR und nehmen es sofort mit. Die Zahlung soll innerhalb eines Monats erfolgen.

    a) bei Lieferung am 30. Oktober, da erst zu diesem Zeitpunkt die Übergabe des PC erfolgt

    b) bei Übergabe des Rennrades am 1. Juni, sofern der Verkäufer sich nicht das Eigentum bis zur Zahlung des Kaufpreises vertraglich vorbehalten hat

49/5 **Die Geschäftsführerin der Kopier- und Textverarbeitungs-GmbH verkauft ihrer Mitarbeiterin Marianne Schreiber einen Drucker, dessen Kaufpreis drei Monate später mit der Entgeltzahlung verrechnet werden soll. Noch vor der Zahlung verkauft und übergibt Marianne den Drucker an ihre Freundin Brigitte.**

    a) Begründen Sie, wer nach diesen Vorgängen Eigentümerin ist.

    b) Wie ist die Situation rechtlich zu beurteilen, wenn Brigitte wusste, dass Marianne den Drucker noch nicht bezahlt hatte?

    a) Marianne Schreiber wurde Eigentümerin des Druckers durch Einigung und Übergabe, auch wenn der Kaufpreis noch nicht verrechnet war. Das Eigentum geht aber durch Einigung und Übergabe auf die Freundin Brigitte über, da Marianne rechtmäßige Eigentümerin war.

    b) Da der Drucker von der Geschäftsführerin der GmbH nicht unter Eigentumsvorbehalt an Marianne Schreiber verkauft wurde, war diese durch Einigung und Übergabe Eigentümerin geworden, nicht erst mit der Zahlung. Somit wurde die Freundin Brigitte ebenfalls Eigentümerin durch Einigung und Übergabe. Ihr Wissen darum, dass Marianne den Drucker noch nicht bezahlt hatte, hat keinen Einfluss auf den Eigentumserwerb.

49/6 Sie kaufen von einer Bekannten ein Surfbrett. Es stellt sich heraus, dass das Surfbrett von einem Sportgeschäft gemietet war. Wie ist die Rechtslage?

Obwohl die Bekannte an dem gemieteten Surfbrett kein Eigentum erworben hatte, werden Sie Eigentümer, sofern Sie im »guten Glauben« sind, die Verkäuferin sei Eigentümerin.

49/7 Sie verhandeln mit Frau Weber über den Erwerb eines Grundstücks. Mit Schreiben vom 20. Juni erklärt sich Frau Weber mit dem Verkauf einverstanden. Die Grundstücksauflassung erfolgt am 15. Juli in Anwesenheit beider Vertragspartner vor dem Notar. Gleichzeitig wird die Eintragung der Grundstücksübereignung im Grundbuch beantragt. Am 10. August erfolgt die Umschreibung.

a) Wann fand der rechtswirksame Abschluss des Kaufvertrages statt?

b) Welche Rechte haben Sie dadurch erworben?

c) Wann wurden Sie Eigentümer des Grundstücks?

d) Welche Rechte haben Sie als Eigentümer des Grundstücks erlangt?

a) Grundstückskaufverträge bedürfen der notariellen Beurkundung (§ 925 Satz 1 BGB). Ein ohne Beachtung dieser Formvorschrift geschlossener Vertrag wird gültig, wenn die Auflassung und die Eintragung in das Grundbuch erfolgen, also am 10. August. Da eine Auflassung erst erfolgen soll, wenn die notariell beglaubigte Beurkundung über den Grundstückskauf vorliegt, wird der Notar beim Termin der Auflassung am 15. Juli auf Abschluss des notariell beurkundeten Kaufvertrages drängen. Damit wurde der Kaufvertrag rechtswirksam schon am 15. Juli geschlossen.

b) Der Käufer hat mit Abschluss des Kaufvertrages den Rechtsanspruch auf Eigentumsübertragung erworben.

c) Für die Eigentumsübertragung ist nicht der Termin des Kaufvertragsabschlusses maßgeblich, sondern der Vollzug von Auflassung und Eintragung im Grundbuch, also der 10. August.

d) Der Eigentümer hat die rechtliche Herrschaft über das Grundstück. Er kann es nutzen, belasten und weiterveräußern, vermieten und verpachten.

2.5 Rechtsschutz geistigen Eigentums

54/1 Wenn die Zahl der Patentanmeldungen den Erfindergeist und die Innovationskraft widerspiegeln, dann gehören Deutschland, die USA, Japan und Korea zu den führenden Nationen.

Die Deutschen befinden sich in den meisten Technologiebereichen an vierter Stelle. In der Kfz-Technik, in der Laser- und in der Luft- und Raumfahrttechnik belegen die Deutschen den zweiten Rang hinter Japan.

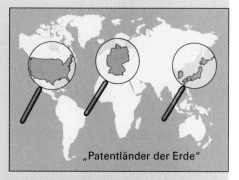

„Patentländer der Erde"

a) Suchen Sie Gründe, weshalb in den Ländern Japan, USA, Korea und Deutschland in den bedeutenden Technologiebereichen sehr viele Erfindungen getätigt werden.

b) Welche Bedeutung haben Schutzrechte für innovative Unternehmen?

c) Stellen Sie die volkswirtschaftliche Bedeutung einer hohen Zahl von Patentanmeldungen und Patentgenehmigungen dar.

d) Weshalb sind Unternehmen bereit, ihre gesicherten Patente an Lizenznehmer abzutreten?

a) In den vier Ländern gibt es zahlreiche Unternehmen, die in den Technologiebereichen Kommunikationstechnik, Bürotechnik, Lasertechnik, Luft- und Raumfahrttechnik, Medizintechnik, Biotechnologie, Kraftfahrzeugtechnik und digitale Rechen- und Speichertechnik aktiv sind. Staatliche Förderung und Grundlagenforschung sind in diesen Ländern ebenfalls auf diese Bereiche ausgerichtet.

b) Innovative Unternehmen erbringen in ihren Bereichen teilweise umfangreiche Forschungs- und Entwicklungsarbeiten, die nach erfolgter Produkteinführung in das Unternehmen zurückfließen sollen. Schutzrechte sichern dem Unternehmen die wirtschaftliche Verwertungsmöglichkeit.

c) Eine hohe Zahl von Patentanmeldungen zeigt, dass in dem betreffenden Land intensiv geforscht und entwickelt wird. Dies erfolgt meist in den Bereichen, in denen der Wettbewerbsdruck zu Forschungs- und Entwicklungsanstrengungen führt. Hohe Zahlen von Patentanmeldungen und -genehmigungen führen anschließend zu vermarktungsfähigen Produkten oder Herstellungsverfahren. Damit können sich Volkswirtschaften einen Vorteil gegenüber anderen Ländern sichern.

d) Forschungs- und Entwicklungsergebnisse sind oftmals Zufallsentdeckungen, die nicht mit der ursprünglichen Absicht zusammenhängen müssen. Eine wirtschaftlich sinnvolle Verwertung ist in diesem Fall normalerweise nicht über den Aufbau einer eigenen Produktion möglich. Außerdem kann das Unternehmen über eine Lizenzvergabe größere Anteile an einem bestehenden Markt erhalten, da auch Konkurrenzunternehmen dieses Produkt herstellen und vertreiben.

54/2   Erklären Sie den rechtlichen Unterschied zwischen Patent und Gebrauchsmuster.

Das Patent wird für eine Erfindung, das Gebrauchsmuster für eine neue Anordnung bzw. Gestaltung erteilt. Der Patentschutz dauert 20 Jahre und kann nicht verlängert werden, der Gebrauchsmusterschutz dauert 10 Jahre und muss ab dem vierten Jahr durch Zahlung einer Aufrechterhaltungsgebühr gesichert werden.

54/3   Welche Möglichkeiten für die Verwertung eines Patentes gibt es?

- Der Eigentümer des Patentes kann den Gegenstand der Erfindung selbst herstellen.

- Er kann das Patent veräußern oder vererben.

- Er kann einem anderen die Nutzung des Patentes überlassen (Lizenz).

54/4   Stellen Sie den rechtlichen Unterschied zwischen einem Patenterwerber und einem Lizenznehmer dar.

- Der Erwerber des Patentes wird Eigentümer mit dem Recht auf alle Verwertungsmöglichkeiten.

- Der Lizenznehmer hat nur ein Nutzungsrecht.

54/5 **Welche Überlegungen veranlassen einen Erfinder, seine Erfindung patentieren zu lassen?**

Für den Erfinder geht es in erster Linie darum, seine Erfindung wirtschaftlich zu nutzen. Sofern es sich um eine grundsätzlich neue Erfindung eines Produktes oder eines Herstellungsverfahrens handelt, erlangt er dadurch eine Monopolstellung, die ihm für den Schutzzeitraum, mindestens jedoch bis zur Erfindung von Substitutionsprodukten bzw. alternativen Herstellungsverfahren, ein Einkommen garantieren kann. Dies kann er sich durch die eigene Verwertung des Patentes oder durch die Veräußerung bzw. Lizenzvergabe sichern.

54/6 **Welche Vorteile ergeben sich aus eingeführten Marken- und Gütezeichen**

a) für den Hersteller,

b) für die Verbraucher?

a) Vorteile für den Hersteller: Erleichterung und Kosteneinsparung bei der Werbung, Umsatzsteigerung

b) Vorteil für die Verbraucher: Qualitätsgarantie

54/7 **Aus welchen Branchen werden überwiegend Gebrauchsmuster, aus welchen Branchen werden überwiegend Geschmacksmuster (Design) angemeldet?**

– Gebrauchsmuster: Branchen, in denen die Funktionalität von Gebrauchsgegenständen im Vordergrund steht. Beispiel: Hersteller von Gartengeräten und Handwerkzeugen

– Geschmacksmuster: Branchen, in denen Formgebung und Aussehen aufgrund des Geschmackswandels Veränderungen unterliegen. Beispiel: Hersteller von Geschirr, Tapeten

54/8 **Nach Erhebungen werden gegenwärtig weltweit 35 % der Software als Raubkopien genutzt. Spitzenreiter sind Indonesien und China, in denen ca. 80 % der Softwareprodukte als Raubkopien eingesetzt werden.**

a) Begründen Sie, weshalb gerade in diesem Wirtschaftszweig die Produktpiraterie solche Ausmaße annehmen kann.

b) Stellen Sie Beispiele der Marken- und Produktpiraterie aus anderen Branchen dar.

a) Originalsoftware ist oft sehr teuer, da die Entwicklung Kompetenz, Erfahrung und lange Programmierungsarbeit verlangt. Die Erstellung von Raubkopien (Plagiaten) ist ohne großen technischen Aufwand durchführbar und deshalb auch kostengünstig. Außerdem können die meisten Kopierschutzmaßnahmen der Hersteller entschlüsselt werden. Zudem ist eine Überprüfung durch die Hersteller auf regulären Kauf der Software kaum durchführbar.

b) Oberbekleidung, Elektronikbauteile, Autofelgen, Kupplungsscheiben, Bremsbeläge, Kurbelwellen, Sportartikel, Bild- und Tonträger, Zigaretten, Armbanduhren, Parfums

3 Beschaffung

3.1 Ziele und Aufgaben der Beschaffung

3.2 Beschaffungsvorbereitung (Beschaffungsplanung)

66/1 Führen Sie eine ABC-Analyse für folgende Beschaffungsgüter durch und werten Sie Ihr Ergebnis aus (Wertklassen: 75 % A-Güter; 20 % B-Güter; 5 % C-Güter).

Waren-gruppe	Bezugspreis je Einheit (in EUR)	Menge (in Stück)	Wert (in EUR)	Wert (in %)	Wertklassen-zuordnung A, B, C
1	2,00	800			
2	30,00	10.000			
3	50,00	3.000			
4	10,00	1.000			
5	20,00	1.000			
6	2,00	30.000			
7	2,50	5.000			
8	5,00	10.000			
9	6,00	12.000			
10	12,00	15.000			
Summe					

ABC-Analyse bei Beschaffungsgütern

Mögliche Lösung:

Waren-gruppe	Bezugspreis je Einheit (in EUR)	Menge (in Stück)	Wert (in EUR)	Wert (in %)	Wertklassen-zuordnung A, B, C
2	30,00	10.000	300.000,00	35,04	A
10	12,00	15.000	180.000,00	21,03	A
3	50,00	3.000	150.000,00	17,52	A
9	6,00	12.000	72.000,00	8,41	B
6	2,00	30.000	60.000,00	7,01	B
8	5,00	10.000	50.000,00	5,84	B
5	20,00	1.000	20.000,00	2,34	C
7	2,50	5.000	12.500,00	1,46	C
4	10,00	1.000	10.000,00	1,17	C
1	2,00	800	1.600,00	0,19	C
Summe		87.800	856.100.00	100,00	

ABC-Analyse bei Beschaffungsgütern

Bei den Warengruppen 2, 10 und 3 (A-Güter) sollte auf günstige Preise und Rabatte geachtet werden, da hier besonders hohe Einsparungen bei der Beschaffung möglich sind. Die Kosten der Lagerhaltung sollten so gering wie möglich gehalten werden.

66/2   Ein Hersteller von elektrischen Grillgeräten rechnet damit, im nächsten Jahr (Planungsperiode 1) 1.600 Grillgeräte absetzen zu können. Die Grillgeräte eignen sich auch zum Einsatz im Freien. Für diesen Zweck werden sie wahlweise mit einem fahrbaren Untergestell, auf das sich das Grillgerät montieren lässt, angeboten. Erfahrungsgemäß kaufen die Kunden in etwa der Hälfte aller Fälle zusätzlich ein solches Fahrgestell.

Der Hersteller hat zu Beginn der Planungsperiode 150 Grillgeräte und 75 Untergestelle auf Lager. Er plant, 1.500 Grills und 750 Untergestelle zu produzieren. Die für den Antrieb der Grillgeräte notwendigen Elektromotoren sowie die Räder für die Untergestelle (4 Stück je Gestell) bezieht das Unternehmen als fertige Teile. Zu Beginn der Planungsperiode sind noch 50 Elektromotoren und 200 Räder am Lager. Am Ende der Planungsperiode soll aus Sicherheitsgründen der Bestand an Elektromotoren 120 Stück und der Bestand an Rädern 240 Stück betragen.

Zunächst will der Hersteller den Bedarf an Motoren und Rädern für die Planungsperiode ermitteln (= Bedarfsplanung), bevor er dann in einem nächsten Schritt im Rahmen der Beschaffungsplanung die einzelnen Liefermengen und Lieferzeitpunkte festlegt sowie die entsprechenden Lieferanten auswählt.

a) Wie groß ist im vorliegenden Fall der Primärbedarf an Grillgeräten und Untergestellen?

b) Wie hoch ist der Sekundärbedarf für Motoren und Räder?

c) Erfahrungsgemäß benötigt der Hersteller 10 % des Sekundärbedarfs bei Motoren und Rädern als Ersatz- und Austauschteile (= Zusatzbedarf). Dieser Zusatzbedarf wird bei der Ermittlung des Bruttobedarfs berücksichtigt. Berechnen Sie den Bruttobedarf für Motoren und Räder.

d) Wie viele Motoren und Räder muss die Einkaufsabteilung aufgrund der Bedarfsplanung beschaffen (= Nettobedarf bzw. Beschaffungsbedarf)?

Die Bedarfsplanung soll fortgeschrieben werden. Für die Planungsperiode 2 wird mit einem Verkauf von 2.000 Grillgeräten gerechnet. Außerdem wird ein Lagerbestand von 350 Geräten angestrebt. Der Lagerbestand an Elektromotoren soll auf 250 Stück erhöht werden.

e) Berechnen Sie den Nettobedarf (Beschaffungsbedarf) für die Elektromotoren.

f) Wie würde sich der Nettobedarf (Beschaffungsbedarf) für die Elektromotoren in der Planungsperiode 2 ändern, wenn

   – einerseits 50 der am Lager befindlichen Motoren bereits für einen Sonderauftrag reserviert sind und das Lager bald verlassen (Vormerkbestand),

   – andererseits 100 Motoren bereits bestellt sind und ihre Lieferung innerhalb von drei Wochen zugesagt ist (Bestellbestand)?

g) Stellen Sie die Berechnung des Nettobedarfs (Beschaffungsbedarf) formelmäßig unter Verwendung folgender Größen dar: Sekundärbedarf, Zusatzbedarf, Bruttobedarf, anfänglicher Lagerbestand, Sicherheitsbestand, Vormerkbestand, Bestellbestand.

a) Primärbedarf (Produktionsmenge) an Grillgeräten: 1.500
   Primärbedarf (Produktionsmenge) an Untergestellen: 750

b) Primärbedarf Grillgeräte   · Zahl der Motoren je Gerät = Sekundärbedarf an Motoren
            1.500   ·   1   = 1.500
   Primärbedarf Untergestelle · Zahl der Räder je Gestell = Sekundärbed. an Untergest.
             750   ·   4   = 3.000

c) Bruttobedarf an Motoren: $1.500 + 10\% \rightarrow 1.500 + 150 = 1.650$

Bruttobedarf an Rädern: $3.000 + 10\% \rightarrow 3.000 + 300 = 3.300$

d) Motoren:

	Bruttobedarf	1.650
−	Lagerbestand	50
+	Sicherheitsbestand	120
=	Nettobedarf	1.720

Räder:

	Bruttobedarf	3.300
−	Lagerbestand	200
+	Sicherheitsbestand	240
=	Nettobedarf	3.340

e) Grillgeräte: Periode 1:

	Anfangsbestand	150
+	Herstellung	1.500
−	Verkauf	1.600
=	Endbestand	50

Grillgeräte: Periode 2:

	Anfangsbestand	50
+	Herstellung	2.300
−	Verkauf	2.000
=	Endbestand	350

Es müssen 2.300 Grillgeräte produziert werden.

Motoren:

	Sekundärbedarf	2.300
+	Zusatzbedarf (10 %)	230
=	Bruttobedarf	2.530
−	Lagerbestand vor Periode 1	120
+	Sicherheitsbestand	250
=	Nettobedarf (= Beschaffungsbedarf)	2.660

f) Nettobedarf an Motoren unter Berücksichtigung von Vormerk- und Bestellbestand:

Motoren:

	Sekundärbedarf	2.300
+	Zusatzbedarf (10 %)	230
=	Bruttobedarf	2.530
−	Lagerbestand vor Periode 1	120
+	Sicherheitsbestand	250
+	Vormerkbestand	50
−	Bestellbestand	100
=	Nettobedarf (= Beschaffungsbedarf)	2.610

g)

	Sekundärbedarf	
+	Zusatzbedarf	
=	Bruttobedarf	
−	Lagerbestand (AB)	
+	Sicherheitsbestand	
+	Vormerkbestand	
−	Bestellbestand	
=	Nettobedarf (= Beschaffungsbedarf)	

67/3 In einem Industriebetrieb wird bei der Beschaffung einer Rohstoffsorte mit folgenden Bedingungen gerechnet:

Der 3-Monats-Bedarf beträgt 6.000 Stück			
Listenpreis: 10,00 EUR je Stück			
Abnahmemenge	2.000 Stück	4.000 Stück	6.000 Stück
Mengenrabatt	3 %	5 %	10 %
Transportkosten je Bestellung	285,00 EUR	255,00 EUR	225,00 EUR
Bestellkosten je Bestellvorgang: 150 EUR			
Lagerhaltungskosten: 0,025 EUR je Stück			

Wegen der Rabattstaffel wird die Bestellung in Einheiten von 2.000, 4.000 oder 6.000 Stück in Erwägung gezogen. Berechnen Sie die optimale Bestellmenge.

Fall Bestellmenge Bestellvorgänge	I 2.000 Stück 3	II 4.000 Stück 1,5	III 6.000 Stück 1
Beschaffungskosten Rechnungspreis abzüglich Rabatt	EUR = 60.000,00 = 1.800,00	EUR = 60.000,00 = 3.000,00	EUR = 60.000,00 = 6.000,00
Einkaufspreis Transportkosten insgesamt Bestellkosten	= 58.200,00 = 855,00 = 450,00	= 57.000,00 = 382,50 = 225,00	= 54.000,00 = 225,00 = 150,00
Beschaffungskosten	= 59.505,00	= 57.607,50	= 54.375,00
Lagerhaltungskosten $\left(k \cdot \dfrac{M}{2} \cdot t\right) \cdot$ Anzahl der Lagerperioden	$(0{,}025 \cdot 1.000 \cdot 30) \cdot 3$ = 2.250,00	$(0{,}025 \cdot 2.000 \cdot 60) \cdot 1{,}5$ = 4.500,00	$(0{,}025 \cdot 3.000 \cdot 90) \cdot 1$ = 6.750,00
Summe: Beschaffungs- und Lagerhaltungskosten für 6.000 Stück	= 61.755,00	= 62.107,50	= 61.125,00

Die optimale Bestellmenge liegt bei 6.000 Stück (Fall III mit einem Bestellvorgang).

67/4 **Die Maschinenfabrik Walz & Co. KG verbraucht in der Fertigung pro Tag 120 Bolzen aus Spezialstahl. Die Lieferzeit des Herstellers beträgt 14 Tage. Als eiserner Bestand wird der fünffache Tagesverbrauch auf Lager gehalten.**

a) **Unterscheiden Sie Lieferzeit und Beschaffungszeit.**

b) **Berechnen Sie den Meldebestand.**

c) **Nennen Sie zwei Gründe, warum die Maschinenfabrik einen eisernen Bestand hält.**

d) **In welchem Zeitpunkt wird im Lager der Höchststand an Bolzen erreicht und welche Stückzahl umfasst dieser Bestand, wenn die optimale Bestellmenge 2.400 Stück beträgt?**

e) **Beschreiben Sie Möglichkeiten, Grenzen und Auswirkungen, wenn der Mindestbestand herabgesetzt werden soll.**

a) Lieferzeit ist der Zeitraum zwischen Bestellung und Eingang der Ware, während bei der Beschaffungszeit zur Lieferzeit i.e.S. die Zeit für den internen Bestellvorgang sowie die Zeit für die interne Warenannahme und Warenprüfung hinzukommen.

b) MB = (A · T) + R = 120 · 14 + 5 · 120 = 2.280 Stück

c) Verbrauch schwankt, mögliche Transport- und/oder Lieferschwierigkeiten, fehlerhafte Stücke

d) Der Höchstbestand wird nach Eintreffen der bestellten Bolzen erreicht; er beträgt Bestellmenge plus eiserner Bestand = 2.400 + 600 = 3.000 Stück.

e) Möglichkeiten: guter Lieferservice (Pünktlichkeit), mehrere Lieferanten in der Nähe
Grenzen: täglicher Verbrauch · Lieferzeit in Tagen
Auswirkungen: geringere Kapitalbindung, kleinere Lager, unter Umständen Engpässe

---

67/5 Die MONI KG stellt u. a. Monitore für Personalcomputer (PC) her. Durch einen sehr hohen Qualitätsstandard bei marktgerechten Preisen konnte der Marktanteil in den letzten Jahren leicht ausgebaut werden. Sinkende Marktpreise zwingen die MONI KG jedoch zu weiteren Kostensenkungen. Bisher wurde die Materialposition »Monitorgehäuse M 21« nach dem Bestellrhythmusverfahren bestellt. Jetzt soll auf das Bestellpunktverfahren umgestellt werden.

a) Erklären Sie die Unterschiede zwischen diesen Bestellverfahren.

b) Für die Materialposition »Monitorgehäuse M 21« sind am Fabrikkalendertag 181 (FKT) die folgenden Daten gespeichert (Computerauszug):

MONI KG, Mannheim KW 35/FKT 181					
Materialbestand und -bewegungen					
Teile-Nr.: 400.017			Gehäuse M 21		
Bezeichnung: S 21-Zoll-Monitor			Teileart: F		
Meldebestand: ?			Durchschnittsverbrauch/Tag: 75		
Sicherheitsbestand: 900			Beschaffungszeit: 6 Tage		
FKT	Zugang	Abgang	Wert	Lager-bestand	Disp.-Bestand
178	2.400		48.000	2.700	1.800
179		150	3.000	?	1.650
180		140	2.800	?	1.510
181		155	3.100	2.255	1.355

Ermitteln Sie rechnerisch den Meldebestand.

c) Weshalb führt die Änderung des Bestellverfahrens möglicherweise zu einer Kostenersparnis?

d) Wie hoch ist der Lagerbestand (in Stück) an den Fabrikkalendertagen 179 und 180?

---

a) Bestellrhythmusverfahren: Es wird in bestimmten, genau festgelegten Zeitabständen bestellt, z. B. monatlich, vierteljährlich.

Bestellpunktverfahren: Es muss bestellt werden, wenn der Meldebestand (Bestellpunkt) erreicht ist.

b) Meldebestand = Sicherheitsbestand + (Beschaffungszeit · Durchschnittsverbrauch/Tag)
= 900 Stück + (6 Tage · 75 Stück/Tag) = 900 Stück + 450 Stück = 1.350 Stück

c) Da der Verbrauch an Monitorgehäusen nicht gleichmäßig verläuft, wird beim Bestellrhythmusverfahren häufig zu früh bestellt. Das hat zur Folge, dass zu hohe Lagerbestände geführt werden. Wird erst bei Erreichen des Meldebestandes bestellt, können die Kosten, die durch zu hohe Lagerbestände verursacht werden, vermieden werden.

d)

Lagerbestand am Fabrikkalendertag 178	=	2.700 Stück
– Abgang (FKT 179)	=	150 Stück
Lagerbestand am Fabrikkalendertag 179	=	2.550 Stück
– Abgang (FKT 180)	=	140 Stück
Lagerbestand am Fabrikkalendertag 180	=	2.410 Stück

68/6 Ein Unternehmen hat bei einem bestimmten Produkt einen Jahresbedarf von 100.000 Stück. Der Einstandspreis des Produktes beträgt 12,50 EUR je Stück. Unabhängig von der Bestellmenge fallen bei jeder Bestellung fixe Kosten in Höhe von 40,00 EUR an. Der Lagerhaltungskostensatz (= Lagerhaltungskosten · 100/durchschnittlicher Lagerbestand) liegt bei 16 %.

Im Rahmen der Beschaffungsplanung muss entschieden werden, wie oft ein Artikel während des Jahres bestellt werden soll. Werden die 100.000 Stück auf einmal bestellt, fallen 40,00 EUR bestellfixe Kosten und 100.000 EUR Lagerhaltungskosten (100.000 St./2 · 12,50 EUR/St. · 0,16) an.

a) Bei welcher Bestellmenge ist für die genannten Daten die Summe aus Beschaffungskosten und Lagerhaltungskosten am niedrigsten?

b) Wodurch sind die Mehrkosten bedingt

   – bei höheren Bestellmengen,

   – bei niedrigeren Bestellmengen?

c) Für die Bestellmengen 400, 800, 1.200, 1.600. 2.000, 2.400, 2.800, 3.200, 3.600, 4.000 Stück sollen die Beschaffungskosten, die Lagerhaltungskosten, die Gesamtkosten grafisch in einem Koordinatensystem dargestellt werden (Y-Achse: Kosten, X-Achse: Bestellmenge). Bestimmen Sie die optimale Bestellmenge grafisch.

d) Erläutern Sie, wie sich jeweils die optimale Bestellmenge gegenüber der Ausgangssituation ändert, wenn

   – der Jahresbedarf auf 110.000 Stück steigt,

   – der Einstandspreis aufgrund eines Lieferantenrabatts auf 11,25 EUR sinkt,

   – die bestellfixen Kosten auf 55,00 EUR steigen,

   – der Lagerhaltungskostensatz auf 20 % steigt?

a)

Jahresbedarf M = 100.000 Stück Bestellmenge x Stück	Anzahl der Beschaffungsvorgänge $\frac{M}{x}$	Beschaffungskosten			Lagerhaltungskosten $\frac{x}{2} \cdot p \cdot \frac{Lks}{100}$ EUR	Gesamtkosten (Summe der Beschaffungs- und Lagerhaltungskosten) EUR
		Einstandspreis $p \cdot x$ EUR	bestellfixe Kosten $f \cdot \frac{M}{x}$ EUR	insgesamt EUR		
400	250	5.000,00	10.000,00	15.000,00	400,00	15.400,00
540	185	6.750,00	7.407,41	14.157,41	540,00	14.697,41
541	185	6.762,50	7.393,72	14.156,22	541,00	14.697,22
542	185	6.775,00	7.380,07	14.155,07	542,00	14.697,07
543	184	6.787,50	7.366,48	14.153,98	543,00	14.696,98
544	184	6.800,00	7.352,94	14.152,94	544,00	14.696,94
545	183	6.812,50	7.339,45	14.151,95	545,00	14.696,95
800	125	10.000,00	5.000,00	15.000,00	800,00	15.800,00
1.200	83	15.000,00	3.333,33	18.333,33	1.200,00	19.533,33
1.600	63	20.000,00	2.500,00	22.500,00	1.600,00	24.100,00
2.000	50	25.000,00	2.000,00	27.000,00	2.000,00	29.000,00
2.400	42	30.000,00	1.666,67	31.666,67	2.400,00	34.066,67
2.800	36	35.000,00	1.428,57	36.428,57	2.800,00	39.228,57
3.200	31	40.000,00	1.250,00	41.250,00	3.200,00	44.450,00
3.600	28	45.000,00	1.111,11	46.111,11	3.600,00	49.711,11
4.000	25	50.000,00	1.000,00	51.000,00	4.000,00	55.000,00

Ergebnis: Die optimale Bestellmenge liegt im Bereich von 540 bis 545 Stück (544 Stück).

b) Ursachen für die Mehrkosten

   – bei höheren Bestellmengen: Die Steigerung der Einstandspreise und der Lagerhaltungskosten ist stärker als die Einsparung bestellfixer Kosten.

   – bei niedrigeren Bestellmengen: Der Anstieg der bestellfixen Kosten ist stärker als die Einsparung der Einstandspreise und der Lagerhaltungskosten.

c)

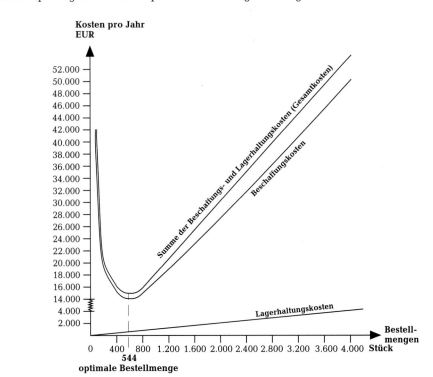

d) – optimale Bestellmenge bei 110.000 Stück Jahresbedarf:

Bestell-menge	Anzahl der Be-schaffungs-vorgänge	Beschaffungskosten			Lager-haltungs-kosten	Gesamt-kosten
		Einstands-preis	bestellfixe Kosten	insgesamt		
Stück		EUR	EUR	EUR	EUR	EUR
544	202	6.800,00	8.088,24	14.888,24	544,00	14.432,24
560	196	7.000,00	7.857,14	14.857,14	560,00	15.417,14
569	193	7.112,50	7.732,86	14.845,36	569,00	15.414,36
570	**193**	**7.125,00**	**7.719,30**	**14.844,30**	**570,00**	**15414,30**
571	193	7.137,50	7.705,78	14.843,28	571,00	15.414,28
580	190	7.250,00	7.586,21	14.836,21	580,00	15.416,21

Ergebnis: Die optimale Bestellmenge erhöht sich von 544 auf 570 Stück.

Erläuterung: Ein höherer Jahresbedarf würde bei gleichbleibenden Bestellmengen mehr Beschaffungsvorgänge auslösen. Dadurch würden die bestellfixen Kosten sprunghaft ansteigen. Durch höhere Bestellmengen werden die Zahl der Bestellvorgänge und damit die bestellfixen Kosten niedriger gehalten.

– optimale Bestellmenge bei einem Einstandspreis von 11,25 EUR:

| Bestell-menge | Anzahl der Be-schaffungs-vorgänge | Beschaffungskosten | | | Lager-haltungs-kosten | Gesamt-kosten |
| | | Einstands-preis | bestellfixe Kosten | insgesamt | | |
Stück		EUR	EUR	EUR	EUR	EUR
544	184	6.120,00	7.352,94	13.472,94	489,60	13.962,54
560	179	6.300,00	7.142,86	13.442,86	504,00	13.946,86
567	176	6.378,75	7.054,67	13.433,42	510,30	13.943,72
570	175	6.412,50	7.017,54	13.430,04	513,00	13.943,04
571	**175**	**6.423,75**	**7.005,20**	**13.428,95**	**513,90**	**13.942,85**
572	174	6.435,00	6.993,20	13.428,20	514,80	13.943,00

Ergebnis: Die optimale Bestellmenge erhöht sich von 544 auf 571 Stück.

Erläuterung: Ein niedrigerer Einstandspreis vermindert das rechnerische Gewicht der variablen Beschaffungskosten und auch der Lagerhaltungskosten. Durch höhere Bestellmengen lässt sich die Anzahl der Bestellvorgänge und damit auch das Gewicht der bestellfixen Kosten vermindern, sodass die Gesamtkosten sinken.

– optimale Bestellmenge bei bestellfixen Kosten von 55,00 EUR:

| Bestell-menge | Anzahl der Be-schaffungs-vorgänge | Beschaffungskosten | | | Lager-haltungs-kosten | Gesamt-kosten |
| | | Einstands-preis | bestellfixe Kosten | insgesamt | | |
Stück		EUR	EUR	EUR	EUR	EUR
544	184	6.800,00	10.110,29	16.910,29	544,00	17.454,29
630	159	7.875,00	8.730,16	16.605,16	630,00	17.235,16
637	157	7.962,50	8.634,22	16.596,72	637,00	17.233,72
638	**157**	**7.975,00**	**8.620,69**	**16.595,69**	**638,00**	**17.233,69**
639	156	7.987,50	8.607,20	16.594,70	639,00	17.233,70
640	156	8.000,00	8.593,75	16.593,75	640,00	17.233,75

Ergebnis: Die optimale Bestellmenge erhöht sich von 544 auf 638 Stück.

Erläuterung: Höhere bestellfixe Kosten erfordern einen Ausgleich durch eine geringere Zahl von Bestellvorgängen bei jeweils größeren Bestellmengen.

– optimale Bestellmenge bei einem Lagerhaltungskostensatz von 20 %:

| Bestell-menge | Anzahl der Be-schaffungs-vorgänge | Beschaffungskosten | | | Lager-haltungs-kosten | Gesamt-kosten |
| | | Einstands-preis | bestellfixe Kosten | insgesamt | | |
Stück		EUR	EUR	EUR	EUR	EUR
544	184	6.800,00	7.352,94	14.152,94	680,00	14.832,94
530	189	6.625,00	7.547,17	14.172,17	662,50	14.834,67
538	186	6.725,00	7.434,94	14.159,94	672,50	14.832,44
539	**186**	**6.737,50**	**7.421,15**	**14.158,65**	**673,75**	**14.832,40**
540	185	6.750,00	7.407,41	14.157,41	675,00	14.832,41
545	183	6.812,50	7.339,45	14.151,95	681,25	14.833,20

Ergebnis: Die optimale Bestellmenge vermindert sich von 544 auf 539 Stück.

Erläuterung: Bei höheren Lagerhaltungskosten muss der Lagerbestand verringert werden, d. h., es müssen die jeweiligen Bestellmengen und damit die Lagerzugänge kleiner gehalten werden.

75/1　»Die deutsche Wirtschaft gehört seit Jahrzehnten zu den Exportweltmeistern. ... In der Beschaffung hingegen besteht in fast allen deutschen Unternehmen, die nicht Teil eines internationalen Produktionsverbundes sind, noch Nachholbedarf: Der Anteil der international beschafften Einsatzgüter am gesamten Beschaffungsvolumen erreicht nur selten 20 %, in aller Regel pendelt die Quote im 10 %-Bereich und darunter.« (Beschaffung aktuell)

a) Welche Vorteile bietet ein international orientiertes Beschaffungswesen?

b) Mit welchen Risiken ist zu rechnen?

a) – Eine bessere Marktübersicht schafft mehr Einsicht in die Preise und Qualität anderer Anbieter

　　– bessere Verhandlungsposition gegenüber inländischen Anbietern

　　– Kennenlernen neuer Produkte (neues Design und neue Technologien)

b) Risiken bei

　　– Transporten

　　– Wechselkursen

　　– der Qualität

　　– unterschiedlichen politischen Systemen

　　– unterschiedlichen Rechtssystemen

75/2　Nehmen Sie Stellung zu der Behauptung, durch die Anfrage eines Kunden und ein darauf folgendes Angebot kommt ein Kaufvertrag zustande.

Die Behauptung ist falsch. Die Anfrage kann nicht Bestandteil eines Kaufvertrags sein, da sie im rechtlichen Sinne keine Willenserklärung ist. Der Anfragende ist an seine Anfrage rechtlich nicht gebunden. Das Angebot bedarf also der Annahme durch eine Bestellung.

75/3　Die Chemische Industrie GmbH in Isny ermittelte einen größeren Bedarf an Propangas in Druckflaschen. Sie erkundigt sich bei der Hydrierwerk KG in Dresden nach den derzeitigen Preisen ab Werk und den Lieferungs- und Zahlungsbedingungen. Voraussichtliche Abnahme etwa 500 Flaschen verschiedener Größe im Monat. Die Zeit und der Umfang der benötigten Teilmengen ist noch unbestimmt. Die Abholung mit eigenem Lkw ist möglich. Entwerfen Sie den Text der Anfrage.

Brieftext: Wir benötigen für unser Sortiment laufend Propangas in Druckflaschen unterschiedlicher Größe. Die monatliche Abnahmemenge beträgt voraussichtlich etwa 500 Flaschen. Der Zeitpunkt und der Umfang der benötigten Teilmengen sind unbestimmt; die Lieferung müsste jeweils auf Abruf erfolgen. Die zu liefernden Flaschen könnten wir mit eigenem Lkw von Ihrem Lager abholen.

Wir bitten um Ihr baldiges Angebot mit Angabe der derzeit geltenden Preise bei Lieferung ab Lager sowie Ihrer Lieferungs- und Zahlungsbedingungen.

75/4　Warum kann das Anbieten von Produkten durch eine Zeitungsanzeige kein Angebot im rechtlichen Sinne sein?

Die Zeitungsanzeige richtet sich nicht an eine bestimmte Person, sondern an die Allgemeinheit. Für den Anpreisenden muss die Möglichkeit bestehen, unerwünschte und die Lieferkapazität übersteigende Bestellungen abzulehnen.

75/5   Warum gibt ein Kaufmann seinen Kunden häufig freibleibende Angebote ab?

Der Kaufmann will die Angebotsbindung offen halten, d.h. die Lieferung überhaupt oder die Preise bzw. die Lieferungs- und Zahlungsbedingungen. Dadurch können mehr Angebote erteilt werden, als maximal Kunden beliefert werden könnten.

75/6   Wie kann sich ein Lieferant verhalten, der kurz nach dem Versand seines brieflichen Angebotes erfährt, dass der Preis für die angebotenen Rohstoffe gestiegen ist?

sofortiger Widerruf mittels Telefon, Telefax, E-Mail, Rückruf des (eingeschriebenen) Angebotsbriefes

75/7   Warum ist ein Angebot mit einem niedrigeren Bezugspreis nicht unbedingt das geeignetere Angebot? Geben Sie an, welche Antwort richtig ist.

a) Weil der Lieferant die Verpackungskosten übernimmt.

b) Weil der Lieferant Skonto einräumt.

c) Weil der Lieferant minderere Qualität anbietet.

d) Weil der Lieferant Zahlung netto Kasse verlangt.

Antwort c): Weil der Lieferant mindere Qualität anbietet.

76/8   a) Was könnte den Einkäufer dazu veranlassen, nicht das billigste Angebot anzunehmen?

b) Was spricht beim Einkauf für die Bevorzugung eines Stammlieferanten?

a) – schlechtes Image des Lieferanten

– schlechtere Qualität

– Lieferprobleme (z.B. mangelnde Zuverlässigkeit)

b) Aufgrund der langjährigen Geschäftsbeziehungen hat man ein begründetes Vertrauen in die Zuverlässigkeit des Stammlieferanten. So kennt man beispielsweise recht gut die Qualitätsstandards des Lieferanten sowie dessen Verhalten bei Mängelrügen.

76/9   Die KÜHLsys GmbH erhielt von zwei Lieferanten jeweils ein Angebot für den gleichen Artikel zu folgenden Bedingungen:

	Angebot A	Angebot B
Listenpreis (netto)	1.000,00 EUR	1.000,00 EUR
Rabatt	5 %	3 %
Skonto	2 %	2 %
Bezugskosten	44,00 EUR	frei Haus

Am Absatzmarkt kann dieser Artikel für 1.600,00 EUR (netto) verkauft werden. Die KÜHLsys GmbH rechnet mit einem Gewinnzuschlag von 40 %.

a) Ermitteln Sie die Preisobergrenze für den Einkauf.

b) Welches Angebot müsste bei sonst gleichen Bedingungen den Zuschlag erhalten?

a) 1.600,00 EUR – 40 % Handelsspanne = 960,00 EUR Bezugspreis (Obergrenze)

b)

	Angebot A		Angebot B	
Rechnungspreis		1.000,00 EUR		1.000,00 EUR
– Rabatt	5 % ≙	50,00 EUR	3 % ≙	30,00 EUR
– Skonto	2 % ≙	19,00 EUR	2 % ≙	19,40 EUR
+ Bezugskosten		44,00 EUR		0,00 EUR
Bezugspreis		975,00 EUR		950,60 EUR

Angebot B erhält den Zuschlag. Es ist das günstigere Angebot und liegt unter der festgesetzten Preisobergrenze.

76/10 Ein Unternehmen kauft von einer Materialsorte 400 kg (Reingewicht) zu 180,00 EUR für 100 kg. Die Verpackung wiegt 10 kg, ihr Selbstkostenwert ist 24,00 EUR.

Über welchen Betrag lautet die Rechnung, wenn »brutto für netto« vereinbart wurde?

Der Rechnungsbetrag lautet auf $\dfrac{(410\ \text{kg} \cdot 180\ \text{EUR/kg})}{100\ \text{kg}} = 738\ \text{EUR}$.

Das Verpackungsgewicht wird wie das Materialgewicht behandelt.

76/11 Die ATM GmbH führt zur Ergänzung ihres Sortiments auch Kindersportsitze. Vom Hauptlieferanten Carrera GmbH liegt ein Angebot mit folgenden Lieferungs- und Zahlungsbedingungen vor.

Carrera GmbH
Angebot

Listenpreis 225 EUR

ab   10 Stück   10 % Rabatt
ab   50 Stück   15 % Rabatt
ab 100 Stück   20 % Rabatt

Lieferung frei Haus
Zahlungsziel 60 Tage
Bei Zahlung innerhalb von
8 Tagen 3 % Skonto

© sergiy1975 - stock.adobe.com

a) Erklären Sie die Angabe »Lieferung frei Haus« im Angebot.

b) Berechnen Sie den Bezugspreis beim Kauf von 100 Kindersportsitzen.

a) Die Carrera GmbH übernimmt die gesamten Transportkosten.

b)

Listenpreis	22.500,00 EUR
– Lieferantenrabatt (20 %)	4.500,00 EUR
= Zieleinkaufspreis	18.000,00 EUR
– Lieferantenskonto (3 %)	540,00 EUR
= Bareinkaufspreis	17.460,00 EUR
+ Bezugskosten (frei Haus)	0,00 EUR
= Bezugspreis	17.460,00 EUR

76/12 Zur Bestellung von 200 Kinderautositzen liegen der ATM GmbH zwei Angebote mit folgenden Lieferungs- und Zahlungsbedingungen vor:

Kinderautositzhersteller	Kids and More KG	Carrera GmbH
Listenpreis pro Stück	38,00 EUR	40,00 EUR
Mengenrabatt	ab 100 Stück 12,5 %	ab 50 Stück 5 % ab 100 Stück 15 % ab 500 Stück 25 %
Lieferungsbedingungen	ab Werk (Fracht 120,00 EUR)	Lieferung frei Haus
Zahlungsbedingungen	60 Tage ohne Abzug	8 Tage 2 % Skonto 30 Tage rein netto

a) Ermitteln Sie den jeweiligen Bezugspreis, wenn die ATM GmbH die Rechnungen immer erst nach 30 Tagen bezahlt.
b) Wie verändert sich Ihr Ergebnis von a), wenn die ATM GmbH die Rechnungen unter Abzug von Skonto begleicht?

a) Kids and More KG:

Listeneinkaufspreis (200 St. · 38,00 EUR/St.)	7.600,00 EUR
– Lieferantenrabatt (12,5 %)	950,00 EUR
= Zieleinkaufspreis	6.650,00 EUR
+ Bezugskosten	120,00 EUR
= Einstandspreis	6.770,00 EUR

Carrera GmbH:

Listeneinkaufspreis (200 St. · 40,00 EUR/St.)	8.000,00 EUR
– Lieferantenrabatt (15 %)	1.200,00 EUR
= Zieleinkaufspreis = Einstandspreis	6.800,00 EUR

b) Kids and More KG:

Einstandspreis	6.770,00 EUR

Carrera GmbH:

Zieleinkaufspreis	6.800,00 EUR
– Lieferantenskonto (2 %)	136,00 EUR
= Einstandspreis	6.664,00 EUR

77/13 Die Buchholz GmbH hat einen neuen Automaten zur Herstellung von Spezial-schraubverschlüssen entwickelt. Sie benötigt für die Produktion Verbindungsele-mente, die sie nicht selbst fertigen kann. Für die Fertigbauteile kommen vier Liefe-ranten infrage.
a) Welche Maßnahmen muss der Bereich Beschaffung ergreifen?
b) Stellen Sie dar, welche Gesichtspunkte für die Auswahl des geeigneten Lieferan-ten wichtig sind.

a) Der Bereich Beschaffung muss
– Angebote einholen, um festzustellen, zu welchen Preisen und Bedingungen die Verbindungselemente bezogen werden können,
– einen Angebotsvergleich vornehmen,
– einen geeigneten Lieferanten auswählen.

b) Angebotspreis, Lieferungs- und Zahlungsbedingungen, Pünktlichkeit, Kunden-dienst, Materialeignung, Produktqualität, Garantieleistungen, Produktpalette, Bera-tung, Innovationsfähigkeit, Image, Lieferzuverlässigkeit, Lieferflexibilität, Koopera-tionsbereitschaft, Eingehen auf Sonderwünsche

a) Was bedeuten die Höchstpunktzahlen in der Entscheidungsbewertungstabelle zur Lieferantenauswahl?

b) Angenommen, der Lieferant B fällt aus (Bild Lehrbuch, Seite 74). Welche zusätzlichen Entscheidungskriterien würden Sie zur Entscheidung zwischen den Lieferanten A und C heranziehen?

a) Die Höchstpunktzahlen stellen eine subjektive Gewichtung der Entscheidungskriterien dar, um eine bestmögliche Lieferantenauswahl zu treffen. Die unterschiedlichen Höchstpunkte spiegeln die Bedeutung der Entscheidungskriterien für den Betrieb wider.

b) – Image des Lieferanten

  – Finanzierungskonditionen

  – Dauer der Geschäftsbeziehungen

  – ethische Aspekte

Bisher erfolgte die Beschaffung der verschiedenen Bauteile eines Monitors bei wenigen Stammlieferanten. In Zukunft sollen neue Bezugsquellen erschlossen werden.

a) Weshalb kann diese Maßnahme möglicherweise zu einer Kostenersparnis führen?

b) Neben Kostengesichtspunkten sind auch andere Gesichtspunkte bei der Entscheidung für einen Lieferanten von Bedeutung. Es liegen nachfolgende Angebote der Lieferanten vor:

Kunststoff GmbH – 79111 Freiburg

Allgemeine Geschäftsbedingungen

Unsere Angebote sind unverbindlich.

Wir sichern Ihnen zu, für unsere Erzeugnisse nur schadstoffarme Materialien zu verwenden. Wir verpflichten uns zur Rücknahme von Altgehäusen bis 10 Jahre nach Kaufdatum.

Die Lieferung erfolgt kostenfrei mit eigenem Lkw.

Für Gewährleistungsansprüche gelten die gesetzlichen Bestimmungen.

Zahlung innerhalb 8 Tagen ohne Abzug.

Spritzgusswerke KG

89081 Ulm — *Ihr Partner bei Kunststoffen –*

Allgemeine Geschäftsbedingungen

Unsere Angebote gelten erst dann als angenommen, wenn diese von uns schriftlich bestätigt wurden.

Die Lieferungen erfolgen per Kurierdienst ab hier und innerhalb von 10 Tagen nach Auftragseingang.

Erfüllungsort und Gerichtsstand ist für beide Teile Ulm.

Die Gewährleistungsfrist beträgt 2 Jahre.

Zahlbar innerhalb 30 Tagen netto. Die Lieferung erfolgt unter Eigentumsvorbehalt bis zur vollständigen Bezahlung des Kaufpreises.

Bereiten Sie die Entscheidung für einen der beiden Lieferanten mithilfe der nachfolgenden Entscheidungsbewertungstabelle (Scoring-Modell) vor. Die Gewichtung der Auswahlgesichtspunkte ist durch die Unternehmensleitung vorgegeben. Bewerten Sie die Gesichtspunkte. Begründen Sie Ihre Entscheidung, indem Sie auf die Bewertung der einzelnen Auswahlgesichtspunkte eingehen.

Entscheidungsbewertungstabelle: Lieferantenauswahl					
		Kunststoff GmbH		Spritzgusswerke KG	
Auswahl-gesichtspunkte	Gewich-tung (G)	Einzel-bewertung (B)	gewichtete Bewertung (GB = G · B)	Einzel-bewer-tung (B)	gewichtete Bewertung (GB = G · B)
Umwelt/Recycling	40				
Gewährleistung	30				
Zahlungsziel	20				
Gefahrübergang/ Erfüllungsort	10				
Summen					
Bewertung: 5 Punkte = sehr gut, 4 Punkte = gut, 3 Punkte = durchschnittlich, 2 Punkte = ausreichend, 1 Punkt = mangelhaft					

a) Neue Lieferanten sind eventuell in der Lage, günstiger zu liefern.

b)

Entscheidungsbewertungstabelle (Scoring-Modell) Lieferantenauswahl					
		Kunststoff GmbH		Spritzgusswerke KG	
Auswahl-gesichtspunkte	Gewichtung	Einzel-bewertung	gewichtete Bewertung	Einzel-bewertung	gewichtete Bewertung
Umwelt/Recycling	40	5	200	1	40
Gewährleistung	30	3	90	5	150
Zahlungsziel	20	1	20	4	80
Gefahrübergang/ Erfüllungsort	10	4	40	3	30
	100		350		300

Die Entscheidung sollte zugunsten der Kunststoff GmbH fallen.

Umwelt/Recycling stellt in der Computerbranche ein sehr wichtiges Entscheidungskriterium dar. Deshalb wurde dieser Auswahlgesichtspunkt am stärksten (40) gewichtet. Auch die unkomplizierte Abwicklung der Gewährleistung ist für die qualitätsorientierte Computerindustrie sehr wichtig. Die Auswahlgesichtspunkte Zahlungsziel und Erfüllungsort gehen mit geringeren Gewichtungsanteilen in die Entscheidungsbewertungstabelle (Scoring-Modell) ein, da sie offensichtlich eine geringe Rolle spielen oder weitgehend als sehr ähnlich vorausgesetzt werden.

3.4 Beschaffungsabschluss

90/1 **Begründen Sie, ob sich bei der Zahlungsbedingung »Zahlung innerhalb 10 Tagen mit 3 % Skonto oder 60 Tage netto Kasse« die Aufnahme eines Bankkredits zu 12 % lohnt.**

Für 50 Tage frühere Bezahlung innerhalb der Skontofrist können 3 % Skonto einbehalten werden. Das entspricht einem Jahreszinssatz von $\dfrac{3\,\% \cdot 360\ \text{Tage}}{50\ \text{Tage}} = 21{,}6\,\%$.

Es ist zinsgünstiger (21,6 % – 12,0 % = 9,6 % Zinsgewinn), für diese Zeit den Bankkredit in Anspruch zu nehmen, um mit Skontoabzug bezahlen zu können.

90/2 Karl Lang e. K., Mainz, macht dem Einzelhändler Fritz Kaiser e. K., Aalen, ein schrift-
liches Angebot über Flaschenweine zu 6,00 EUR pro Flasche bei Abnahme von mindestens 100 Flaschen zu 5,60 EUR. Der Brief wird am 20. Mai zur Post gegeben.

a) **Kaiser antwortet auf das Angebot überhaupt nicht. Welche rechtliche Wirkung
ergibt sich daraus?**

b) **Da am 30. Mai keine Bestellung vorliegt, verkauft Lang die Ware anderweitig.
Am 31. Mai trifft von Kaiser eine Bestellung ein. Wie ist die Rechtslage?**

c) **Aus dem Poststempel und dem Briefdatum ergibt sich, dass Kaiser seinen Bestell-
brief am 23. Mai abends zur Post gegeben hat. Die Zustellung ist offensichtlich
durch die Post verzögert worden. Wie kann sich Lang verhalten?**

d) **Am 22. Mai bestellt Kaiser 40 Flaschen Wein zu 5,60 EUR pro Flasche. Wie kann
sich Lang dazu verhalten?**

e) **Lang, dessen Angebot am 20. Mai verschickt wurde, könnte noch am selben Tag die
Ware günstiger an einen anderen Kunden verkaufen. Was kann er unternehmen?**

a) Das Angebot erlischt.

b) Da das Angebot vor Eintreffen der Bestellung erloschen war, kommt ein Kaufvertrag
nicht zustande. Die Bestellung ist ein neuer Antrag.

c) Lang ist trotz rechtzeitiger Absendung der Bestellung nicht an sein Angebot gebunden. Er sollte Kaiser aber unverzüglich darüber benachrichtigen, dass sich die Post-
zustellung verspätet hatte.

d) Die Angebotsbedingungen wurden durch die Bestellung abgeändert. Ein Vertrag
kommt nicht zustande. Die Bestellung ist ein neuer Antrag.

e) Widerruf des Angebots; er muss spätestens mit dem Angebot beim Kunden eintreffen. Der Widerruf könnte jedoch den Kunden verärgern.

91/3 Einem Kunden sind folgende Angebote gemacht worden:

– Listenpreis 4.160,00 EUR ab Werk, Ziel zwei Monate, bei Barzahlung 2 % Skonto,

– Listenpreis 4.200,00 EUR frei Haus, Ziel zwei Monate netto Kasse oder innerhalb
von 14 Tagen mit 1 % Skonto.

**Welches Angebot ist das günstigere Angebot, wenn für die Fracht 96,00 EUR zu
rechnen sind?**

Angebotsvergleich		
(Beträge in EUR)	1. Angebot	2. Angebot
Listenpreis	4.160,00	4.200,00
– Skonto	83,20	42,00
+ Fracht	96,00	0,00
= Bezugspreis	4.172,80	4.158,00

Das zweite Angebot
mit dem höheren Lis-
tenpreis (4.200,00
EUR) ist für den Kun-
den das günstigere
Angebot, da der Be-
zugspreis nur 4.158,00
EUR beträgt.

91/4 In welchen Fällen kommt durch eine Bestellung

a) ein Kaufvertrag zustande,

b) ein Kaufvertrag nicht zustande?

a) Ein Kaufvertrag kommt zustande, wenn ein mit der Bestellung inhaltlich überein-
stimmendes und verbindliches Angebot vorausgegangen war.

b) Ein Kaufvertrag kommt nicht zustande, wenn

- die Bestellung auf ein unverbindliches Angebot folgte,
- der Bestellung kein Angebot vorausging,
- die Bestellung inhaltlich mit dem vorausgegangenen Angebot nicht übereinstimmte,
- die Bestellung nach Ablauf einer Angebotsfrist erfolgte.

91/5 **Ein Hobbygärtner erhält von einem Solinger Stahlwarenhersteller unbestellt eine Heckenschere zugesandt. Im Begleitschreiben wird mitgeteilt, dass die Schere bezahlt werden müsse, falls sie nicht binnen 14 Tagen zurückgeschickt werde. Der Empfänger ist an der Heckenschere nicht interessiert, legt sie zu den übrigen Gartengeräten und vergisst sie. Nach vier Wochen erhält er eine Mahnung.**

a) Begründen Sie, ob der Empfänger mit der Heckenschere ordnungsgemäß verfahren ist.

b) Muss er den Kaufpreis bezahlen (Begründung)?

c) Wer hat den Schaden zu tragen, wenn die Schere wie die übrigen Gartengeräte durch Regenwasser infolge eines Unwetters verrostet ist?

a) Ja, er hat sie so aufbewahrt, wie er üblicherweise mit seinen Gartengeräten verfährt.

b) Nein, es besteht weder eine Rücksendungs- noch eine Zahlungs- oder Aufbewahrungspflicht (§ 241a BGB).

c) der Stahlwarenhersteller

91/6 **Es wird Ihnen unbestellt eine Sendung Weihnachtspostkarten ins Haus geliefert. Auf dem Begleitschreiben steht: »Bitte zahlen Sie mit beiliegendem Zahlschein innerhalb 14 Tagen 20,00 EUR oder senden Sie die Karten umgehend wieder zurück.« Wie verhalten Sie sich? Begründen Sie Ihr Vorgehen.**

weder Rücksendungs- noch Zahlungs- oder Aufbewahrungspflicht (§ 241a BGB)

91/7 **Stellen Sie bei folgenden Fällen fest, ob ein bürgerlicher Kauf, ein Verbrauchsgüterkauf oder ein Handelskauf vorliegt:**

a) Ein Schüler verkauft seinen MP3-Player an einen Mitschüler.

b) Ein Geschäftsmann kauft für sich in der Apotheke Beruhigungspillen.

c) Ein Industrieunternehmen kauft in einem Schreibwarengeschäft einige Kartons Briefumschläge.

d) Eine Bank kauft aus einem Privatbesitz eine Münzsammlung auf.

e) Die Gemeindeverwaltung kauft bei einem Förster einen Weihnachtsbaum.

a) bürgerlicher Kauf

b) Verbrauchsgüterkauf

c) zweiseitiger Handelskauf

d) einseitiger Handelskauf

e) bürgerlicher Kauf (Verbrauchsgüterkauf, wenn der Förster die Kaufmannseigenschaft erworben hatte)

91/8 **Worin bestehen die Unterschiede zwischen dem Abschluss und der Erfüllung des Kaufvertrages?**

Abschluss	Erfüllung
Vertragspartner verpflichten sich.	Vertragspartner erfüllen ihre Verpflichtungen.
Der Abschluss erfolgt durch die Willenserklärungen des – Verkäufers: Verpflichtung zur Lieferung der Ware und zur Annahme des Kaufpreises; – Käufers: Verpflichtung zur Annahme der Ware und zur Zahlung des Kaufpreises.	Die Erfüllung erfolgt durch den – Verkäufer: Übergabe der Ware und Eintragung des Eigentums, Annahme des Kaufpreises; – Käufer: Annahme der Ware und Zahlung des Kaufpreises.
Durch den Abschluss des Kaufvertrages entstehen Vertragspflichten.	Durch die Erfüllung des Kaufvertrages erlöschen Vertragspflichten.

92/9 **Der Elektrofachhändler Berger e. K., Ulm, hat bei der Elektrogroßhandlung Stark KG, Konstanz, per Telefax zehn Stehlampen Modell »Nordlicht« zum Preis von je 650,00 EUR bestellt. Weitere Vereinbarungen wurden nicht getroffen.**

a) Die Stark KG beauftragt einen Transportunternehmer mit der Auslieferung der Lampen. Wer muss die Transportkosten tragen (Begründung)?

b) Die Lampen wurden bei der Stark KG transportsicher verpackt. Wer muss die Verpackungskosten übernehmen (Begründung)?

c) Beim Transport werden zwei Lampen infolge unsachgemäßen Verladens trotz ordnungsgemäßer Verpackung erheblich beschädigt. Muss Berger e. K. die Lampen abnehmen, bezahlen und den Schaden tragen (Begründung)?

a) Es gilt die gesetzliche Regelung (§ 448 BGB). Danach hat die Kosten der Versendung nach einem anderen als dem Erfüllungsort der Käufer, in diesem Fall also Berger e. K., zu tragen.

b) Die Kosten der Versandverpackung sind Kosten der Abnahme und als solche nach der gesetzlichen Regelung vom Käufer, also von Berger e. K., zu tragen (§ 448 BGB).

c) Hat die Stark KG bei der Auswahl des Transportunternehmers die erforderliche Sorgfalt angewandt, trägt sie kein Verschulden. Der schuldige Teil, der Transportunternehmer, muss für den Schaden einstehen. Berger e. K. muss den Tatbestand erfassen, die Lampen abnehmen, bezahlen und den Schaden beim Transportunternehmer geltend machen.

92/10 **Während des Lkw-Transports vom Verkäufer in Frankfurt zum Käufer in Reutlingen kommen die Produkte abhanden. Der Käufer verweigert die Zahlung des Kaufpreises mit der Begründung, dass im Kaufvertrag die Lieferung »frei Haus« vereinbart war und demzufolge der Verkäufer für das Abhandenkommen hafte. Wie ist die Rechtslage?**

Die Vertragsklausel »frei« bezieht sich auf die Versandkosten, nicht auf den Gefahrübergang. Wenn der gesetzliche Erfüllungsort gilt, erfolgt der gesetzliche Gefahrübergang beim Versendungskauf mit Auslieferung der Ware an den Frachtführer; der Käufer trägt das Verlustrisiko auf dem Transport. Eventuell besteht Schadensersatzpflicht des Frachtführers.

Auszug aus einem Kaufvertrag über die Lieferung von Esszimmermöbeln zwischen dem Möbelhaus Kurt Reiners GmbH, Reutlingen, und der Privatperson Klaus Hügel, Frankfurt a. M.: Lieferung mit Spedition bis spätestens 31. März. Rechnungsbetrag ohne Abzüge zahlbar bis zum 10. April.

Klären Sie die jeweiligen Verpflichtungen der Vertragspartner für folgende drei Fälle.

a) Über den Erfüllungsort gibt es keine vertragliche Vereinbarung.

b) Die vertragliche Vereinbarung lautet »Erfüllungsort für beide Teile ist Reutlingen«.

c) Die vertragliche Vereinbarung lautet »Erfüllungsort für beide Teile ist Frankfurt am Main«.

a) Der Lieferant muss die Ware bis spätestens 31. März dem Spediteur in Reutlingen (Erfüllungsort für die Warenschuld) übergeben. Der Käufer muss das Geld bis spätestens 10. April in Frankfurt (Erfüllungsort für die Geldschuld) auf seine Kosten abschicken. Wenn das Geld allerdings nicht ankommt (z. B. durch Fehlbuchung der Bank), kann der Verkäufer weiterhin Zahlung verlangen.

Wäre der Käufer ein Kaufmann, müsste er dafür Sorge tragen, dass das Geld bereits am 10. April beim Verkäufer eingegangen ist.

b) Für die Warenschuld gilt das Gleiche wie in Fall a). Das Geld muss jedoch bereits am 10. April beim Verkäufer eingetroffen sein (z. B. Kontogutschrift).

c) Die Ware muss bis zum 31. März in Frankfurt beim Käufer eingetroffen sein. Erfüllung der Geldschuld wie in Fall a).

92/12 **Warum ist auch beim Verkauf unter Eigentumsvorbehalt die Zuverlässigkeit des Käufers zu überprüfen?**

Der Eigentumsvorbehalt erlischt, wenn der Käufer die Ware vor der Bezahlung weiterveräußert, verarbeitet, verbraucht. Dann kommt die Herausgabe der Ware nicht mehr infrage; es kann nur noch die Zahlung gefordert werden.

92/13 **Unterscheiden Sie den Kauf auf Probe vom Kauf nach Probe.**

- Kauf auf Probe: Kauf mit Rückgaberecht des Käufers innerhalb einer vereinbarten oder angemessenen Frist.
- Kauf nach Probe: Kauf aufgrund einer Probe oder eines Musters; die Eigenschaften der Probe oder des Musters gelten als vereinbarte Beschaffenheit. Bei wesentlicher Abweichung gegebenenfalls Schadensersatz wegen Nichterfüllung.

92/14 **Welche Vorteile bietet der Spezifikationskauf für den Käufer und den Verkäufer?**

- Vorteil für den Käufer: Er braucht nicht schon bei Vertragsabschluss zu spezifizieren, kann den Gang der Geschäfte abwarten oder Lagerkosten sparen.
- Vorteil für den Verkäufer: Hat die Sicherheit eines größeren Abschlusses, kann die Rohstoffbeschaffung und Fertigung längerfristig planen, die Teilfertigung unter Umständen schon vor der Spezifikation durchführen.

92/15 **Wodurch unterscheiden sich der Kauf auf Abruf und der Bestimmungskauf?**

- Beim Kauf auf Abruf ist für den Käufer die Entscheidung über die genauen Liefertermine offengehalten,
- beim Spezifikationskauf die Entscheidung über die genaue Ausführung der Ware.

92/16 Begründen Sie, um welche Arten von Kaufverträgen es sich in den folgenden Fällen handelt.

a) Privatmann A hat mit Kunsthändler B einen Kaufvertrag über ein echtes Picasso-Gemälde abgeschlossen.

b) Ein Lebensmittelgroßhändler hat mit der Campina AG einen Kaufvertrag über 500 kg Süßrahmbutter abgeschlossen, lieferbar in Teilmengen.

c) Eine Elektrogroßhandlung hat mit einer Leuchtmittelfabrik einen Kaufvertrag über 10.000 Stück Leuchtmittel abgeschlossen, mit dem Zusatz, dass bis zum 15. des nächsten Monats die verschiedenen Wattstärken angegeben werden.

d) Ein Reifenhersteller liefert einem Reifenhändler in Stuttgart neue Winterreifen vom Typ Snowspeed.

e) Ein Farbenhersteller in Karlsruhe beliefert alle Baumärkte in Mannheim. Als Erfüllungsort wurde Karlsruhe vereinbart.

a) – Verbrauchsgüterkauf

    – Stückkauf

b) – zweiseitiger Handelskauf

    – Teillieferungskauf

c) – zweiseitiger Handelskauf

    – Bestimmungskauf (Spezifikationskauf)

d) – zweiseitiger Handelskauf

e) – zweiseitiger Handelskauf

    – Platzkauf

3.5   Beschaffungsrealisation

3.5.1   Überwachung der Vertragserfüllung

3.5.2   Störungen bei der Erfüllung des Kaufvertrages

102/1 Weshalb ist es erforderlich, die Vertragserfüllung zu überwachen?

Die Vereinbarungen des Kaufvertrages müssen von beiden Seiten eingehalten werden. Daher ist es wichtig, dass jede Seite die Einhaltung dieser Verpflichtungen, die Erfüllung des Kaufvertrages, überwacht. Dazu zählen die pünktliche Lieferung am richtigen Ort und zum richtigen Zeitpunkt sowie die Überwachung der vereinbarten Produktmerkmale, damit Ansprüche aus Vertragsstörungen geltend gemacht werden können.

102/2 Welche Kontrollen und Tätigkeiten fallen bei der Überwachung der Vertragserfüllung an?

– terminliche Eingangskontrolle: Überwachung der Lieferzeit und des Zahlungstermins

– sachliche Eingangskontrolle: Prüfung der Sendung auf Inhalt, Richtigkeit und Mangelfreiheit

– Rechnungsprüfung: Prüfung der sachlichen und rechnerischen Richtigkeit

102/3 Welche Hilfsmittel benötigt ein Mitarbeiter, wenn er die Vertragserfüllung überwachen möchte?

Angebot, Bestellung, Kaufvertrag, innerbetriebliche Qualitätsstandards, Lieferschein, Rechnung

102/4 Erstellen Sie eine Tätigkeitenliste, aus der hervorgeht, welche Kontrollen bei der Überwachung der Vertragserfüllung anfallen.

- Liefertermin überwachen
- Warenannahme und Kontrolle der Richtigkeit der Lieferung, der Verpackung und Lieferpapiere
- Kontrolle, ob gelieferte Güter mangelfrei sind
- Zahlungszeitpunkt überwachen

102/5 Geben Sie einen Überblick über die Störungen bei der Erfüllung des Kaufvertrages:

a) Welche Störungen gibt es?

b) Welches sind die jeweiligen Voraussetzungen für das Vorliegen der Störung?

c) Welche Rechte hat der Gläubiger aus dem Kaufvertrag?

Vergleiche Übersicht im Lehrbuch, Seite 101

102/6 Begründen Sie rechtlich und wirtschaftlich, welche Gewährleistungsansprüche Sie in folgenden Fällen geltend machen würden:

a) Ein Reifenhändler liefert runderneuerte Reifen als fabrikneu. Nach einiger Zeit löst sich eine Reifendecke und es entsteht ein Verkehrsunfall, bei dem das Fahrzeug stark beschädigt wird.

b) Ein gelieferter Mantelstoff hat grobe Webfehler, sodass er für die Weiterverarbeitung nicht mehr verwendet werden kann. Ein anderer Lieferant könnte schnell und preisgünstig liefern.

c) Die für die Werkskantine preisgünstig gelieferten Kochtöpfe weisen starke Kratzer auf.

d) Zwei von fünf gelieferten Büroschränken haben leichte Kratzer im Furnier der Seitenwände.

a) Da eine Nacherfüllung nicht möglich ist, kann sofort Schadensersatz verlangt werden, und zwar Schadensersatz statt Erfüllung (§ 437 BGB).

b) Zunächst Nacherfüllung. Wird diese verweigert oder ist diese nicht oder nicht rechtzeitig möglich, dann kann der Käufer vom Vertrag zurücktreten (§§ 323, 437 BGB), weil die schnelle und preisgünstige Lieferung durch einen anderen Lieferanten vorteilhaft ist.

c) Nacherfüllung, und zwar in der Form der Ersatzlieferung, weil die Ware bei einem anderen Lieferanten nicht so preisgünstig beschafft werden kann.

d) Zunächst Nacherfüllung. Wird diese verweigert, dann Minderung des Kaufpreises, weil die Büroschränke trotz leichter Kratzer genutzt werden können (§ 441 BGB).

102/7 Die Metallwerke Eberle KG, Cottbus, hat vor zehn Tagen auf ihre Bestellung vom ... von der Stahlhandel GmbH, Görlitz, eine Lieferung von 10 t Qualitätsstahl Gruppe St 50 erhalten. Eine inzwischen durchgeführte Gussprobe ergab, dass der gelieferte Stahl von geringerer Härte und Elastizität ist als das mit dem Angebot überreichte Muster. Er ist für die zu fertigenden Gussstücke nicht verwendbar. Ein schadhaftes Gussstück und ein Gutachten ihres Chemikers, in dem die Qualitätsabweichung festgestellt ist, wird mitgeschickt. Das ungeeignete Material wird zur Verfügung gestellt.

a) Wie ist die Rechtslage?
b) Auf welche Weise wird die Metallwerke Eberle KG ihre Rechte geltend machen?

a) Die Metallwerke Eberle KG kann den mangelhaften Stahl zur Verfügung stellen und Ersatzlieferung verlangen, welche dem übersandten Muster entspricht. Sie kann, falls ein Schaden entsteht, außerdem Schadensersatz verlangen, da dem Stahl die vereinbarte Beschaffenheit fehlt.

b) Die Metallwerke Eberle KG wird der Stahlhandel AG eine schriftliche Mängelrüge schicken, in der sie die Mängel genau bezeichnet und die beanspruchten Rechte mitteilen wird.

102/8 Welches Recht würden Sie beim Lieferungsverzug in Anspruch nehmen, wenn

a) inzwischen eine Preissenkung bei der bestellten Ware eingetreten ist,
b) die Ware eine Sonderanfertigung für Sie ist,
c) die Ware ein Saisonartikel ist,
d) die Ware nach Ablauf der Nachfrist anderweitig beschafft werden musste?

a) Nach einer angemessenen Nachfrist vom Vertrag zurücktreten.

b) Erfüllung und nach erneuter Mahnung Schadensersatz verlangen.

c) und d) Nach angemessener Nachfrist Rücktritt vom Vertrag und/oder Schadensersatz wegen Nichterfüllung.

102/9 Die Fensterbau GmbH in Rostock bestellte am 5. Mai 20.. entsprechend einem Angebot bei der Metallbau Roller KG, Warnemünde, Metallfensterrahmen, die für die Renovierung einer Schule verwendet werden sollen. Dem Auftraggeber gegenüber hat sich die Fensterbau GmbH verpflichtet, die Fenster während der Sommerferien einzusetzen. Eine mögliche Konventionalstrafe wurde festgelegt. Deshalb wurde der 20. Juni als spätester Liefertermin für die Fensterrahmen vereinbart. Am 25. Juni sind die Fensterrahmen immer noch nicht geliefert.

a) Begründen Sie, ob sich die Metallbau Roller KG in Lieferungsverzug befindet.
b) Welche Rechte stehen der Fensterbau GmbH beim Lieferungsverzug zu?
c) Begründen Sie, von welchem Recht im vorliegenden Fall Gebrauch gemacht werden sollte.

a) Die Metallbau Roller OHG befindet sich im Lieferungsverzug, da sie den kalendermäßig bestimmten Liefertermin nicht eingehalten hat.

b) Ohne Nachfrist:

    – Erfüllung des Vertrages, d. h. Lieferung der Fenster
    – Erfüllung und Ersatz des Verzugsschadens

Nach einer angemessenen Nachfrist:

    – Rücktritt vom Vertrag und/oder
    – Schadensersatz wegen Nichterfüllung

c) Die Sachbearbeiterin wird Erfüllung des Vertrages und Schadensersatz verlangen. Die Fenster sind eine Spezialanfertigung und können von einem anderen Lieferanten nicht so schnell bereitgestellt werden. Die Höhe des Schadensersatzes ist durch die vereinbarte Konventionalstrafe festgelegt.

103/10 Ein Automobilzubehörgroßhändler hat mit einem Lieferanten bestimmte Termine für die Zulieferung von elektrischen Teilen (Spezialanfertigung) vereinbart. Bei Lieferstockung entsteht ein Schaden von täglich 300.000 EUR.

a) Wer muss den Schaden tragen, wenn die Anlieferung wegen einer witterungsbedingten Verkehrsbehinderung auf der Autobahn verspätet erfolgt?

b) Wie kann sich der Automobilzubehörgroßhändler gegen Schäden wegen Lieferungsverzögerung absichern?

a) Da die Lieferungsverzögerung vom Lieferanten nicht verschuldet ist, befindet sich der Lieferant nicht in Verzug, und deshalb müsste der Automobilzubehörgroßhändler den Schaden selbst tragen.

Wurde eine Konventionalstrafe vereinbart, wird der Lieferant in aller Regel für den Schaden aufkommen müssen.

b) Durch die Vereinbarung einer Vertragsstrafe von 300.000 EUR für jeden Tag der Lieferungsverspätung.

103/11 Entscheiden Sie, ob bei folgenden Zahlungsbedingungen eine Mahnung erforderlich ist, um den Schuldner in Verzug zu setzen:

a) »Zahlbar innerhalb von 14 Tagen ab Rechnungsdatum.«

b) »Zahlbar bis spätestens 31. Oktober 20..«

c) »Handwerkerrechnung, deshalb sofort zahlbar.«

a) Mahnung nach § 286 BGB ist nicht erforderlich, da ein kalendermäßig bestimmter Zahlungstermin vorliegt.

b) Mahnung ist nicht erforderlich, da ein kalendermäßig bestimmter Zahlungstermin vorliegt.

c) Mahnung nach § 286 BGB ist nicht erforderlich, da Geldforderungen grundsätzlich 30 Tage nach der Fälligkeit und dem Zugang der Rechnung zu begleichen sind. Ist der Schuldner ein Verbraucher, muss jedoch auf diesen Umstand in der Rechnung hingewiesen werden.

103/12 Der Möbelhersteller Beier KG in Heidelberg lieferte an den Einzelhändler Fröhlich GmbH in Frankfurt Sitzgarnituren im Wert von 68.000 EUR. In den Zahlungsbedingungen wurde vereinbart: »Zahlbar netto bis spätestens 20. November 20..« Die Rechnungsstellung erfolgte am 18. Oktober 20..

a) Wie kann die Beier KG ihre Außenstände überwachen?

b) Prüfen Sie, ob sich die Fröhlich GmbH am 22. November 20.. in Zahlungsverzug befindet.

c) Welche Rechte kann die Beier KG geltend machen, falls Zahlungsverzug eingetreten ist?

a) Außenstände können überwacht werden durch

– Offene-Posten-Liste (Debitorenliste) als DV-Ausdruck,

– Kontenkarten der Debitorenbuchhaltung als Terminkartei,

– Ablage von unbezahlten Ausgangsrechnungen in Terminmappen oder Terminordnern.

b) Da der Zahlungstermin kalendermäßig bestimmt ist (20. November 20..), befindet sich die Fröhlich GmbH am 22. November im Zahlungsverzug.

c) Die Beier GmbH & Co. KG kann die Zahlung und den Ersatz des Verzugsschadens (Verzugszinsen für zwei Tage) verlangen. Sie kann außerdem wahlweise vom Vertrag zurücktreten und die Sitzgarnituren zurücknehmen, sofern diese unter Eigentumsvorbehalt geliefert wurden.

103/13 **Die Hiebler & Stoll KG, Wuppertal, hat sich auf den Innenausbau von Repräsentationsräumen spezialisiert. Am 2. Mai 20.. wird an die Gemeinschaftspraxis Dr. Rist und Dr. Weber, Solingen, eine maßgefertigte Einbauschrankwand termingerecht geliefert, Auftragswert 28.000 EUR. Dr. Rist verweigert die Annahme mit dem Hinweis, sein Kollege sei vor zehn Tagen bei einem Autounfall ums Leben gekommen. Er selbst beabsichtige einen Ortswechsel und sei deswegen an der Lieferung nicht mehr interessiert.**

a) Liegt in diesem Fall Annahmeverzug vor (Begründung)?

b) Welche Rechte stehen der Hiebler & Stoll KG im Falle eines Annahmeverzugs zu?

c) Welches Recht würden Sie im vorliegenden Fall beanspruchen (Begründung)?

d) Stoll schlägt vor, von dem Vertrag zurückzutreten und Dr. Rist auf Abnahme zu verklagen. Wie beurteilen Sie diesen Vorschlag?

e) Hiebler möchte einen Selbsthilfeverkauf durchführen lassen. Prüfen Sie, ob ein Selbsthilfeverkauf in diesem Fall sinnvoll ist (Begründung).

a) Es liegt Annahmeverzug vor, da der Käufer die rechtzeitig gelieferte Ware nicht annimmt.

b) – Einlagerung der Ware
   – Selbsthilfeverkauf
   – Klage auf Abnahme
   – Rücktritt vom Vertrag oder Schadensersatz wegen Nichterfüllung, wenn der Käufer die Ware schuldhaft nicht entgegengenommen hat.

c) Auf Abnahme klagen, da die Schrankwand eine Spezialanfertigung ist.

d) Rücktritt vom Vertrag und Klage ist nicht möglich; Stoll kann aufgrund eines bestehenden Vertrags klagen.

e) – Androhung mit Fristsetzung,
     Mitteilung des Termins und des Versteigerungsortes,
     Mitteilung des Ergebnisses an den Kunden und Abrechnung.
   – Ein Selbsthilfeverkauf ist nicht sinnvoll, da es sich bei der Schrankwand um eine Spezialanfertigung handelt und bei einer Versteigerung kaum ein Käufer gefunden werden könnte.

3.5.3 Verjährung

106/1 **Der Einzelhändler Späth e. K. hat nach langer Zeit dem Lieferanten Großhandel Schöller KG eine Schuld in Höhe von 2.500 EUR beglichen, die bereits verjährt war. Jetzt will er diesen Betrag mit einer neuen Verbindlichkeit gegenüber der Großhandel Schöller KG aufrechnen. Begründen Sie die Rechtslage.**

Verjährung bedeutet nicht das Erlöschen der Forderung, sondern den Verlust der gerichtlichen Durchsetzbarkeit, d. h., die Forderung konnte durch Späth beglichen werden. Er kann jetzt seine Zahlung nicht mehr zurückfordern, auch nicht in Form einer Aufrechnung.

106/2 Sie sind Mitarbeiter der Norddeutschen Elektronic GmbH, Viersen, die elektronische Steuerungen herstellt. Den Verkäufern des Unternehmens liegen folgende Zahlungsbedingungen vor:

2 % Skonto innerhalb von 10 Tagen oder 45 Tage Ziel. Ansonsten gelten die gesetzlichen Regelungen.

Am 25. November 20.. haben Sie nachstehende Außenstände nach folgenden Kriterien zu bearbeiten. Klären Sie, ob der Kunde rechtzeitig und den richtigen Betrag bezahlt hat. Begründen Sie in jedem Fall Ihre Entscheidung. Falls Sie Unregelmäßigkeiten feststellen, beschreiben Sie, welche Maßnahmen Sie ergreifen würden.

a) Koch OHG, Rechnung Nr. 389 vom 28. September 20.. über 3.890 EUR.

b) Agathe Hochadel GmbH, Rechnung Nr. 451 vom 8. November 20.. über 2.500 EUR. Dieser Kunde sandte mit Poststempel vom 23. November 20.. einen Verrechnungsscheck über 2.350 EUR, der heute bei uns eingegangen ist.

c) Maschinenbau AG, Rechnung Nr. 369 vom 15. September 20.. über 5.600 EUR. Der Kunde rügte eine nicht einwandfreie Montage. Die Nachbesserung erfolgte am 15. Oktober 20.. zur Zufriedenheit des Kunden.

d) Waltraud Ehrhardt, Rechnung Nr. 465 vom 11. November 20.. über 5.400 EUR. Laut dem heute eingegangenen Kontoauszug unserer Bank hat die Kundin am 24. November 20.. eine Überweisung in Höhe von 5.292 EUR geleistet.

a) Rechnung seit 13. November fällig: 1. Mahnung veranlassen.

b) Skontofrist überschritten; evtl. Kulanzentscheidung, ob die Restforderung angemahnt werden soll.

c) Zahlungsziel verlängert sich um die Nachbesserungsfrist, also bis zum 30. November. Am 26. November ist der Kunde somit noch nicht im Verzug.

d) Bis zum 21. November durfte Skonto abgezogen werden. Der Betrag ging am 24. November bei der Hausbank ein. Geht man von einer Bearbeitungszeit zwischen den Banken von zwei bis vier Tagen aus, so hat Frau Ehrhardt die Überweisung am Erfüllungsort rechtzeitig abgegeben. Der Skontoabzug ist gerechtfertigt.

4 Zahlungsverkehr

4.1 Zahlungsmittel, Zahlungsarten, Zahlungsinstrumente

4.2 Girokonto (oder Kontokorrentkonto) und Kontokorrentkredit

4.3 Zahlungsverkehr im europäischen Zahlungsverkehrsraum SEPA

118/1 In einer Boutique gibt es die Möglichkeit, mit Karte oder bar zu bezahlen. Kunden mit einer Kundenkarte können auch auf Rechnung einkaufen. Die Bedingungen dafür lauten: »Bei Barzahlung innerhalb von acht Tagen 2 % Skonto oder 30 Tage netto.«

a) Erklären Sie den Begriff Barzahlung.

b) Berechnen Sie den Jahreszinssatz dieses Skontoangebotes.

a) Unter Barzahlung versteht man zunächst einmal die Zahlung mit Bargeld. Im Geschäftsleben zählt aber auch die sofortige oder innerhalb einer bestimmten Frist getätigte Zahlung als Barzahlung, unabhängig davon, ob mittels Bargeld, Scheck oder Karte.

b) 22 Tage früher bezahlen = 2,0 %
360 Tage = x % = 32,7 %

118/2 Nennen Sie Gründe, warum Gläubiger ihren Schuldnern mit der Rechnung einen ausgefüllten Überweisungsauftrag/Zahlschein zusenden.

– Der Schuldner hat den Vorteil, dass alle Daten maschinenlesbar auf dem Formular stehen, außer seiner IBAN und der BIC seiner Bank.

– Der Gläubiger hat den Vorteil, dass Fehler bei den Absender- und Empfängerangaben, dem Verwendungszweck sowie dem EUR-Betrag vermieden werden.

118/3 Prüfen Sie bei Ihrer Bank, ob Sie Daueraufträge zu jedem Termin in Auftrag geben können oder nur zu bestimmten Stichtagen.

Aus Rationalisierungsgründen bieten die Banken in einem bankinternen Rhythmus bis zu vier Stichtage im Monat an, z. B. 1., 10., 20., 25.

118/4 Ein Mieter überlegt, ob er sich im Mietvertrag bezüglich der Bezahlung der monatlichen Miete für einen SEPA-Dauerauftrag oder eine SEPA-Basislastschrift entscheiden soll. Beraten Sie ihn.

– SEPA-Dauerauftrag: Schuldner gibt dem Geldinstitut den Auftrag, regelmäßig gleichbleibende Beträge an denselben Empfänger zu überweisen.

– SEPA-Basislastschrift: Schuldner ermächtigt den Gläubiger, regelmäßig oder unregelmäßig gleiche oder ungleiche Beträge von seinem Konto abbuchen zu lassen.

Die SEPA-Basislastschrift kann vom Schuldner bis acht Wochen nach der Belastung widerrufen und somit der Betrag dem Gläubiger zurückbelastet werden.

119/5 Ein Unternehmer beantragt bei seinem Kreditinstitut, im SEPA-Basislastschriftverfahren seine Kundenforderungen in monatlicher Höhe von 65.000 EUR einziehen zu dürfen. Daraufhin wird er gebeten, in der Kreditabteilung vorzusprechen und die letzten beiden Jahresbilanzen mitzubringen. Begründen Sie das Verhalten der Bank.

Beim SEPA-Basislastschriftverfahren können die Schuldner jederzeit widersprechen. Daraus kann dem Kreditinstitut ein Risiko erwachsen. Hebt der Unternehmer die gutgeschriebenen 65.000 EUR ab und wird mit Rücklastschrift belastet, so gerät er ins Soll und nimmt damit einen Kredit auf. Deswegen erfolgt die Kreditwürdigkeitsprüfung.

119/6 Ein Kaufmann hat monatlich folgende Zahlungsvorgänge zu erledigen: Leasingraten, Umsatzsteuer, Postwertzeichen, Gehälter, Telefonrechnungen, Lieferantenrechnungen.

Stellen Sie in einer Matrix dar, welche Zahlungsmöglichkeiten für ihn im jeweiligen Fall sinnvoll sind.

	Bar-zahlung	SEPA-Einzelüberweisung	SEPA-Dauerauftrag	SEPA-Firmen-Lastschrift
Leasingraten		X	X	X
Umsatzsteuer		X		X
Postwertzeichen	X			
Gehälter		X		
Telefonrechnungen			X	X
Lieferantenrechnungen		X		X

119/7 Ordnen Sie die Scheckarten Orderscheck, Barscheck, Inhaberscheck, Verrechnungsscheck der Tabelle zu.

Unterscheidung nach Art der	Arten des Schecks	
Einlösung		
Übertragung		

Unterscheidung nach Art der	Arten des Schecks	
Einlösung	Barscheck	Verrechnungsscheck
Übertragung	Inhaberscheck	Orderscheck

119/8 Ein Jugendlicher behauptet, die Geldkarte sei unnütz, denn sie würde ja nur zum Geldausgeben verführen. Nehmen Sie dazu Stellung.

Einerseits stimmt die Behauptung nicht, denn statt Bargeld hat man elektronisches Geld in der Tasche und muss mit diesem ebenso sorgsam umgehen. Andererseits verführt das Automatenangebot dazu, elektronisch zu bezahlen, zumal es keine Probleme mit dem passenden Kleingeld gibt.

119/9 Warum spricht man bei den Bank- und Kreditkarten von »Plastikgeld«?

Die Kreditkarte besteht aus Kunststoff (Plastik); sie kann anstelle von Geld zur Zahlung verwendet werden.

119/10 Auch große Kaufhäuser und Einkaufszentren bieten »Kreditkarten« in Form von Kundenkarten an. Suchen Sie Gründe dafür.

Diese Häuser verbinden die Vereinfachung der Zahlungsabwicklung mit ihrer Absatzstrategie: Kunden mit hausgebundenen Kreditkarten kaufen in diesen Geschäften mehr.

119/11 Worin bestehen die Unterschiede der Bankkarte gegenüber der Kreditkarte?

	Bankkarte	Kreditkarte
Ausgabestelle	Geldinstitut	Kartenorganisation
Empfänger	Kontoinhaber mit regelmäßigem Geldeingang	Bezieher ab bestimmten Jahreseinkommen
Jahresgebühr	niedriger	höher
Zusatzleistungen	Nutzung als Geldkarte, Bargeld am Bankomat, Kontoauszug am Drucker	Versicherungsleistungen, Bargeld am Bankomat

119/12 Nennen Sie Vor- und Nachteile der Kreditkarte für den Kartennutzer.

Vorteile	Nachteile
– einfache Handhabung	– jährliche Gebühr
– sicherer, da geringe Bargeldhaltung	– teure Bargeldbeschaffung
– bequem, da weltweit einsetzbar	– Probleme bei defektem Terminal
– immer zahlungsfähig (prestigefördernd)	– Gefahr unüberlegter Spontankäufe
– günstig, da kostenloses Kartenkonto	– erhöhter Verschuldungsgrad
– zinsbringend, da zeitverzögerte Belastung	– möglicher Missbrauch bei Verlust
– zinsloser Kredit	

119/13 In den letzten Jahren wurde das Angebot im elektronischen Zahlungsverkehr erheblich ausgebaut.

a) Wie stehen Sie als Verbraucher zu dieser Zahlungsmöglichkeit?

b) Warum haben Geldinstitute sowie Handels- und Dienstleistungsunternehmen ein Interesse an der Nutzung dieser Zahlungsmöglichkeit?

a) Die Einstellung des Verbrauchers ist grundsätzlich positiv, da er immer liquide ist, im Funktionsbereich der Geldkarte keine Münzprobleme mehr hat und bei größeren Beträgen im In- und Ausland mit der Kreditkarte zahlen kann.

b) Für jeden Kaufmann ist das Halten von Bargeld ein nicht zu unterschätzender Kosten- und Risikofaktor. Außerdem wissen die Kartenanbieter, dass durch das leichtere Handling der »Karten« die Ausgabefreude der Nutzer und damit die Umsätze der Anbieter steigen.

119/14 Welche Zugangsdaten müssen Sie auf einer Homepage für Onlinebanking eingeben?

Kontonummer und PIN, evtl. auch Legitimations-ID und PIN (abhängig von der Bank)

119/15 Erklären Sie die Abkürzung TAN.

TAN = Transaktionsnummer, sie ist ein Einmalpasswort.

a) Die Überweisung lautet auf 328,75 EUR.

b) Der aktuelle Kontostand beträgt 5.314,05 EUR.

c) Beim Onlinebanking lassen sich folgende Funktionen (Anwendungsbereiche) durch-führen: Kontoverwaltung, Kontostand, Kontoauszug, Finanzstatus, Überweisung usw.

d) Der Menüpunkt »Einstellungen« beinhaltet: PIN-Verwaltung (PIN ändern/deaktivie-ren), Sicherheit (Sicherheitsstatus/Auftragslimit ändern), TAN-Verfahren sperren (neue TAN-Liste bestellen/TAN-Verfahren deaktivieren), mobile TAN-Verfahren, TAN-His-torie, Eurogiro Cash direct, Western Union direkt, Vorlagen und Versandarten.

e) Die notwendigen Schritte beim Onlinebanking sind:

1. Internetverbindung herstellen (online)

2. Bank-Homepage laden (z. B.: http//www.postbank.de)

3. Startseite des Onlinebankings laden (Log-in-Seite)

4. Legitimation des Kunden (Kontonummer/PIN)

5. Transaktion vornehmen (z. B. Überweisung)

6. mit TAN bestätigen

7. Transaktion wird von der Bank bestätigt

8. Onlinebanking beenden (Log-out)

9. Internetverbindung trennen (offline)

Vorteile	Nachteile
Flexibilität (24-Stunden-Service), Zeitersparnis, Kostenersparnis, keine beleghafte Buchung notwendig, standardisierte Verfahren	Sicherheit, Gefahr der Manipulation (Phishing, Pharming), Onlinezugang notwendig

Stets prüfen, dass

– der Adressat bekannt ist,

– nur bekannte Empfänger vertrauliche persönliche Informationen erhalten,

– alle Daten, Aufforderungen und Eingaben vertraut und passend erscheinen,

– das Kennwort mindestens acht Zeichen aus Zahlen und Buchstaben umfasst,

– ein Phishingversuch ausgeschlossen ist,

– der Viren- und Firewallschutz aktuell ist,

– am Browser ein Vorhängeschloss angezeigt ist,

– die URL in der Adressleiste steht.

5 Lager- und Transportlogistik

5.1 Ziele und Aufgaben der Logistik

5.2 Interne und externe logistische Kette

124/1 Was versteht man unter der Wertschöpfungskette?

Der Weg und die Wertsteigerungsstufen eines Produktes von der Rohstoffgewinnung über die einzelnen Veredelungsstufen bis zum Verbraucher.

124/2 Ein Kunde bestellt bei einem Sanitärgroßhändler Zweigriff-Waschtischarmaturen.
a) Beschreiben Sie die Wertschöpfungskette vom Hersteller bis zum Verbraucher.
b) Geben Sie an, welche Prozesse diese Bestellung auslöst.

a) Die Wertschöpfungskette hat den Anfang bei der Erzgewinnung. Aus dem Eisenerz wird Stahl gewonnen, aus dem wiederum die Teile wie Schwenkhahn, Armaturensockel und Griffe hergestellt werden. Diese werden verchromt. Daneben werden aus Kupferlegierungen die Ventile sowie Verbindungsrohre hergestellt. Die eingearbeiteten Dichtungen werden aus Kautschuk gewonnen. Diese Halbfabrikate werden zusammengebaut und als Armatur über den Groß- und Einzelhandel bzw. Großhandel und über das Handwerk dem Verbraucher geliefert.

b) Nach Eingang des Kundenauftrags wird überprüft, ob der Artikel am Lager liegt. Ist dies der Fall, so werden Lieferschein, Rechnung und Versandauftrag erstellt. Der Transport vom Großhändler zum Kunden wird organisiert. Nach dem Versand des Artikels wird der Zahlungseingang überwacht. Ist der Artikel nicht am Lager vorrätig, so löst der Kundenauftrag beim Großhändler den Beschaffungsprozess aus. Der benötigte Artikel wird bestellt, der Wareneingang überwacht, die eingegangene Ware kontrolliert und dann an den Kunden weitergeleitet. Die Eingangsrechnung wird kontrolliert und zur Zahlung angewiesen.

124/3 Nennen Sie die »Sieben ‚R' der Logistik«.

Die richtigen Güter zum richtigen Zeitpunkt mit den richtigen Kosten unter Austausch der richtigen Informationen in der richtigen Menge und der richtigen Qualität am richtigen Ort bereitstellen.

124/4 Stellen Sie die interne logistische Kette in einer Übersicht dar.

Siehe Lehrbuch, Seite 123

124/5 Grenzen Sie die interne logistische Kette von der externen logistischen Kette ab.

Die interne logistische Kette ist der Teil der gesamten logistischen Kette, der innerhalb eines Unternehmens abläuft. Die Teile der logistischen Kette, die zwischen den Lieferanten und dem Unternehmen bzw. zwischen dem Unternehmen und den Kunden ablaufen, werden als externe logistische Kette bezeichnet.

124/6 Die Just-in-time-Strategie hat zum Ziel, auf die Lagerhaltung komplett zu verzichten. Untersuchen Sie, welche Vor- und Nachteile sich durch eine Verwirklichung dieses Prinzips ergeben könnten.

Vorteile	Nachteile
– keine Lagerhaltungskosten – sofortige Reaktion auf Änderungen der Marktverhältnisse möglich – keine Kapitalbindung	– die Lieferzuverlässigkeit ist nicht immer gegeben – es besteht eine starke Abhängigkeit vom Lieferanten – Kundenverlust wegen Lieferschwierigkeiten möglich

124/7 Recherchieren Sie im Internet, welche Unternehmen das Pull-Prinzip verwirklicht haben und erklären Sie an diesem Beispiel das Pull-Prinzip.

schülerabhängige Antwort (z. B. HOMAG AG)

Mögliche Erklärung: Die Kundenbestellung löst automatisch per DFÜ beim Lieferanten eine Verbrauchsmeldung aus. Die Bestandsdaten sind beim Lieferanten auch bekannt, sodass ab einer Mindestbestandsmenge an unserem Lager eine Lieferung und damit eine Wiederauffüllung unseres Lagers ausgelöst wird.

5.3 Transportlogistik

134/1 Stellen Sie die Merkmale der einzelnen Verkehrsträger dar.

Siehe Lehrbuch, Seite 126

134/2 Frachtführer Werner e. K. übernimmt 20 t Silikondichtmasse bei der Chemischen Fabrik AG, Hildesheim, zum Transport nach München. Nach der Beladung verlangt der Fahrer vom Absender einen Frachtbrief für diese Ladung. Aus dem Frachtbrief geht u. a. hervor, dass der Empfänger in München die Frachtkosten für diesen Transport übernimmt.

   a) Suchen Sie nach Gründen, die den Frachtführer veranlassen könnten, die Ausstellung eines Frachtbriefes zu verlangen.

   b) Bei Ablieferung der Sendung weigert sich der Empfänger, die Frachtkosten zu bezahlen, da er mit dem Absender »Frei-Haus-Lieferung« vereinbart hätte. Beschreiben Sie die Rechte des Frachtführers.

a) Der Frachtbrief schafft Rechtssicherheit (Beweismittel) über

   – Abschluss und Inhalt des Frachtvertrags,

   – Übernahme des Gutes in einwandfreiem Zustand (von Gut und/oder Verpackung) sowie hinsichtlich der angegeben Anzahl und Art der Packstücke.

Der Frachtbrief dient der Dokumentation der Schnittstellenkontrollen und ist Ablieferungsnachweis.

b) § 420 (1) HGB: Die Fracht ist bei Ablieferung des Gutes zu zahlen.

§ 421 (2) HGB: Der Empfänger hat die noch geschuldete Fracht, die aus dem Frachtbrief hervorgeht, zu zahlen.

§ 421 (4) HGB: Der Absender bleibt zur Zahlung der nach dem Vertrag geschuldeten Beträge verpflichtet.

§ 441 (1) HGB: Der Frachtführer hat wegen aller durch den Frachtvertrag begründeten Forderungen ein Pfandrecht an dem Gut.

Der Frachtführer kann also die Zahlung vom Empfänger verlangen. Zahlt der Empfänger nicht, so kann der Frachtführer die Sendung zurückbehalten, die Zahlung vom Absender verlangen und u. U. sein Pfandrecht ausüben, d. h. die Ware versteigern lassen.

135/3 Die Spedition Weber & Kleinmann OHG bietet die Lösung aller möglichen Beförderungsaufgaben an. Sie betreibt beispielsweise nationale und internationale Sammelladungsverkehre nach über 20 Relationen, fertigt europaweit Lkw-Komplettladungen mit eigenen und fremden Fahrzeugen ab, erledigt Luft- und Seefrachtaufträge nach Übersee.

a) Nennen Sie Vorteile, die sich aus dem Sammelladungsverkehr für den Verlader und den Spediteur ergeben.

b) Häufig wird mit den Versendern ein fester Übernahmesatz für die Abwicklung eines Auftrags vereinbart. Welche kaufmännischen Vorteile bietet dies für den Versender?

c) Vergleichen Sie die Aufgaben eines Spediteurs mit denen eines Frachtführers.

d) In Fachkreisen wird der Spediteur »Architekt des Verkehrs« genannt. Welche Tätigkeiten rechtfertigen diese Bezeichnung?

---

a) Für den Verlader:

– Preisvorteil: Beförderungsentgelt niedriger als bei Einzelversand

– Zeitvorteil: kurze Laufzeiten und regelmäßige Abfahrten

Für den Spediteur:

– Frachtkostenminimierung, da hohe Auslastung der Fahrzeuge

– Verringerung der Abfertigungs- und Behandlungskosten

– Organisationsvorteil, weil Sammeln und Verteilen vom gleichen Apparat (Personal, Büromaschinen, Fahrzeuge) erledigt werden können

b) – Erleichterung der Kalkulation des Verkaufspreises frei Haus

– Möglichkeit des Preisvergleichs zwischen verschiedenen Transportunternehmen

c) – Spediteur berät, sammelt, lagert vorübergehend ein, vermittelt Transportaufträge, vermittelt Einlagerung bei gewerblichen Lagerhaltern, vermittelt Umschlag, Verpackung; besorgt das Ausstellen von Frachtpapieren, Zollformularen, kümmert sich um die Verzollung

– Frachtführer führt Transporte durch, garantiert die sorgfältige Behandlung während des Transports und garantiert die Ablieferung beim Empfänger

d) – Verknüpfung der verschiedenen Leistungsbereiche (Verkehrsträger, Verkehrsmittel, Verkehrswege)

– gegenseitige Abstimmung in zeitlicher und sachlicher Hinsicht

– Auftraggeber erhält die Gesamtleistung von Haus zu Haus zur Verfügung gestellt

135/4 Nennen Sie die Konkurrenten des Eisenbahngüterverkehrs und deren Vor- und Nachteile gegenüber der Bahn.

	Lkw	Binnenschiff
Vorteile	– schneller, flexibler – keine direkten Kosten durch Bau und Unterhaltung des Verkehrsweges – Haus-Haus-Verkehr möglich – dicht ausgebautes Verkehrsnetz	– größere Transporteinheiten – keine direkten Kosten für den Bau und die Unterhaltung des Verkehrsweges
Nachteile	– geringere Transportkapazität je Fahrzeug – größere Unfallgefahr auf der Straße – starke gegenseitige Konkurrenz der Lkw-Unternehmer – hohe externe Kosten	– längere Transportzeiten – Abhängigkeit von Witterungseinflüssen – relativ begrenztes Verkehrsnetz

135/5 Die Maschinenfabrik Weber GmbH, Sömmerda, erteilt der Erfurter Speditionsgesellschaft mbH den Auftrag, den Transport einer Sendung Pumpenaggregate, 14 t, die zum Teil unverpackt zum Versand kommen, nach Lörrach zu besorgen. Der Sachbearbeiter der Spedition schlägt vor, die Sendung in einem 20-Fuß-Container zu verladen und diesen im Kombinierten Ladungsverkehr zu versenden.

Erörtern Sie den Einsatz von Containern.

– umladefreier Haus-Haus-Verkehr
– Einsparung von Versandverpackungen
– Beschleunigung des Transportflusses, weil Umschlagzeiten erheblich verkürzt werden
– Schutz vor Beschädigung durch stabile Außenverpackung
– Schutz vor Verlust durch verschließbare Verpackung
– Container kann als vorübergehendes (auch wetterfestes) Lager verwendet werden

135/6 Die Druckmaschinen AG in Heidelberg versendet drei Buchdruckmaschinen an einen Verlag in Lima/Peru per Seeschiff über Hamburg. Die Verladung erfolgt mit der »Santiago Express«, die im Liniendienst zwischen Hamburg und der südamerikanischen Westküste verkehrt.

Welche Verkehrsmittel können bei der Transportabwicklung eingesetzt werden?

Für den Vorlauf von Heidelberg nach Hamburg können sowohl die Bahn als auch der Lkw oder das Binnenschiff eingesetzt werden. Es hängt von der Größe und dem Gewicht der Ladung ab. Der Nachlauf kann mit dem Lkw oder der Bahn abgewickelt werden.

135/7 Die Saarhütte GmbH, Dillingen, erhält von General Steel Ltd., Veracruz, den Exportauftrag über 5.000 t Stahlträger. Zum Versand kommen die Stahlträger gebündelt à 4 Stück, auf Stauhölzern, mit einer Länge von jeweils 20 m und einem Stückgewicht von 4 t.

Erstellen Sie eine entsprechende Transportvariante unter ökologischen und ökonomischen Gesichtspunkten und begründen Sie Ihre Entscheidung. Gehen Sie davon aus, dass der Zeitfaktor keine Rolle spielt.

Mit Spezialwaggons per Bahn zum Binnenhafen Dillingen/Saar und Umschlag aufs Binnenschiff; per Binnenschiff über Saar, Mosel, Rhein nach Rotterdam; Umschlag bord-to-bord aufs Seeschiff; Seeschiff bis Bestimmungshafen Veracruz.

Die Länge der Stahlträger lässt keinen Lkw-Transport unter normalen Bedingungen zu.

Ein Direkttransport per Bahn mit den Spezialwaggons bis zum Seehafen ist zu teuer.

135/8 **Die Dessauer Maschinenbaugesellschaft GmbH versendet dringend benötigte Ersatzteile, verpackt in zwei Kartons mit einem Gewicht von je 22,8 kg, per Luftfracht nach Melbourne. Der Wert der Sendung beträgt 9.000 USD. Aus dem Luftfrachtbrief geht hervor, dass die Sendung mit der australischen Luftverkehrsgesellschaft verladen wurde. Bei der Ankunft in Melbourne fehlt ein Karton.**

a) Erläutern Sie, warum sich die Dessauer Maschinenbaugesellschaft GmbH für den Versand per Luftfracht entschieden hat.

b) Prüfen Sie, in welcher Höhe der Luftfrachtführer Schadensersatz leisten muss. Zur Anwendung kommt das Montrealer Übereinkommen (1 SZR = 1,219 EUR).

c) Nennen Sie typische Luftfrachtgüter.

a) Die Dessauer Maschinengesellschaft mbH hat sich für Luftfracht entschieden, da diese die schnellste Beförderungsmöglichkeit zwischen Deutschland und Australien ist. Weitere Gründe können die Eilbedürftigkeit der Ersatzteile, der geringe Verpackungsaufwand sowie die niedrige Schadenshäufigkeit sein.

b) Der ausländische Luftfrachtführer haftet nach dem Montrealer Übereinkommen mit 19 SZR je kg brutto: 22,8 kg · 19 SZR/kg · 1,219 EUR/SZR = 528,07 EUR.

c) – eilige Sendungen wie Medikamente, Tiere, Schnittblumen, exotische Früchte, Ersatzteile, Post, Zeitungen

   – wertvolle Güter wie Edelmetalle, Dokumente, Wertpapiere, Wertgegenstände, Banknoten, Münzen

135/9 **Was versteht man unter Tracking and Tracing?**

Unter Tracking and Tracing versteht man Sendungsverfolgung. Mithilfe des Tracking (= Verfolgung) erhält man die Information darüber, wo sich das Gut zu einem bestimmten Zeitpunkt befindet; mithilfe des Tracing (= Rückverfolgung) kann nachgeprüft werden, welchen Weg das Gut bis zu dem Zeitpunkt genommen hat.

5.4 Lagerlogistik

150/1 **Beim Textilhaus Müller e. K. sind Artikel der Damen- und Herrenoberbekleidung zu beschaffen. An den Planungen und Entscheidungen hinsichtlich der zu bestellenden Gesamtmenge sind Mitarbeiter der Abteilungen Einkauf und Lager beteiligt. Es ist schwierig, die möglichst optimale Warenmenge zu beschaffen.**

a) Erörtern Sie die Notwendigkeit der Lagerhaltung.

b) Beschreiben Sie je zwei Folgen

– einer zu großen Bestellmenge,

– einer zu kleinen Bestellmenge.

a) Lagerhaltung sichert dem Unternehmen gleichmäßige Beschäftigung (Lieferfähigkeit, Kundenbedienung), wenn die Anlieferung der benötigten Rohstoffe oder Waren Schwankungen ausgesetzt ist, die auf Ernte, Lieferzeit, Verkehrsstörungen, Streiks beruhen und nicht durch andere Maßnahmen verhindert werden können, wie z. B. Terminabsprache, Liefergarantien.

b) Folgen einer zu großen Bestellmenge können sein:
   – hohe Lagerkosten,
   – Gefahr des Veraltens (Ladenhüter) und damit eventuell verbunden sind Verkäufe mit Verlust, wenn Sonderrabatte gegeben werden müssen, um die Waren rechtzeitig abzustoßen,
   – hohes gebundenes (totes) Kapital.

   Folgen einer zu kleinen Bestellmenge können sein:
   – Kundenverlust aufgrund eines zu geringen Angebots,
   – aufwendige und kostenintensive Nachbestellungen,
   – geringere Lieferantenrabatte,
   – höhere Einkaufspreise.

150/2 **Die Großmarkt GmbH besitzt zehn Supermärkte im norddeutschen Raum, die alle vom Zentrallager in Minden beliefert werden. Im Sortiment befinden sich neben Frischwaren wie z. B. Obst, Gemüse, Milch und Käse auch Lebensmittelkonserven, Tiefkühlkost und Wein. Das Angebot an Non-Food-Artikeln wie z. B. Reinigungsmittel, Kosmetikartikel und Haushaltsgeräte hat man im letzten Jahr vergrößert. Die Einlagerung erfolgt nach dem Prinzip der chaotischen Lagerung.**

a) Erläutern Sie vier Aufgaben der Lagerhaltung am Beispiel der Großmarkt GmbH.

b) Nennen Sie Vorteile, die für die zentrale Lagerung sprechen.

c) Zeigen Sie an drei Artikeln der Großmarkt GmbH, was unter artgerechter Lagerung zu verstehen ist.

d) Beschreiben Sie das Prinzip der chaotischen Lagerung. Geben Sie dabei Voraussetzungen, Vor- und Nachteile an.

e) Erläutern Sie die grundsätzlichen Unterschiede der Lagerung im Zentrallager und in den Supermärkten.

f) Beschreiben Sie mögliche Folgen, wenn bei der Großmarkt GmbH die Eingangskontrolle mangelhaft durchgeführt wird.

a) Für die Großmarkt GmbH erfüllt die Lagerhaltung folgende Aufgaben:
   – Sicherung der Versorgung der zehn Filialen im norddeutschen Raum mit einem ausreichend breiten und tiefen Sortiment,
   – Überbrückung von saisonalen Schwankungen in der Güterproduktion bei Obst und Gemüse in den unterschiedlichen Anbaugebieten,
   – Ausnutzung von Vorteilen des Großeinkaufs für alle Filialen gemeinsam (Mengenrabatte),
   – Wertsteigerung durch die Lagerung bei Wein und Käse.

b) Durch die zentrale Lagerung ergeben sich Vorteile durch
   – Preisnachlässe durch Zentraleinkauf (Mengenrabatte), die an die Kunden weitergegeben werden können,
   – kostengünstigere Anschaffung eines Zentrallagers als Anschaffung von zehn kleineren dezentralen Lagern und dadurch rationelleren Einsatz von Förderzeugen im Zentrallager,
   – dadurch sind weniger Personal
   – sowie geringere Bestände nötig.

c) Obst, Gemüse und Milch müssen gekühlt gelagert werden; Tiefkühlkost in entsprechenden Tiefkühllagerräumen; Wein wird bei längerer Lagerdauer liegend gelagert, um ein Austrocknen der Korken zu verhindern; Reinigungsmittel müssen getrennt von den Lebensmitteln aufbewahrt werden.

d) Bei der chaotischen Lagerung wird ein beliebiger leerer Platz mit der nächsten Lieferung belegt. Dies setzt allerdings voraus, dass die Waren gleiche Abmessungen haben bzw. mit Lademitteln (z. B. Paletten) gleiche Abmessungen geschaffen werden, sowie ein (rechnergestütztes) automatisiertes Ordnungssystem, um die optimale Lagerplatzvergabe zu erreichen.

Vorteil dieser Lagerungsart ist die optimale Lagerplatzvergabe, denn dadurch wird weniger Lagerraum benötigt, was wiederum die Kosten senkt.

Das »Gleichmachen« der Abmessungen durch Ladehilfsmittel kann je nach Abmessungen der Einzelstücke dazu führen, dass Lagerplatz »verschenkt« wird. Weitere Nachteile treten ein, wenn z. B. die Energieversorgung und damit das Ordnungssystem ausfällt.

e) – Zentrallager: einfache Einrichtung, sachliche Anordnung, zweckmäßiger Zugriff für Lagerpersonal

– Supermarkt: Verkaufsraum ist das Hauptlager; Lagerung nach Verkaufsgesichtspunkten (Präsentation, Reihenfolge, verbrauchsgerechte Verpackung, bequemer Zugriff für Kunden)

f) – Mängel werden unter Umständen nicht entdeckt, Beanstandungen und Rückgabe nicht möglich.

– Gefahr für die bereits lagernden Güter, z. B. bei Obst, Gemüse durch Verbreitung von Ungeziefer

– Kundenreklamation, wenn mangelhafte Ware weiterverkauft wird

151/3 **Die Großhandels-AG Paderborn möchte die aus Nordeuropa stammenden Waren bis zu ihrer Auslieferung an Einzelhändler bei einem gewerblichen Lagerhalter zwischenlagern. Eine infrage kommende Lagergesellschaft legt den Lagerverträgen ihre Lagerbedingungen zugrunde, die u. a. folgenden Passus enthalten:**

»Die Lagergesellschaft ist im Falle der Lagerung vertretbarer Sachen zu ihrer Vermischung mit anderen Sachen von gleicher Art und Güte befugt. Wird dies allerdings vom Einlagerer nicht gewünscht, so muss er dies vor der Einlagerung ausdrücklich schriftlich mitteilen.«

a) Beschreiben Sie die Gefahr, die sich durch Sammellagerung für den Einlagerer ergibt.

b) Durch welche Vorsorgemaßnahmen kann sich der Einlagerer vor den Risiken der Einlagerung bei gewerblichen Lagerhaltern schützen?

c) Nennen Sie Serviceleistungen der Lagergesellschaft, die das Einlagern bei gewerblichen Lagerhaltern für den Auftraggeber attraktiv machen.

d) Welche Vorteile ergeben sich für die Großhandels-AG durch die Fremdlagerung?

a) Der Einlagerer erhält möglicherweise Güter schlechterer Qualität (Getreide) zurück.

b) – sorgfältige Auswahl des Lagerhalters

– Abschluss einer Lagerversicherung

– Wahrung seines Rechts auf Besichtigung des Lagerguts und

– Entnahme von Proben

c) – sorgfältige Überwachung des Lagergutes durch Fachpersonal
   – Ein- und Auslagerung mit Spezialeinrichtungen
   – Bestandsüberwachung nach der Menge (Inventur)
   – Aufzeichnung der Bestände (Kartei, Inventar) und der Veränderungen (Eingangs- und Ausgangslisten)
   – Zufuhr zum Kunden durch Personal und Fahrzeuge der Lagergesellschaft

d) – Einsparung von Lagerinvestitionen (Gebäude, Fahrzeuge, Lagereinrichtungen)
   – möglicherweise Einsparung von Lagerkosten, da keine Leerkosten für nicht belegte Lagerflächen berechnet werden
   – Nutzung spezieller Einrichtungen für besondere Lagergüter (z. B. Kühlung) auch bei geringeren Mengen
   – Lagergesellschaft erledigt die Lagerverwaltung (Überwachung, Ein- und Auslagerung, Buchhaltung)

151/4 Erläutern Sie, was unter Wegeoptimierung verstanden wird, und nennen Sie Waren, bei denen eine Wegeoptimierung notwendig ist.

Unter Wegeoptimierung versteht man, dass bei Zusammenstellung einer Kommission möglichst kurze Wege zwischen dem Lagerort der Ware und dem Kommissionierungsplatz zurückgelegt werden sollen. Diese Forderung wird am besten erfüllt, wenn die Entnahmen in der Reihenfolge der Einlagerungsorte (Regalfeld, Regalfach) erfolgt.

Auf die Wegeoptimierung muss besonderer Wert gelegt werden bei Waren, die häufig angefordert werden. Eine Wegeoptimierung erübrigt sich bei Waren, die selten angefordert werden.

151/5 Vergleichen Sie die manuelle mit der automatischen Kommissioniertechnik.

manuelle Kommissioniertechnik: Hier steht der Mensch im Vordergrund. Die Ware wird entweder vom Menschen aus den Lagerregalen entnommen (Mann-zur-Ware-System) oder die Ware wird zum Kommissionierplatz gebracht und dort vom Menschen entnommen (Ware-zum-Mann-System).

automatische Kommissioniertechnik: Den kompletten Kommissioniervorgang übernimmt ein Automat, der elektronisch gesteuert wird.

151/6 Die Getränkegroßhandlung Rebstock OHG in Beutelsbach möchte in das lukrative Geschäft mit »Beaujolais Primeur« einsteigen, der jährlich Mitte November auf den Markt kommt und für zwei Monate gute Umsätze verspricht. Da dieser Artikel aber nur vorübergehend im Sortiment ist, prüft die Geschäftsleitung, den Wein in einem nahe gelegenen Lagerhaus einzulagern.

An Kosten fallen an:

– **bei Eigenlagerung:**
  fixe Lagerhaltungskosten   4.000,00 EUR
  variable Lagerhaltungskosten   0,50 EUR/Karton

– **bei Fremdlagerung:**   3,00 EUR/Karton

a) Wägen Sie Vor- und Nachteile dieser beiden Lagerarten ab.

b) Nennen Sie je drei typische fixe bzw. variable Lagerhaltungskosten.

c) Führen Sie den rechnerischen Nachweis für die Lagermenge durch, ab der sich die Eigenlagerung lohnt.

a) – Vorteile des Eigenlagers:

  – Zugriff jederzeit möglich
  – Bearbeitung der Lagergüter erleichtert
  – Spezialbehandlung durch eigenes Fachpersonal
  – keine Zeitverzögerung durch Abholung

  – Vorteile des Fremdlagers:

  – Benutzung von Spezialeinrichtungen auch bei geringen Mengen möglich
  – keine Investitionskosten für Gebäude und Lagereinrichtungen
  – keine Leerkosten für nicht belegte Lagerflächen
  – Lagerhalter erledigt die Lagerverwaltung
    (Überwachung, Ein- und Auslagern, Buchhaltung)

b) – typische fixe Lagerhaltungskosten: Gebäudeversicherung, Abschreibung, Personalkosten

  – typische variable Lagerhaltungskosten: Energiekosten, Instandhaltungskosten, Lagerzinsen

c) kritische Lagermenge: 4.000,00 EUR + 0,50 EUR/Karton = 3,00 EUR/Karton
                                              4.000,00 EUR = 2,50 EUR/Karton
                                              1.600 Kartons = x

Ab einer Menge von 1.600 Kartons lohnt sich die Eigenlagerung.

152/7 **Eine Wirtschaftlichkeitsprüfung ergab, dass im Beschaffungs- und Lagerbereich die Kosten zu hoch sind. Als Konsequenz soll das Lagerwesen effektiver organisiert werden.**

a) Nennen Sie sechs Kostenarten, die im Lager entstehen.

b) Aus der Lagerbuchhaltung liegen folgende Informationen vor:

Anfangsbestand:	**320.000 EUR**
12 Monatsbestände:	**4.360.000 EUR**
Umsätze zu Einstandspreisen:	**1.296.000 EUR**

Berechnen Sie folgende Lagerkennzahlen:
– **durchschnittlicher Lagerbestand,**
– **Umschlagshäufigkeit,**
– **durchschnittliche Lagerdauer,**
– **Lagerzinssatz bei einem Jahreszinssatz von 12,6 %.**

c) Für die Umorganisation des Lagerwesens liegen folgende Empfehlungen vor:
– **Das System der chaotischen Lagerhaltung soll eingeführt werden.**
– **Ein Teil der Waren soll fremdgelagert werden. Hierfür sind folgende Daten bekannt:**
  – **Kosten bei Fremdlagerung: 3,50 EUR/Stück.**
  – **Kosten bei Eigenlagerung: 64.000 EUR fix + 1,50 EUR pro Stück.**
  – **Es soll vermehrt auf Streckengeschäfte umgestellt werden.**
Beurteilen Sie die einzelnen Empfehlungen.

a) Personalkosten, Versicherungskosten, Abschreibungen, Miete, Energiekosten, Zinsen u. Ä.

b) – durchschn. Lagerbestand $= \dfrac{320.000\ \text{EUR} + 4.360.000\ \text{EUR}}{13} = 360.000\ \text{EUR}$

  – Umschlagshäufigkeit $= \dfrac{1.296.000\ \text{EUR}}{360.000\ \text{EUR}} = 3{,}6$

  – durchschn. Lagerdauer $= \dfrac{360\ \text{Tage}}{3{,}6} = 100\ \text{Tage}$

  – Lagerzinssatz $= \dfrac{12{,}6\ \% \cdot 100\ \text{Tage}}{360\ \text{Tage}} = 3{,}5\ \%$

c) – chaotische Lagerung: Dadurch kommt es zu einer Optimierung der Lagerkapazitätsauslastung, da die Einlagerung DV-gesteuert an geeignete freie Plätze vorgenommen wird; allerdings muss u. U. die DV-Anlage beschafft werden.

– Eigen- oder Fremdlagerung:
3,50 EUR/St.   = 64.000,00 EUR + 1,50 EUR/St.
2,00 EUR/St. · x = 64.000,00 EUR
                    x = 32.000 St.

Bis zu einer Lagermenge von 32.000 Stück lohnt sich die Fremdlagerung; darüber hinausgehende Lagermengen sollten im eigenen Lager gelagert werden.

– Streckengeschäft: Eine Kostensenkung ist möglich, da die Waren direkt vom Lieferanten zum Kunden gehen; es fallen keine eigenen Lager- und Frachtkosten mehr an.

152/8 **Der Warenbestand eines Handelsbetriebes betrug zu Beginn eines Geschäftsjahres 220.000 EUR, am Ende des Jahres 260.000 EUR. Im Verlauf des Jahres wurde für 2.200.000 EUR eingekauft. Der Verkaufsumsatz betrug 2.570.000 EUR.**

a) Ermitteln Sie den Wareneinsatz.

b) Wie hoch war der durchschnittliche Lagerbestand?

c) Wie groß war die Umschlagshäufigkeit des Warenlagers?

d) Ermitteln Sie die durchschnittliche Lagerdauer.

e) Welcher Lagerzinszuschlag wäre bei der Kalkulation der Waren zu berücksichtigen, wenn für ein Darlehen zur Finanzierung der Lagerinvestitionen 9 % Zinsen zu entrichten wären?

a) 220.000 EUR + 2.200.000 EUR = 2.420.000 EUR
2.420.000 EUR – 260.000 EUR = 2.160.000 EUR

b) $\dfrac{220.000 \text{ EUR} + 260.000 \text{ EUR}}{2}$ = 240.000 EUR

c) 2.160.000 EUR : 240.000 EUR = 9

d) $\dfrac{360 \text{ Tage}}{9}$ = 40 Tage

e) $\dfrac{9\% \cdot 40 \text{ Tage}}{360 \text{ Tage}}$ = 1 %

5.5   Logistikdienstleister

153/1 **Was versteht man unter Logistikdienstleister?**

Logistikdienstleister sind gewerbliche Unternehmen, die für andere Unternehmen logistische Leistungen erbringen.

153/2 **Wodurch unterscheiden sich 3PL-Provider von 4PL-Providern?**

3PL-Provider erbringen die logistischen Leistungen mit eigenen Betriebsmitteln, während 4PL-Provider unterschiedliche Logistikanbieter einsetzen und koordinieren.

153/3 **Nennen Sie Vorteile durch den Einsatz von Logistikdienstleistern.**

– Kostensenkung in Bereichen wie Personal, Transport und Logistikabwicklung
– Qualitätssteigerung bei der Logistikleistung

6 Leistungserstellung im Industrieunternehmen

6.1 Bereiche industrieller Tätigkeit

6.2 Bestimmungsfaktoren des Produktionsprogramms

156/1 Grenzen Sie die Begriffe strategische, taktische und operative Planung gegeneinander ab.

Die Begriffe legen die unterschiedlichen Zeithorizonte der Produktionsprogrammplanung fest, die durch unterschiedliche Bestimmungsfaktoren beeinflusst werden:

- strategische Programmplanung: langfristige Festlegung der Produktfelder des Unternehmens, abhängig von grundsätzlichen Überlegungen des Unternehmens: Standort des Unternehmens, gesetzliche Rahmenbedingungen, ...

- taktische Programmplanung: mittelfristige Festlegung von Varianten einzelner Produktfelder, abhängig vom Stand des technischen Fortschritts, Modetrends, konjunkturellen Entwicklungen, ...

- operative Programmplanung: kurzfristige Festlegung von Produktionsmengen, abhängig von den zur Verfügung stehenden betrieblichen Kapazitäten, den Marktgegebenheiten, ...

156/2 »Wer an der Forschung und Entwicklung spart, verliert auch den wirtschaftlichen Anschluss.«
Begründen Sie die Richtigkeit dieser Aussage.

In den vergangenen Jahrzehnten ergab sich durch die Internationalisierung der Märkte und gerade auch durch technischen Fortschritt ein Wandel vom Verkäufer- zum Käufermarkt. Dieser ist gekennzeichnet durch einen hohen Grad der Sättigung und von kurzen Produktlebenszyklen. Um neben den zahllosen Konkurrenten bestehen zu können, müssen ständige Produktverbesserungen und Produktneuheiten entwickelt werden. Ohne eigene Forschung und Entwicklung ist dies heute kaum möglich. In diesem Bereich zu sparen, kann mittelfristig die Existenz des Unternehmens gefährden.

156/3 Der Staat gibt große Summen für Forschung und Entwicklung aus. Warum unterstützt er zusätzlich noch Forschung und Entwicklung im Unternehmensbereich?

Grundsätzliche Neuerungen können auch durch praktische Probleme angestoßen werden, die sich durch Produktentwicklungen oder -verbesserungen ergeben. In modernen Volkswirtschaften ist die Erkenntnis vorhanden, dass staatliche Aktivitäten sich eher auf den Grundlagenbereich beschränken sollten. Eine Einflussnahme auf den Fortschritt kann jedoch dadurch erfolgen, dass durch gezielten öffentlichen Mitteleinsatz privatwirtschaftliche Unternehmen zu Forschungs- und Entwicklungsaktivitäten angeregt werden. Das Gewinnstreben leistet dabei ein Übriges. Privatwirtschaftliche Erfolge führen außerdem zu einer Erhöhung des Wohlstandes einer Volkswirtschaft (Steuereinnahmen, wirtschaftliche Stabilität). Dadurch fließen die eingesetzten finanziellen Mittel über Umwege wieder zurück an den Staat.

156/4 Welche Gründe sprechen für eine enge Zusammenarbeit zwischen den Unternehmensbereichen Forschung und Entwicklung?

Während Forschung das nachprüfbare Suchen, Formulieren und Lösen von Grundproblemen nach wissenschaftlichen Methoden darstellt, ist Entwicklung darauf gerichtet, Erzeugnisse zur Produktionsreife zu führen.

Forschung stellt in der Regel als Ergebnis neues und grundsätzliches Wissen zur Verfügung. Dieses Wissen kann nun unmittelbar in der Entwicklung von Erzeugnissen umgesetzt werden.

156/5 a) Wann sind Produkte umweltverträglich?

b) Nennen Sie Maßnahmen, durch die die Materialbeschaffung, die Produktion und der Vertrieb eines Unternehmens umweltverträglich werden.

a) Produkte sind umweltverträglich, wenn bei deren Herstellung und Gebrauch das Entstehen von Abfällen vermindert sowie schädliche Auswirkungen auf die Umwelt vermieden werden. Die umweltverträgliche Verwertung und Beseitigung der nach deren Gebrauch entstandenen Abfälle muss sichergestellt sein.

Dazu gehört:

- Die Werkstoffe eines Produktes sollen am Ende des Lebenszyklus entweder als Sekundärrohstoffe wieder in die Produktion einfließen oder biologisch abbaubar sein oder, falls vertretbar, unbedenklich verbrannt werden können.
- Abfallreduzierung durch Verkleinerung der Geräte, Lebensdauererhöhung und Demontagefreundlichkeit, was eine Mehrfachverwendung einzelner Bauteile ermöglicht
- Abfallverwertung wird ermöglicht durch Verkleinerung der Bauteile, Vermeidung von Press- und Klebeverbindungen, Werkstoff- und Bauteilekennzeichnung, Werkstoffverträglichkeit bezüglich der Umwelt, Vermeidung von Beschichtungen, welche die Werkstoffvielfalt minimiert.
- umweltgerechte Entsorgung durch schadstoffarme Werkstoffauswahl

b) Umweltverträgliche Produktion:

- Luftreinhaltung: Reduzierung der Lösemittelemissionen,
- Klimaschutz: Vermeidung des CO_2-Ausstoßes,
- Ressourcen: Schonung, verstärkte Einrichtung von Kreislaufsystemen (Roh-, Hilfs- und Betriebsstoffe, Wasser), abfallarme Produktion.

Umweltverträgliche Materialbeschaffung und Vertrieb:

- Recyclinggarantie für ausgediente Geräte,
- getrennte Sammlung und Entsorgung des Abfalls,
- ausschließliche Verwendung von chlorfrei gebleichtem Papier,
- klimaneutrale Projekte an Geschäftsgebäuden,
- Realisierung bauökologischer Ziele am Unternehmenssitz,
- Förderung des öffentlichen Verkehrs dank fortschrittlicher Mobilitätskonzepte,
- Installation einer Fotovoltaikanlage auf dem Dach des Hauptsitzes. Der produzierte Strom wird in das Netz eingespeist.

Von der Produktidee zur Produktkonkretisierung:

Ermitteln Sie Fragestellungen, unter denen Sie für die folgenden Produktideen eine Produktplanung vornehmen:

- **Smartphone am Handgelenk,**
- **Mehrwegdosen für den Getränkehandel,**
- **Lawinenairbag.**

Maßnahmen zur Produkt- planung	Smartphone am Handgelenk	Mehrwegdosen für den Getränkehandel	Lawinenairbag
Absatzmarkt	– Sind Marktforschungsergebnisse vorhanden? – Welcher Entwicklungsstand liegt für das Unternehmen vor?		
Forschung und Entwicklung	– Welche technischen Probleme sind zu lösen?		
Rechtsschutz	– Gibt es bereits einen Erzeugnis- und Geschmacks- musterschutz?	– Gibt es bereits einen Verfahrens- schutz für die Herstellung?	– Gibt es bereits einen Ergebnis- und Gebrauchsmuster- schutz?
Kosten	– Welche Kosten entstehen, und in welcher Höhe?		
Umwelt- verträglichkeit	– Welche Emissionen entstehen bei der Produktion? – Werden schadstoff- geprüfte Materia- lien verwendet? – Wie kann der Energiebedarf bei der Nutzung minimiert werden?	– Welche Emissionen entstehen bei Pro- duktion, Transport, Wiederverwendung und Entsorgung? – Ist eine Ökobilanz für das Produkt positiv zu bewerten?	– Ist eine Ökobilanz für das Produkt positiv zu bewerten? – Werden schadstoff- geprüfte Matrialien verwendet?

rechtliche Vorschriften	– Gibt es gesetzliche Vorschriften zu beachten bezüglich
	   – des Kreislaufwirtschaftsgesetzes,
	   – der Rücknahmeverpflichtung des Handels?		

Kapazitätsaus- stattung	– In welchem Umfang müssen neue Kapazitäten eingerichtet werden?		
Qualitäts- sicherung	– Welche Maßnahmen der Qualitätssicherung müssen getroffen werden?		
	– Welchen Einfluss kann das Produkt- haftungsgesetz auf das Qualitätsma- nagement haben? – Welche Maßnahmen gegen Elektrosmog (Abschirmung) sind zu ergreifen?	– Sind besondere Qualitätsmerkmale bei Beschichtungs- verfahren zu beachten?	– Welchen Einfluss kann das Produkt- haftungsgesetz auf das Qualitätsma- nagement haben?

164/1 Die Konstruktionsabteilung erhält aufgrund eines Kundenauftrages zur Herstellung von 1.000 Gartentischen die Aufgabe, eine Gesamtzeichnung und die dazugehörige Konstruktionsstückliste zu erstellen. Die Konstruktionsstückliste sollte nach folgendem Schema aufgebaut sein:

lfd. Nr.	Menge	Teile-Nr.	Benennung	Material	Hinweise

Folgende Angaben sind vorhanden:

- Vier Tischbeine, 70 cm hoch, Stahlrohr, durch Quer- und Längsstreben verbunden.
- Eine Tischplatte, 60 x 120 x 3, Holz.
- Die Tischplatte wird mit sechs Winkeleisen an der Stahlrohrkonstruktion befestigt (jeweils zwei Schrauben).
- Die Tischbeine erhalten als Sockel Kunststoffabdeckungen.

– Gesamtzeichnung (nicht maßstabgerecht):

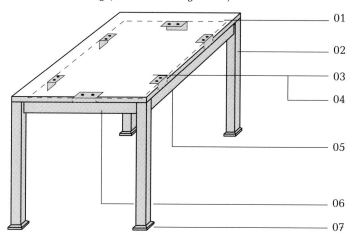

– Konstruktionsstückliste:

lfd. Nr.	Menge	Teile-Nr.)*	Benennung	Material	Hinweise
01	1		Tischplatte	Spanplatte, furniert	Kanten gerundet
02	4		Tischbein	Stahlrohr	
03	6		Winkeleisen		gehärtet
04	12		Schraube		Senkkopf
05	2		Längsstrebe	Stahlrohr	
06	2		Querstrebe	Stahlrohr	
07	4		Sockel	Kunststoff	

)* Eine Klassifizierung kann frei gewählt werden. Hier kann auf die Bedeutung der einheitlichen und systematischen Klassifizierung (Nummerierung) von Teilen eingegangen werden.

164/2 Stellen Sie einen vereinfachten Arbeitsplan auf, um den von Ihnen konstruierten Gartentisch (vgl. Aufgabe 1) in der Abteilung Endmontage zusammenbauen zu können.

Vereinfachter Arbeitsplan:

Arbeitsvorbereitung		Arbeitsplan Montage Gartentisch				
Datum:						
Bearbeiter:						
AVO)*	Beschreibung	Kost.St.	Werkzeuge/Betriebsstoffe	tr)**	te)** (St.)
10	Tischplatte auf Gestell schrauben	2240	Montagevorrichtung, Bohrschrauber	8	2,5
20	Sockel in Tischbein einfügen	2240		5	2,0
30	Endkontrolle	2250			2,0
40	Tische versandfertig verpacken	2240		15	5,0

)* AVO = Arbeitsvorgangsnummer
)** tr = Rüstzeit; te = Stückzeit, jeweils in Minuten

164/3 Begründen Sie, weshalb Konstruktionsdaten (z.B. Stücklisten) in modernen Industriebetrieben unmittelbar in der zentralen Datenbank gespeichert werden.

Die Konstruktionsdaten werden in einer zentralen Datenbank erfasst und können somit allen am Leistungserstellungs- und -verwertungsprozess Beteiligten zur Verfügung stehen. Die zentrale Datenerfassung und -verwaltung bietet mehrere Vorteile:

– Alle beteiligten Bereiche besitzen gemeinsame Datenbestände.

– Zeitersparnis bei der Datenerfassung, da Mehrfacharbeiten entfallen

– Fehlervermeidung durch einmalige Datenerfassung

– zentrale Datenaktualisierung: Die Daten stehen unmittelbar danach allen Beteiligten zur Verfügung

165/4 Klären Sie, welche Bedeutung Stücklisten haben für

– **die Fertigung,**

– **die Bedarfsermittlung und die Materialdisposition,**

– **das Ersatzteilwesen,**

– **die Kalkulation.**

Bedeutung der Stücklisten für:

– Fertigung: Die Stücklisten (z.B. Fertigungsstückliste) gehen mit dem Fertigungsauftrag in die Werkstatt und stellen einen Teil der Werkstattpapiere dar. Sie sind nach Fertigungsgesichtspunkten sortiert und dienen der Planung, Organisation, Vorbereitung und Abwicklung der Fertigung eines Erzeugnisses. (Aufgrund einer vorgegebenen Stückliste ergibt sich die zwangsläufige Abfolge der Fertigungsschritte.)

– Bedarfsermittlung: Durch einfache Multiplikation der Auftragsmenge mit dem Teilebedarf gemäß den Stücklisten wird der Gesamtbedarf sofort ersichtlich. Aus der Bedarfsermittlung können DV-gestützt unmittelbar Bestellvorschläge abgelesen und Bestellungen durchgeführt werden.

- Materialdisposition: Eine Produktionsbereitschaft ist heute bei der hohen Teilevielfalt und unter dem starken Preis- und Kostendruck nur gewährleistet, wenn eine auftrags- bzw. programmgesteuerte Teiledisposition eingeführt ist. Durch Aufteilung in unterschiedliche Stücklistenarten und unter Berücksichtigung der Vorlaufverschiebung lässt sich das Material zeitlich und mengenmäßig genau einplanen.

- Ersatzteilwesen: Stücklisten liefern die notwendigen Informationen über die Bereitstellung evtl. notwendiger Ersatzteile, die aufgrund von Erfahrungswerten am Lager gehalten werden sollten. Eine Sonderform stellt dabei die Ersatzteilstückliste dar, die zur Wartung und Reparatur der Erzeugnisse sowie zur Bestellung von Ersatzteilen dient. Darin können auch die Ersatzteilpreise ausgewiesen sein.

- Kalkulation: Aufgrund der Erstellung von Stücklisten kann unmittelbar eine Kalkulation für ein Produkt oder eine Baugruppe vorgenommen werden. Kalkulationsdaten müssen nur einmal erstellt werden und sind anschließend für die verschiedenen Teile/Baugruppen abrufbar.

165/5 **Manche Fertigteile werden von den Zulieferern überwiegend direkt angeliefert. Welche Vorteile und welche Risiken hat diese fertigungssynchrone Anlieferung?**

Vorteile:

- keine Beanspruchung von Lagerraum
- Zinsersparnis
- Risikoabwälzung auf den Lieferanten

Risiken:

Fertigungsstockung

- bei unvorhergesehenen Ereignissen während des Transports
- bei Unzuverlässigkeit der Lieferanten

165/6 **Der vereinfachte Basisarbeitsplan der KÜHLsys GmbH zur Herstellung eines Kühlgehäuses enthält folgende Angaben (Zeitangaben in Minuten):**

Arbeitsvorgang	Beschreibung	tr)*	te)*	tT)*
010	Formen Blech	30	3	25 (für 50 St.)
020	Stanzen Blech	40	4	20 (für 50 St.)
021	Stanzvorgang für 2 Teile gleichzeitig			
* tr = Rüstzeit; te = Stückzeit; tT = Transportzeit				

a) **Ermitteln Sie die Auftragszeit für einen Auftrag von 200 Kühlgehäusen.**

b) **Berechnen Sie die Auftragszeit in Arbeitstagen (1 Arbeitstag = 7,5 Stunden).**

a) Arbeitsvorgang 010:

30 Min. + (3 Min. · 200 St) + (25 Min. · 4 Transportvorgänge) = 730 Min.

Arbeitsvorgang 020:

40 Min. + (4 Min. · 100 Einheiten) + (20 Min. · 4 Transportvorgänge) = 520 Min.

Summe 1.250 Min.

b) 1.250 Min. = 20,83 Std. = 2,77 Arbeitstage = 2 Arbeitstage, 5 Std., 50 Min.

165/7 Ein Motorenhersteller produziert Vierzylinderreihenmotoren. Die vereinfachte Erzeugnisstruktur des Motors hat das unten dargestellte Aussehen. Das Erzeugnis besteht aus den Baugruppen G1 und G2 sowie aus den Einzelteilen T1 bis T10. In Klammern stehen die jeweiligen Mengenangaben.

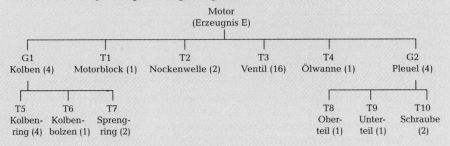

a) Erstellen Sie die Mengenübersichtsstücklisten

– für einen Motor,

– für einen Kundenauftrag über 500 Motoren.

b) Erstellen Sie

– die Baukastenstücklisten,

– die Strukturstückliste für den Motor.

a) Mengenübersichtsstückliste für einen Motor und für den Kundenauftrag von 500 Motoren:

Mengenübersichtsstückliste Erzeugnis Motor		
Teile-Nr.	**Menge** (1 Motor)	**Menge** (500 Motoren)
G1	4	2.000
G2	4	2.000
T1	1	500
T2	2	1.000
T3	16	8.000
T4	1	500
T5	16	8.000
T6	4	2.000
T7	8	4.000
T8	4	2.000
T9	4	2.000
T10	8	4.000

b) – Baukastenstücklisten:

– Strukturstückliste Motor:

Baukastenstückliste Erzeugnis Motor	
Teile-Nr.	**Menge**
G1	4
G2	4
T1	1
T2	2
T3	16
T4	1

Baukastenstückliste Kolben G1	
Teile-Nr.	**Menge**
T5	4
T6	1
T7	2

Baukastenstückliste Pleuel G2	
Teile-Nr.	**Menge**
T8	1
T9	1
T10	2

Strukturstückliste Erzeugnis Motor		
Baustufe	Teile-Nr.	Menge
•1	G1	4
••2	T5	16
••2	T6	4
••2	T7	8
•1	T1	1
•1	T2	2
•1	T3	16
•1	T4	1
•1	G2	4
••2	T8	4
••2	T9	4
••2	T10	8

165/8 In einem Metall verarbeitenden Unternehmen werden die drei Werkstätten Stanzen und Formen (I), Sägen und Bohren (II) sowie Lackieren (III) betrieben. Bei der Auftragsbearbeitung muss die vorgegebene Reihenfolge der Werkstätten eingehalten werden.

Gegenwärtig sind fünf Kundenaufträge für die unterschiedlichen Produkte A, B, C, D, E auf die Werkstätten zu verteilen. Die Produkte durchlaufen die einzelnen Werkstätten jeweils tageweise. Eine Trennung in Losgrößen ist nicht möglich. Aufgrund der Arbeitspläne ergeben sich folgende Abläufe:

A	1 Tag in I,	1 Tag in II,	1 Tag in III;
B	2 Tage in I,	1 Tag in II,	1 Tag in III;
C	2 Tage in I,	3 Tage in III;	
D	1 Tag in I,	2 Tage in II,	1 Tag in III;
E	1 Tag in II,	1 Tag in III.	

a) Ermitteln Sie die optimale Belegung der drei Werkstätten. Verwenden Sie für Ihre Lösung ein Balkendiagramm.

b) Ermitteln Sie rechnerisch, zu wie viel Prozent die einzelnen Werkstätten im gesamten Bearbeitungszeitraum ausgelastet sind (Auslastungsgrad).

a) Mögliche Lösungen (vereinfachte Darstellung):

Werkstatt \ Tage	1	2	3	4	5	6	7	8
I (Stanzen/Formen)	A	C	C	D	B	B	–	–
II (Sägen/Bohren)	E	A	–	–	D	D	B	–
III (Lackieren)	–	E	A	C	C	C	D	B

Werkstatt \ Tage	1	2	3	4	5	6	7	8
I (Stanzen/Formen)	C	C	A	D	B	B	–	–
II (Sägen/Bohren)	E	–	–	A	D	D	B	–
III (Lackieren)	–	E	C	C	C	A	D	B

b) Auslastungsgrad:
   I   6 Tage/8 Tage = 75,0 %

73

II   5 Tage/8 Tage = 62,5 %
III   7 Tage/8 Tage = 87,5 %

166/9   Für den Bereich der Produktion Tischbeine stehen in der Abteilung Rohbau nur noch begrenzte Kapazitäten zur Verfügung. Die bisherigen Kapazitäten sind gegenwärtig durch andere Aufträge belegt. Die bestehende Belastungsübersicht vor der Berücksichtigung des neuen Kundenauftrages sieht für diese Abteilung bei einer möglichen betrieblichen täglichen Auslastung von neun Stunden wie folgt aus.

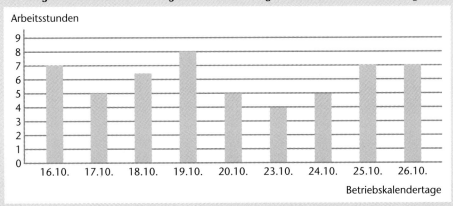

Welche Möglichkeiten hat das Unternehmen, um den Kundenauftrag fristgerecht abwickeln zu können, wenn im Fertigungszeitraum für den Kundenauftrag zur Produktion der Tischbeine insgesamt 32 Stunden einzulasten sind?
Begründen Sie Ihre Entscheidung und deren mögliche Auswirkungen.

Für den Produktionszeitraum gibt es 26,5 Stunden freie Kapazitäten, d. h., für den Auftrag fehlen 5,5 Stunden. Dieser Engpass muss überbrückt werden durch

– Verschiebung von Aufträgen, die keinen zeitlichen Engpass haben – keine negativen Auswirkungen, da der Kundenauftrag verschoben werden kann,

– Einplanung von Zusatzschichten oder Überstunden – Verteuerung der Produktionskosten,

– Ausweichen auf andere Anlagen oder Maschinen – erhöhter Organisationsaufwand, Gefahr der Verschiebung anderer Aufträge mit Folgewirkungen (Domino-Effekt), höhere Rüstkosten,

– Fremdvergabe – höhere variable Kosten, Abhängigkeiten vom Lieferanten.

166/10   Netzpläne sind Planungs-, aber auch Organisations- und Kontrollinstrumente.
Begründen Sie diese Feststellung.

Planungsinstrument: Mit dem Netzplan wird der Prozessablauf gründlich vorbereitet.

Organisationsinstrument: Die Netzplandaten schaffen Vorgaben zur Steuerung des Projektablaufs.

Kontrollinstrument: Auf der Grundlage des Netzplanes sind Termine, Kosten und Kapazitätsauslastung überwachbar.

166/11   Warum kann man die Netzplantechnik nicht bei routinemäßigen Daueraufgaben einsetzen?

Für ständig anfallende Routinearbeiten, z. B. Datenpflege und Abwicklung von Zahlungen, lässt sich kein Anfangs- und Endzeitpunkt festlegen. Dies ist nur typisch für Planungs- und Projektarbeiten (Errichtung von Fabriken, Straßenanlagen, Planung und Einrichtung einer neuen DV-Anlage).

6.4   Fertigungsdurchführung

170/1   Bei einem Rundgang durch verschiedene Abteilungen eines Industrieunternehmens stellen Sie unterschiedliche Anordnungen der Betriebsmittel fest.

a) Unterscheiden Sie die Fertigungsarten nach verschiedenen Kriterien.

Welche Fertigungsart liegt vor?

b) Stanzmaschinen einerseits und Drehbänke andererseits sind räumlich getrennt untergebracht.

c) Fertigteile werden von Arbeitskräften montiert und das unfertige Erzeugnis im Zeittakt weitertransportiert.

d) Maschinen und Arbeitsplätze sind hintereinandergeschaltet, die Werkstücke werden durch Elektrokarren je nach Bedarf weiterbefördert.

e) Die Motoren werden von einem bestimmten Arbeitsteam montiert. Die dazu notwendigen verschiedenartigen Betriebsmittel werden von den Teammitgliedern bedient.

a)

Fertigungsarten		
nach der **Menge** gleichartiger Erzeugnisse	nach der **Fertigungsorganisation**	nach der **Produktionstechnik**
– Einzelfertigung	– Werkstattfertigung	– manuelle Fertigung
– Mehrfachfertigung	– Werkstättenfertigung	– maschinelle Fertigung
• Serienfertigung	– Reihenfertigung	– automatisierte Fertigung
• Sortenfertigung	– Fließfertigung	– flexible Fertigungssysteme
• Partiefertigung	– Gruppenfertigung	
• Chargenfertigung	– Baugruppenfertigung (Modulefertigung)	
	– Baustellenfertigung	

b) Werkstättenfertigung

c) Fließfertigung

d) Reihenfertigung

e) Gruppenfertigung

171/2 **a) Klären Sie den Begriff des Rapid Manufacturing.**

b) Begründen Sie, weshalb mit dieser Technologie vollkommen neue Perspektiven für die Produktion entstehen.

a) Beim Rapid Manufacturing (auch: additive manufacturing) wird mittels Lasertechnologie ein bestimmtes Material (Kunststoff, Papier, Metall) schichtweise zu Formen oder Endprodukten erzeugt. Die Herstellung von Erzeugnissen erfolgt durch den Ausdruck von 3-D-Datensätzen. Es werden keine Formteile mehr benötigt, in denen Teile oder Produkte gegossen werden müssen. Bei diesem Produktionsverfahren können individuelle Aufträge und auch kleine Serien rasch ausgeführt werden. Kundenwünsche können unmittelbar in der Produktgestaltung berücksichtigt werden. Heute verwendet man häufig den Begriff des 3-D-Druckes, der aber irreführend ist, da es sich nicht um das Drucken von Materialien handelt.

b) – Individuelle Kundenwünsche nach Formgebung und Funktion können berücksichtigt werden.

– Die Herstellung aufwendiger und teurer Modelle kann entfallen.

– Die Produktion von Spezialmaschinen für die Produktionsabläufe kann teilweise entfallen.

– Die Produktionskosten insgesamt sinken und damit auch die Güterpreise.

– Da diese Technologie insb. in der Medizintechnik eingesetzt werden kann (Implantattechnik, Produktion von Brillen), kann die medizinische Versorgung verbessert werden.

171/3 **Das Wort »Massenproduktion« erweckt oft die Vorstellung minderer Qualität. Nehmen Sie dazu Stellung.**

Der Begriff »Massenproduktion« sagt über die Qualität der Erzeugnisse nichts Negatives aus. Häufig wird durch Massenproduktion eine höhere und gleichbleibende Qualität der Erzeugnisse geschaffen, da Automaten genauer arbeiten als Menschen.

171/4 **Welche Maßnahmen auf dem Gebiet des Absatzes werden durch Massenproduktion notwendig?**

– Erschließung neuer Märkte

– zusätzliche Werbemaßnahmen

– Schaffung einer geeigneten Vertriebsorganisation

171/5 **Die Elektro GmbH, Cottbus, stellt Mikrowellengeräte her. Der Betriebsleiter prüft, ob von der Werkstättenfertigung auf Fließfertigung übergegangen werden soll.**

a) Stellen Sie die Unterschiede der beiden Fertigungsarten anhand folgender Merkmale einander gegenüber:

– Anordnung der Betriebsmittel,

– Menge der in einem Arbeitsgang zu fertigenden Werkstücke,

– Flexibilität,

– Transportwege.

b) Welche Gründe sprechen für die Beibehaltung der Werkstättenfertigung bzw. für die Einführung der Fließfertigung?

a)

	Werkstättenfertigung	Fließfertigung
Anordnung der Betriebsmittel	Gleichartige Maschinen werden in Werkstätten zusammengefasst.	Anordnung der Maschinen nach dem Produktionsablauf
Menge der in einem Arbeitsgang zu fertigenden Werkstücke	kann niedriger sein	Erhöhter Aufwand bei der Einrichtung (Fließband) ist nur bei höherer Losgröße wirtschaftlich.
Flexibilität	größere Anpassungsfähigkeit an Kundenwünsche und Nachfrageänderungen	kurzfristig geringere Anpassungsfähigkeit
Transportwege	länger	kürzer

b) für Werkstättenfertigung:

– keine Neufinanzierung

– flexiblere Arbeitseinteilung

– höhere Motivation

für Fließfertigung:

– höhere Produktivität

– kurze Durchlaufzeiten

– niedrigere Kosten

171/6 **Im Rahmen der Diskussion zur »Humanisierung« der Arbeitswelt spricht man bei der Gruppenfertigung im Vergleich zur Fließfertigung von der humaneren Arbeitsform. Nehmen Sie dazu Stellung.**

Der Arbeitnehmer muss nicht ständig denselben Arbeitsgang verrichten, sondern stellt in mehreren Arbeitsgängen mit der Arbeitsgruppe ein ganzes Werkstück her. Er wird in die Verantwortung für die Arbeit in der Gruppe eingebunden. Dies führt zu erhöhter Motivation. Die Arbeit ist somit nicht so monoton und bringt dem einzelnen Arbeitnehmer ein Erfolgserlebnis.

171/7 **Stellen Sie in einer Tabelle die Vor- und Nachteile einzelner Fertigungsarten dar:**

a) aus Sicht des produzierenden Unternehmens,

b) aus Sicht der Beschäftigten.

	Vorteile	Nachteile
Werkstattfertigung/ Werkstättenfertigung – produzierendes Unternehmen	– Universalmaschinen senken die Maschinenkosten – Eingehen auf Kundenwünsche ist möglich – schnelle Anpassung an Nachfrageänderungen	– hohe Lohnkosten durch Fachkräfte – hohe Kosten der Arbeitsvorbereitung – hohe Transport- und Lagerkosten (Werkstättenfertigung) – relativ lange Durchlaufzeiten
– Beschäftigte	– abwechslungsreiche Tätigkeit	– Gefahr, dass anspruchsvolle Tätigkeiten wegrationalisiert werden können und damit Einkommensverluste entstehen

	Vorteile	Nachteile
Reihenfertigung/ Fließfertigung		
– produzierendes Unternehmen	– kurze innerbetriebliche Transportwege – übersichtliche Fertigungsabläufe – täglicher Materialbedarf und täglicher Tagesausstoß liegen fest – niedrigere Lohnkosten, da Einsatz von angelernten/ geringer qualifizierten Mitarbeitern – Ausschussminimierung, da Spezialmaschinen verwendet werden und die Mitarbeiter hohes Bearbeitungsgeschick besitzen	– hoher Kapitalbedarf für Spezialmaschinen und damit hohe Fixkostenbelastung – Gefahr von Kostenremanenz bei rückläufiger Beschäftigung – geringe Anpassungsfähigkeit an wechselnde Markterfordernisse – Einrichtung von Zwischenlagern nötig (Reihenfertigung)
– Beschäftigte	– Möglichkeit für geringer Qualifizierte, eine Beschäftigung zu finden	– Arbeitstempo ist fremdbestimmt (Fließfertigung) – Beschäftigte sind dauernd an den Arbeitsplatz gebunden – starke Beanspruchung des Menschen durch Monotonie
Gruppenfertigung		
– produzierendes Unternehmen	– Verantwortung und Selbstständigkeit der Mitarbeiter führen zu höherem Engagement und damit zu verbesserten Arbeitsergebnissen – arbeitsorganisatorische Maßnahmen können in gewissem Umfang auf die Gruppe verlagert werden	– hoher Schulungsaufwand, der über die rein fachliche Schulung hinausgeht – Problematik der Konfliktlösung für diejenigen Konflikte, die aus der Gruppe herausgetragen werden
– Beschäftigte	– Arbeit wird abwechslungsreicher – Selbstwertgefühl steigt durch Übertragung von Selbstständigkeit und Verantwortung	– Gefahr der Überforderung im Rahmen der Teamarbeit

	Vorteile	Nachteile
Baugruppen-(Module-)Fertigung – produzierendes Unternehmen	– Kosten und Risiken der Lagerhaltung werden auf die Systemlieferanten ausgelagert – Spezialisierungskenntnisse der Zulieferer können genutzt werden – Kostenreduzierung für die fremdbezogenen Teile/Baugruppen/Systeme	– Qualitätsmängel werden vom Kunden dem produzierenden Unternehmen angelastet – Gefahr von Produktionsstörungen bei Lieferantenausfall – technischer Aufwand zur Einrichtung einer einheitlichen Kommunikationstechnologie zwischen Hersteller und Zulieferer
– Beschäftigte	– Arbeit wird abwechslungsreicher	– »Rationalisierungsopfer« (beim Hersteller) – sind oftmals die »Schlussglieder« einer Kette, die unter Rationalisierungsdruck stehen (beim Zulieferer)

171/8 Automatisierte Fertigung ist eine wesentliche Voraussetzung für eine kostengünstige und verbraucherorientierte Produktion.

Welche Vor- und Nachteile ergeben sich bei der Automation

a) für den Arbeitgeber,

b) für den Arbeitnehmer?

	Vorteile	Nachteile
a) Arbeitgeber	– Ermöglichung von Massenproduktion – Senkung der Stückkosten – Qualitätssteigerung	– Krisenanfälligkeit – Zwang zum Zusammenschluss mit anderen Unternehmen – hoher Kapitalbedarf
b) Arbeitnehmer	– schwere körperliche Arbeit entfällt – Arbeitnehmer braucht sich nicht mehr nach dem Arbeitstakt der Maschinen zu richten	– Arbeitnehmer haben nur noch Kontrollaufgaben – Arbeitnehmer müssen häufiger geschult/umgeschult werden – Arbeitsplatzrisiko steigt

171/9 a) Welche Ursachen können den Fertigungsablauf stören?

b) Nennen Sie Maßnahmen

– zur Behebung aufgetretener Störungen,

– zur Vermeidung möglicher Störungen.

a) – Störgröße Material: Am Lager sind zu geringe Bestände vorhanden; die Wiederbeschaffungszeiten sind zu lang; Lagerungszeiten während und nach Produktionsabläufen sind zu lang.

– Störgröße Kapazitäten: Wegen hoher Auslastung sind keine oder zu geringe Kapazitäten frei; Kapazitätsengpässe als Folge von Mitarbeiterengpässen (Urlaub, Feiertage, Krankheiten, arbeitsrechtliche Einschränkungen).

– Störgröße Organisation: ungenügende oder anfällige DV-Organisation; keine funktionale oder prozessuale Ablaufplanung

b) – Behebung aufgetretener Störungen: kurzfristige Maßnahmen, die darauf gerichtet sind, die Störungen rechtzeitig, eventuell auch unter erhöhten Kosten, zu beseitigen. Im Vordergrund steht dabei die rechtzeitige Auslieferung der Produkte. Maßnahmen: teurerer kurzfristiger Einkauf, Teilauftragsvergabe an Unterauftragnehmer (Subunternehmer), Überstunden, Mehrschichtbetrieb, Zurückstellung von Wartungsarbeiten.

– Vermeidung möglicher Störungen: Verbesserung der betrieblichen Abläufe und Informationsflüsse; verstärkte Anwendung der DV; Ausrichtung an definierten Qualitätsstandards; konsequente Umsetzung der im QM-Handbuch festgelegten Abläufe und Einhaltung der Verantwortlichkeiten; Anwendung des Konzeptes des kontinuierlichen Verbesserungsprozesses und des damit verbundenen Anreizsystems.

6.5 Produktionscontrolling und Rationalisierung

181/1 Die KÜHLsys GmbH hat einen Jahresbedarf von 12.000 Stück an gehärteten Stahlblechleisten. Die Rüstkosten je Loswechsel betragen 200 EUR. Für die Herstellung der jeweils 1 m langen Stahlblechleisten wurden in der Kalkulation 3 EUR je Werkstück ermittelt. Der Lagerhaltungskostensatz beträgt 10 %.

Ermitteln Sie die optimale Losgröße

a) tabellarisch,

b) rechnerisch mithilfe der Losgrößenformel,

c) grafisch.

	A	B	C	D	E	F	G
1	Jahresbedarf (St.)		12.000				
2	Herstellkosten (EUR)		3				
3	Rüstkosten (EUR)		200				
4	Lagerhaltungskostensatz		10%				
5							
6	a) Tabellarische Lösung						
7							
8	Anzahl Loswechsel	Losgröße	Ø LB	durch. LW	Rüstkosten	Lagerh.-Kost.	Gesamtkosten
9	12	1.000	500	1.500	2.400	150	2.550
10	6	2.000	1.000	3.000	1.200	300	1.500
11	4	3.000	1.500	4.500	800	450	1.250
12	3	4.000	2.000	6.000	600	600	1.200
13	2	6.000	3.000	9.000	400	900	1.300
14	1	12.000	6.000	18.000	200	1.800	2.000
15							
16	OptLosgr.		4.000	← =INDEX(B9:B14;VERGLEICH(MIN(G9:G14);G9:G14;0);1)			
17							
18	b) Rechnerische Lösung						
19				=Wurzel(200*Jahresbedarf*Rüstkosten/Einstandspreis*Lagerhaltungskostensatz)			
20	OptLosgr.		4.000	←			
21							

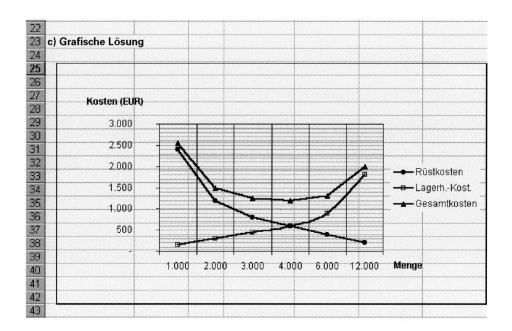

181/2 Von welchen Faktoren ist die Kapazität eines Unternehmens abhängig?

Die betriebliche Kapazität ist abhängig von

– der Zahl und der Leistungsfähigkeit technischer Betriebsmittel,
– der Zahl und der Leistungsfähigkeit der Arbeitskräfte,
– der Verfügbarkeit über Werkstoffe und Energie,
– der Leistungsfähigkeit des dispositiven Faktors.

181/3 Ein Getränkehersteller könnte bei voller Ausnutzung der Normalkapazität monatlich 120.000 Liter Saft herstellen. Es werden derzeit

– **75.000 Liter,**
– **126.000 Liter produziert.**

a) Wie hoch ist der jeweilige Beschäftigungsgrad?

b) Nennen Sie Gründe, wodurch

– **die volle Kapazitätsnutzung verhindert werden kann,**
– **die Inanspruchnahme der Maximalkapazität erforderlich ist.**

a) Beschäftigungsgrade bei

– 75.000 l: $\dfrac{75.000\ \text{l}}{120.000\ \text{l}} \cdot 100\,\% = 62{,}5\,\%$

– 126.000 l: $\dfrac{126.000\ \text{l}}{120.000\ \text{l}} \cdot 100\,\% = 105\,\%$

b) Gründe für die Verhinderung der vollen Kapazitätsausnutzung:

– witterungsbedingt schlechtere Ernten
– allgemeine oder saisonbedingte Nachfrageflaute auf dem Absatzmarkt
– billigere Angebote der ausländischen Konkurrenz

Gründe für die Inanspruchnahme der Maximalkapazität:

– außergewöhnlich gute Ernten, vor allem der Zulieferer in der näheren Umgebung
– preiswerte Großimporte

181/4 Die Möbelfabrik Ahorn GmbH, die sich auf die Fertigung von Einbauküchen spezialisiert hat, stellte auf 5.000 m² Produktionsfläche mit zehn Mitarbeitern pro Quartal 800 Küchen her. Das Konkurrenzunternehmen Bucher & Fichter OHG mit 3.500 m² Produktionsfläche und zwölf Mitarbeitern fertigte im gleichen Zeitraum 600 Küchen. Im Fertigungszeitraum hatte die Ahorn GmbH mit 4.000.000 EUR Gesamtkosten kalkuliert, die Bucher & Fichter OHG in Höhe von 3.500.000 EUR.

a) Berechnen Sie die Produktivität je m² und je Mitarbeiter sowie die Kapitalproduktivität beider Betriebe.

b) Berechnen Sie die Wirtschaftlichkeit beider Betriebe, wenn die Ahorn GmbH einen durchschnittlichen Erlös pro Küche von 6.000 EUR erzielt, die Bucher & Fichter OHG von 6.500 EUR.

c) Erläutern Sie anhand der oben gewonnenen Ergebnisse die Unterschiede zwichen Produktivität und Wirtschaftlichkeit.

a)

	Ahorn GmbH	**Bucher & Fichter OHG**
Produktivität – je m² Produktionsfläche:	$\dfrac{800 \text{ Küchen}}{5.000 \text{ m}^2} = 0{,}16 \text{ Küchen/m}^2$	$\dfrac{600 \text{ Küchen}}{3.500 \text{ m}^2} = 0{,}17 \text{ Küchen/m}^2$
– je Mitarbeiter:	$\dfrac{800 \text{ Küchen}}{10 \text{ Mitarbeiter}} = 80 \text{ Küchen/Mitarbeiter}$	$\dfrac{600 \text{ Küchen}}{12 \text{ Mitarbeiter}} = 50 \text{ Küchen/Mitarbeiter}$
– Kapitalproduktivität:	$\dfrac{800 \text{ Küchen}}{4.000.000 \text{ EUR}} = 0{,}0002 \text{ Küchen/EUR}$	$\dfrac{600 \text{ Küchen}}{3.500.000 \text{ EUR}} = 0{,}00017 \text{ Küchen/EUR}$

b)

	Ahorn GmbH	**Bucher & Fichter OHG**
Wirtschaftlichkeit	$\dfrac{4.800.000 \text{ EUR}}{4.000.000 \text{ EUR}} = 1{,}20$	$\dfrac{3.900.000 \text{ EUR}}{3.500.000 \text{ EUR}} = 1{,}11$

c) Bei der Produktivität wird die Leistung zu einer Einsatzgröße ins Verhältnis gesetzt. Bei der Wirtschaftlichkeit werden die erzielte Leistung und die dafür aufgewendeten Kosten ins Verhältnis gesetzt.

Wirtschaftlichkeit ermittelt das Verhältnis zweier Wertgrößen, während die Produktivität ein Mengenverhältnis darstellt.

181/5 Warum ist es möglich, dass trotz hoher Produktivität die Wirtschaftlichkeit gering ist?

Bei hoher Produktivität kann die Wirtschaftlichkeit sehr gering sein, wenn der am Markt erzielte Ertrag im Verhältnis zum Aufwand gering ist.

181/6 Begründen Sie, wie sich Produktivität und Wirtschaftlichkeit in folgenden Unternehmen verhalten. Berücksichtigen Sie die Konkurrenzsituation am Markt.

a) Hersteller industriell gefertigter Backwaren

b) Ausstatter von Luxuslimousinen

a) Hersteller industriell gefertigter Backwaren:
Produktivität: hoch (Einsatz moderner Maschinen)
Wirtschaftlichkeit: gering (starke Konkurrenz)

b) Ausstatter von Luxuslimousinen:
Produktivität: gering (Qualität, unabhängig von der Menge, steht im Vordergrund)
Wirtschaftlichkeit: hoch (hohe Erträge aufgrund von geringer Konkurrenz)

181/7 Die Statistik eines Maschinenbauunternehmens liefert folgende Daten:

Gesamte Ausbringungsmenge im Abrechnungszeitraum: 3.000 Stück, Fixkosten dieser Ausbringung 180.000 EUR, variable Kosten je Leistungseinheit: 320 EUR.

a) Stellen Sie fest, welchen Preis der Betrieb für eine Leistungseinheit (Stück) am Markt mindestens erzielen muss, damit er keinen Verlust erleidet.

b) Wie viel EUR Gewinn je Stück und insgesamt würde der Betrieb bei unveränderter Kostensituation erzielen, wenn er einen Preis von 390 EUR festsetzt und dabei 4.000 Stück herstellen und verkaufen könnte?

a) K = 180.000 EUR + 320 EUR/Stück · 3.000 Stück = 1.114.000 EUR

Bedingung: p = k

p = 1.114.000 EUR/3.000 Stück = 380 EUR/Stück

b) K = 180.000 EUR + 320 EUR/Stück · 4.000 Stück= 1.460.000 EUR

U = 4.000 Stück · 390 EUR/Stück = 1.560.000 EUR

G = 100.000 EUR

g = 100.000 EUR/4.000 St. = 25 EUR/St.

182/8 Welche Vor- und Nachteile ergeben sich aus der Arbeitsteilung

a) für den Arbeitnehmer,

b) für das Unternehmen?

	Vorteile	Nachteile
a) Arbeit- nehmer	– kürzere Anlernzeiten – erhöhte Fertigkeit durch ständige Wiederholung – Möglichkeit des höheren Leistungslohns	– raschere Ermüdung durch gleichbleibende und eintönige Arbeit – einseitige Beanspruchung der Fähigkeiten – Verlust der Selbstständigkeit durch die Abhängigkeit von Mitarbeitern – Verlust der Übersicht über den Herstellungsgang
b) Unter- nehmen	– Zeitersparnis infolge größerer Fertigkeit – höhere Qualität der Werkstücke – kürzere Ausbildungszeiten – Möglichkeit zum Einsatz von Hilfskräften – Kostenersparnis	– Bei einer arbeitsteiligen Fertigung können die Nachteile für den Arbeitnehmer so groß werden, dass eine Produktivitätssteigerung ausbleibt und sogar eine Verminderung der Produktivität eintritt.

182/9 **Warum tragen Arbeitsplatzwechsel und Arbeitsbereicherung zur Humanisierung der Arbeit bei, obwohl dabei höhere Anforderungen an die Mitarbeiter gestellt werden?**

Bei Arbeitsplatzwechsel und Arbeitsbereicherung wird die Arbeit abwechslungsreicher. Dadurch wird Monotonie vermieden und das Arbeitsinteresse gesteigert.

182/10 **Was will ein Manager der Automobilindustrie mit folgender Aussage verdeutlichen: »Jeder Arbeiter versteht sich als Lieferant seines Produktes an seine Kollegen.«**

Die Zielsetzungen der Gruppenarbeit lassen sich grundsätzlich auf den gesamten Betrieb ausdehnen. Danach hat dann der Einzelne sowohl Selbstständigkeit als auch entsprechende Verantwortung für das Produkt und die Produktionsabläufe. Er soll sich als »Unternehmer im Unternehmen« sehen, um dadurch die Wirksamkeit zu erhöhen.

182/11 **a) Begründen Sie, weshalb Fachleute durch die Telearbeit eine Veränderung der Arbeitswelt erwarten.**

b) Welche grundsätzlichen Voraussetzungen müssen im Arbeitsprozess gegeben sein, damit sich Telearbeit als neue Organisationsform der Arbeit schnell durchsetzen wird?

c) Stellen Sie Vor- und Nachteile gegenüber
   – aus Sicht des Arbeitnehmers,
   – aus Sicht des Unternehmens,
   – aus Sicht der Gesellschaft.

a) Die Chancen der Telearbeit eröffnen sich durch die großen Möglichkeiten der Telekommunikation. Dies gilt für den umfassenden und stetig zunehmenden Dienstleistungssektor. Für eine Vielzahl von Tätigkeiten werden wenige Zusammenkünfte ausreichen, um Planungen und organisatorische Maßnahmen vorzunehmen. Die restliche Arbeit kann vom Arbeitsplatz außerhalb des Unternehmens erledigt werden. Eine rasche Einführung wird aus Sicht der Experten auch deshalb erwartet, weil Kosten verringert werden können.

b) Voraussetzungen bei den Mitarbeitern:
   – Wille, selbstständig und eigenverantwortlich zu arbeiten
   – Fähigkeit zur Selbstdisziplin und Selbstorganisation
   – kompetenter Umgang mit den neuesten Kommunikationsmedien

Voraussetzungen bei den Vorgesetzten:
   – Führungsstil nach Zielvereinbarungen
   – Fähigkeit zum konsequenten Delegieren
   – Fähigkeit zum Aufbau und zur Erhaltung eines Vertrauensverhältnisses

Voraussetzungen beim Unternehmen:
   – Vereinbarungen mit Betriebsrat und Arbeitnehmervertretung bezüglich Arbeitszeit, Entlohnung, Weiterbildung, Aufstiegsmöglichkeiten; Verhältnis Telearbeitskräfte und »normale Mitarbeiter«
   – Erstellung der notwendigen technischen Voraussetzungen
   – Erstellung von Regeln für die Kommunikation und den Austausch von Büromaterialien

c)

	Vorteile	Nachteile
aus Sicht des Arbeitnehmers	– hohes Maß an individueller Arbeitsplanung – hohe Motivation – Die berufliche Zwangsgemeinschaft fehlt.	– Gefahr der beruflichen Isolation – Risiko, in die Scheinselbstständigkeit gedrängt zu werden – keine Trennung von Beruf und Privatleben
aus Sicht des Unternehmens	– Einsparungen: Raumkosten (Bürofläche an teureren Standorten), Sozialkosten (Wegfall von Kantine und Sozialräumen), Energiekosten – höhere Arbeitsergiebigkeit – Begrenzte Arbeitsaufträge können über Auftragsbörsen an Außenstehende vergeben werden.	– Verlust des »Wir-Gefühls«, das über soziale Kontakte aufgebaut und erhalten werden kann – mangelnde Kontrolle über den Umgang mit Arbeitsergebnissen

	Vorteile	Nachteile
aus Sicht der Gesellschaft	– Energieeinsparung durch Einschränkung des Berufsverkehrs – Arbeitsplätze können auch in strukturschwachen Gebieten entstehen.	– Arbeitsplätze können ins Ausland ausgelagert werden – Aufweichung bewährter und stabiler Strukturen

182/12 **Kaum ein technisches Detail entgeht den Normen. Auch Schriften und Druckfarben sind genormt. Da will natürlich das Deutsche Institut für Normung nicht zurückstehen. Selbst das DIN-Zeichen, das Markenzeichen deutscher Normarbeit, ist eigens genormt.**

Begründen Sie die Notwendigkeit der Normgebung.

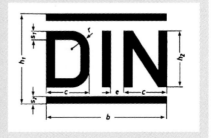

Normen ermöglichen den Einsatz eines Teiles/Erzeugnisses in unterschiedlichen Produkten. In einer weltweiten arbeitsteiligen Wirtschaft sind Normen als vereinheitlichende Maße und Vorgaben notwendige Voraussetzung für einen nationalen und internationalen Austausch von Produkten, aber auch von Informationen. Dadurch wird außerdem eine Kostensenkung bei der Beschaffung, Produktion und beim Vertrieb erreicht.

182/13 **Ein Unternehmer behauptet: »Lean Production führt gleichzeitig zu Rationalisierung und zu humaner Gestaltung der Arbeit.«**

Nehmen Sie dazu Stellung.

– Rationalisierungswirkung: Die höhere Motivation und Verantwortlichkeit der Mitarbeiter wirkt produktivitätssteigernd. Weniger Ausschuss und geringere Nacharbeit tragen zur Kostensenkung bei.

– Humanisierungswirkung: Lean Production führt durch Vielseitigkeit der Arbeit und Mitverantwortung dazu, dass der arbeitende Mensch den Sinn seiner Arbeit besser erkennt.

182/14 **Welche personalwirtschaftlichen Herausforderungen ergeben sich durch die Einführung neuer Organisationsformen der Arbeit zu folgenden Kriterien?**

– **Entlohnung der Mitarbeiter**
– **Personalschulung**
– **Personalentwicklung**
– **Konfliktlösung**
– **Arbeitszeitgestaltung**

– Entlohnung der Mitarbeiter: Herkömmliche Entlohnungsmodelle können nicht mehr ausreichen, um eine leistungsgerechte Entlohnung zu gewähren. Der Begriff der Leistung muss eventuell unterschiedlich definiert werden. Eine Erfolgsbeteiligung bietet sich an.

– Personalschulung: Schulungsmaßnahmen müssen häufiger, umfassender und kompetenter vermittelt werden. Die Personalleitung muss deshalb sowohl organisatorische Kompetenz haben als auch die Fähigkeit, geeignetes Schulungspersonal zu finden. Außerdem müssen die Mitarbeiter ständig für neue Schulungen »motiviert« werden.

– Personalentwicklung: Mitarbeiter, die auf »lebenslanges Lernen« vorbereitet sind, gewinnen zunehmend Flexibilität und Mobilität. Die Fluktuation im Betrieb wird sich erhöhen und damit auch das Problem mittelfristiger Personalentwicklung. Motivierende Fähigkeiten der Personalleitung, die Mitarbeiter an den Betrieb zu binden, werden deshalb zunehmend gefragt.

– Konfliktlösung: Nach neuen Modellen der Arbeitsorganisation sollen Konflikte überwiegend in den Gruppen gelöst werden. Um diese soziale Kompetenz zu erlangen, müssen Mitarbeiter entsprechend vorbereitet und geschult werden. Dabei sollte gerade das Problem des »Mobbings« am Arbeitsplatz gelöst werden.

– Arbeitszeitgestaltung: Neue Organisationsformen der Arbeit, insbesondere die zunehmende Telearbeit am häuslichen Arbeitsplatz und der notwendige Zeitbedarf für Schulungen, verlangen nach flexiblen Arbeitszeitmodellen, die jedoch die betrieblichen Abläufe und auch vertragliche Verpflichtungen (Tarifverträge) nicht unterlaufen dürfen.

182/15 Warum gibt es oftmals gerade in krisengeschüttelten Wirtschaftszweigen zukunftsweisende Modelle der Arbeitsorganisation?

In krisengeschüttelten Wirtschaftszweigen steht die Konkurrenzfähigkeit, die heute meist mit dem Zwang zur Kostensenkung verbunden ist, auf dem Prüfstand. Wenn die Maßnahmen zur Kostensenkung ausgeschöpft sind, müssen organisatorische Maßnahmen ergriffen werden, die die Motivation und die Verantwortung des Einzelnen erhöhen. So gab es gerade in der deutschen Automobilindustrie in den 1990er-Jahren entsprechende Modelle der Arbeitsorganisation (und auch der Arbeitszeitgestaltung, z. B. Einführung der 4-Tage-Woche bei VW).

182/16 In einer Umfrage nannten 31,5 % der Unternehmen bei den Investitionen den Ersatz alter Anlagen als Ziel.

Begründen Sie, weshalb es für Unternehmen selbst in Zeiten angespannter Wirtschafts- und Finanzlage wichtig sein kann, alte Anlagen zu ersetzen.

Alte Anlagen und Maschinen können die Ursache sein für

– hohe Produktionskosten (häufige Reparaturen, hoher Energieverbrauch, häufiges Nachjustieren),

– niedrige Leistungen (geringe Produktqualität, geringe Produktivität)

Die auf solchen Anlagen produzierten Erzeugnisse können dazu führen, dass das Image des Unternehmens sinkt und die Absatzzahlen zurückgehen. Für Unternehmen ist es deshalb sinnvoll, solche Anlagen zu ersetzen. Über den Investitionszeitraum verteilen sich die Anschaffungskosten. Auch in Zeiten angespannter Wirtschafts- und Finanzlage kann es wirtschaftlich sein, alte Anlagen zu ersetzen. Eine günstige Finanzierung der neuen Anlage erhöht außerdem die Wirtschaftlichkeit.

182/17 »Rationalisierungsmaßnahmen erhöhen die Arbeitslosigkeit.« Nehmen Sie zu dieser Behauptung Stellung.

Diese Behauptung ist umstritten. Rationalisierung kann einerseits unmittelbar zum Abbau von Arbeitsplätzen führen. Rationalisierung kann andererseits durch neue Technologien die Wettbewerbsfähigkeit stärken und so zukünftig den Verlust von Arbeitsplätzen verhindern. So entstehen z. B. durch die Ausweitung der Investitionsgüterfertigung neue Arbeitsplätze, ebenso im Bereich der Informations- und Telekommunikationstechnik.

6.6   Qualitätsmanagement

188/1   Begründen Sie die Notwendigkeit, Maßnahmen der Qualitätskontrolle durchzuführen.

- Verbesserung der Qualität der Erzeugnisse,
- dadurch wird die Absatzfähigkeit der Produkte verbessert.
- Die Häufigkeit von Gewährleistungen und Garantieleistungen und die damit verbundenen Kosten gehen zurück.

188/2   Welchen Vorteil hat eine Qualitätskontrolle bereits während des Fertigungsablaufs?

Der Gütereinsatz für das Erzeugnis ist noch nicht abgeschlossen. Deshalb halten sich die Kosten einer möglichen Ausschussproduktion noch in Grenzen. Behebbare Fehler können noch leichter beseitigt werden.

188/3   Es heißt immer wieder, dass Elemente der Normenreihe DIN EN ISO 9000 ff. in den meisten Unternehmen schon vorhanden und nur nicht dokumentiert sind. Welche Richtlinien können im Hinblick auf die folgenden Qualitätssicherungsmaßnahmen erlassen werden?
- **Lieferantenauswahl**
- **Auftragsprüfung**
- **Kennzeichnung des Prüfstatus**
- **Lenkung fehlerhafter Waren**

Beispiele für:
- Lieferantenauswahl: Lieferantenauswahl nur noch nach deren Zertifizierung
- Auftragsprüfung: Überprüfung des Lastenheftes auf Umsetzbarkeit
- Kennzeichnung des Prüfstatus: Unterschrift des Verantwortlichen auf Prüfplan oder Checkliste
- Lenkung fehlerhafter Waren: Durchlaufplan zum Zwecke der Nachbesserung

188/4   Qualitätsprobleme resultieren zu 70 % aus Managementfehlern und nur zu 30 % aus Herstellungsfehlern.

Was schließen Sie daraus?

Aus diesen Prozentsätzen kann man schließen, dass Fehler an Produkten nicht in erster Linie durch noch so viele Qualitätsprüfungen vermieden werden können. Ausschlaggebend ist vielmehr, dass im Organisationsaufbau und -ablauf optimale Verhältnisse bestehen und dass alle Führungskräfte für die Qualität der Produkte bzw. Dienstleistungen verantwortlich sind. Dies geschieht u. a. durch

- Förderung von Verbesserungsmaßnahmen,
- kooperativen Führungsstil,
- eindeutige Aufgaben- und Verantwortungsfestlegung.

188/5   a) Begründen Sie, dass die Qualitätskontrolle im Unternehmen einen Zielkonflikt darstellt.

b) Benennen Sie für den Zielkonflikt Lösungsmöglichkeiten.

a) Qualitätskontrolle verursacht Prüf- und Fehlerverhütungskosten. Dem stehen Fehlerkosten des Produktes gegenüber. Der Zielkonflikt besteht darin:

– Hohe Fehlerkosten resultieren aus geringen Prüf- und Fehlerverhütungsmaßnahmen.

– Aufwendige Prüf- und Fehlerverhütungsmaßnahmen führen zu geringen Fehlerkosten.

b) Dieser Zielkonflikt lässt sich nur dadurch lösen, dass man ein optimales Verhältnis zwischen Prüf- und Fehlerverhütungskosten sowie Fehlerkosten sucht. So müssen z. B. grundsätzliche technische Probleme vermieden werden, d. h., es müssen sämtliche Maßnahmen getroffen werden, damit im Bereich der Konstruktion und der technischen Abläufe eines Gerätes keine Störungen auftreten.

188/6   Ein amerikanischer Qualitätsgrundsatz lautet: »Quality doesn't cost, it pays.«

Was will dieser Grundsatz aussagen?

In Zeiten, in denen sich die technologischen Entwicklungen der Wettbewerber mehr und mehr annähern, verlieren die äußeren Unterschiede als Verkaufsargumente an Bedeutung. Deshalb versuchen Unternehmen, sich durch andere Kriterien von der Konkurrenz abzugrenzen. Dazu gehören z. B. Maßnahmen im Bereich des kaufmännischen und technischen Kundendienstes (Beratung und Dienstleistung vor, während und nach dem Kauf), insbesondere aber die Qualität des Produktes selbst. Der Begriff Qualität wird deshalb umfassend verwendet. Qualität, richtig umgesetzt, »zahlt sich somit aus«.

188/7   Warum muss ein umfassendes Qualitätsmanagementsystem auch die Qualität des Umweltschutzes einschließen?

Qualitätsmanagement definiert sich nicht mehr nur über das hochwertige Produkt, sondern umfasst u. a. auch den Anspruch, Nutzen für die Arbeitnehmer und die Gesellschaft zu erreichen. Um das Wohl des Einzelnen und der Gemeinschaft zu gewährleisten, gewinnt der Umweltschutz zunehmende Bedeutung.

Um den umweltbewussten Kunden zufriedenzustellen, müssen die Waren aus umweltfreundlichen Rohstoffen bestehen sowie die Herstellung und der Vertrieb umweltfreundlich gestaltet sein.

188/8   Welche Schlussfolgerungen ziehen Sie aus den folgenden Aussagen?

»Wenn Produkte nur zu 99 % korrekt sind, dann...

... haben Sie an vier Tagen im Jahr kein Trinkwasser,

... haben Sie an vier Tagen im Jahr keine Tageszeitung,

... funktioniert bei jedem 100. Bremsvorgang das ABS-System nicht,

... versagt bei jeder 100. Operation das Beatmungssystem.«

– Geringe Abweichungen in der Erfüllung von Qualitätsnormen können starken Einfluss auf die Lebensqualität des Menschen haben.

– In manchen Bereichen müssen Produkte zu 100 % fehlerfrei sein (lebensnotwendige Bereiche).

An der Anschlagtafel eines Industrieunternehmens ist ein Plakat mit folgendem Inhalt angebracht:

»Ein entdeckter Fehler kostet

– **während der Konstruktion ca. 1 EUR,**

– **während der Fertigung des Produkts ca. 10 EUR,**

– **nach Auslieferung des Produkts ca. 100 EUR.«**

Was soll mit diesen Aussagen ausgedrückt werden?

Die Kostenminimierung sollte bereits zu Beginn des Produktlebenszyklus einsetzen. Vorausschauende Entwicklung und Konstruktion besitzt die höchsten Kostensparpotenziale, da sie sich auf alle nachgelagerten Abläufe auswirkt. Außerdem sollen Mitarbeiter hierdurch aufgefordert werden, in allen Produktionsphasen qualitätsorientiert im Unternehmen zu arbeiten.

188/10 **Die Reifen Roesch GmbH hat festgestellt, dass der Papierverbrauch in den vergangenen drei Jahren um 50 % gestiegen ist. Stellen Sie in einem PDCA-Zyklus die Aktivitäten zum Abbau dieses Missstandes dar.**

Planning:
Es gilt zu klären, welche Ursachen den Missstand hervorgerufen haben, warum es als betriebliche Aufgabe angesehen wird, den Papierverbrauch zu senken (erhöht die Akzeptanz bei der Umsetzung), welche Maßnahmen ergriffen werden sollen (z. B.: Drucker nur noch an zentralem Ort), in welchem Zeitraum und mit welchen Methoden die Veränderungen erreicht werden sollen.

Do:
Die Verantwortlichen der Maßnahme erarbeiten konkrete Zeitpläne und Maßnahmenpläne und setzen diese um.

Check:
Überprüfung, ob die Maßnahmen umgesetzt bzw. die gewünschten Ziele erreicht wurden.

Action:
Aufgrund der Ergebnisse werden einheitliche Richtlinien im Unternehmen festgelegt.

6.7 Fertigungsprozess unter den Aspekten Globalisierung und Nachhaltigkeit

190/1 **Erläutern Sie die Vorteile und Nachteile, die die Globalisierung**

a) für ein deutsches Unternehmen,

b) für die Beschäftigten in Deutschland,

c) für die deutschen Konsumenten,

d) für den technischen Fortschritt in Deutschland hat.

	Vorteile	Nachteile
a) für ein deutsches Unternehmen	– größeres Marktpotenzial – Kostenvorteile (Gesetz der Massenproduktion) – günstiger Kauf von Vorprodukten und Gütern	– größere Konkurrenz – Wechselkursrisiken – politische Risiken

	Vorteile	Nachteile
b) für die Beschäftigten in Deutschland	– Arbeitsplatzsicherheit, wenn der internationale Absatz des Unternehmens gesichert ist – verbesserte Möglichkeiten des beruflichen Aufstiegs	– Arbeitsplatzrisiko, wenn die internationale Wettbewerbsfähigkeit nicht gegeben ist – hohe Anforderungen an Mobilität und Flexibilität
c) für die deutschen Konsumenten	– höhere Produktvielfalt – neue Produkte – günstige Preise	– »Überforderung« des Konsumenten im Hinblick auf die Produktauswahl – Gefahr, von minderwertigen und gefährlichen/gesundheitsschädlichen Produkten überhäuft zu werden
d) für den technischen Fortschritt in Deutschland	– Zwang zum Erhalt der Wettbewerbsfähigkeit fördert den technischen Fortschritt. – Internationale Zusammenarbeit schafft Synergieeffekte.	– strukturelle Verlagerung des Produktionsstandortes Deutschland ins Ausland (Global Players) – zunehmende Industriespionage

---

190/2 Welche Folgen hätte es für deutsche Unternehmen, wenn die Exportindustrie ihre internationale Wettbewerbsfähigkeit verlieren würde?

Ein Zusammenbruch der deutschen Exportindustrie ist nur schwer vorstellbar. Dazu hat die deutsche Wirtschaft in vielen Bereichen eine zu bedeutende weltwirtschaftliche Position. Diese ist in erster Linie von der modernen Technologie und von der hohen Produktqualität bestimmt und darauf legen weltweit viele Kunden besonderes Gewicht.

Dennoch können einzelne Branchen Rückschläge erleiden. Dies kann insbesondere für die Unternehmen Auftragseinbrüche verursachen und Entlassungen zur Folge haben. Für den Staat führt dies zu Einbrüchen bei den Steuereinnahmen bei gleichzeitig steigenden Ausgaben, um Subventionen oder Fördermaßnahmen einzuleiten. Die Sozialversicherungsträger haben geringere Einnahmen bei gleichzeitig höheren Ausgaben für die Unterstützung der Arbeitslosen. Die von der Arbeitslosigkeit Betroffenen haben weniger verfügbares Einkommen, das wiederum zu einer geringeren Binnennachfrage führen kann.

190/3 Was versteht man aus der Sicht der Fertigung unter integriertem Umweltschutz?

Integrierter Umweltschutz im Bereich der Fertigung bedeutet, dass nachhaltiges Wirtschaften (Kapitel 1.1.2) angewendet wird, d. h., es sollten Maßnahmen des Umweltschutzes ergriffen werden.

Beispiele:

– Produktion umweltfreundlicher Produkte (Festlegung des Produktionsprogramms)

– Anwendung umweltschonender Fertigungsverfahren und umweltgerechte Lagerung und Entsorgung (Maßnahmen der Produktionsplanung)

– Einsatz umweltfreundlicher Transportsysteme (Transportwesen)

7 Organisation des Unternehmens

7.1 Begriff und Grundsätze der Organisation

194/1 Welche Formen der Aufgabenteilung gibt es?

– sachliche Aufgabenteilung
– zeitliche Aufgabenteilung
– personelle Aufgabenteilung

194/2 Warum werden auch bei zweckmäßigster Organisation eines Betriebes Improvisationen notwendig sein?

– Notwendigkeit von vorübergehenden Regelungen, weil endgültige Regelungen nicht realisierbar sind
– Eintritt unvorhersehbarer Ereignisse
– ständige Veränderungen der Ausgangsbedingungen
– Erhaltung der Elastizität im Betriebsablauf

194/3 Gegen welche Grundsätze der Organisation wird in folgenden Fällen verstoßen?
a) Ein leitender Angestellter verlangt von seinen Mitarbeitern monatlich statistische Erhebungen, die völlig unzureichend ausgewertet werden.
b) In der Fertigungsabteilung eines Industriebetriebes kommt es wegen mangelnder Materialbereitstellung zu Betriebsunterbrechungen.
c) Ein Abteilungsleiter entwirft ständig neue Vordrucke, mit deren Einsatz er glaubt, die Arbeit seiner Abteilung rationalisieren zu können.

a) Verstoß gegen den Grundsatz der Wirtschaftlichkeit, da dem Nachteil des Aufwandes keine entsprechenden Vorteile an Erkenntnissen gegenüberstehen

b) Verstoß gegen den Grundsatz der Koordination, da die Aufgabenerfüllung zeitlich nicht aufeinander abgestimmt ist

c) Verstoß gegen den
  – Grundsatz der Zweckmäßigkeit, falls unzweckmäßige Vordrucke entworfen werden
  – Grundsatz der Wirtschaftlichkeit, wenn die Vordrucke nicht verwertbar sind
  – Grundsatz des organisatorischen Gleichgewichts, weil von einer Überorganisation gesprochen werden kann

194/4 Warum sind die Teilbarkeit und ständige Wiederholung einer Aufgabe Voraussetzungen der Organisation?

Voraussetzung der Teilbarkeit:

Die Organisation will Regelungen schaffen, mit denen Arbeitsaufgaben nach Art, Menge und Zeitablauf aufgeteilt werden.

- Aufteilung nach der Art: z. B. bei der Bildung von Stellen
- Aufteilung nach der Menge: z. B. Aufteilung der Debitorenbuchhaltung (Kundennamen A–K und L–Z) auf zwei Buchhalter
- Aufteilung nach der Zeit: z. B. bei der Einführung von Schichtarbeit

Voraussetzung der Wiederholbarkeit:

Dauerhafte Regelungen bringen nur dann eine Kostenersparnis, wenn sie für regelmäßig wiederkehrende Aufgaben wiederholt eingesetzt werden können.

Beispiel: Für die Massenfertigung eines Werkstücks wird vom Arbeitsvorbereiter ein Arbeitsplan ausgearbeitet, nach dem mehrere Arbeitskräfte über längere Zeiträume hinweg ihre Arbeit verrichten.

194/5   Erklären Sie die verschiedenen Formen der Koordination.

- räumliche (sachliche) Koordination: Räume und Arbeitsplätze müssen so angeordnet werden, dass ein reibungsloser Durchfluss von Material, Werkstücken sowie Schriftgut gewährleistet ist.

- zeitliche Koordination: Arbeiten müssen in einer ganz bestimmten Zeit (Zeitpunkt, Zeitraum, Zeitfolge) ausgeführt werden.

- personelle Koordination: Fähigkeiten, Temperamente und Charaktere der Beschäftigten müssen bei der Stellenbesetzung berücksichtigt werden.

7.2   Unternehmensleitbild und Unternehmensziele

200/1

Unternehmensphilosopie eines Maschinengroßhandelsunternehmens:	Ergebnis einer Besprechung der Unternehmensleitung eines Elektronikherstellers:
»Umweltschutz ist zentraler Bestandteil der Unternehmenspolitik.«	»Die Einrichtung einer eigenen Stelle eines Umweltschutzbeauftragten ist nicht nötig und aus Kostengründen in der derzeitigen Situation nicht vertretbar. Es genügt, wenn jede Mitarbeiterin und jeder Mitarbeiter angewiesen wird, an seinem Arbeitsplatz Umweltschutz zu betreiben.«

a) Erörtern Sie diese beiden Standpunkte.

b) Beurteilen Sie, ob diese Aussagen zeitgemäß sind.

a) In der Maschinenfabrik ist Umweltschutz »Chefsache«. Das bedeutet, dass ein vorhandenes Umweltmanagementsystem von der Unternehmensleitung festgelegt und durchgeführt wird. Sie ist weiterhin für ein jährlich aktualisiertes Umweltprogramm verantwortlich, in dem detailliert Ziele und Maßnahmen beschrieben und deren Erfüllung überwacht werden.

Das Elektronikunternehmen steht auf dem Standpunkt, dass Umweltschutz nur Kosten verursacht, aber keine Erlöse erbringt. Deshalb wird kurzsichtig gedacht und auf einen zentralen Ansprechpartner im Betrieb aus Kostengründen verzichtet. Dabei kann die Einsetzung eines Betriebsbeauftragten für den Umweltschutz oder die Teilnahme an einem Öko-Audit-Verfahren Wettbewerbsvorteile bringen, Betriebskosten senken und es können Schadensersatzansprüche aus Umweltunfällen gemildert bzw. vermieden werden.

b) Die Unternehmensphilosophie in der Maschinenfabrik ist zeitgemäß und zukunftsweisend, weil der Umweltschutz zu den betriebswirtschaftlichen, sozialen und gesellschaftlichen Zielen einen gleichwertigen Stellenwert besitzt.

Die Unternehmensleitung des Elektronikunternehmens verfolgt eine Linie, wie sie vor allem in der Vergangenheit noch weit verbreitet war. In der Zukunft wird dieses Unternehmen sich verstärkt um den Umweltschutz kümmern müssen, will es nicht Wettbewerbsnachteile erleiden und Konsequenzen wegen Umweltverstößen tragen müssen.

200/2 **»Vorbeugen ist besser als Heilen.«**

»Was du heute kannst vorsorgen, das verschiebe nicht auf morgen.«

Inwiefern haben diese Aussagen für den betrieblichen Umweltschutz wie auch für die Umweltgesetzgebung eine Bedeutung?

Präventives Handeln und Überwachen ist in vielen Bereichen des Lebens und des Unternehmens mit weniger Aufwand verbunden als die nachträgliche Reparatur bzw. Instandsetzung.

Beispiel aus dem Gesundheitsbereich: Karies im Anfangsstadium bedarf einer kleinen Korrektur, im Endstadium muss eine aufwendige Krone erstellt oder der Zahn entfernt werden.

Ein konsequent betriebener und überwachter Umweltschutz und die Einhaltung aller Umweltgesetze bedeuten nicht nur Imagegewinn gegenüber Lieferanten, Kunden und der Öffentlichkeit, sondern senken auch Kosten und ersparen zusätzliche Kosten in Form von Strafen bei Umweltvergehen oder teuren Nachrüstungen.

Beispiel: Ein durch Altlasten verseuchtes Grundstück zu sanieren erfordert ein Vielfaches an Kosten, im Gegensatz zur regelmäßigen Überwachung und Verhinderung möglicher Umweltschäden während des Betriebsablaufs.

200/3 **Welche Arten von Zielen gibt es im Unternehmen?**

– ökonomische Ziele

– ökologische Ziele

– soziale Ziele

200/4 **Erstellen Sie in Gruppenarbeit jeweils ein Zielsystem für folgende Unternehmen:**

a) Der Küchenmeister Grün beabsichtigt, sich selbstständig zu machen. Seine Überlegungen zielen darauf ab, ein Speiserestaurant in Citylage zu gründen. Kulinarische Spezialitäten: vegetarische Gerichte.

b) Der IT-Fachmann Charly Braun gründet einen Computershop als Einzelunternehmer. Der Standort ist in der Nähe eines großen beruflichen Schulzentrums.

c) Nach Ablegung der Meisterprüfung beabsichtigen zwei Möbelschreiner, eine Möbelfertigung aufzunehmen, bei der Wohnmöbel aus natürlichen Rohstoffen (einheimisches Holz, organisches Polstermaterial) hergestellt werden sollen.

Ziele	a)	b)	c)
wirtschaftliche Ziele			
– Leistungsziele	hohe Produktqualität bei den Nahrungsmitteln	Erwerb eines hohen Marktanteils durch den Standortvorteil	Einzelanfertigung für anspruchsvolle Kunden durch Verwirklchung neuer Ideen im Möbeldesign
– Erfolgsziele	Senkung der Fixkosten durch Spezialisierung	Rationalisierung mit systematischem DV-Einsatz	durch Exklusivangebot angemessenes Umsatzvolumen
	gleichmäßige Auslastung der Kapazität	hoher Umsatz durch Lehrer und Schüler	hohe Rendite durch gehobenes Preisniveau
	angemessener Gewinn	hoher Gewinn	angemessener Gewinn
– Finanzziele	Liquiditätsreserve für günstigen Einkauf	Sicherung der Eigenkapitalbasis	Bildung von Rücklagen
soziale Ziele	Förderung der gesunden Ernährungsweise	preiswertes DV-Zubehör für Schulen	Erhaltung traditioneller Handwerksarbeit
ökologische Ziele	ausschließliche Verarbeitung von Bioprodukten	Rücknahme und Übernahme der Entsorgung des Verpackungsmaterials	kein Raubbau an ausländischen Edelhölzern

201/5 **Formulieren Sie die Ziele, zwischen denen in den folgenden Situationen ein Konflikt entsteht, und erläutern Sie Lösungsansätze, um diesen Konflikt zu beheben oder einen Kompromiss herbeizuführen:**

a) Innerhalb der Materialwirtschaft sollen die Kosten gesenkt werden.

b) Der Anbieter mit dem billigsten Angebot wird ausgewählt. Die Qualität dieser Materialien ist aber geringer als bei anderen Lieferanten.

c) Durch eine Verringerung der Lagerbestände werden die Lagerkosten gesenkt.

d) In einem Automobilwerk wird das kostengünstigste Lackierverfahren gewählt. Dieses Verfahren ist aber gesundheitsschädlicher und weniger umweltverträglich als ein anderes Verfahren.

a) 1. Ziel: Sicherung der Produktionsbereitschaft
2. Ziel: Minimierung der Beschaffungskosten
Folge: Zielkonflikt
Kompromisse: Optimierung der Kosten im Bereich Materialwirtschaft, z. B. durch ABC-Analyse, Angebotsvergleiche bei Lieferanten, Ermittlung der optimalen Bestellmenge

b) 1. Ziel: Auswahl des billigsten Angebotes aus allen vorliegenden Angeboten
2. Ziel: Auswahl des Angebotes mit der passenden Qualität
Folge: Zielkonflikt
Kompromiss: Angebotsvergleich mithilfe einer Entscheidungsbewertungstabelle mit allen wichtigen Kriterien wie Preis, Qualität, Zuverlässigkeit, Zahlungsbedingungen, Lieferungsbedingungen, Flexibilität u. a.

c) 1. Ziel: Gewährleistung der Lieferbereitschaft
2. Ziel: Senkung der Lagerhaltungskosten
Folge: Zielkonflikt
Kompromiss: optimale Bestellmenge, fertigungssynchrone Beschaffung

d) 1. Ziel: kostengünstigstes Lackierverfahren anwenden
2. Ziel: die Gesundheit der Mitarbeiter und die Umwelt schützen
Folge: Zielkonflikt
Konfliktbehebung: gesundheits- und umweltverträgliches Lackierverfahren anwenden. Damit können kostenintensive Schutz- und Umweltbestimmungen vermieden werden und dieses Lackierverfahren wird als mitarbeiterfreundliches und umweltverträgliches Element in das Marketing aufgenommen.

201/6 **Erklären Sie bei den abgebildeten Zielbeziehungen den Begriff des magischen Dreiecks der Lagerhaltung.**

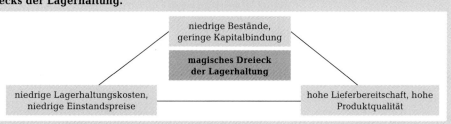

An den Ecken des Dreiecks wird jeweils der maximale Erfolg bei der Erreichung des jeweiligen Zieles angestrebt.

Die Lagerhaltungskosten und die Einstandspreise sollen minimiert werden. Das Gleiche gilt für die Bestände und die Kapitalbindung. Dagegen sollen die Lieferbereitschaft und die Produktqualität maximiert werden. Das Erreichen aller Ziele wäre nur mit magischen Kräften möglich, weil es sich zum Teil um konkurrierende Ziele handelt, die unmöglich gleichzeitig erreicht werden können.

Wenn eine Lagerhaltung zu minimalen Kosten erfolgt, sodass das Unternehmen die Möglichkeit hat, einen Gewinn zu erwirtschaften, bedeutet das nicht gleichzeitig, dass das angestrebte Produkt auch in Qualität, Nutzen, Design etc. den Wünschen des Kunden entspricht. Umgekehrt gilt das Gleiche: Entspricht die hohe Produktqualität voll und ganz den Kundenwünschen, ist es eventuell für das Unternehmen unmöglich, dieses Produkt zu minimalen Kosten herzustellen. Schon allein Kosten und Qualität zeigen den Konflikt auf, in dem sich ein Unternehmen befindet.

7.3 Aufbauorganisation

209/1 **Aussage über zwei Mitarbeiter in einem Unternehmen:**
- **»Herr Nusser ist ein reines Organisationsgenie, aber ihm fehlt jegliches Improvisationstalent.«**
- **»Herr Nassal ist ein Improvisationsgenie, aber von Organisation versteht er gar nichts.«**
- **a) Begründen Sie, welcher Mitarbeiter für eine Organisationsabteilung geeigneter erscheint.**
- **b) Warum werden auch bei zweckmäßigster Organisation eines Unternehmens Improvisationen notwendig sein?**

a) Beide Mitarbeiter nehmen »Extrempositionen« ein und sind daher in reiner Form in erster Linie ungeeignet. Eine Mischung aus beiden Positionen wäre günstiger. Allerdings sprechen sich konservativ eingestellte Unternehmen eher für den klassischen reinen Organisator, also Herrn Nusser, aus, während in Bereichen von Kreativität, Innovation und unkonventionellen Wegen Herr Nassal den Vorzug bekäme.

b) – Notwendigkeit von Provisorien, weil feste Regelungen nicht realisierbar sind
– Eintritt unvorhersehbarer Ereignisse
– ständige Veränderungen der Ausgangsbedingungen
– Erhaltung der Elastizität im Betriebsablauf

209/2 Stellen Sie Beispiele der Aufgabengliederung

a) aus dem Vertriebsbereich,

b) aus dem Personalbereich dar.

Beispiele der Aufgabengliederung

a) aus dem Vertriebsbereich:

Gliederungsmerkmale	Gliederungsbeispiele
Objekte	Herren-, Damen-, Kinderbekleidung
Verrichtungen	Disponieren, Verkaufen, Versenden
Phasen	Verkaufsplanung, Verkaufsrealisation, Verkaufskontrolle
Rangstufen	Verkaufsleiter/in, Versandleiter/in, Verkäufer/in, Packer/in

b) aus dem Personalbereich

Gliederungsmerkmale	Gliederungsbeispiele
Objekte	technischer Bereich: Arbeiter, technische Angestellte, gewerbliche Auszubildende, Praktikanten kaufmännischer Bereich: kaufmännische Angestellte, kaufmännische Auszubildende, Praktikanten
Verrichtungen	Bedarfsplanung, Einstellung, Versetzung, Entlassung
Phasen	Personalplanung, Personalbeschaffung, Erfolgskontrolle der Personalbeschaffung
Rangstufen	Personalleiter/in, Sachbearbeiter/in im Personalbüro

209/3 Bei der Gliederung nach Rangstufen können einzelne Arbeitsschritte Ausführungs- oder Entscheidungscharakter haben. Zeigen Sie am Beispiel der Einstellung eines leitenden Angestellten,

a) welche Entscheidungen dabei zu treffen sind,

b) welche ausführenden Arbeiten dabei anfallen.

Beispiele:

a) Gehaltshöhe, Probezeit, Kündigungsfrist, Urlaubsdauer

b) Anlegen einer Personalakte, Ausstellung eines Werkausweises

209/4 Beschreiben Sie die einzelnen Arbeitsschritte der Organisation, die bis zur Formulierung einer Stellenbeschreibung zu erledigen sind.

1. Arbeitsabschnitt: Aufgabengliederung (Aufgabenanalyse)

2. Arbeitsabschnitt: Erstellung von Aufgabengliederungsplänen und Funktionendiagrammen

3. Arbeitsabschnitt: Stellenbildung durch Zusammenfassung von Teilaufgaben (Aufgabensynthese)

4. Arbeitsabschnitt: Formulieren von Stellenbeschreibungen

Organisatoren empfehlen die Verwendung sowohl von Funktionendiagrammen als auch von Stellenbeschreibungen. Vergleichen Sie beide Organisationsmittel.

	Funktionendiagramm	Stellenbeschreibung
Inhalt	zeigt, ob eine vollständige und überschneidungsfreie Aufgaben-verteilung vorliegt	zeigt die Notwendigkeit der Zuordnung der Arbeit zu einem Arbeitsplatz
Übersichtlich-keit	Die Matrix- oder Tabellendarstel-lung ermöglicht einen raschen Überblick über die Aufgabenver-teilung.	Die verbale Darstellung erschwert den Überblick.

209/6 a) Welche organisatorischen Vor- und Nachteile sind beim Einliniensystem mit der Anweisung »Der Dienstweg ist einzuhalten« verbunden?

b) Beurteilen Sie diese Vorschrift aus der Sicht des »Vorgesetzten« und des »Unter-gebenen«.

a) Vorteile:
– eindeutige Über- und Unterordnungsverhältnisse
– verhindert Kompetenzstreitigkeiten und sich widersprechende Instanzen
– Verantwortung ist klar geregelt.

Nachteile:
– Überlastung der Führungskräfte
– Schwerfälligkeit wegen der Länge des Anweisungsweges
– eventuell Verfälschung der Informationen durch Zwischeninstanzen
– Ausfall des Vorgesetzten kann Störungen hervorrufen
– Stellen der gleichen Stufe können nur auf dem Umweg über höhere Instanzen Kontakte aufnehmen

b) Vorgesetzter:
– alleinige Entscheidungskompetenz
– klare Kompetenzen hinsichtlich Anweisungsempfang und Anweisungserteilung
– Anlaufstelle für alle Informationen
– starke Arbeitsbelastung

Untergebener:
– empfängt Anweisungen nur von seinem Vorgesetzten
– handelt ausschließlich gemäß diesen Anweisungen

7.4   Ablauforganisation

216/1 Gliedern Sie den Arbeitsablauf für den Gesamtprozess »Bearbeitung eingehender Materiallieferungen«.

Anleitung: Teilprozesse sind die Bearbeitung des Schriftgutes (Lieferschein, Fracht-brief, Rechnung) und die Materialannahme (auspacken, prüfen, einlagern).

Gesamtprozess	Bearbeitung eingehender Materiallieferung				
Teilprozesse	Schriftgutbearbeitung		Materialannahme		
Prozessschritte	Liefer-schein	Frachtbrief Rechnung prüfen	Aus-packen	Prüfen	Einlagern
Programm-schritte	reklamieren oder Lieferschein/ Versandpapiere ablegen und Rechnungsbegleichung freigeben		Ver-packung öffnen	Material aufbewah-ren oder zur Ein-lagerung übergeben	am Lagerplatz ablegen
	Vordrucke mit Bestellung verglei-chen		Verpa-ckung prüfen	Reklama-tion ver-anlassen	Lagerplatz feststellen
	Vordrucke bereitstellen		Material bereit-stellen	Mängel feststellen	ins Lager befördern

216/2 Ordnen Sie die Begriffe Arbeitszeitstudie, Arbeitsreihenfolge, Terminüberwachung, Zeitmessung und Verkettung von Teilarbeiten den Tätigkeitsbereichen Zeitfolge-, Zeitdauer- und Zeitpunktbestimmung zu.

Zeitfolgebestimmung	Zeitdauerbestimmung	Zeitpunktbestimmung
– Arbeitsreihenfolge – Verkettung von Teilarbeiten	– Arbeitszeitstudie – Zeitmessung	– Terminüberwachung

216/3 Bei der Industrieanlagen GmbH geht im Verkauf eine Kundenanfrage ein. Diese An-frage wird anhand der offenen Aufträge, des Terminplans und des Produktionsplans geprüft.

Wenn der Kundenwunsch nicht zu erfüllen ist, erhält der Kunde ein Absageschrei-ben.

Ist die Anfrage abgeändert realisierbar, nimmt die Industrieanlagen GmbH Kontakt mit dem Kunden auf. Akzeptiert der Kunde jedoch die Änderung, stellt die Indus-trieanlagen GmbH die Angebotsinhalte anhand der Daten aus der Anfrage, den Zeichnungen, der Bestände, der Teile und der Produkte zusammen.

Die Termine und die Verfügbarkeit der einzelnen Komponenten werden in den zu-ständigen Abteilungen überprüft, um festzustellen, ob das Angebot abgegeben wer-den kann. Ist das nicht der Fall, erhält der Kunde eine Absage.

Ist das Angebot jedoch realisierbar, werden die Kalkulationsdaten anhand der Vor-gaben, der Artikeldaten, der Arbeitspläne und der Betriebsmitteldaten ermittelt. Sind diese Daten komplett, wird eine Kalkulation durchgeführt und entschieden, ob ein Angebot abgegeben werden kann.

Modellieren Sie für die Industrieanlagen GmbH einen Geschäftsprozess zur Angebotserstellung.

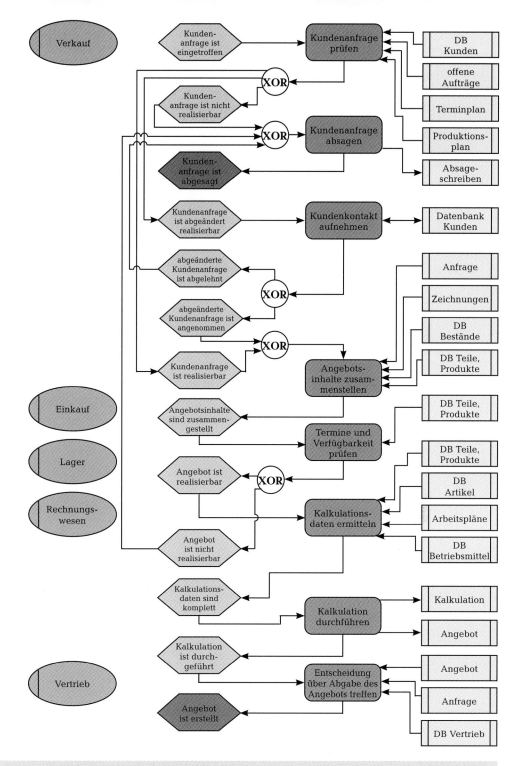

217/4 **Im Vertrieb der Industrieanlagen GmbH geht eine Mängelrüge eines Kunden ein. Alle Vorgänge werden durch die DV unterstützt.**

Zur Bearbeitung werden die Rechnung und der Lieferschein benötigt, um Ansprüche des Kunden überprüfen zu können. Sollte keine Rechnung und kein Lieferschein vorhanden sein, müssen die Kundenansprüche schriftlich zurückgewiesen werden.

Ansonsten werden, wenn die gesetzliche Rügefrist eingehalten wurde, die erhobenen Gewährleistungsansprüche geprüft. Falls die Gewährleistungsfrist bereits abgelaufen ist oder die Gewährleistungsansprüche sich als nicht berechtigt herausstellen sollten, müssen zur Einstufung des Kunden weitere Informationen herangezogen werden, um eine Kulanzgewährung zu überprüfen.

Bei gewährter Kulanz oder bei berechtigtem Gewährleistungsanspruch wird dem Kunden schriftlich ein Vorschlag zur Mängelbehebung erstellt.

Modellieren Sie für die Industrieanlagen GmbH einen Geschäftsprozess zur Prüfung einer Kundenreklamation wegen mangelhafter Lieferung.

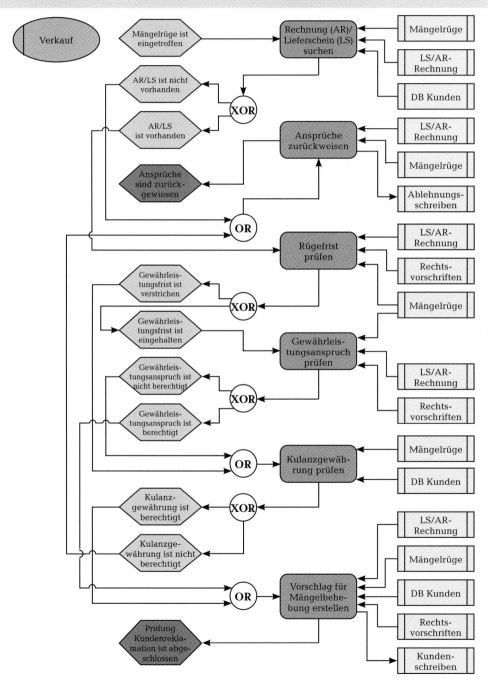

8.1   Grundsätze der Menschenführung

224/1 Nennen Sie die Vor- bzw. Nachteile des

a) autoritären Führungsstils,

b) kooperativen Führungsstils.

	a) autoritärer Führungsstil	**b) kooperativer Führungsstil**
Vorteile	– klare Entscheidungsbefugnis (Alleinentscheidung des Vorgesetzten) – Produktivität bei Routineaufgaben – rasche Entscheidungen	– fachgerechte Entscheidungen – Motivation der Mitarbeiter – Entlastung führender Mitarbeiter – natürliche Auslese für den Führungsnachwuchs
Nachteile	– Fehlentscheidungen bei mangelnder Fachkompetenz – unselbstständige Mitarbeiter – keine Entwicklung von Führungskräften	– langsamerer Entscheidungsprozess

224/2 Zeichnen Sie eine Strecke, an deren Anfang der autoritäre Führungsstil und an deren Ende der kooperative Führungsstil markiert wird. Ordnen Sie auf dieser Strecke die nachfolgenden Verhaltensweisen von Vorgesetzen ein.

a) Vorgesetzter steckt die Grenzen ab und fordert die Mitarbeiter zu Entscheidungen auf.

b) Vorgesetzter legt Vorschläge vor und fordert zu Fragen auf.

c) Vorgesetzter legt Probleme vor, fordert Lösungsvorschläge ein und entscheidet.

d) Vorgesetzter trifft Entscheidungen und gibt sie weiter.

e) Vorgesetzter legt vorläufige Entscheidungen vor, ist zu Änderungen bereit.

f) Vorgesetzter gestattet den Mitarbeitern, innerhalb der von ihm gesetzten Grenzen völlig frei zu handeln.

d)   c)   e)   b)   a)   f)

autoritärer   kooperativer
Führungsstil   Führungsstil

224/3 Der Filialleiter eines Computerunternehmens erhält die Zusage, einen zusätzlichen Mitarbeiter einstellen zu dürfen, wenn seine Filiale einen Jahresumsatz von 5 Mio. EUR erreicht.

Begründen Sie, um welche Führungstechnik es sich handelt.

Führen durch Zielvereinbarung – Management by Objectives

224/4 Der Unternehmer Karl Klein ernennt seine langjährige Angestellte Eva-Katharina Ahlers am 1. April zur Prokuristin. Die Eintragung ins Handelsregister erfolgt am 20. April. In einem Rundschreiben, das den Geschäftsfreunden am 10. April zugeht, wird die Prokuraerteilung bekannt gegeben.

a) Wann kann Frau Ahlers für Klein als Prokuristin tätig werden? Begründen Sie Ihre Entscheidung.

Frau Ahlers nimmt während der Abwesenheit von Klein folgende Rechtshandlungen vor. Entscheiden Sie diese Fälle mit Begründung.

b) Frau Ahlers unterschreibt eine Überweisung über 20.000 EUR.

c) Sie erweitert das Sortiment um die Produktion von Haushaltswaren und bestellt Rohstoffe im Wert von 150.000 EUR.

d) Einem benachbarten Unternehmen will Frau Ahlers den Bau einer neuen Lagerhalle ermöglichen und verkauft zu günstigen Bedingungen ein bisher ungenutztes Grundstück.

e) Um rationeller arbeiten zu können, kündigt sie einem Drittel der Belegschaft.

f) Sie will ein Darlehen aufnehmen und übergibt der Bank zur Kreditbeurteilung eine von ihr unterschriebene Bilanz.

a)

1. April	10. April	20. April
Ernennung zur Prokuristin	Rundschreiben an Geschäftsfreunde	Eintragung ins Handelsregister

Im Innenverhältnis kann Frau Ahlers ab der Ernennung, also ab 1. April, als Prokuristin tätig werden, § 48 (1) HGB.

Im Außenverhältnis kann Frau Ahlers erst ab dem Zeitpunkt tätig werden, an dem Dritte Kenntnis von der Ernennung haben, also ab dem 10. April, spätestens aber nach Eintragung und Veröffentlichung im Handelsregister, also ab dem 20. April.

	Tätigkeiten	Rechtsgeschäft wirksam vornehmen	Begründung: gerichtliche und außergerichtliche Geschäfte und Rechtshandlungen, die der Betrieb irgendeines Handelsgewerbes mit sich bringt gemäß § 49 HGB
b)	Überweisung unterschreiben	ja	ja
c)	Sortimentserweiterung	ja	ja
	Rohstoffe bestellen	ja	ja
d)	Grundstück verkaufen	nein	nein, besondere Vollmacht notwendig
e)	Kündigung vornehmen	ja	ja
f)	Darlehen aufnehmen	ja	ja
	Bilanz unterschreiben	nein	nein, gesetzlich verboten

224/5 Prokurist Hermann vom Hauptgeschäft entzieht dem Angestellten Schwarz, der Prokura für die Filiale hat, diese Vollmacht. Gleichzeitig erteilt er Frau Stein, bisher Abteilungsleiterin im Hauptgeschäft, Prokura und dem Angestellten Pietsch allgemeine Handlungsvollmacht. Begründen Sie, ob diese Handlungen rechtswirksam sind.

Ein Prokurist kann weder Prokura erteilen noch entziehen; allgemeine Handlungsvollmacht kann er jedoch erteilen und entziehen.

Manchen Menschen sind Anerkennung und Verständnis wichtiger als eine Gehalts-erhöhung. Erläutern Sie diese These.

Für viele Menschen ist der Betrieb nicht nur die Stätte, in der sie ihren Lebensunterhalt verdienen, sondern auch der Lebensraum, in dem sie ihre geistigen und körperlichen Kräfte entfalten und Leistungen erbringen. Werden diese Leistungen anerkannt und wird Verständnis für Probleme gezeigt, so sind die Mitarbeiter bereit, sich für den Betrieb einzusetzen und ihre Kräfte dafür zu mobilisieren.

224/7 **Warum hängt das Betriebsklima entscheidend von den Erwartungen der Vorgesetzten und Mitarbeiter ab?**

Vorgesetzte und Mitarbeiter stellen jeweils an die andere Person bestimmte Anforderungen. Je mehr sich diese Anforderungen mit den entsprechenden Erwartungen decken, umso besser ist das Betriebsklima.

Beispiele: Mitarbeiter erwarten von ihren Vorgesetzten Gerechtigkeit, die Vorgesetzten von ihren Mitarbeitern Zuverlässigkeit.

8.2   Personalwesen

8.2.1   Personalplanung

227/1 **Warum ist es für das Unternehmen sehr wichtig, den Personalbedarf langfristig zu planen?**

Qualifiziertes Personal ist die treibende Kraft des betrieblichen Erfolges. Deshalb ist die Bereitstellung qualifizierter Mitarbeiter wesentliche Voraussetzung für die betriebliche Leistungsfähigkeit. Durch eine langfristige Personalbedarfsplanung kann besser auf Entwicklungen, die den Personalbedarf beeinflussen, reagiert werden.

Zu nennen sind beispielhaft: Konjunktur bzw. geplante Ausbringung/Absatzmenge, Arbeitsdauer, Fluktuation, Änderung von Produktionsverfahren, Qualifikations- und Anforderungsprofile, Altersstruktur, Schwangerschaften und Elternzeit, Kündigungen, Fehlzeiten.

227/2 **Im neuen Tarifvertrag wird die Arbeitszeit verkürzt. Erläutern Sie die Auswirkungen auf den Personalbedarf.**

Mögliche Auswirkungen:
– Neueinstellung von Mitarbeitern
– Rationalisierungsmaßnahmen
– Neuverteilung der Arbeit

227/3 **Visualisieren Sie die Vorgehensweise bei der quantitativen bzw. qualitativen Personalbedarfsanalyse in einem Unternehmen.**

Die quantitative Personalplanung ermittelt die Anzahl der benötigten Mitarbeiter. Quantitative Bestimmungsfaktoren ergeben sich abgeleitet aus den geplanten zu erfüllenden betrieblichen Aufgaben, ergänzt um den sich durch Fehlzeiten ergebenden Mehrbedarf.

Die qualitative Personalplanung erfasst diejenigen Qualifikationsmerkmale, über die die Mitarbeiter in der Zukunft bis zu einem festen Zeitpunkt verfügen müssen. Ihr Gegenstand ist v. a. die Ableitung von Anforderungen aus zukünftigen Aufgabenstellungen an die Qualifikation sowie letztendlich der Vergleich zu den Qualifikationen der beschäftigten Mitarbeiter.

227/4 Ermitteln Sie den Personalbedarf für die Abteilung Rechnungswesen eines Unternehmens zum 01.07. nach folgenden Daten: Bestand 21 Mitarbeiterinnen und Mitarbeiter; dieser soll auf 25 Arbeitskräfte aufgestockt werden. Vier Auszubildende, die übernommen werden sollen, machen Mitte Juni ihre Abschlussprüfung. Drei Mitarbeiter gehen zum 30.06. in den Ruhestand. Von zwei Sachbearbeiterinnen liegen ärztliche Atteste vor, dass diese schwanger sind und voraussichtlich ab Anfang Juli in den Mutterschutz gehen werden; zwei Mitarbeiterinnen kommen Ende Juni aus der Elternzeit zurück. Alle genannten Mitarbeiterinnen und Mitarbeiter haben geeignete Qualifikationen.

Wie viele Mitarbeiterinnen und Mitarbeiter werden zusätzlich zum 01.07. gebraucht?

geplant:	25 Mitarbeiter
Bestand:	21 Mitarbeiter
Beendigung der Ausbildung:	+ 4 Auszubildende
Ruhestand:	– 3 Mitarbeiter
Schwangerschaft:	– 2 Mitarbeiterinnen
Rückkehr aus der Elternzeit:	+ 2 Mitarbeiterinnen
Nettopersonalplanung:	Einstellung von 3 Mitarbeiter/-innen

8.2.2 Personalbeschaffung

231/1 Welchem Zweck dienen Stellenbeschreibungen in einem Unternehmen?

Eine Stellenbeschreibung dient als Grundlage für eine Stellenausschreibung und zur Information des Stelleninhabers (u. a. seine Aufgaben, seine Vorgesetzten, seine Einordnung ins Unternehmen, seine Kompetenzen und seine Lohn- oder Gehaltsgruppe).

231/2 Entwerfen Sie die Stellenbeschreibung für den Leiter der Organisationsabteilung nach folgenden Angaben: Der Stelleninhaber ist dem Leiter der Hauptabteilung Kaufmännische Verwaltung unterstellt. Ihm unterstehen die Leiter der Abteilungen Aufbau- und Ablauforganisation und zwei Sekretärinnen. Der Abteilungsleiter Aufbauorganisation vertritt ihn.

Der Stelleninhaber erarbeitet mit allen zuständigen Stellen eine mittelfristige Planung der Aufbau- und Ablauforganisation. Er erlässt Organisationsrichtlinien. Gemeinsam mit der DV-Abteilung arbeitet er Projekte aus, die auf DV-Anlagen übernommen werden sollen.

Zielsetzung der Stelle ist eine zweckmäßige Organisations- und Informationsstruktur des Unternehmens in Aufbau und Ablauf.

Der Inhaber der Stelle sollte eine wirtschaftswissenschaftliche Hochschulausbildung haben und außerdem praktische Erfahrung auf dem Gebiet Organisation und Datenverarbeitung besitzen. Wesentliche Eigenschaften sind Kooperationsfähigkeit und der Wille, im Team zu arbeiten.

	Stellenbeschreibung
1. Bezeichnung der Stelle:	Leiter/Leiterin der Organisationsabteilung
2. Vorgesetzter:	Leiter/Leiterin der kaufmännischen Verwaltung
3. Unterstellte Mitarbeiter:	Leiter/Leiterin der Abteilung Aufbauorganisation, Leiter/Leiterin der Abteilung Ablauforganisation, zwei Sekretärinnen
4. Stellvertretung:	Leiter/Leiterin der Abteilung Aufbauorganisation
5. Ziele der Stelle:	Gestaltung und Überwachung einer zweckmäßigen Organisations- und Informationsstruktur des Unternehmens in Aufbau und Ablauf
6. Aufgaben:	Erarbeitung einer mittelfristigen Planung der Aufbau- und Ablauforganisation mit allen zuständigen Stellen Erlass von Organisationsrichtlinien Ausarbeitung von Projekten, die auf der DV-Anlage zu erstellen sind
7. Anforderungen:	wirtschaftswissenschaftliche Hochschulausbildung praktische Erfahrung auf den Gebieten Organisation und Datenverarbeitung Kooperationsfähigkeit und Wille zur Teamarbeit

231/3 Begründen Sie, warum sowohl die Besetzung von Stellen als auch die Festlegung von Stellvertretungen auf Dauer anzulegen sind.

– Einarbeitungszeit verursacht Kosten.

– Fluktuation auf einer Stelle verhindert die Stetigkeit der Aufgabenerfüllung.

– Stelleninhaber als auch Stellvertreter können Informationen austauschen. Im Vertretungsfalle verläuft die Arbeitsübergabe reibungsloser.

231/4 Begründen Sie, weshalb sich ein Unternehmen entschließt, eine Stelle intern zu besetzen.

verkürzte Einarbeitungszeit; exakte Mitarbeiterbeurteilung vorhanden; erhöhte Motivation der Mitarbeiter, da interner Aufstieg sichtbar wird; geringere Personalbeschaffungskosten

231/5 Welche Probleme könnte eine interne Stellenbesetzung mit sich bringen?

Probleme bei einer internen Stellenbesetzung:

– geringere Auswahlmöglichkeiten zwischen Bewerbern

– Demotivation bei nicht berücksichtigten Mitarbeiterinnen und Mitarbeitern

– es kommt nur zu einer Bedarfsverschiebung (Kettenreaktionseffekt)

233 Die IT-Consult GmbH entwickelt Softwarelösungen für mittelständische Unternehmen. Für das nächste Geschäftsjahr ist in verschiedenen Abteilungen eine Kapazitätsausweitung geplant. Die Personalbedarfsplanung hat ergeben, dass folgende Arbeitskräfte beschafft werden müssen: ein Softwareentwickler, zwei Fachinformatiker zur Programmierung, eine kaufmännische Angestellte für die Lohn- und Gehaltsabrechnung, vier Informatikkaufleute.

Alle offenen Stellen werden ins Internet gestellt. Der Softwareentwickler und die Fachinformatiker werden zusätzlich mithilfe einer Stellenanzeige in der regionalen Presse gesucht.

a) Erläutern Sie Gründe, warum für die gesuchten Arbeitskräfte unterschiedliche Personalbeschaffungswege beschritten werden.

b) Nennen Sie weitere Möglichkeiten der Personalbeschaffung.

c) Erläutern Sie Gründe, warum ein Unternehmen versucht, eine offene Stelle extern zu besetzen.

d) Entwerfen Sie eine Stellenbeschreibung für kaufmännische Angestellte im Bereich Lohn- und Gehaltsabrechnung.

e) Für die Softwareentwicklerstelle gehen mehrere Bewerbungen ein. Nennen Sie Unterlagen, die bei der Personalauswahl vorliegen müssen.

f) Bei der IT-Consult GmbH bewirbt sich auch Herr Mark Müller. Seine Bewerbungsunterlagen enthalten folgendes Zeugnis:

> Herr Mark Müller, geboren am 8. September 1980 in Ulm, trat am 1. April 2011 in unsere Dienste. Herr Müller wurde zunächst im Bereich Vertrieb eingesetzt. Er war hier verantwortlich für das Gebiet Österreich/Schweiz. Am 1. Dezember 2011 versetzten wir ihn in unsere Rechnungsabteilung. Ihm oblagen neben der Abrechnung der Zählerstandskarten unserer Kopiergeräte die Abrechnung der Großkunden und das Erstellen von Statistiken.
>
> Herr Müller bemühte sich, die ihm gestellten Aufgaben sorgfältig zu erledigen. Bei unterschiedlichen Aufgaben genügte er den Anforderungen fast immer. Sein Verhalten gegenüber Vorgesetzten, Mitarbeitern und Kunden war im Wesentlichen einwandfrei.
>
> Herr Müller scheidet mit dem heutigen Tag aus unserem Unternehmen aus.
>
> Ulm, den 31. März 2022
>
> Unterschrift

Nennen Sie die Aussagen des Arbeitszeugnisses, die Sie für negativ halten.

– Bewerten Sie das Zeugnis mit einer Note zwischen 1 und 5.

– Begründen Sie die Note, die Sie vergeben haben.

a) Da Fachkräfte eine wichtige Stellung im Unternehmen haben, kommt ihrer Beschaffung eine besondere Bedeutung zu. Die unterschiedlichen Beschaffungswege bieten die Möglichkeit, auf eine größere Anzahl entsprechend qualifizierter Bewerber zurückgreifen zu können. Deshalb will man sich nicht allein auf einen Personalbeschaffungsweg verlassen.

b) interne Stellenausschreibung, Versetzung bzw. Beförderung, Veröffentlichungen am Werkstor, Personalleasing, Personalberater, Übernahme von Auszubildenden etc.

c) größere Auswahl an Bewerbern, keine Betriebsblindheit, Vermeidung des Kettenreaktionseffektes, Zugewinn von neuem Wissen und neuen Arbeitsmethoden

d) Mögliche Stellenbeschreibung:

I. Bezeichnung der Stelle: Angestellte/r der Hauptabteilung Personal

II. Dienstrang: Sachbearbeiter/-in Lohn- und Gehaltsabrechnung

III. Vorgesetzter: Leiter/-in der Abteilung Lohn und Gehalt

IV. Ziele der Stelle: Betreuung des Personals und Abwicklung der monatlichen Lohn- und Gehaltsabrechnung für alle Mitarbeiter

V. Aufgaben, Kompetenzen:

   1. Ganzheitliche Betreuung der Mitarbeiter

   2. Betreuung und Verwaltung des Moduls »Lohn und Gehalt« in der integrierten Unternehmenssoftware

Monatliche Lohn- und Gehaltsabrechnung für alle Mitarbeiter sowie die Verwaltung der Aushilfen

Übernahme von Aufgaben bei der Betreuung der Auslandsmitarbeiter

VI. Fachkenntnisse (Ausbildung, Erfahrung): Abitur, Fachschule erwünscht; 3 Jahre Berufserfahrung (idealerweise im Personalwesen), sehr gute arbeits-, sozialversicherungs- und lohnsteuerrechtliche Kenntnisse sowie Erfahrungen im Umgang mit MS Office und einer integrierten Unternehmenssoftware

Sonstige Anforderungen: Fähigkeit zum selbstständigen Arbeiten und Kommunikationsfähigkeit

---

e) Bewerbungsschreiben, Zeugnisse, Lebenslauf, Vorstellungsgespräch, Eignungstest, Personalfragebogen

f) Auszug aus dem Arbeitszeugnis:

– Herr Mark Müller, geboren am 8. September 1980 in Ulm, trat am 1. April 2011 in unsere Dienste.

Herr Müller wurde zunächst im Bereich Vertrieb eingesetzt. Er war hier verantwortlich für das Gebiet Österreich/Schweiz. Am 1. Dezember 2011 **versetzten** wir ihn in unsere Rechnungsabteilung. Ihm oblagen neben der **Abrechnung der Zählerstandskarten** unserer Kopiergeräte die Abrechnung der Großkunden und das Erstellen von Statistiken.

Herr Müller **bemühte sich,** die ihm gestellten Aufgaben sorgfältig zu erledigen. Bei unterschiedlichen Aufgaben **genügte er den Anforderungen fast immer.**

Sein Verhalten gegenüber Vorgesetzten, Mitarbeitern und Kunden war **im Wesentlichen einwandfrei.**

Herr Müller **scheidet** mit dem heutigen Tag aus unserem Unternehmen **aus.**

Ulm, den 31. März 2022

Unterschrift

– Note: 4 oder 5

– Herr Müller wurde in eine andere Abteilung **versetzt.** Vermutlich hat er die Aufgabe nicht bewältigt. Die **Abrechnung der Zählerstandskarten** ... deutet auf ein geringes Qualifikationspotenzial hin. Herr Müller **bemühte sich** ... bzw. **genügte den Anforderungen fast immer,** sagt aus, dass er die Anforderungen in keiner Weise erfüllt hat. Es fällt auf, dass jede Aussage über eine erfolgreiche Tätigkeit fehlt. Man bedauert das Ausscheiden von Herrn Müller mit keinem Wort. Auch fehlt die Bemerkung, dass er auf eigenen Wunsch ausscheidet und dass man ihm für die Zukunft alles Gute wünscht.

8.2.4   Personalentwicklung

8.2.5   Personalcontrolling

239/1   Welche Maßnahmen fallen unter die berufliche Fortbildung?

a) Ein Maschinenmonteur belegt einen Kurs über die Einrichtung von computergesteuerten Fertigungsrobotern.

b) Ein Auszubildender nimmt an einem Kurs zur Vorbereitung auf die Wiederholungsprüfung in seinem Ausbildungsberuf teil.

c) Eine Einzelhandelskauffrau macht eine Weiterbildung zur Handelsfachwirtin.

d) Eine arbeitsuchende Mutter von drei Kindern nimmt an einer Maßnahme zum Wiedereintritt in das Berufsleben der Bundesagentur für Arbeit teil.

Bei a) und c) handelt es sich um eine beruflliche Fortbildung.

239/2   Warum ist es sinnvoll, dass die Bundesagentur für Arbeit für Umschulungsmaßnahmen Zuschüsse gewährt?

Durch Umschulungen sollen Arbeitsuchende auf eine andere geeignete Tätigkeit vorbereitet werden. Dadurch soll die Zeit der Arbeitslosigkeit verkürzt werden. Dies entlastet wiederum die Bundesagentur für Arbeit.

240/3   Welche Vor- und Nachteile haben

a) die freie Beurteilung,

b) das Kennzeichnungs- und Einstufungsverfahren?

a) Bei der freien Beurteilung werden nur die allgemeine Leistungsfähigkeit und die Persönlichkeit des Beurteilten aufgrund des Gesamteindrucks beurteilt.

b) Beim Kennzeichnungs- und Einstufungsverfahren gibt es genau vorgegebene Kriterien, nach denen alle zu Beurteilenden einzustufen sind.

240/4   a) Ordnen Sie die Beurteilungsmerkmale des Kennzeichnungs- und Einstufungsverfahrens in der Reihenfolge, wie sie Ihnen am wichtigsten erscheinen.

b) Bei welchen Anlässen erscheint Ihnen eine Beurteilung besonders wichtig? Begründen Sie Ihre Entscheidung.

a) Beispiele: fachliche Kenntnisse und Erfahrungen, Fähigkeit zur Führung von Mitarbeitern, Durchsetzungsvermögen, berufliche Ausbildung, Vorbildung, Zuverlässigkeit, Aufgabenerfüllung, Verhandlungsgeschick, Bereitschaft zur Fortbildung, Verhalten gegenüber Vorgesetzten und Mitarbeitern

b) Besonders wichtig erscheint die Personalbeurteilung bei der Beförderung, wenn ein Mitarbeiter in eine höhere Position kommt, in der er sich bewähren muss. Fehlentscheidungen kosten viel Zeit sowie Geld und verursachen Störungen im Betriebsklima.

Auch beim Wechsel des Vorgesetzten ist eine vorherige Personalbeurteilung sinnvoll, damit der neue Vorgesetzte sich einen Überblick über das Leistungsvermögen seiner zukünftigen Mitarbeiter verschaffen kann.

240/5 Welche Vor- und Nachteile ergeben sich, wenn der Beurteiler mit dem Mitarbeiter die Ergebnisse der Leistungsbeurteilung besprechen muss?

- Vorteile: Der Beurteiler wägt seine Entscheidungen sorgfältig ab und begründet diese. Der Beurteilte kann zu diesen Entscheidungen Stellung nehmen.

- Nachteile: Negative Punkte werden vom Beurteiler nicht so stark hervorgehoben, da er mit dem Mitarbeiter noch zusammenarbeiten muss. Tendenz zur unverbindlichen Aussage und zum milden Urteil.

240/6 Recherchieren Sie im Internet nach einem Leitfaden für Mitarbeitergespräche und stellen Sie diesen Ihren Mitschülern vor.

Im Internet gibt es zahlreiche Leitfäden für Mitarbeitergespräche. Durch die Suche mit einer Suchmaschine (z. B. http://www.google.de; Stichworte: Leitfaden und Mitarbeitergespräch) lassen sich diese finden.

240/7 Informieren Sie sich zunächst, welche Regeln in einem Konfliktgespräch zu beachten sind, damit eine Win-win-Situation erreicht werden kann. Überlegen Sie sich anschließend eine Konfliktsituation und stellen Sie die Lösung der Konfliktsituation in einem Rollenspiel dar. Achten Sie dabei auf die recherchierten Regeln.

Voraussetzungen für ein Konfliktgespräch zur Lösung eines Konfliktes:

- geeigneten Zeitpunkt für Konfliktgespräch wählen (Beispiel: Konflikt nicht spontan mit Wut im Bauch lösen wollen)

- Termin mit Gesprächspartner vereinbaren und Stichworte zum Gesprächsthema geben, damit der Gesprächspartner die Möglichkeit hat, sich auf das Gespräch vorzubereiten

- neutralen Ort für das Gespräch wählen (kein Heimvorteil!)

- Konflikt für sich benennen; welchen Anteil habe ich an dem Konflikt; mögliche Lösungen und Argumente sammeln

- mit positiver Grundhaltung in das Gespräch gehen

Regeln während des Konfliktgespräches:

- Gefühle und Bedürfnisse direkt äußern

- dem Gesprächspartner helfen, seine Gefühle und Bedürfnisse auszudrücken

- Vorschläge machen und Wünsche äußern

- verschiedene Lösungsmöglichkeiten erörtern

- am Ende gemeinsam festlegen, wie der Konflikt gelöst wird

8.3   Arbeitsvertrag

250/1 Prüfen Sie, ob die Inhalte nach dem Nachweisgesetz im Arbeitsvertrag auf Seite 242 des Lehrbuchs enthalten sind.

Die Anschrift des Arbeitgebers (KÜHLsys GmbH) fehlt. Sonst sind alle Vorgaben eingehalten.

Sie ist die Vereinbarung zwischen dem Betriebsrat und dem Arbeitgeber eines Betriebes und regelt z. B. Beginn und Ende der täglichen Arbeitszeit, Pausen und Urlaubsplan.

250/3 **Karin ist Mitarbeiterin in der Personalabteilung der Alu GmbH, in der 120 Personen beschäftigt sind. Karin hat im Rahmen ihres Sachgebietes verschiedene Fragen zu klären und Aufgaben zu erfüllen.**

a) **Karin soll prüfen, ob in die neu abzuschließenden Arbeitsverträge folgende Klausel aufgenommen werden kann:**

»Bei der Kündigung durch den Betrieb ist eine Kündigungsfrist von zwei Wochen einzuhalten; die Kündigung kann zum Monatsende ausgesprochen werden. Ansonsten gelten die gesetzlichen Bestimmungen.«

b) **Ferner soll Karin prüfen, ob einzelne Angestelltenverträge in Zukunft um ein vertraglich vereinbartes Wettbewerbsverbot ergänzt werden sollten.**

– **Nennen Sie Beispiele für Angestellte, denen man dies anbietet.**

– **Worauf müsste bei der inhaltlichen und formalen Gestaltung dieser vertraglichen Vereinbarung geachtet werden? (drei Gesichtspunkte)**

c) **Karin hat zum Jahresende eine fristgerechte Kündigung eines seit vier Jahren beschäftigten Mitarbeiters im Alter von 24 Jahren vorzubereiten. Der zu entlassende Mitarbeiter ist einer von vier in der Alu GmbH beschäftigten Lkw-Fahrern. Die Alu GmbH hat den Fuhrpark aus Kostengründen auf drei eigene Lkw abgebaut. Der Mitarbeiter gilt als nicht besonders fleißig.**

– **Wann muss die Kündigung dem Mitarbeiter spätestens zugegangen sein?**

– **Mit welchen Argumenten kann sich der Mitarbeiter gegen diese Kündigung wehren?**

a) Die Verkürzung der gesetzlichen Kündigungsfrist (vier Wochen zum 15. oder zum Monatsende) auf zwei Wochen zum Monatsende ist nicht möglich.

b) Wenn der Angestellte Kenntnisse erwirbt, die er nach dem Ausscheiden nicht bei Konkurrenten verwerten soll (z. B. Mitarbeiter im Einkauf kennt die Bezugsquellen und -preise).

Voraussetzungen für die Gültigkeit des vertraglichen Wettbewerbsverbots:

– Schriftform

– Verbotsdauer max. zwei Jahre

– keine wesentliche Berufserschwernis

– Vereinbarung einer Karenzentschädigung bei Minderverdienst

c) – ein Monat zum Monatsende

– Der Mitarbeiter ist seit mehr als sechs Monaten im Betrieb, somit gilt der Schutz vor sozial ungerechtfertigter Kündigung; eventuell sind soziale Gesichtspunkte nicht ausreichend berücksichtigt bzw. die Kündigung ist betrieblich nicht unbedingt notwendig bzw. der Mitarbeiter könnte an anderer Stelle weiterbeschäftigt werden.

Welche der folgenden Vereinbarungen in Arbeitsverträgen gelten, welche gelten nicht? Begründen Sie Ihre Entscheidung.

a) Eine zweijährige Kündigungsfrist für beide Teile zum Jahresende.

b) Kündigungsfrist für den Angestellten drei Monate zum Quartalsende; für den Arbeitgeber gesetzliche Kündigungsfrist.

c) Ein Gehalt, das 5 % über den Bestimmungen des Tarifvertrags liegt. Es soll zwei Jahre gleich bleiben, unabhängig von weiteren tariflichen Vereinbarungen.

d) Der Arbeitgeber ist berechtigt, den Arbeitsvertrag fristlos zu kündigen, falls der Angestellte der Gewerkschaft beitritt.

a) Gültig. Die Frist ist für beide Teile gleich und eine Verlängerung jederzeit möglich.

b) Nicht gültig. Die Frist darf für den Arbeitnehmer nicht länger als für den Arbeitgeber sein.

c) Gültig, wenn Arbeitgeber oder Arbeitnehmer nicht tarifgebunden sind. Sind beide tarifgebunden und werden die Gehälter um mehr als 5 % erhöht, so ist das Gehalt um mindestens die Differenz zu erhöhen.

d) Ungültig. Gilt nicht als wichtiger Grund. Jedermann ist berechtigt, einer Gewerkschaft beizutreten (individuelle Koalitionsfreiheit gemäß Art. 9 GG).

8.4 Mitwirkung und Mitbestimmung der Arbeitnehmer im Betrieb

Warum wird in Unternehmen mit mehr als 200 Beschäftigten eine bestimmte Zahl von Betriebsräten von der Berufstätigkeit freigestellt?

Weil es in größeren Betrieben so viele Aufgaben der Mitwirkung und Mitbestimmung gibt, die sich nicht neben der normalen Berufstätigkeit lösen lassen.

Welchen Zweck hat die Bildung einer Einigungsstelle?

Bei Meinungsverschiedenheiten ersetzt ihre Entscheidung die Einigung zwischen Arbeitgeber und Betriebsrat.

In einer Betriebsratssitzung werden Personalprobleme diskutiert. Beurteilen Sie die Rechtslage und begründen Sie Ihre Entscheidung.

a) Herr Frohweis, 28 Jahre alt, bewirbt sich um einen Platz auf der Wahlliste zum Betriebsrat. Er ist am Wahltag vier Monate im Unternehmen beschäftigt.

b) Als Herr Kräftig zum Betriebsrat kandidiert, kündigt ihm der Arbeitgeber, weil er befürchtet, dass Kräftig als Betriebsrat Unruhe in das Unternehmen bringen würde.

c) Nach der Auslagerung der Buchhaltung wird dem Bilanzbuchhalter Ahlers mitgeteilt, dass er von nun an in der Abteilung Verkauf mit einem um 300 EUR geringeren Gehalt beschäftigt sei.

a) Er kann sich nicht bewerben, da er noch keine sechs Monate im Betrieb tätig ist.

b) Kandidaten zur Wahl des Betriebsrates stehen unter besonderem Kündigungsschutz.

c) Die Art der Tätigkeit ist im Dienstvertrag festgelegt und kann nicht willkürlich geändert werden. Das ist nur mit einer Änderungskündigung möglich.

254/4 Um Entlassungen zu vermeiden, will das Unternehmen Kurzarbeit einführen.

a) In welcher Form ist der Betriebsrat zu beteiligen?

b) Welche Vorteile hat die Einführung der Kurzarbeit

  – für die Arbeitnehmer,

  – für den Arbeitgeber?

a) Der Betriebsrat muss zustimmen (Mitbestimmungsrecht).

b) – Der Arbeitnehmer behält seinen Arbeitsplatz bei einer verhältnismäßig kleinen Verdiensteinbuße.

 – Der Arbeitgeber kann hohe Lagerbestände abbauen und behält seinen Facharbeiterstamm.

254/5 Welche Einrichtungen ermöglichen die Mitbestimmung im Unternehmen

  – bei Personengesellschaften,

  – bei Kapitalgesellschaften?

– Betriebsrat
– Betriebsrat, Aufsichtsrat und Vorstandsmitglied (Arbeitsdirektor)

254/6 Ein Unternehmen, das 1.950 Arbeitnehmer beschäftigt, vergibt eine ganze Anzahl von Aufträgen als Lohnaufträge an andere Unternehmen, obwohl es die Mittel für eine Betriebsvergrößerung hätte. Welche Gründe könnte die Unternehmensleitung für diese Maßnahmen haben?

Die Unternehmensleitung befürchtet, dass die gute Auftragslage nicht von Dauer ist. Ist der Betrieb eine Kapitalgesellschaft, könnte die Erweiterung die Zahl der Beschäftigten über 2.000 steigen lassen; für den Aufsichtsrat wird statt einem Drittel der Mitglieder nun die Hälfte von der Belegschaft gewählt.

8.5 Sozialpartnerschaft und Arbeitskämpfe

258/1 Warum räumen die Arbeitgeber den nicht organisierten Arbeitnehmern die gleichen Lohn- und Arbeitsbedingungen ein wie den organisierten?

Würden sie die nicht organisierten Arbeitnehmer schlechter stellen, so würden sie diese veranlassen, der Gewerkschaft beizutreten.

258/2 Im Wirtschaftsteil der Tageszeitung liest Katja: »Bei den Tarifverhandlungen um einen neuen Manteltarifvertrag sind die Sozialpartner noch zu keiner Einigung gekommen. Beobachter sprechen bereits von Überlegungen über einen Streik.«

a) Erklären Sie die Begriffe Manteltarifvertrag und Sozialpartner.

b) Außer den Manteltarifverträgen gibt es noch weitere Tarifverträge. Wie unterscheiden sich diese inhaltlich und in ihrer Geltungsdauer von Manteltarifverträgen?

c) Im Zusammenhang mit Tarifverhandlungen fällt oft der Begriff »Tarifautonomie«. Erklären Sie diesen Begriff.

d) Unter welchen Voraussetzungen gilt der Tarifvertrag für alle Arbeitnehmer und Arbeitgeber einer Branche?

a) Manteltarifvertrag: Tarifvertrag, der die allgemeinen Arbeitsbedingungen wie Arbeitszeit, Urlaub u. Ä. einheitlich festlegt.

Sozialpartner: Partner (Arbeitgeberverbände und Gewerkschaften), die unabhängig einen Tarifvertrag aushandeln.

b) Entgelttarifverträge: In ihnen werden Lohnsätze und Gehälter nach verschiedenen Tarifen vereinbart; sie haben i. d. R. eine kürzere Geltungsdauer als Manteltarifverträge.

Tarifverträge über Sonderleistungen (Weihnachtsgeld, Urlaubsgeld, Vermögensbildung, betriebliche Zusatzaltersversorgung): Sie gelten für mehrere Jahre.

c) Tarifautonomie: Sozialpartner verhandeln ohne Einmischung durch den Staat.

d) Wenn der Tarifvertrag durch den zuständigen Minister für allgemeinverbindlich erklärt wurde.

258/3 Klären Sie mithilfe des Grundgesetzes, was man unter »Koalitionsfreiheit« versteht.

Art. 9 GG: Das Recht, sich in Vereinen und Verbänden zusammenzuschließen (Parteienbildung).

258/4 Nach gescheiterten Tarifverhandlungen stehen die Gewerkschaften vor der Notwendigkeit, zur Durchsetzung ihrer Forderungen eine Urabstimmung durchzuführen und einen Streik auszurufen. Für den Fall eines Streiks drohen die Arbeitgeber mit Aussperrung. Stimmen aus dem Kreis der Arbeitnehmer werden laut: »Streik ist Notwehr, Aussperrung ist Terror.«

a) Erklären Sie die Begriffe Streik, Urabstimmung und Aussperrung.

b) Nehmen Sie Stellung zu der oben wiedergegebenen Aussage der Arbeitnehmer aus der Sicht beider Tarifpartner.

a) Streik: planmäßige und gemeinsame Niederlegung der Arbeit innerhalb eines Betriebes oder einer Branche

Urabstimmung: Vor Beginn des Streiks müssen sich 75 % der betroffenen Gewerkschaftsmitglieder für den Streik aussprechen.

Aussperrung: Verweigerung der Arbeitsmöglichkeit für alle Arbeitnehmer, also der streikenden und auch der arbeitswilligen

b) Arbeitnehmersicht: – Arbeitnehmer am kürzeren Hebel (abhängig vom Arbeitgeber)

– Arbeitsniederlegung = einziges Druckmittel der Arbeitnehmer

– »Terror«, weil den Arbeitswilligen Arbeit und Verdienst verweigert wird

Arbeitgebersicht: Den Arbeitnehmern wird zwar der Streik zugestanden; die Arbeitgeber sehen die Aussperrung jedoch als legitime Gegenwehr an, da ohnehin nicht gearbeitet werden kann (Produktionsstillstand) und »unproduktive« Lohnkosten anfallen würden.

258/5 Seit vielen Jahren bevorzugen die Gewerkschaften den Mini-Max-Streik. Erläutern Sie zwei Vorteile dieser Streikvariante.

Streikkasse schonen, dadurch längere Streikzeit möglich; geringer Einsatz – große Wirkung

258/6 **Zur Beendigung eines lang währenden Arbeitskampfes wird der Arbeitsminister aufgefordert, die Tariferhöhung endlich festzusetzen. Nehmen Sie aus rechtlicher und politischer Sicht dazu Stellung.**

In einer Demokratie darf der Staat nicht in Tarifverhandlungen eingreifen (Tarifautonomie).

258/7 **In Deutschland wird in Politik und Wirtschaft trotz einer gesetzlichen Regelung über Mindestlöhne diskutiert. Ein Argument gegen Mindestlöhne ist hierbei, dass durch sie in die Tarifautonomie eingegriffen wird. Nehmen Sie dazu begründet Stellung.**

Zum Schutz von Geringverdienern ist es durchaus sinnvoll, dass der Staat in bestimmten Bereichen Mindestlöhne vorgibt und damit teilweise in die Tarifautonomie eingreift.

8.6 Arbeitsschutzgesetze

265/1 **Beurteilen Sie folgende Fälle:**

a) In einem Einzelarbeitsvertrag vereinbaren Arbeitgeber und Arbeitnehmer, dass der Angestellte auf den Urlaub verzichtet, dafür aber 10 % Gehalt über den tarifvertraglichen Regelungen erhält.

b) Ein Unternehmer verspricht jedem Arbeitnehmer, der nicht in der Gewerkschaft ist, ein um 50 EUR höheres Einkommen.

c) Eine Gewerkschaft verlangt in Tarifverhandlungen für Gewerkschaftsmitglieder eine Sonderzahlung von 150 EUR.

a) Nicht erlaubt. Nach dem Bundesurlaubsgesetz hat jeder Arbeitnehmer einen Mindestanspruch auf 24 Urlaubstage. Dieser Anspruch kann einzelvertraglich nicht ausgeschlossen werden.

b) Nicht erlaubt. Gewerkschaftsmitglieder würden benachteiligt (Diskriminierungsverbot – GG Art. 9 III S. 2).

c) Nicht erlaubt. Gewerkschaftsmitglieder würden bevorzugt (s. o.).

265/2 **Lesen Sie folgenden Sachverhalt:**

> **Starker Umsatzrückgang bei Breisacher Metallbau**
>
> **Breisach,** 05.03.2022. Die Metallbau GmbH in Breisach mit insgesamt mehr als 50 Mitarbeitern verzeichnet aufgrund der wachsenden Konkurrenz aus dem Ausland einen starken Umsatzrückgang. Die Geschäftsleitung der Metallbau GmbH versucht deswegen, mit radikalen Einsparungen aus den roten Zahlen herauszukommen.
>
> In der kaufmännischen Verwaltung sollen von den fünf Stellen zwei abgebaut werden. Die Kündigungen sollen zum 01.06.2022 ausgesprochen werden. [...]

Nach einer Vorauswahl bleiben noch vier Mitarbeiter übrig, die für eine Kündigung infrage kommen. Zwei von diesen Mitarbeitern muss gekündigt werden. Heute findet die entscheidende Sitzung statt. Sie sind Mitarbeiter in der Personalabteilung und sollen für diese Sitzung eine Empfehlung erarbeiten, welchen beiden Mitarbeitern gekündigt werden sollte.

Die folgenden Mitarbeiter – alle haben ähnliche Qualifikationen und erledigen ihre Tätigkeiten zur vollsten Zufriedenheit – stehen zur Auswahl:

Frank Ohlendorf; geboren am: 15.06.1995; ledig, keine Kinder,
beschäftigt seit: 10.02.2020
Zusatzinformationen: Herr Ohlendorf ist seit einem Motorradunfall zu 50 % schwerbehindert.

Maria Funke; geboren am: 12.01.1981; verheiratet, ein schulpflichtiges Kind,
beschäftigt seit: 13.05.2018
Zusatzinformationen: Herr Funke (Ehemann) ist als Metallschlosser bei der Metallbau GmbH beschäftigt.

Anna Sandmann; geboren am: 14.02.1998; ledig, ein Kind im Kindergarten,
beschäftigt seit: 01.02.2022
Zusatzinformationen: Die Probezeit von Frau Sandmann ist am 01.05.2022 abgelaufen.

Wilhelm Heinemann; geboren am: 24.01.1969; verheiratet, drei schulpflichtige Kinder,
beschäftigt seit: 15.08.2011
Zusatzinformationen: Die Ehefrau von Herrn Heinemann ist zurzeit arbeitslos.

Geben Sie eine Kündigungsempfehlung ab und begründen Sie diese. Beachten Sie dabei die Voraussetzungen für den allgemeinen Kündigungsschutz.

Kriterien für die Sozialauswahl	Frank Ohlendorf	Maria Funke	Anna Sandmann	Wilhelm Heinemann
Dauer der Betriebszugehörigkeit	2 Jahre, 4 Monate	4 Jahre	4 Monate	10 Jahre, 10 Monate
Lebensalter	26 Jahre	41 Jahre	24 Jahre	53 Jahre
Unterhaltspflichten	keine	1 Kind	1 Kind	3 Kinder, Ehefrau (arbeitslos)
Grad der Behinderung	50 %	–	–	–
Kündigungsempfehlung	Für Frau Sandmann gilt der allgemeine Kündigungsschutz nicht, da sie noch keine sechs Monate im Unternehmen beschäftigt ist. Frau Sandmann und einem weiteren Mitarbeiter (schülerindividuelle Antwort) sollte gekündigt werden.			

266/3 In einem Gespräch zwischen der Geschäftsleitung und dem Betriebsrat weist ein Betriebsratsmitglied darauf hin, dass bei den Kündigungen der besondere Kündigungsschutz für bestimmte Mitarbeitergruppen berücksichtigt werden muss.

a) Was versteht man unter diesem Kündigungsschutz?

b) Erläutern Sie, aus welchen Gründen bestimmte Gruppen geschützt sind.

a) Durch den besonderen Kündigungsschutz werden bestimmte Personengruppen im Unternehmen durch spezielle Regelungen gezielt geschützt.

b) Betriebsratsmitglieder und Jugendvertreter: während der Amtszeit und innerhalb eines Jahres nach der Amtszeit nicht kündbar. Ausnahme: fristlose Kündigung bei wichtigem Grund. Damit soll sichergestellt werden, dass Betriebsratsmitglieder sich ohne Angst vor Entlassung für die Rechte der Mitarbeiter einsetzen können.

Werdende Mütter: während der Schwangerschaft bis vier Monate nach der Entbindung. Eltern während der Elternzeit bis drei Jahre nach der Geburt.

Schwerbehinderte Menschen: Integrationsamt muss der Kündigung zustimmen.

Auszubildende: nach der Probezeit unkündbar. Ausnahme: fristlose Kündigung bei wichtigem Grund.

Langjährige Angestellte: 1/2/3/4/5/6/7 Monate zum Monatsende, wenn mindestens 2/5/8/10/12/15/20 Beschäftigungsjahre vorliegen.

Dadurch sollen Menschen geschützt werden, die

– einen Teil ihres Lebens im Betrieb verbracht haben,

– aus sozialen Gründen besonders schutzbedürftig sind.

Sie sollen das Gefühl haben, dass sie sozial gerecht behandelt werden.

266/4 **Welche Kündigungsfristen muss ein Arbeitgeber beachten, wenn keine weiteren Angaben im Arbeitsvertrag stehen?**

a) 27-jähriger Angestellter, seit zehn Jahren im Betrieb,

b) 32-jähriger Angestellter, seit fünf Jahren im Betrieb,

c) 32-jähriger Angestellter, seit 14 Jahren im Betrieb,

d) 58-jähriger Angestellter, seit 38 Jahren im Betrieb,

e) 30-jährige Angestellte, die Mitglied des Betriebsrates ist,

f) Auszubildender während der Probezeit,

g) Auszubildender nach der Probezeit,

h) schwangere Auszubildende während der Probezeit.

a) vier Monate zum Monatsende

b) zwei Monate zum Monatsende

c) vier Monate zum Monatsende

d) sieben Monate zum Monatsende

e) unkündbar (Ausnahme: fristlos/wichtiger Grund)

f) jederzeit

g) unkündbar (Ausnahme: wichtiger Grund)

h) unkündbar

8.7 Arbeitsgestaltung

279/1 **Grenzen Sie Job enlargement und Job enrichment anhand folgender Tätigkeiten gegeneinander ab:**

– **Herstellung industriell gefertigter Möbel,**

– **Sachbearbeitertätigkeit in einem Bankbetrieb,**

– **Verkäufertätigkeit in einem Warenhaus.**

	Job enlargement	Job enrichment
Herstellung industriell gefertigter Möbel	Eine Arbeitskraft ist für die gesamte Herstellung von Stühlen/ Polstermöbeln usw. zuständig.	Eine Arbeitskraft ist neben der Herstellung von Stühlen zuständig für den Modellbau und die damit zusammenhängenden Tätigkeiten (u. a. auch für das Prüfen neuer Materialien).

	Job enlargement	Job enrichment
Sachbe-arbeitertätigkeit im Bankbetrieb	Eine Sachbearbeiterin im Privatkundengeschäft ist neben den Vertragsabschlüssen auch für Werbemaßnahmen zuständig.	Eine Sachbearbeiterin am Privatkundenschalter erhält die Vollmacht, bis zu einer bestimmten Höhe Kreditverträge abzuschließen, Sonderkonditionen zu vereinbaren und die Vertragserfüllung zu kontrollieren.
Verkäufertätigkeit im Warenhaus	Eine Verkäuferin ist zuständig für die Verkaufsraumgestaltung, den Verkauf und das Kassieren.	Eine Verkäuferin ist neben dem Verkauf auch zuständig für Verhandlungen und Vertragsabschlüsse mit Lieferanten.

279/2 In der betriebseigenen Werkstatt der KÜHLsys GmbH ergaben Arbeitszeitstudien für einen Auftrag, der 50 Werkstücke umfasst, folgende Daten:

Rüstzeit: Grundzeit 25 Minuten, für unvorhergesehene Störungen im Arbeitsablauf wird ein Zuschlag von 10 % einkalkuliert.

Stückzeit: Grundzeit zehn Minuten, für unvorhergesehene Störungen im Arbeitsablauf wird ein Zuschlag von 5 % einkalkuliert.

a) Erklären Sie den Begriff »Rüstzeit«.

b) Nennen Sie zwei Tätigkeiten, die durch die Rüstzeit abgedeckt sind.

c) Wie bezeichnet man die Zuschlagszeit?

d) Berechnen Sie die Auftragszeit für 50 Werkstücke.

a) Zeit für die Vorbereitung des Arbeitsplatzes auf einen neuen Auftrag und für die Wiederherstellung des Arbeitsplatzes nach der Auftragserledigung

b) Auftrag lesen, Material herrichten

c) Verteilzeit (persönlich/sachlich)

d) 27,5 Min. + 525 Min. = 552,7 Min. (Auftragszeit)

280/3 Welche Auftragszeit erhält ein Arbeitnehmer für folgenden Auftrag über 50 Stück?

– Rüstzeit: Grundzeit zehn Minuten, Verteilzeit dazu 20 %;

– Stückzeit: Grundzeit acht Minuten, Verteilzeit dazu 5 %.

Rüstzeit: 12 Min., Ausführungszeit: 8,4 Min./St. · 50 Stück, Auftragszeit: 432 Min.

280/4 Errechnen Sie die Auftragszeit für einen Auftrag von 4.000 Stück, wenn die Istzeit eines Arbeiters drei Minuten je Stück beträgt und der Leistungsgrad auf 110 % geschätzt wird. Die nicht beeinflussbare Wartezeit je Stück beträgt 0,2 Minuten, die Ausführungs-Erholungszeit 10 %, die Rüstzeit 20 Minuten und die Verteilzeit auf Ausführungs- und Rüstzeit jeweils 5 %.

	Rüstzeit (Min.)	Ausführungszeit/Stück (Min.)	Ausführungszeit/gesamt (Min.)
Grundzeit	20	3,5	14.000
Verteilzeit (hier: 5 %)	1	0,175	700

	Rüstzeit (Min.)	Ausführungszeit/Stück (Min.)	Ausführungszeit/gesamt (Min.)
Erholungszeit (hier: 10 %)	–	0,35	1.400
Summe der Zeiten	21	4,025	16.100

Grundzeit je Stück (Sollzeit) = Leistungsgrad/100 · Istzeit + Wartezeit

= 110/100 · 3 + 0,2 = 3,5

Auftragszeit = Rüstzeit + Ausführungszeit = 21 + 16.100 = 16.121

280/5 **Für die Ausführung eines Auftrages, der 30 Werkstücke umfasst, wurden folgende Zeiten festgestellt:**

- **20 Minuten für das Lesen des Auftrages, Vorbereiten der Maschine u. a. Für zwangsläufige, notwendige Arbeitsunterbrechungen (persönlicher und sachlicher Art) muss ein Zuschlag von 5 % berücksichtigt werden.**

- **Zehn Minuten für die Bearbeitung eines Werkstücks. Für zwangsläufige, notwendige Arbeitsunterbrechungen (persönlicher und sachlicher Art) muss ein Zuschlag von 10 % berücksichtigt werden.**

Wie viele Minuten entfallen auf die

a) Grundzeiten,   **d) Stückzeit,**

b) Verteilzeiten,   **e) Ausführungszeit,**

c) Rüstzeit,   **f) Auftragszeit?**

a) Grundzeit der Rüstzeit: 20 Min.
   Grundzeit für die Ausführungszeit: 300 Min.

b) Verteilzeit der Rüstzeit: 1 Min.
   Verteilzeit der Ausführungszeit: 30 Min.

c) Rüstzeit: 21 Min.

d) Stückzeit: 11 Min.

e) Ausführungszeit: 330 Min.

f) Auftragszeit: 351 Min.

280/6 **Welche der folgenden Aussagen ist für Arbeitswertstudien zutreffend?**

a) Sie dienen der räumlichen Anordnung von Arbeitsvorgängen.

b) Sie bilden die Grundlage für die Arbeitsverteilung und Terminplanung.

c) Sie dienen der Ermittlung des Schwierigkeitsgrades von Arbeiten.

d) Sie dienen der genauen Ermittlung der Auftragszeit.

Zutreffend ist c)

280/7 **Nennen Sie vier Hauptanforderungen, die bei der analytischen Arbeitsbewertung nach dem Genfer Schema untersucht werden.**

Fachkönnen, Belastung, Verantwortung, Umwelt

287/1 In einem Unternehmen werden folgende Entgeltsysteme angewendet: Zeitlohn und Akkordlohn.

a) Erläutern Sie die Unterschiede zwischen den Entgeltsystemen.

b) Nennen Sie jeweils zwei Vorteile, die die Entlohnung nach Zeitlohn bzw. Akkordlohn für den Arbeitnehmer hat.

a) Zeitlohn: monatlich wechselnder Betrag des Arbeitnehmers, je nach geleisteter monatlicher Arbeitszeit (Stundenlohnbasis)

Akkordlohn: monatlich wechselnder Betrag des Arbeitnehmers auf Basis von Akkordrichtsatz und Stückzahl

b) Vorteile Zeitlohn: kein Zeitdruck, einfache Berechnung, bessere Qualität

Vorteile Akkordlohn: leistungsgerecht, exakte Kalkulationsgrundlage

287/2 Welche Voraussetzungen müssen gegeben sein, damit eine Tätigkeit im Akkordlohn entlohnt werden kann?

Gleichartige Tätigkeiten, sich wiederholende Tätigkeiten, Arbeitstempo muss beeinflussbar sein, Leistung muss messbar sein.

287/3 Können nachstehende Arbeiten im Akkordlohn bezahlt werden? Begründen Sie Ihre Meinung.

a) Bestimmte Bauteile werden von einer achtköpfigen Montagegruppe gefertigt und montiert. Die Gruppe kann über die Ausführung der einzelnen Arbeiten selbstständig entscheiden.

b) Ein Arbeitnehmer arbeitet am Fließband.

c) Ein Arbeitnehmer soll in der Endkontrolle die Werkstücke auf Fehler überprüfen.

d) Ein Arbeitnehmer soll 1.000 Einzelteile nach Vorlage ausstanzen.

a) Ja. Gruppenakkord, da die Gruppe das Arbeitstempo selbst bestimmen kann.

b) Nein. Er kann das Arbeitstempo nicht selbst bestimmen.

c) Nein. Die Arbeit muss nicht schnell, sondern sorgfältig ausgeführt werden.

d) Ja. Gleichartige Tätigkeit, bei der der Arbeitnehmer das Arbeitstempo selbst bestimmen kann.

287/4 In der Dreherei beträgt der Minutenfaktor in einer Lohngruppe 0,30 EUR (60-Minuten-Stunde). Für die Bearbeitung eines Werkstücks sind zwölf Minuten vorgegeben. Ein Arbeiter bearbeitet im Durchschnitt sieben Stück pro Stunde.

a) Wie hoch ist der Grundlohn?

b) Wie viel EUR verdient der Arbeiter in der Stunde?

c) Wie viel EUR erhielte der Arbeiter für ein bearbeitetes Werkstück gutgeschrieben, wenn die Lohnabrechnung in der Form eines Stückgeldakkords erfolgen würde?

a) Grundlohn = Minutenfaktor 0,30 EUR/Min. · 60 Min. = 18,00 EUR

b) Bruttolohn/Stunde = 7 Stück · 12 Min./Stück · 0,30 EUR/Min. = 25,20 EUR

c) Stückgeldakkordsatz = Bruttolohn/Stückzahl

    = 18,00 EUR/5 Stück

    = 3,60 EUR/Stück

287/5 Ein Mitarbeiter montiert in einer Woche bei einer Arbeitszeit von 37,5 Stunden 2.500 Scheinwerfer. Die Vorgebezeit für die Montage eines Scheinwerfers beträgt zwei Dezimalminuten. Der Akkordrichtsatz beträgt 12 EUR.

a) Berechnen Sie die Sollleistung (= Anzahl Scheinwerfer), die von dem Mitarbeiter aufgrund der Vorgabezeit in einer Woche erwartet wird.

b) Wie viel Dezimalminuten benötigt der Mitarbeiter durchschnittlich, um einen Scheinwerfer zu montieren?

c) Welchen Leistungsgrad hat er erzielt?

d) Wie viel EUR erhält der Mitarbeiter in dieser Woche?

e) Wie hoch war der tatsächliche Stundenlohn?

a) 2 Dez.Min. = 1 St.

   3.750 Dez.Min. = 1.875 St.

b) 2.500 St. = 3.750 Dez.Min.

   1 St. = 1,5 Dez.Min.

c) 2 Dez.Min. = 1 St.

   1,5 Dez.Min. = $133\frac{1}{3}$ %

d) 12,00 EUR + $33\frac{1}{3}$ % · 12,00 EUR = 16,00 EUR

   16,00 EUR · 37,5 Std. = 600,00 EUR

e) 600,00 EUR : 37,5 Std. = 16,00 EUR/St.

287/6 Am Jahresende überlegt sich die Geschäftsleitung der BLW Präzisionsschmiede AG, ob aufgrund eines überaus guten Geschäftsjahres die Belegschaft am Unternehmenserfolg beteiligt werden sollte.

a) Welche Gründe könnte die BLW Präzisionsschmiede AG haben, ihre Mitarbeiter am Unternehmenserfolg zu beteiligen?

b) Für welche Form der Gewinnbeteiligung würden Sie sich entscheiden? Begründen Sie Ihre Antwort.

c) Erläutern Sie, warum für die Arbeitgeber die Gewinnbeteiligung in der Form der Kapitalbeteiligung besonders interessant ist.

d) Warum müsste man eigentlich von einer Gewinn- oder Verlustbeteiligung sprechen?

e) Diskutieren Sie, welche Probleme sich aus einer Verlustbeteiligung ergeben könnten.

a) Bindung der Arbeitnehmer an den Betrieb; Motivationssteigerung; mehr Leistung; Verbesserung des Betriebsklimas; mehr Identifikation.

b) Beispiel: Für die individuelle Gewinnbeteiligung spricht, dass der Arbeitnehmer seinen Anteil kennt.

c) Wenn die Arbeitnehmer am Erfolg eines Unternehmens beteiligt sein wollen, dann können sie sich nicht nur am positiven Erfolg beteiligen und den negativen ausschließen.

d) Weil bei dieser Form der Gewinnanteil der Arbeitnehmer in dem Unternehmen verbleibt und somit kein unmittelbarer Mittelabfluss eintritt.

e) Schülerabhängige Antworten; mögliche Argumente:
   – Wenn eine Verlustbeteiligung erfolgt, muss auch eine Gewinnbeteiligung erfolgen.
   – Die Risiken des Unternehmens werden auf die Arbeitnehmer abgewälzt.
   – Zur Risikoabsicherung müsste das Einkommen erhöht werden.

288/7 **Berechnen Sie das Nettoentgelt von folgenden Mitarbeitern. Besorgen Sie sich die aktuellen Daten aus dem Internet.**

a) Harald Meier (verheiratet, ein Kinderfreibetrag, brutto 2.500,00 EUR, evangelisch, Steuerklasse IV, Zusatzbeitrag der Krankenkasse: 1 %) arbeitet in München.

b) Gabriele Hansen (verheiratet, zwei Kinderfreibeträge, Alleinverdienerin, brutto 2.500,00 EUR, aus der Kirche ausgetreten, Zusatzbeitrag der Krankenkasse: 1 %) arbeitet in Oldenburg.

Name Steuerklasse		Harald Meier IV/1	Gabriele Hansen III/2
Bruttogehalt		**2.500,00**	**2.500,00**
Lohnsteuer		269,00	46,50
Kirchensteuer		14,03	0,00
Solidaritätszuschlag		0,00	0,00
Summe Steuern		**283,03**	**46,50**
Krankenversicherung AN	14,6 % + 1 %	195,00	195,00
Rentenversicherung AN	18,6 %	232,50	232,50
Arbeitslosenversicherung AN	2,4 %	30,00	30,00
Pflegeversicherung AN	3,05 %	38,13	38,13
Summe Sozialabgaben		**495,63**	**495,63**
Nettogehalt		**1.721,35**	**1.957,88**

Die Zahlen der Sozialversicherung beziehen sich auf das Jahr 2022.

288/8 **Bei den sozialen Leistungen spricht man häufig vom »Zweiten Lohn«. Erläutern Sie diesen Begriff.**

Man spricht deswegen vom »zweiten Lohn«, weil die sozialen Leistungen (Lohnnebenkosten) mehr als 80 % des Bruttolohnes/-gehaltes betragen können. Die Höhe ist abhängig von den verschiedenen Branchen.

288/9 **Welche der sozialen Aufwendungen werden nicht von allen Mitarbeitern als soziale Leistung empfunden?**

indirekte soziale Leistungen wie Erholungsheime, Aufenthaltsräume, Sportanlagen, betriebliche Kindergärten, Lehrgänge, Büchereien, Zuschüsse zur Werksküche

8.9   System der gesetzlichen Sozialversicherung

292/1 »Mein Gedanke war, die arbeitenden Klassen zu gewinnen, oder soll ich sagen zu bestechen, den Staat als soziale Einrichtung anzusehen, die ihretwegen besteht und für ihr Wohl sorgen möchte.« (Reichskanzler Otto von Bismarck)

Welchen Grund für die Einrichtung der Sozialversicherung in den 1880er-Jahren entnehmen Sie der Aussage Bismarcks?

Es geht Bismarck um eine politische Sichtweise. Er wollte die Arbeiterklasse, die er als Gefahr für den bestehenden Staat (konstitutionelle Monarchie) einschätzte, für diesen Staat gewinnen. Mögliche revolutionäre Ansätze oder die Gefahr eines Umsturzes schienen ihm mit der Strategie einer Absicherung der Arbeiterschaft gebannt.

292/2 Nehmen Sie zu nachfolgenden Behauptungen Stellung:

a) »Sozialversicherung bedeutet für den Einzelnen Einkommensbindung.«

b) »Die Sozialversicherung entlastet den Staat.«

a) Die Behauptung ist richtig. Gewissermaßen wie Sparbeiträge werden Lohn- und Gehaltsteile zurückbehalten. Diese Einkommensbindung kommt dem Einzelnen dann in unterschiedlicher Weise wieder je nach Krankheits-, Pflege-, Arbeitslosenfall und in der Rentenzeit zugute.

b) Die Behauptung ist richtig. Soweit ein Sozialstaat gegeben ist, muss er für eine Sicherstellung des Menschen Sorge tragen. Mit dem Sozialversicherungssystem überträgt er aber diese Aufgabe an die Arbeitnehmer und Arbeitgeber. Mit ihren Beitragszahlungen gewährleisten sie ihre Sicherstellung in Kranken-, Pflege-, Unfall- und Arbeitslosigkeitsfällen und ihre Absicherung im Alter (Rentenfall).

292/3 In Deutschland ist die Sozialversicherung eine Pflichtversicherung. In anderen Ländern hingegen ist es jedem weitestgehend freigestellt, ob er sich entsprechend versichert oder nicht.

Diskutieren Sie die Vor- und Nachteile dieser unterschiedlichen Systeme am Beispiel der Krankenversicherung.

Vorteile der Pflichtversicherung:

– Eine Absicherung im Krankheitsfall ist auf jeden Fall gewährleistet.

– Niemand gerät durch eine Krankheit in finanzielle Schwierigkeiten oder gar in Existenznot.

Nachteile der Pflichtversicherung:

– Tendenziell höhere Kosten für »gesunde« Menschen, da durch das Solidaritätsprinzip die Krankheitskosten auf alle umgelegt werden.

– Es besteht die Gefahr, dass das System von Einzelnen ausgenutzt wird.

Vorteile der freien Entscheidung:

– Die Verantwortlichkeit des Einzelnen, für sich selbst (Vor-)Sorge zu tragen, hat einen höheren Stellenwert.

- Der Einzelne entscheidet selbst, wie viel ihm die Absicherung im Krankheitsfall wert ist. Das heißt, er entscheidet selbst, wie viel Prozent seines Einkommens er dafür bindet.
- Die Gefahr, dass das System »ausgenutzt« wird, ist geringer.

Nachteile der freien Entscheidung:

- Es ist nicht gewährleistet, dass jeder im Krankheitsfall versichert und danach abgesichert ist.
- Für nicht ausreichend Versicherte (z.B. durch zu geringes Einkommen) kann eine Krankheit zum Existenzrisiko werden.

292/4   **Alexander Gollup (28 Jahre, keine Kinder, kein Zusatzbeitrag zur Krankenversicherung) befindet sich in der Ausbildung zum Industriekaufmann. Er erhält gegenwärtig eine monatliche Ausbildungsvergütung in Höhe von 900,00 EUR.**

Wie viel EUR werden ihm für die einzelnen Sozialversicherungszweige und insgesamt von seiner Ausbildungsvergütung abgezogen?

Krankenversicherung*	= 7,30 %	von 900,00 EUR = 65,70 EUR
Pflegeversicherung	= 1,875 %	von 900,00 EUR = 16,88 EUR
Arbeitslosenversicherung	= 1,20 %	von 900,00 EUR = 10,80 EUR
Rentenversicherung	= 9,30 %	von 900,00 EUR = 83,70 EUR

Insgesamt werden Alexander 177,08 EUR abgezogen.

Stand: Januar 2022

* Bei der Krankenversicherung muss ein Zusatzbeitrag berücksichtigt werden, der von den einzelnen Krankenkassen in unterschiedlicher Höhe erhoben wird.

292/5   **Welches ist der jüngste Zweig der Sozialversicherung und weshalb wurde er notwendig?**

Soziale Pflegeversicherung

Zunehmender Pflegebedarf bei älteren Menschen, der nicht mehr von deren Kindern geleistet wird. Durch die Unterbringung der pflegebedürftigen Menschen in Pflegeheimen entstehen hohe Kosten, die der Einzelne häufig nicht bezahlen kann.

292/6   **Michael Kühn (22 Jahre, keine Kinder) entnimmt seiner Gehaltsabrechnung, dass monatlich 124,50 EUR vom Bruttolohn in Höhe von 1.500,00 EUR für die Krankenversicherung abgezogen werden. Der Betrag erscheint ihm zu hoch.**

a) Begründen Sie, ob er aus der gesetzlichen Krankenversicherung austreten könnte.

b) Welche Möglichkeit besteht für Herrn Kühn, seinen Beitrag zu senken?

c) Michael Kühn muss wegen einer Blinddarmoperation ins Krankenhaus. Für welche Leistungen kommt die Krankenkasse in diesem Fall auf?

a) Michael Kühn kann nicht aus der gesetzlichen Krankenversicherung austreten, da sein monatliches Einkommen unter der Jahresarbeitsentgeltgrenze liegt.

b) Herr Kühn könnte zu einer Krankenkasse mit einem geringeren Zusatzbeitragssatz wechseln, falls seine Krankenkasse einen solchen Beitrag erhebt (hier: 2,0 %).

c) mögliche Leistungen: Arztkosten, Operationskosten, Medikamente, Heilbehandlung

292/7 Anhaltende Arbeitslosigkeit, allgemeine Geburtenrückgänge und die gestiegene Lebenserwartung der Menschen werfen für die gesetzliche Rentenversicherung Probleme auf, zu deren Lösung viele Vorschläge im Raum stehen. Finden Sie jeweils

– ein Argument für,
– ein Argument gegen die folgenden Vorschläge:

a) Senkung des Rentenniveaus je nach Minderung der Beitragseinnahmen.

b) Erhöhung der Rentenbeiträge, um die Leistungen auf dem derzeitigen Stand zu halten.

c) Aufgabe der beitragsfinanzierten Rente und Finanzierung der Renten allein über Steuern, die von allen Steuerpflichtigen im Rahmen einer Beitragsbemessungsgrenze erhoben werden.

Vorschläge	Argumente dafür	Argumente dagegen
a) Senkung des Rentenniveaus	– Bei Arbeitslosigkeit und sinkendem Volkseinkommen können auch die Rentner an den allgemeinen Einkommenseinbußen beteiligt werden. – Das gegenwärtige Rentenniveau ist das Ergebnis vergangener guter Wirtschaftsjahre. In schlechteren Wirtschaftsjahren muss es sich entsprechend vermindern. – Durch Angleichung des Rentenniveaus an geminderte Beitragseinnahmen wird die Arbeitnehmerschaft aufgefordert, zusätzliche finanzielle Reserven für den Ruhestand selbst aufzubringen.	– Weil Renten geringer sind als Arbeitseinkommen, gewährleisten sie ohnehin nur einen eingeschränkten Lebensstandard. Dieser geminderte Standard soll den aus dem Arbeitsleben ausgeschiedenen Menschen erhalten bleiben. – Die Rentenempfänger haben die Grundlage unseres gegenwärtigen Wohlstands geschaffen. Sie sollen zuallerletzt von eintretenden Minderungen des Volkseinkommens betroffen werden. – Rentner haben kaum oder nicht mehr die Möglichkeit, noch zusätzliche finanzielle Reserven zu schaffen.
b) Erhöhung der Beiträge	– Beitragserhöhungen bestehen in nur wenigen Prozentpunkten des Arbeitseinkommens. Wenn man den gegenwärtigen Lebensstandard in unserem Staate zugrunde legt, können auch weitere kleine Standardminderungen verkraftet werden. – Die Beitragserhöhungen werden überwiegend hälftig von Arbeitnehmern und Arbeitgebern getragen. Die finanziellen Belastungen werden durch diese breite Verteilung erträglicher.	– Die Abgabenquote für Steuern und Sozialversicherungsbeiträge ist durchschnittlich bereits auf 37 % des Arbeitsverdienstes gestiegen. Für die Mehrzahl der Einkommensempfänger bedeuten weitere Quotenerhöhungen erhebliche Einschränkungen des Lebensstandards. – Beitragserhöhungen bedeuten zusätzliche Lohnnebenkosten für die Arbeitgeber. Sie haben dadurch bei zunehmender Preiskonkurrenz entscheidende Wettbewerbsnachteile. Das könnte weiteren Stellenabbau und damit Arbeitslosigkeit verursachen.

Vorschläge	Argumente dafür	Argumente dagegen
c) Finanzierung über Steuern	– Über eine zusätzliche prozentuale Erhebung vom Einkommen, auch innerhalb von Beitragsbemessungsgrenzen, könnten alle Steuerzahler gleichermaßen zur Bezahlung der gesamten Rentenlast herangezogen werden. Bezüglich der Rente gäbe es keine Unterschiede mehr zwischen Arbeitern, Angestellten und Beamten. – Die Organisation des Beitragseinzugs wird kostengünstiger, weil die Finanzämter neben dem Steuereinzug auch ohne Weiteres den Beitragseinzug übernehmen können.	– Es bestehen Bedenken, dass Steuer- und Beitragseinnahmen in einen Topf geworfen und nach jeweiligem politischen Kalkül verwendet werden. – Die Erfassung und Umverteilung des Rentenaufkommens würde den Staatsapparat weiter aufblähen und kostenmäßig weniger effektiv vonstatten gehen als durch die bestehenden Sozialversicherungen.

292/8 **Die von den Arbeitgebern allein zu bezahlenden Beiträge zur gesetzlichen Unfallversicherung sind Bestandteil der sogenannten Lohnnebenkosten. Um durch niedrigere Kosten wettbewerbsfähig zu bleiben, plädieren manche Arbeitgeber dafür, auch die Beiträge zur gesetzlichen Unfallversicherung zur Hälfte den Arbeitnehmern aufzubürden.**

Welche Argumente aus der Arbeitnehmerschaft sind dagegen vorzutragen?

Beispiele für Gegenargumente aus der Arbeitnehmerschaft:

– Unfälle am Arbeitsplatz resultieren vorwiegend aus nicht ausreichenden Sicherheitsbedingungen für die Arbeitnehmer an den betreffenden Plätzen. Deswegen sollen die Arbeitgeber das durch Arbeitsunfall gegebene Verdienstrisiko der Arbeitnehmer versicherungsmäßig allein abdecken.

– Die Höhe der Beitragszahlungen in der gesetzlichen Unfallversicherung richtet sich nach den Leistungsverpflichtungen der Unfallkassen. Auch um die Leistungen und damit die Beiträge niedrig zu halten, sind die Arbeitgeber interessiert, Betriebsunfällen durch Verbesserung der Sicherheitsvorkehrungen vorzubeugen. Dieses Interesse wird durch die Alleinbelastung mit den Beiträgen verstärkt.

– Arbeitnehmer können durch Betriebsunfälle ihre Berufs- oder sogar Erwerbsfähigkeit dauernd verlieren. Unternehmern fällt es demgegenüber leicht, ausfallende Arbeitskräfte zu ersetzen. Diese ungleiche Risikoverteilung rechtfertigt, dass die Arbeitgeber die Beiträge zur gesetzlichen Unfallversicherung allein zu entrichten haben.

9   Marketing

9.1   Wesen des Marketings

9.2   Marketingpolitische Ziele und Marketingstrategien

298/1   Joachim Egert und Dietrich Keller beabsichtigen, ein Großhandelsunternehmen zum Vertrieb ökologischer Möbel, die Natur Pur KG in Heilbronn, zu eröffnen. Die beiden wollen Marketingziele formulieren und eine sinnvolle Marketingstrategie entwerfen.

Bearbeiten Sie in Gruppen folgende Aufgabenstellungen:

– Begründen Sie, warum eine Zielformulierung wichtig ist.

– Formulieren Sie sinnvolle Ziele für die Natur Pur KG.

– Entscheiden Sie sich für eine Marketingstrategie und begründen Sie diese.

– Stellen Sie Ihre Ziele und Ihre Strategie der Klasse vor.

– Begründung der Zielformulierung:

Die Märkte/Kunden sollen zielgerichtet beeinflusst werden. Um die geeigneten Maßnahmen ergreifen zu können, müssen zunächst die Ziele definiert werden.

– Zielfindung:

- psychologische Ziele: Informationen vermitteln über den ökologischen und gesundheitlichen Nutzen von ökologischen Möbeln; Schaffung eines Markenbewusstseins: Ökomöbel = Natur pur; Gewinnung des Vertrauens der Möbelhäuser und der Endverbraucher durch solide Qualität

- ökonomische Ziele: Weckung des Bedarfs nach Ökomöbeln; Auffinden von Marktnischen und -lücken; Erhöhung des Absatzes und Gewinns

- produktpolitische Ziele: Angebot von Spitzenprodukten verschiedener Hersteller in formschönem Design; Markenimage bilden

- preispolitische Ziele: Stabilisierung der Preise auf hohem Niveau, passend zu den Produkten und zum Image

- kommunikationspolitische Ziele: Information der Möbelhäuser und Endverbraucher und Aufbau einer positiven Kundeneinstellung zu ökologischen Möbeln; Stärkung der Bereitschaft, für Umwelt und Gesundheit einen höheren Preis zu bezahlen

- vertriebspolitische Ziele: Bindung des Möbeleinzelhandels durch Lieferflexibilität und -beschleunigung, aber auch durch langfristige Lieferverträge

– Entscheidung und Begründung der Marketingstrategie:

Sinnvoll erscheint eine Marktentwicklung mit der Zielsetzung, neue Verwender zu gewinnen. Außerdem könnte versucht werden, über eine Marktsegmentierung (Möbelhäuser, Abholmärkte) den Gesamtmarkt auszuweiten.

Diese Marktentwicklung kann ergänzt werden durch eine Sortiments- und Produktentwicklung (zusammen mit den Herstellern), damit eine breite Produktpalette angeboten werden kann, um möglichst viele Kunden anzusprechen.

– Vorstellen der Ziele und Strategien mit passenden Medien zur Visualisierung

298/2 **Auf Seite 293 des Lehrbuches werden drei Möglichkeiten dargestellt, welche Stellung das Marketing im Unternehmen haben kann.**

a) Erläutern Sie die drei dargestellten Möglichkeiten (vgl. auch die zusammenfassende Übersicht des Lehrbuches, Seite 297).

b) Informieren Sie sich in einem Unternehmen Ihrer Wahl. Stellen Sie dar, welche Stellung das Marketing dort einnimmt.

a) Möglichkeit 1: Marketing steht als Absatzfunktion gleichberechtigt neben den Funktionen Beschaffungswirtschaft, Finanzwirtschaft, Personalwirtschaft. Der Begriff deutet bereits an, dass es dabei häufig nur um den Vertrieb und die Absatzvorbereitung geht.

Möglichkeit 2: Marketing steht im Zentrum aller unternehmerischen Funktionen. Dies ergibt sich aus der Erkenntnis, dass sämtliche Entscheidungen im Unternehmen vom Markt beeinflusst werden.

Möglichkeit 3: Das Marketing dominiert alle unternehmerischen Entscheidungen und steht daher im Zentrum aller Funktionen; den Mittelpunkt stellt dabei der Dienst am Kunden dar.

b) Schülerabhängige Antworten. → Einordnung in die drei dargestellten Betrachtungsweisen und Begründung.

9.3 Marktforschung

302/1 **Nennen Sie Vor- und Nachteile der Primärerhebung gegenüber der Sekundärerhebung.**

– Vorteile: streng auf das Untersuchungsziel abgestimmte Fragen, Konzentrierung auf wenige Untersuchungsmerkmale
– Nachteile: zeit- und personalaufwendig, da die Erhebung erst noch vorbereitet, durchgeführt und ausgewertet werden muss

302/2 **Nennen Sie Anwendungsbereiche, für die sich die einzelnen Methoden der Primärforschung besonders eignen.**

Beispiel für
– Beobachtung: Wirksamkeit der Produktplatzierung
– Interview: Verhalten, Meinungen, Wünsche der Kunden
– Panel: Wirkung von Wettbewerbsaktivitäten, Effizienz der Absatzorganisation
– Experiment: Test von Produktmodellen, Werbemitteln, neuen Verpackungen, Preisen

302/3 **Beschreiben Sie, inwieweit die Kenntnis von Marktdaten eine wichtige Entscheidungshilfe für die Absatzpolitik von Unternehmen ist (vgl. www.destatis.de).**

Die Kenntnis von Marktdaten führt zur Verringerung des Marktrisikos, z. B.:
– Würde ein Produkt auch ohne Werbung verkauft werden, kann auf die Werbung verzichtet werden; in diesem Fall wäre die Werbung ein unnötiger Kostenfaktor.
– Wird auf Sortimentsteile verzichtet, die die Kundschaft verlangt, gehen Kunden verloren.
– Werden die Preise über den Marktpreisen kalkuliert, muss mit Absatzrückgang gerechnet werden.
– Werden die Preise unter den Marktpreisen kalkuliert, entgeht Gewinn.

Welche Folgerungen können aus folgenden Ergebnissen der Marktforschung für das Marketing abgeleitet werden?

a) Die Bevölkerung ist zunehmend verärgert über den übermäßigen Verpackungsaufwand.

b) Die Bevölkerung interessiert sich immer stärker für Sportsendungen im Fernsehen.

c) 50 % der Fans während der Fußballeuropameisterschaft waren weiblich.

d) Die Bevölkerung ist wieder bereit, mehr Geld für Konsumgüter auszugeben. Jedoch herrscht bei Luxusgütern deutliche Kaufzurückhaltung.

a) Das Aufstellen von Behältern für Verpackungsmaterial reicht nicht aus. Man muss den Lieferanten dazu bewegen, soweit es geht auf Verpackung zu verzichten oder wenigstens wiederverwendbare Verpackung zu verwenden.

b) Im Zusammenhang mit Sportveranstaltungen sind gezielte Werbemaßnahmen für bestimmte Produkte sinnvoll. Vor allem neue Produkte können frühzeitig bereitgestellt und beworben werden.

c) Durch entsprechende Marketingmaßnahmen lassen sich Frauen für Fußball-Fanartikel, Sportartikel, Fachzeitschriften etc. gewinnen.

d) Der Luxusgüterhersteller und -händler wird versuchen, neue Märkte zu erschließen und über Werbemaßnahmen die Kaufbereitschaft zu erhöhen.

302/5   Erläutern Sie mögliche Risiken, die sich aus der Erstellung einer Marktprognose ergeben.

Die Entwicklung in der Zukunft kann nur geschätzt werden. Wichtige Einflussfaktoren werden vernachlässigt, andere werden überbewertet. Die auf der Prognose aufbauende Planung ist zu langfristig angelegt und damit unsicher. Investitionsentscheidungen aufgrund der Prognose können sich bei tatsächlich anderen Entwicklungen als Fehlinvestitionen erweisen.

302/6   Ein regional anbietender Großhändler für Fahrräder, Fahrradzubehör und -bekleidung möchte seine Stellung am Markt verbessern. Eine Marktforschung soll Basis dafür sein.

a) Unterbreiten Sie Vorschläge, wie der Markt erforscht werden könnte.

b) Folgern Sie aus Ihren persönlichen Beobachtungen heraus, welche Ergebnisse die Marktforschung erbringen könnte.

c) Erarbeiten Sie Vorschläge, wie die Marketingstrategie gestaltet werden könnte.

a) – Zielgruppen- und Trendforschung: mit statistischem Material, z. B. Altersentwicklung, Ausgabenentwicklung für Gesundheit, Freizeit, Sport, Zuschauerzahlen bei Radveranstaltungen, Verkaufszahlen von Fachzeitschriften (Sekundärforschung); durch Interviews auf Messen oder über Fachzeitschriften bzw. über Krankenkassen (Primärforschung)

   – Wettbewerbsforschung: Konkurrenzsituation, Produkt- und Preisvergleiche, Umfragen zum Image, Beobachtungen auf Messen

b) – Zielgruppenforschung: Fahrradfahren ist als Freizeitbeschäftigung und -sport bei allen Altersgruppen sehr beliebt; immer mehr ältere und gesundheitsbewusste Menschen entdecken das Radfahren; zunehmend werden auch hochpreisige Modelle bei hohen Qualitätsansprüchen gekauft; ein neuer Trend geht, insbesondere bei älteren und zahlungskräftigen Kunden, zu E-Bikes

– Wettbewerbsforschung: große Anzahl von Wettbewerbern; Hersteller insbesondere aus dem Ausland, manche davon mit sehr klangvollem Namen und bei gut informierten Sportradlern sehr beliebt; daneben ernstzunehmende kleine Konkurrenten, die sich spezialisiert haben; Vorteil deutscher Marken bei Image und Logistik

– Trendforschung: deutlich zunehmendes Marktpotenzial bei Rennrädern, Mountainbikes und Freizeiträdern; Dopingaffären könnten zum Rückgang im Bereich Rennsport führen; Konsumfreudigkeit in Deutschland trotz der anhaltenden Finanzkrise; Klimadiskussion und Benzinpreise lenken den Blick auf Alternativen zum Auto; neuer Trend: E-Bikes

c) – Marketingziele: Ausweitung des Marktanteils; Gewinnerzielung

– Marketingkonzept. Einsatz folgender Marketingaktivitäten:
  • Produkt- und Sortimentspolitik: Produktgruppen Rennrad, Mountainbike und Freizeitrad für Gesundheitsbewusste; sämtliche Fahrräder mit höchster Qualität unter Verwendung von Schaltungs- und Bremsenkomponenten namhafter Hersteller; Bezug hochwertiger Rahmen und Vormontage mit Komponenten; spezielle Rahmen für Menschen mit Rückenbeschwerden, Rennräder und Mountainbikes im Hochpreissegment als Sonderanfertigung (Absprache mit deutschen Herstellern); sämtliche namhaften Hersteller werden ins Sortiment aufgenommen; Einstiegssortiment mit E-Bikes
  • Preispolitik: Entsprechend der Qualität wird ein gehobenes Preisniveau angestrebt; umfangreiches Rabattsystem für Einzelhändler soll etabliert werden.
  • Kommunikationspolitik: Hauptwerbeargument »Gesundheit«, sowohl im Bereich Freizeitsport (Hightechausstattung bringt Sicherheit) als auch im Bereich Freizeit (Gesundheitsrahmen); Werbung in Fachzeitschriften und Gesundheitsmagazinen; Auftritt bei Radsport- und Gesundheitsveranstaltungen; enge Zusammenarbeit mit dem Hersteller aus Deutschland
  • Distributionspolitik: Vertrieb nur über Fachhandel, nicht über Versandhandel oder Discounter

– Umsetzung:
  • Marktdurchdringung: Versuch, ältere Menschen und Menschen mit Rückenproblemen mithilfe des Gesundheitsaspektes zum Radfahren zu bewegen, dazu Kooperation mit Krankenkassen; Versuch, bisherige Kunden ausländischer Konkurrenten abzuwerben; insbesondere im Fahrradeinzelhandel die Vorteile der einheimischen Produkte kommunizieren
  • Marktentwicklung: mittelfristig vier Standbeine (Rennrad, Mountainbike, Gesundheitsrad, E-Bike); besondere Betonung des Freizeit- und Gesundheitswertes, Ausweitung des Absatzgebietes in andere Bundesländer oder auch EU-Länder
  • Produkt- und Dienstleistungsentwicklung: in Zusammenarbeit mit dem Hersteller oder in eigener Werkstatt: Eingehen auf Sonderwünsche der Endverbraucher (z. B. Rahmenfertigung und -lackierung); Umlackierung gebrauchter Rennräder etc.

302/7 Joachim Egert und Dietrich Keller haben die Natur Pur KG in Heilbronn eröffnet (vgl. Aufgabe 1, Seite 298 des Lehrbuches). (Die folgenden Teilaufgaben a) und b) können in arbeitsteiliger oder arbeitsgleicher Gruppenarbeit bearbeitet werden.)

a) Zur Festlegung der Marketingstrategie und -instrumente soll Marktforschung betrieben werden.
  – Erläutern Sie, was die Natur Pur KG durch Marktforschung in Erfahrung bringen will.
  – Begründen Sie, ob die Natur Pur KG eine Marktbeobachtung, Marktanalyse oder Marktprognose betreiben soll.
  – Erläutern Sie, mit welchen Methoden Sie die gesuchten Daten in Erfahrung bringen würden.

b) Die beiden Jungunternehmer wollen kleinere und mittlere Möbelhäuser, aber auch Passanten in Fußgängerzonen mit einem Fragebogen ansprechen.
  – Stellen Sie in arbeitsteiligen Kleingruppen zusammen, welche Informationen sich die beiden erhoffen.
  – Entwerfen Sie jeweils einen Fragebogen für die beiden Zielgruppen.
  – Stellen Sie Ihre Fragebogen im Plenum vor und erläutern Sie, welche Informationen Sie sich dadurch erhoffen.
  – Vergleichen und diskutieren Sie die Unterschiede der Fragebogen je nach Zielgruppe der Befragung.

a) – Kundenstruktur (Alter, Geschlecht, Ansprüche, Gewohnheiten), Kaufkraft (Käuferzahl, Einkommen), Konkurrenz (Anzahl, Marktanteil, Sortiment), Trend (Einstellung zu Naturmöbeln, Konjunkturentwicklung)

   – In erster Linie will man die derzeitige Marktsituation feststellen, deswegen wird eine Marktanalyse durchgeführt. Da die Entwicklung in der Zukunft wichtig ist, wird man auch eine vorsichtige Marktprognose wagen. Man wird den Markt weiterhin beobachten, um Tendenzen und Entwicklungen aufzuspüren.

   – mit Sekundärerhebung (Auswertung von Statistiken über Naturmöbelhersteller in den vergangen Jahren und Erfahrungsberichte in Fachzeitschriften)

   – mit Primärerhebung (Interviews und Fragebogen an Passanten, Beobachtungen des Verkaufs in verschiedenen Naturmöbelgeschäften)

b) Möbelhäuser (Beispiele):

Fragen:	erhoffte Informationen:
– Listen Sie ökologische Möbel?	– Sortimentsgestaltung
– Aus welchen Gründen führen Sie ökologische Möbel in Ihrem Sortiment?	– Motive der Sortimentsgestaltung
– Von welchen Herstellern führen Sie ökologische Möbel in Ihrem Sortiment?	– Zusammensetzung des Sortiments, Beliebtheit der Hersteller
– Wie groß ist der prozentuale Anteil der Kunden, die nach ökologischen Möbeln fragen?	– Kundenstruktur, Kundenwünsche
– Aus welchen Gründen fragen Ihre Kunden nach ökologischen Möbeln?	– Kaufmotive der Kunden
– Welche Materialien, Designs usw. bevorzugen Ihre Kunden?	– Kundenwünsche
– Welchen Anteil am Gesamtumsatz hat der Umsatz mit ökologischen Möbeln?	– Absatzchancen

Endverbraucher (Beispiele):

Fragen:	erhoffte Informationen:
– Was bedeuten Ihnen Möbel: notwendiger Gebrauchsgegenstand, Wohlfühlelement, Wertanlage, Möglichkeit zum Repräsentieren?	– Kaufmotive, Höhe möglicher Ausgaben
– Haben Sie vor, in nächster Zeit neue Möbel zu kaufen?	– Beschaffungswunsch, Kaufabsichten
– Legen Sie Wert auf umwelfreundliche Möbel?	– Kaufmotive
– Welche Beschaffenheit sollten ökologische Möbel haben: Holzart, Oberflächenbehandlung, Design, Geruch, Farbe?	– Produktbeschaffenheit
– Aus welchem Grund wünschen Sie ökologische Möbel: Gesundheit, Aussehen, Naturschutz?	– Kaufmotive
– Wären Sie bereit, für ökologische Möbel einen höheren Preis als für konventionelle zu bezahlen?	– Preisvorstellungen

9.4 Produkt- und Sortimentspolitik

308/1 Stellen Sie fest, welche Art der Produktpolitik in den letzten Jahren vollzogen wurde in der Produktion von

a) Personenkraftwagen,

b) Mobiltelefonen.

a) – Innovation: Fahrerassistenzsysteme

– Variation: Gestaltung von Mini-Vans, Elektroauto

– Beständigkeit: zeitliche Streckung der Lebensdauer durch Verzicht auf aggressive Modellpolitik, Relaunchmaßnahmen

– Benennung: Fantasienamen, Benennung nach Qualitäts- oder Größenklassen

b) – Produktentwicklung: faltbare Smartphones mit zwei Displays

– Variation: Smartphones mit Sprachsteuerung, völlig ohne Kabelanschlüsse

308/2 Nennen Sie Beispiele für Produkte, bei denen das Design und/oder Sounddesign

a) sehr wichtig,

b) eher unwichtig ist.

a) Design: Brillen, Möbel, Handys
Sounddesign: Autos, Küchenmaschine

b) Design: Werkzeuge, Gartengeräte, Gefriergeräte
Sounddesign: Kaffeemaschinen, Rasenmäher

308/3 **a)** Entwickeln Sie mithilfe einer Kartenabfrage Produktideen. Gehen Sie wie folgt vor:

– Vereinbaren Sie zuerst einen Warenbereich bzw. eine Warengattung.

– Jeder schreibt mehrere Karten, die seine Ideen enthalten (wichtig: deutlich schreiben, in Druckbuchstaben, pro Karte maximal drei Zeilen und nur eine Idee).

– Die Karten werden an einer Pinnwand befestigt und geclustert, d. h., Karten mit gleichen oder sehr ähnlichen Ideen werden zu Inseln zusammengehängt.

– Aus den Inhalten dieser Kartenlandschaft werden in Zweierteams Produktideen formuliert, jeweils auf Streifen/Karten geschrieben und ebenfalls an einer Pinnwand befestigt.

– Die Ideen werden von den Teilnehmern mit Klebepunkten bepunktet und so in eine Rangfolge gebracht.

b) Entwickeln Sie in Gruppen für Ihre gefundenen Produktideen eine passende Markteinführungsstrategie.

schülerabhängige Antworten

308/4 **a)** Stellen Sie das Produktsortiment und das Dienstleistungssortiment eines Unternehmens Ihrer Wahl jeweils in einem Schaubild dar und erläutern Sie dieses vor der Klasse.

b) Ergänzen Sie Ihr Schaubild mit den Dienstleistungen, aus der die zeitliche Anordnung als Haupt- und Nebenleistung sowie Vor- und Nachleistung hervorgeht (vgl. Seite 306 des Lehrbuches).

a) schülerabhängige Antwort

b) Beispiel für die Reifen-Roesch GmbH (Großhandelsunternehmen):

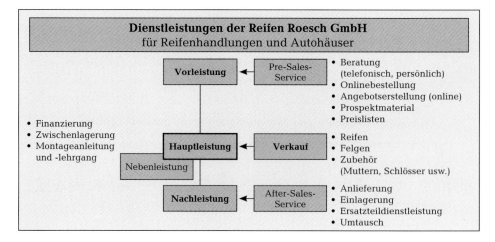

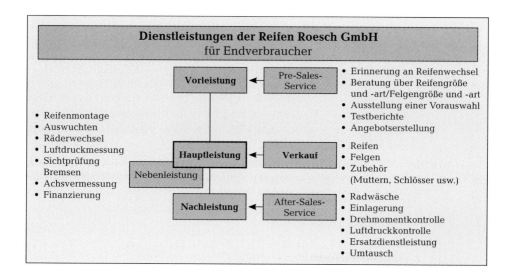

308/5 **Nennen Sie beispielhaft Möglichkeiten der Produkt- und Sortimentsveränderung.**

Beispiel für Vita Smooth Fruchtsäfte GmbH:

Produktvariation: neues Flaschendesign für die Fruchtsäfte, Fruchtsäfte mit Kalzium- oder Magnesiumzusätzen

Produktdifferenzierung: neue Geschmacksrichtungen im Fruchtsaftbereich

Produktdiversifikation: Produktion von Joghurtdrinks und verschiedenen Fertigsoßen in Flaschen; Kauf einer Molkerei

Beispiel für die Reifen Roesch GmbH:

Sortimentsbreite: Kfz-Pflegemittel, Kfz-Ersatzteile, Audio- und GPS-Systeme, Fahrradzubehör

Sortimentstiefe: Fahrradreifen und -schläuche, Spezialreifen für Oldtimer

308/6 **Nennen Sie Beispiele einer Produktdifferenzierung und -diversifikation.**

Beispiel für einen Reifenproduzenten:

Differenzierung: Pkw-Reifen, Lkw-Reifen, Landmaschinenreifen, Baumaschinenreifen, Spikereifen für den österreichischen Markt

Diversifikation: Erweiterung um Fahrräder und Fahrradzubehör

387/7 **Geben Sie einige Produkte an, bei denen der gewährte Kundendienst ein wichtiges Entscheidungskriterium für den Kauf durch den Abnehmer ist.**

Autos, Heizungsanlagen, vernetzte DV-Systeme

308/8 Die Lachmann GmbH ist ein Großhandelsunternehmen für Heimwerkermaschinen, Geräte für Hobbygärtner und Geräte für den gewerblichen Gartenbau und öffentliche Einrichtungen. Sie vertreibt ihre Produkte in ganz Deutschland. Im vergangenen Geschäftsjahr erlitt sie starke Umsatzeinbußen. Aus diesem Grund wurde eine Marktanalyse in Auftrag gegeben. Diese hat ergeben, dass eine Produktdifferenzierung auf dem Sektor Heimwerkermaschinen zusätzliche Umsätze bringen könnte. Darüber sollen der Lieferant und Hersteller der Maschinen informiert und beraten werden.

a) Unterbreiten Sie dem Hersteller der Maschinen zwei konkrete Vorschläge für diese Produktpolitik.

b) Der Abteilungsleiter der Marketingabteilung ist der Ansicht, dass zudem eine deutliche Produktdiversifikation erstrebenswert sei. Erklären Sie an einem Beispiel, was bei der vorliegenden Produktpalette eine Produktdiversifikation wäre.

c) Erläutern Sie zwei Gründe, die im Sinne des Abteilungsleiters für eine solche Produktpolitik sprächen.

a) – Weiterentwicklung des Schwingschleifers zum Winkelschleifer mit Akkubetrieb

– Schlagbohrmaschine mit integrierter Staubabsaugung

b) Aufnahme von Küchengeräten ins Sortiment (vollkommen neue Warengruppe, die bisher nicht im Sortiment der Lachmann GmbH war)

c) Gründe für Diversifikation:

– Risikostreuung durch Schaffung eines weiteren Standbeines

– Eindringen in neue Märkte und damit Sicherung von Arbeitsplätzen

---

309/9 Verschiedene Unternehmensleitungen entscheiden sich für folgende Maßnahmen. Begründen Sie, um welche Art der Produkt- und Sortimentspolitik es sich bei diesen Maßnahmen handelt.

a) Ein Automobilhersteller bietet seine Sportmodelle jetzt auch mit Allradantrieb an.

b) Ein Hersteller von Rollläden gibt die Produktion von Holzrollläden auf, stellt nur noch Kunststoffrollläden her und nimmt die Produktion von Innenjalousien neu in sein Programm auf.

c) Ein Bürogerätehersteller stellt die Herstellung von Faxgeräten ein.

d) Ein Fensterhersteller nimmt in sein Produktionsprogramm den Bau von Elementen für Wintergärten auf und vertreibt als Handelsware Wintergartenbeschattungssysteme.

a) Produktdifferenzierung: unterschiedliche Ausgestaltung der Angebotspalette eines Produkts

b) Produktelimination: Holzrollläden werden aus dem Programm genommen, da sie nicht mehr gefragt sind.

horizontale Produktdiversifikation: Mit den Innenjalousien nimmt das Unternehmen ein neues Produkt ins Programm, mit dem es jedoch die bisherige Käuferschicht bedient.

c) Produktelimination: Faxgeräte werden aus dem Programm genommen, da sie immer weniger nachgefragt werden.

d) horizontale Produktdiversifikation: Mit den Wintergärten nimmt das Unternehmen ein neues Produkt ins Programm, mit dem es jedoch die bisherige Käuferschicht bedient.

Sortimentserweiterung um die Handelsware Wintergartenbeschattung, die bisher nicht im Sortiment war und fremdbezogen wird.

309/10 Ordnen Sie den folgenden Aussagen die Begriffe Sortimentsbreite, Sortimentstiefe, Sortimentsbereinigung oder Sortimentserweiterung zu und begründen Sie Ihre Antworten.

a) Eine Weingroßhandlung bietet Weine aus 30 verschiedenen Weinanbaugebieten an.

b) Dieselbe Großhandlung hat 40 verschiedene toskanische Rotweine im Sortiment.

c) Eine Süßwarengroßhandlung nimmt zum neuen Jahr Erfrischungsgetränke ins Sortiment auf.

d) Aufgrund der Konkurrenz im Internet nimmt ein Großhandelsunternehmen für Bürobedarf sämtliche PC-Drucker-Patronen aus dem Programm.

a) Sortimentsbreite:
   verschiedene Artikelgruppen (Weißweine und Rotweine aus Italien, Spanien, Frankreich, Deutschland)
b) Sortimentstiefe:
   verschiedene Artikel der gleichen Warengruppe
c) Sortimentserweiterung:
   Diversifikation des bisherigen Sortiments
d) Sortimentsbereinigung:
   Sortiment wird verkleinert

9.5   Preis- und Konditionenpolitik

315/1   Unterscheiden Sie langfristige und kurzfristige Preisuntergrenze.

Die Kalkulation kann auf Basis der Voll- oder Teilkosten erfolgen. Langfristig muss das Unternehmen an einer Deckung der Vollkosten interessiert sein. Es sollten die gesamten Selbstkosten gedeckt sein **(langfristige Preisuntergrenze)**.

Kurzfristig kann das Unternehmen jedoch durchaus in Kauf nehmen, dass nur die variablen Kosten (Teilkosten) durch den Preis gedeckt sind **(kurzfristige Preisuntergrenze)**. Diese Strategie kann insbesondere dann gewählt werden, wenn andere Waren aus dem Leistungsangebot die Fixkosten bereits decken oder damit Zusatzaufträge gewonnen werden können.

315/2   Was versteht man unter einer

a) kostenorientierten Preispolitik?

b) nachfrageorientierten Preispolitik?

c) konkurrenzorientierten Preispolitik?

a) Bei der kostenorientierten Preispolitik erfolgt die Preiskalkulation auf der Grundlage der Selbstkosten pro Stück plus Gewinnzuschlag.

b) Jede Preisänderung ruft Reaktionen der Kunden hervor. Grundsätzlich kann davon ausgegangen werden, dass eine Preiserhöhung dazu führt, dass weniger Kunden die Leistung nachfragen und eine Preissenkung zur Gewinnung neuer Kunden führt. Die nachfrageorientierte Preispolitik orientiert sich an den Preisvorstellungen der Kunden.

c) Die Preissetzung orientiert sich an den Preisen der Konkurrenz. Insbesondere bei starker Konkurrenz besteht nur ein geringer Spielraum für selbstständige Preisfestsetzungen durch das Unternehmen. Der Preis kann nur an den Preis der Konkurrenz angepasst werden. Dem Unternehmen bleibt dann lediglich eine entsprechende Mengenpolitik.

315/3 Entscheiden Sie anhand der folgenden Aussagen und Fragen, ob es sich um eine nachfrage-, konkurrenz- oder kostenorientierte Preisgestaltung handelt.

a) Die angefallenen Kosten der Ware bestimmen den Preis.

b) Man orientiert sich an den Leistungsverhältnissen der Mitbewerber.

c) Welchen Preis sind die Kunden bereit zu zahlen?

d) Die Preisbildung basiert auf einem möglichst niedrigen Endverbraucherpreis.

e) Die Art der Preisbildung berücksichtigt Kaufkraft, Preisvorstellung sowie Preis- und Kaufbereitschaft der Kunden.

f) Die Preisbildung berücksichtigt den subjektiv empfundenen Wert der Ware aus der Sicht des Käufers.

g) Der Preis ist so gesetzt, dass ihn der Kunde gerade noch bezahlen will.

h) Der Preis wird mithilfe der Kalkulation ermittelt.

i) Eine Maßnahme der Preispolitik ist eine konsequente Preisunterbietung.

j) Der Preis wird an den gängigen Marktpreis angepasst.

a) kostenorientierte Preisgestaltung

b) konkurrenzorientierte Preisgestaltung

c) nachfrageorientierte Preisgestaltung

d) nachfrageorientierte Preisgestaltung

e) nachfrageorientierte Preisgestaltung

f) nachfrageorientierte Preisgestaltung

g) nachfrageorientierte Preisgestaltung

h) kostenorientierte Preisgestaltung

i) konkurrenzorientierte Preisgestaltung

j) konkurrenzorientierte Preisgestaltung

315/4 Auf einer Rechnung steht: »Ab einer Abnahmemenge von 100 Einheiten gewähren wir einen Nachlass von 10 %. Die Zahlung erfolgt in 30 Tagen netto Kasse, bei Zahlung innerhalb von 10 Tagen mit 2 % Abzug.« Erläutern Sie, um welche Preisnachlässe es sich handelt.

Mengenrabatt sowie Preisnachlass wegen vorzeitiger Zahlung (Skonto)

315/5 Begründen Sie, ob Mindestabnahmemengen und Mindermengenzuschläge eine Benachteiligung der Kleinkunden darstellen.

Die Auftragsverarbeitungskosten sind bei Kleinaufträgen verhältnismäßig hoch. Deshalb ist es gerechtfertigt, Mindestabnahmemengen in kundenfreundlicher Höhe oder Mindermengenzuschläge in angemessenem Ausmaß festzulegen.

315/6 Was versteht man unter der

a) Prämienpreisstrategie?

b) Penetrationspreisstrategie?

c) Skimmingpreisstrategie?

d) Promotionspreisstrategie?

a) Es wird versucht, dauerhaft einen hohen Preis auf dem Markt zu erzielen.

b) Mit einem sehr niedrigen Einführungspreis für ein neues Produkt wird schnell eine große Absatzmenge und ein hoher Bekanntheitsgrad erreicht. Danach wird der Preis stufenweise erhöht.

c) Um Käuferschichten mit einer hohen Zahlungsbereitschaft abzuschöpfen, wird ein hoher Einführungspreis für Marktneuheiten festgesetzt. Mit zunehmender Marktpräsenz wird der Preis zurückgenommen, um auch andere Käuferschichten zu erreichen.

d) Mit einem niedrigen Preis für ein Produkt soll dauerhaft ein Vorteil gegenüber den Mitbewerbern erzielt werden.

315/7 Beschreiben Sie an einem Beispiel, was unter einer Mischkalkulation verstanden wird.

Bei einer Mischkalkulation werden die Kosten den Produkten nicht verursachungsgerecht belastet. Jedem Produkt werden nur die Kosten zugerechnet, die es auch über den kalkulierten Preis am Markt verkraften kann. Dabei werden die Produkte mit verschiedenen Spannen kalkuliert. Produktpreise mit niedrigeren Spannen als dem Durchschnitt werden als Ausgleichsnehmer bezeichnet, die mit einem höheren Preis als Ausgleichsgeber.

Beispiel: Ein Hersteller ermittelt für drei Produkte kostenorientierte Nettoverkaufspreise. Das Produkt I kann aus Konkurrenzgründen nicht über einem Preis von 10,00 EUR abgesetzt werden. Das Produkt III hat dagegen einen Spielraum bis zu 35,00 EUR, Produkt II einen Spielraum bis 20,00 EUR.

Produkt	Stückkosten	Gewinn-zuschlag (10 %)	kosten-orientierter Preis	markt-orientierter Preis
I	15,50 EUR	1,55 EUR	17,05 EUR	9,90 EUR
II	17,00 EUR	1,70 EUR	18,70 EUR	19,90 EUR
III	20,60 EUR	2,06 EUR	22,66 EUR	28,61 EUR

Das Produkt I ist Ausgleichsnehmer in Höhe von 7,15 EUR (kostenorientierter Preis – marktorientierter Preis).

Die Produkte II und III sind Ausgleichsgeber von zusammen 7,15 EUR (Produkt II 1,20 EUR, Produkt III 5,95 EUR).

315/8 Erläutern Sie an konkreten Beispielen die Arten der Preisdifferenzierung.

Art der Preisdifferenzierung	Beispiel
personelle	Konzerteintrittspreise für Studenten, Rentner, Normalverdiener
räumliche	Benzinpreise in verschiedenen Regionen
zeitliche	Tagstrom-, Nachtstromtarife
produktbezogene	Speiseeis in gleicher Qualität als Markenprodukt oder beim Discounter
mengenmäßige	Gruppentarife bei Bahnfahrten

315/9 Zeigen Sie Vorteile der Preisdifferenzierung für beide Vertragsparteien auf.

Verkäufer: Umsatz, Gesamtgewinn und Marktanteil wachsen, Kapazitäten werden besser ausgenutzt, größere Verbreitung der Produkte (Bekanntheit).

Käufer: Sie haben die Gelegenheit, zu ermäßigten Preisen zu kaufen.

316/10 Ordnen Sie die genannten Preisstrategien den abgebildeten Grafiken zu und erklären Sie anhand der Grafiken die Preisstrategien.

a) Marktpreisstrategie

b) Prämienpreisstrategie

c) Hochpreisstrategie

d) Penetrationspreisstrategie

e) Niedrigpreisstrategie

f) Promotionspreisstrategie

g) Skimmingpreisstrategie

h) Abschöpfungspreisstrategie

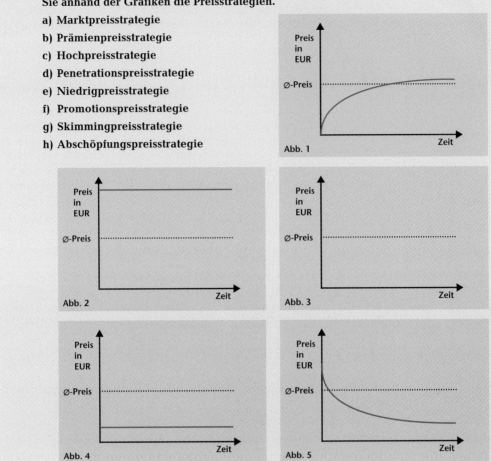

	Preisstrategie	Abbildung
a)	Marktpreisstrategie	3
b)	Prämienpreisstrategie	2
c)	Hochpreisstrategie	2 und 5
d)	Penetrationspreisstrategie	1
e)	Niedrigpreisstrategie	1 und 4
f)	Promotionspreisstrategie	4
g)	Skimmingpreisstrategie	5
h)	Abschöpfungspreisstrategie	5

330/1   Stellen Sie Vor- und Nachteile der Werbung jeweils aus der Sicht des werbenden Unternehmens und des Konsumenten einander gegenüber.

	Vorteile	Nachteile
Unternehmen	– Gestaltung der Information – Einfluss auf die Kunden – Zielgenauigkeit	– Kosten – Ungewissheit, ob die Maßnahme »greift« – u. U. profitiert auch die Konkurrenz
Verbraucher	– wird informiert – Produktvergleich wird möglich	– wird beeinflusst – zahlt u. U. erfolglose Werbemaßnahmen mit – wird von übermäßiger Werbung belästigt

330/2   Die AIDA-Formel spielt in der Kommunikationspolitik eine zentrale Rolle.

a) Welche Ziele werden durch sie der Kommunikationspolitik zugeordnet?

b) Begründen Sie die Unterscheidung in kommunikationsbezogene und markterfolgsbezogene Ziele.

c) Untersuchen Sie aktuelle Werbekampagnen im Hinblick auf die genannten Ziele.

a)   – Aufmerksamkeit erregen (Attention)

    – Interesse wecken (Interest)

    – Kaufwunsch erzeugen (Desire)

b) Das erfolgsbezogene Ziel »Kauf« (Action) kann nur erreicht werden, wenn zuvor Aufmerksamkeit, Interesse und Kaufwunsch entstanden sind.

c) Schülerabhängige Antworten

    Als Beispiele gut geeignet: Media-Markt-Kampagnen, Fernsehspots, Kampagnen für neue Pkw-Serie

330/3   Interpretieren Sie das Schaubild auf Seite 318 des Lehrbuches.

Erfolgreiche Kommunikationspolitik legt in einem Kommunikationsplan (ausgehend von den Marketingzielen) den Mediaplan fest, der die passenden Kommunikationsinstrumente (z. B. Werbeträger und -mittel oder Maßnahmen der Verkaufsförderung) kombiniert. Der Kommunikationsplan steht in Wechselwirkung zum Etat für die Kommunikation. Dieser kann vorgegeben sein oder wird durch den Mediaplan bestimmt und schlägt sich in den Kosten nieder. Die festgelegten Kommunikationsinstrumente sollen beim Kunden Aufmerksamkeit, Interesse und Kaufwunsch wecken (kommunikationsbezogene Ziele der AIDA-Formel), was in der Folge zum Kauf (erfolgsorientiertes Ziel) und damit zum Umsatz führen soll. Hierdurch können erneut die Kosten beeinflusst werden, z. B. können Mengeneffekte zur Kostenverringerung beitragen. Gewinn wird erwirtschaftet, wenn der Umsatz die Kosten übersteigt.

331/4 Nennen Sie die klassischen Werbeträger.

Die wichtigsten sind: Zeitung, Zeitschriften, Fernsehen, Radio, Katalog, Plakatwand, Kino, Schaufenster.

331/5 Zeigen Sie an Beispielen, in welchem Zusammenhang Werbeträger, Werbemittel und Werbebotschaft stehen.

Ein Kino- oder Fernsehspot erzielt nur seine Wirkung, wenn die Werbebotschaft mit passenden Farben, Bilder, Geräusche und Musik transportiert werden. Und sind oft besonders beeindruckend, wenn sie im Großformat und mit entsprechendem Sound im Kino zu sehen sind. Beispiel: Die legendäre Werbung von Becks mit Joe Cockers Song »Sail away« und den flaschengrünen Segeln des Segelschifffes.

Weitere Beispiele schülerabhängig

331/6 Was versteht man unter Werbung mit neuen Medien?

Werbung, die im weitesten Sinne computergestützt ist und auf Onlinesysteme zugreift.

331/7 Welche Mittel der Onlinewerbung lassen sich unterscheiden?

Website im Internet, Werbebanner, Pop-up-Werbung, Button, um Informationsfenster zu öffnen, E-Mail

331/8 Erläutern Sie, was man unter Verkaufsförderung versteht. Welche Maßnahmen kennen Sie?

Verkaufsförderung umfasst Maßnahmen, die am Verkaufsort ansetzen, um unterstützend den Verkaufsvorgang zu erleichtern.

Beispiele: Verkäuferschulung, Verkaufswettbewerbe, Displaymaterial, Verkaufsveranstaltungen, Preisausschreiben usw.

331/9 Wodurch unterscheidet sich Public Relations von der Werbung?

Public Relations betreibt Imagepflege, will das Unternehmen in der Öffentlichkeit in einem guten Licht erscheinen lassen, den Ruf des Unternehmens fördern und damit eine effektivere Absatzwerbung ermöglichen. Sie bedient sich diskreter Medien: Betriebsbesichtigungen, Spenden, Kundenzeitschriften, vorteilhafte Selbstdarstellung in Rundfunk und Presse.

Die Absatzwerbung will den Umsatz, den Absatz oder den Marktanteil vorbereiten, halten oder steigern. Sie bedient sich geeigneter Werbemittel zur Beeinflussung der möglichen Abnehmer.

331/10 Unterscheiden Sie Sponsoring und Product Placement; erläutern Sie den Unterschied mit Beispielen.

Product Placement ist das gezielte Einbinden von Produkten oder Logos in Filme oder die Handlungen von Büchern.

Sponsoring ist die Förderung von Institutionen mit dem Zweck, eine positive Öffentlichkeitswirkung zu erreichen.

Beispiele:

- Ein bestimmtes Auto wird vom Hauptdarsteller einer TV-Soap gefahren (Product Placement). Derselbe Hersteller wirbt auf den Trikots aller Champions-League-Mannschaften (Sponsoring).

- In einem Buch verwendet der Held mehrmals ein bestimmtes Handy (Product Placement). Der Handyhersteller veranstaltet als Hauptsponsor Konzertveranstaltungen.

331/11   Wodurch unterscheidet sich Trikotsponsoring bei einem Sportverein von einer Spende an den Verein?

Die Spende an den Sportverein erfolgt, ohne dass eine Gegenleistung durch den Verein erbracht wird.

Dagegen wird für das Sponsoring eine Gegenleistung erbracht, z.B. Trikotwerbung während der Sportveranstaltungen.

331/12   Grenzen Sie Werbung, Public Relations und Verkaufsförderung gegeneinander ab.

	Werbung	**Public Relations**	**Verkaufsförderung**
Zielsetzung	Absatzvorbereitung	Imagepflege	Verkaufserleichterung
Zielgruppe	Verbraucher, Einzelhändler	Öffentlichkeit	Einzelhändler
Mittel	Anzeigen, Fernseh- und Hörfunkspots, Warenauslage, Prospekte, Kataloge, Zeitungsbeilagen, Service	Medienarbeit, Betriebsbesichtigungen, Kundenzeitschriften, Sponsoring, Preisausschreiben	Verkaufspropagandisten, Displaymaterial, Verkaufsschulungen und -wettbewerbe, Preisausschreiben

331/13   Welche Maßnahmen des Direktmarketings werden unterschieden?

Werbebrief, Werbefax, Telefonmarketing, Newsletter, Werbe-E-Mail

331/14   Eine Sanitärgroßhandlung stellt die geplanten Werbemittel und Werbeträger in einem Werbeplan zusammen. Auf welche Werbemittel und Werbeträger sollte nicht verzichtet werden?

Beispiele:

Anzeigen und Prospektbeilagen in Zeitungen des Lieferbereichs, Werbedias oder Werbespots in den Kinos der Region, Werbetafeln in Sportstätten, Leuchtschrift und Plakate am Betriebsgebäude, Werbeaufdrucke auf Fahrzeugen und Bussen

331/15   Begründen Sie, warum einer Werbeaktion immer eine Zielgruppenbestimmung vorausgehen sollte.

Zielgruppen sind die Personenkreise, die umworben werden sollen. Nur wenn diese genau bestimmt sind, können die passenden Werbemittel, -träger und -botschaften adressatengerecht bestimmt werden. So müssen diese beispielsweise für Senioren anders gestaltet werden als für Jugendliche.

331/16 Auf Seite 321 des Lehrbuches werden verschiedene Maßnahmen der Verkaufsförderung genannt. Stellen Sie in einem kurzen Referat die Maßnahmen dar und veranschaulichen Sie diese mit Beispielen.

– Verkäuferschulung: Das Unternehmen Tupper-Ware lädt ihre Verkäuferinnen regelmäßig zu Schulungen und Preisverleihungen ein.

– Verkaufswettbewerbe: Die umsatzstärksten Franchisenehmer von Reifenhandelsketten werden mit Reisegutscheinen belohnt.

– verkaufsaktive Warenplatzierung: Süßigkeiten, Zigaretten und Kleinspirituosen werden im Kassenbereich präsentiert.

– Verkaufspropagandisten: Um ein Produkt neu am Markt einzuführen, sind Handlungsreisende zu Demonstrations- und Verkaufszwecken unterwegs.

– Displaymaterial: Die Gewürze eines Markenherstellers werden in entsprechend positionierten und gestalteten Regalen in Supermarktketten angeboten.

– Verkaufsveranstaltungen: In Haushaltswarengeschäften finden Kochvorführungen mit neuartigen Töpfen und Pfannen statt.

– Preisausschreiben: Eine Mineralölgesellschaft veranstaltet ein Preisausschreiben, bei dem Benzingutscheine gewonnen werden können.

– Proben und Sonderangebote: Ein Safthersteller schenkt in einem Supermarkt Proben aus und bietet neue Säfte in einer Sonderaktion an.

331/17 Warum muss die Werbeaktivität eines Unternehmens auf ihre kommunikative und wirtschaftliche Wirkung hin untersucht werden?

Durch die Kontrolle soll geprüft werden, ob die angestrebten Ziele erreicht wurden. Da die Ziele in kommunikative und wirtschaftliche unterschieden werden, muss die Erreichung auch getrennt überprüft werden. Es soll festgestellt werden, ob die Maßnahme von den Zielgruppen wahrgenommen wurde und zu einer Verhaltensänderung (Einstellung, Kauf) geführt hat. Durch die wirtschaftliche Kontrolle wird versucht zu klären, wie groß der Beitrag der Maßnahme zur Umsatz- oder Gewinnerhöhung war.

331/18 Stellen Sie die Vor- und Nachteile der Werbung eines Großhändlers gegenüber:

a) für den Großhändler selbst,

b) für den Einzelhändler,

c) für den Hersteller,

d) für den Verbraucher.

		Vorteile	Nachteile
a)	Großhändler	Er hat volle Gestaltungsfreiheit.	Er hat die Kosten zu tragen.
b)	Einzelhändler	Es wird gezielt über Produkte informiert, Mehrumsatz ohne eigenen Werbeaufwand.	Werbung kommt u. U. auch den Konkurrenten zugute.
c)	Hersteller	Mehrumsatz ohne eigenen Werbeaufwand.	Werbung kommt u. U. auch den Konkurrenten zugute.
d)	Verbraucher	Einzelhandel bietet ein breiteres Sortiment; evtl. Informationen über Produkte.	Zielrichtung der Werbung ist u. U. der Einzelhandel, daher wird der Verbraucher über Produkte nicht gezielt informiert.

331/19 Welche Werbemittel halten Sie für geeignet bei der Werbung für

a) Herrenanzüge,

b) Kraftfahrzeuge,

c) Waschmittel,

d) eine neue Limonadensorte,

e) Personal Computer,

f) Bücher?

Beispiele:

a) Prospekte, Schaufenster, Anzeigen in der Tageszeitung

b) Prospekte, Vorführungen, Beratung, Fernsehspots, Homepages im Internet

c) Radio- und Fernsehspots

d) Gratisausschank, Spots im regionalen Fernsehen, Plakate

e) Prospekte, Vorführungen, DV-Kurse, Fernsehspots, Anzeigen in Zeitschriften, Homepages im Internet

f) Schaufenster, Prospekte, Vorlesewettbewerbe, Autorenlesungen

331/20 An welchen Zielen kann sich die Planung des Kommunikationsbudgets orientieren?

– am Umsatz oder Gewinn

– an den verfügbaren Mitteln

– an den Werbeaktivitäten der Konkurrenz

– an den kommunikationspolitischen Zielen des eigenen Unternehmens

Dem letzten Ziel sollte das Hauptaugenmerk geschenkt werden, ohne dass die anderen außer Acht gelassen werden.

331/21 Ein Unternehmen legt den Werbeetat für die nächsten Jahre in Höhe von 3 % des jeweiligen Jahresumsatzes fest. Beraten Sie dieses Unternehmen.

Vordergründig erscheint es richtig. Hat man viel Umsatz, so hat man auch die Mittel für Werbung. In dieser Situation ist Werbung jedoch unnötig. Es wäre besser, die Mittel einzusparen und dann einzusetzen, wenn der Absatz schleppend verläuft und die Nachfrage durch nachhaltige Werbung unterstützt werden muss. Außerdem bedeutet ein höherer Umsatz nicht, dass damit ein höherer Gewinn verbunden ist.

331/22 Erläutern Sie Public Relations-Maßnahmen Ihres Erfahrungsbereiches.

Beispiele:

Tag der offenen Tür, Betriebsbesichtigung, Spende an Vereine, Trikotwerbung, Firmenzeitschrift, Jubiläumsveranstaltung, Vorträge, Gründung einer Stiftung

Entwerfen Sie ein Schaubild, das den möglichen Verlauf einer Kommunikationsetatplanung wiedergibt.

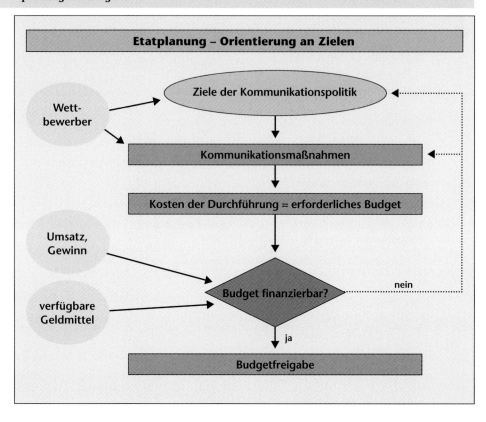

Recherchieren Sie die Bedeutung und psychologische Wirkung verschiedener Farben und suchen Sie nach Beispielen, wie sie zu Werbezwecken eingesetzt werden.

Farben helfen, zu erkennen und zu unterscheiden, unterstützen die Erinnerungsfähigkeit, erzeugen Gefühle, wecken schnell die Aufmerksamkeit und werden häufig mit anderen Dingen verbunden (assoziiert).

Farbe	Bedeutung/Wirkung	Beispiel
Grün	Grün erinnert an die Natur und gilt als Farbe der Hoffnung, Verlässlichkeit, Harmonie und des Wachstums.	SCHNEEKOPPE © Schneekoppe
Blau	Blau erinnert an den Himmel, steht für Sicherheit und weckt Vertrauen.	Allianz ⑪ © Allianz
Rot	Rot ist die Farbe der Liebe und der Leidenschaft. Rot ist eine Signalfarbe, wirkt dynamisch und symbolisiert Stärke.	Sparkasse © Sparkasse
Gelb	Gelb erinnert an das Licht der Sonne und steht für Vitalität und Ideenreichtum. Es ist ebenso eine Signalfarbe.	Deutsche Post © DHL
Lila	Lila wirkt eher unaufdringlich. Es steht für Würde sowie Weisheit und wirkt extravagant. Der Farbe wird ein gesunder, heilsamer Einfluss zugesprochen.	Milka © Mondelez

332/25 Die Natur Pur KG in Heilbronn nimmt demnächst ihre Tätigkeit, den Handel mit ökologischen Möbeln, auf. Als wichtigstes Marketinginstrument erscheint der Natur Pur KG die Kommunikationspolitik.

a) Nennen Sie drei Ziele der Werbung, die Sie für besonders wichtig halten.

b) Erläutern Sie die Grundsätze der Werbung, die in diesem Fall zu beachten sind.

c) Erläutern Sie einige Gesichtspunkte, die die Natur Pur KG bei der Festlegung des Werbeetats berücksichtigen sollte.

d) Begründen Sie die Empfehlung an die Natur Pur KG, antizyklisch zu werben.

e) Die beiden Eigentümer des jungen Unternehmens erwägen, ihre Kunden durch ein Callcenter »betreuen« zu lassen. Wägen Sie die Argumente »Für« und »Wider« gegeneinander ab.

f) Die beiden Eigentümer werden vom Sportverein »TSG 27 Heilbronn« gebeten, Preise für die Weihnachtstombola zur Verfügung zu stellen. Begründen Sie, was sie tun sollen.

g) Die Natur Pur KG wird von der NATURKOST GmbH in Stuttgart angeschrieben, man halte ein Co-Branding der Markenprodukte beider Unternehmen für sehr wirkungsvoll und vorteilhaft. Nehmen Sie zu diesem Vorschlag Stellung.

h) Unterbreiten Sie Vorschläge, wie das Unternehmen mit Werbemaßnahmen über neue Medien aktiv werden könnte.

i) Das Unternehmen möchte Messen als Aussteller besuchen. Recherchieren Sie im Internet, welche regionalen und überregionalen Messen für die Natur Pur KG infrage kämen.

j) Begründen Sie, welche verkaufsfördernden Maßnahmen das junge Unternehmen ergreifen sollte.

a) Information der Öffentlichkeit, Weckung von Bedarf, Gewinnung von Neukunden

b) Grundsätze:

Wahrheit:	Wird die Werbeaussage nicht geglaubt, dann ist sie wirkungslos.
Klarheit:	Sind die Werbeaussagen nicht klar verständlich, verfehlen sie ihren Zweck.
soziale Verantwortung:	Ausnutzung der Leichtgläubigkeit erregt Missfallen.
Wirksamkeit:	Originelle Werbeideen, beste Kombination der Werbemittel und nicht übertriebene Wiederholung fördern den Verkauf.
Wirtschaftlichkeit:	Auch die Werbung unterliegt dem ökonomischen Prinzip. Das Werbeziel muss mit einem Minimum an Werbeaufwand erreicht werden oder mit einem bestimmten Werbeaufwand ist ein möglichst großer Werbeerfolg zu erzielen.

c) Werbeetat: Dringlichkeit der Werbemaßnahme, vorhandene Mittel, Konkurrenzaktivität, Marketingziele

d) antizyklische Werbung: In Zeiten reißenden Absatzes kann auf Werbung verzichtet werden, die eingesparten Mittel sind besser in Zeiten einzusetzen, in denen der Absatz nur schleppend verläuft.

e)

Für	Wider
– regelmäßige, persönliche Ansprache	– ungewöhnlich in der Möbelbranche
– direktes Eingehen auf Kundenwünsche	– wird evtl. als belästigend empfunden
– kostengünstig	– Problem, wenn die Anrufer nicht fachmännisch ausgebildet sind
→ evtl. geeignet für Einzelhandel	→ nicht geeignet für Endverbraucher

f) Unbedingt mitmachen! Einige nicht allzu aufwendige Produkte können als Preise gespendet werden, sie machen das Unternehmen bekannt. Eine Tombola wirkt nicht als Werbe- oder Verkaufsaktion.

g) Sofern die NATURKOST GmbH gute und bekannte Hausmarken führt, lässt sich über eine gemeinsame Werbung durchaus reden. Co-Branding-Kosten halten sich im Rahmen. Es werden neue Kundenkreise erschlossen. Vor allem bei Küchenmöbeln bietet sich eine Co-Branding-Maßnahme an.

h) – mobiles Speichermedium: Werbefilme in Verkaufsräumen von Möbelhäusern

   – Kiosksystem: Informations- und Artikelsuchsystem über PC in Möbelhäusern

   – Onlinesystem: eigene Homepage mit Pop-up-Hinweisen auf Messen und Neuheiten, Werbebanner auf Homepages von Möbel-, Einrichtungshäusern und Fertighausherstellern, E-Mails mit Informationen über Neuheiten an Möbelhandel, Endverbraucher

i) Beispiele:

   FAIR HANDELN, Stuttgart

   Öko 2022 Trier   } regional

   DIE ENERGIE MESSE, Osnabrück

   Messe BS life, Braunschweig

   SANA – Internationale Messe für Naturprodukte in Bologna   } überregional

   imm-cologne – Internationale Einrichtungsmesse in Köln

j) – Verkäufer von Einrichtungs- und Möbelhäusern schulen, damit sie mit den Verkaufsargumenten für Ökomöbel vertraut sind

   – Einflussnahme auf Möbelhäuser, damit verkaufsgünstige Platzierung der Ausstellungstücke erfolgt

   – Bereitstellen von Displaymaterial, weil Plakate, Großfotos, Filme über die Herstellung der Möbel informieren

   – Preisausschreiben in einschlägigen Zeitschriften wie Schöner Wohnen, Geo und den Verbandszeitungen von Umweltschutzverbänden, um Verbraucher aufmerksam zu machen

332/26 Welche Aspekte spielen bei der Gestaltung des Kommunikationsauftritts eine Rolle?

inhaltliche, visuelle, auditive und sonstige Aspekte

332/27 Welche Gestaltungselemente stehen für den Kommunikationsauftritt zur Verfügung?

Text, Bild, Farbe, Ton, Musik, Zahl der Wiederholungen, Beeinflussungsbedingungen

332/28 Welche beiden Bereiche können Gegenstand der Kontrolle des Kommunikationserfolgs sein?

Kontrolle des kommunikativen Erfolgs und des wirtschaftlichen Erfolgs

332/29 Nennen Sie die Zielsetzungen des UWG.

Die Verbraucher sollen vor unseriöser Einflussnahme der Unternehmen geschützt werden. Aber auch der Schutz der Mitbewerber und des Wettbewerbs sind Ziele des UWG.

332/30 Welche Arten der vergleichenden Werbung sind laut UWG erlaubt?

Vergleichende Werbung ist erlaubt, wenn

- sich der Vergleich auf Waren und Dienstleistungen für den gleichen Bedarf bezieht,
- sich der Vergleich auf wesentliche, relevante und nachprüfbare Eigenschaften oder den Preis bezieht,
- der Vergleich nicht zu Verwechslungen zwischen dem Werber und dem Mitbewerber führen kann,
- der Mitbewerber nicht herabgesetzt oder verunglimpft wird.

332/31 Welche Regelungen zur freiwilligen Selbstkontrolle wurden vom Deutschen Werberat getroffen?

- Verhaltensregeln für die Werbung mit und vor Kindern in Radio und Fernsehen
- Grundsätze zum Thema Herabwürdigung und Diskriminierung von Personen
- Verhaltensregeln über die kommerzielle Kommunikation für alkoholhaltige Getränke

Weitere Regelungen auf

http://www.werberat.de/verhaltensregeln

332/32 Suchen Sie nach Beispielen für vergleichende Werbung und gestalten Sie damit in Ihrem Klassenzimmer eine Wandzeitung.

Beispiele:

- PC-Hersteller Dell: »Aldi werden staunen.«
- Europcar verglich den Mietpreis eines Polos mit dem von Sixt, indem der Europcar-Preis von 66 EUR in den Sixt-Farben um 180° gedreht wurde.
- Seekport warb für seine Suchmaschine mit »Nun hat's sich ausgegoogelt!«.
- Gegenüber einem Burger-King am Berliner Alexanderplatz hing ein Plakat mit folgender Aufschrift: »Könige sind out, McDonalds ist lecker!«

332/33 Suchen Sie Beispiele für irreführende Werbung.

Beispiele:

- Die Umweltschutzorganisation BUND prangerte die Werbung für »umweltfreundliche Elektroheizungen« als irreführend an.
- Die Vattenfall Europe AG, eines der führenden Energieunternehmen Deutschlands und größter Wärmeerzeuger in Europa, hatte in einer Anzeige in zahlreichen deutschen Publikumszeitschriften und auf ihrer Internetseite angekündigt, »ein CO_2-freies Braunkohlekraftwerk« zu errichten. In einem Urteil des Landgerichts Berlin vom 4. Dezember 2007 wurde einer einstweiligen Verfügung gegen die Vattenfall Europa AG stattgegeben, da der Begriff »CO_2-frei« irreführend verwendet wurde (AZ: 97 O 297/07).

Recherchieren Sie auf der Homepage des Deutschen Werberats, mit welchen Beschwerden dieser sich konfrontiert sieht.

a) Zeigen Sie an Beispielen, welche Verstöße am häufigsten vorkommen.

b) Erläutern Sie, wie der Werberat mit Beschwerden umgeht und wie die betroffenen Unternehmen in der Regel reagieren.

c) Diskutieren Sie in Ihrer Klasse, ob die Beschwerden gerechtfertigt sind.

a) Herabwürdigung von Frauen. Thematischer Schwerpunkt der Bürgerkritik an kommerzieller Marktkommunikation ist nach wie vor der Vorwurf, Frauen würden diskriminiert, gedemütigt, herabgewürdigt (42 % aller Beschwerden).

Die Daten über das Konfliktmanagement des Deutschen Werberats in den vier Jahrzehnten seiner bisherigen Tätigkeit spiegeln den Wert der Werbeselbstdisziplin wider: Bearbeitete Proteste: 17.931; Werbeaktivitäten vor dem Werberat: 7.746; Beanstandungen des Gremiums: 2.709 Werbekampagnen – davon öffentliche Rügen 114 (4 %); Ad-hoc-Durchsetzungsquote des Gremiums, also unmittelbar vom Werberat beanstandete Werbeaktivität eingestellt/abgeändert: 96 %.

Beispiele:

– Eine Diskothek warb im Internet und auf Plakaten für eine Party mit dem Motto: »Trinkst Du Dich blau, kriegst du 'ne Frau!« Der Beschwerdeführer sah hierin einen Verstoß gegen die Verhaltensregeln des Deutschen Werberats über die kommerzielle Kommunikation für alkoholhaltige Getränke. Der verwendete Werbetext fordere zu schädlichem Konsum auf und verstoße deshalb gegen das Regelwerk. Verletzt würde auch die Vorgabe, wonach in der Werbung für alkoholhaltige Getränke nicht der Eindruck erweckt werden solle, der Konsum solcher Getränke fördere sozialen oder sexuellen Erfolg.

– In einem Anzeigenblatt warb eine Fleischerinnung mit einer ganzseitigen Anzeige für die ihr angehörenden Fachbetriebe. Zu dem Slogan »Wir haben nichts zu verbergen … In unseren Fachgeschäften gibt es nur Frischfleisch« war ein nur mit Netzstrumpfhose, Perlenkette und Seidenhandschuhen bekleidetes Modell abgebildet, das den Betrachter mit laszivem Blick ansah. Die Beschwerdeführerin hielt die Werbemaßnahme für sexistisch. Es sei frauenherabwürdigend, dass in der Anzeige ein Zusammenhang zwischen einer jungen, fast nackten Frau und Frischfleisch hergestellt werde. Der Werberat schloss sich dieser Kritik an und forderte die Innung zur Stellungnahme auf. Diese teilte dem Gremium daraufhin mit, dass die Anzeige künftig nicht mehr geschaltet werde und sich die Innung im Übrigen mit einer im gleichen Anzeigenblatt veröffentlichten Erklärung des Bedauerns beim Verbraucher entschuldigt habe.

– Ein französischer Autohersteller machte im Radio mit einem »Stoßgebet« in Reimform auf seine Marke aufmerksam: »Lieber Gott, bitte mach, dass es auch heute nicht kracht, und schütze uns auf allen Wegen bei Glatteis, Schnee und auch bei Regen. Amen.« Der Beschwerdeführer sah hierin eine Verunglimpfung und Verulkung christlichen Glaubens, die sich auch nicht mit dem Hinweis auf das Stilmittel des »Augenzwinkerns« rechtfertigen lasse. Nachdem der Werberat den Autohersteller zur Stellungnahme aufgefordert hatte, bedauerte das Unternehmen, diese nicht beabsichtigten negativen Assoziationen hervorgerufen zu haben, und setzte den Spot ab.

b) Bei rund einem Drittel der Werbekampagnen schloss sich der Werberat der Kritik aus der Bevölkerung an. In den übrigen Fällen sprach die Schiedsstelle die kritisierte Werbung jedoch frei. So mussten zahlreiche Unterstellungen von Frauendiskriminierungen zurückgewiesen werden: Häufig handelte es sich um nicht nachvollziehbare und überzogene Ansichten. 88 Werbekampagnen beanstandete das Gremium. Daraufhin stellten 82 betroffene Unternehmen die Werbeaktion ein oder änderten sie entsprechend der Kritik (Durchsetzungsquote: 93 %). Lediglich in sechs Fällen musste der Werberat öffentliche Rügen aussprechen.

c) klassenspezifische Diskussion

Beispiele:

– Unternehmen überschreiten bewusst die Grenzen des guten Geschmacks, um in der Öffentlichkeit wahrgenommen zu werden.

– Werbung, die nur kurzfristig wahrgenommen wird, erzielt Wirkung.

– Verschiebung der moralischen Werte

– Sex sells

333/35 »Werbung ist nur einer unter vielen Einflussfaktoren für die Kaufentscheidung des Kunden.«

Interpretieren Sie in Kleingruppen die Grafik unter Beachtung dieser Aussage.

Suchen Sie gemeinsam nach Beispielen für die Einflussfaktoren.

Stellen Sie Ihre Ergebnisse der Klasse vor.

Werbung macht keinen Hehl daraus, den Konsumenten beeinflussen zu wollen. Mit offenem Visier vermittelt sie Informationen auf der rationalen und emotionalen Ebene. Der Konsumalltag zeigt jedoch, dass Werbung nur eine unter vielen Möglichkeiten darstellt, sich über Produkte und Dienstleistungen zu informieren. Erfahrungsgemäß steigt die Anzahl der genutzten Informationsquellen mit der Bedeutung der Kaufentscheidung: Die Anschaffung eines neuen Autos bedarf umfassenderer Informationen als die einer Dose Erbsen. Bei Letzterer genügt in der Regel Werbung auf einem einfachen Niveau.

Der Autokäufer hingegen sichert seine beabsichtigte Investition nach allen Seiten hin ab: Aufmerksam geworden durch Werbespots und Anzeigen in Zeitungen und Zeitschriften, zieht er die Werbeträger mit tiefergehenden Informationen hinzu – vom Prospekt über die Internetpräsentation bis hin zur Besichtigung, Probefahrt und Beratung beim Händler. Er befragt Freunde, Fachleute, Verbraucherorganisationen, liest redaktionelle Beiträge und Testberichte. Er holt sich gegebenenfalls die Meinung derer ein, die bereits über Erfahrung mit dem Auto verfügen. Solche mündlichen Empfehlungen von Produktverwendern haben einen besonders hohen Einfluss auf die Kaufentscheidung.

Die Einflusszone der Werbebotschaften relativiert sich dadurch deutlich, wenngleich diese hohen Anforderungen standhalten müssen. Denn ein simpler menschlicher Verhaltensmechanismus zwingt den Werbenden dazu, die Werbeaussagen zu Produkten oder Dienstleistungen so auszurichten, dass die Erwartungen des Konsumenten auch erfüllt werden können: Ist der Kunde erst einmal enttäuscht, so wird die Werbung bei ihm kein zweites Mal Erfolg haben können. Das ist sozusagen der markteigene Schutz vor Übertreibungen.

(Quelle: ZAW, Abenteuer Kommunikation, 2005, S. 18)

9.7 Distributionspolitik

343/1 Was versteht man unter Distributionspolitik?

Die Distributionspolitik (Vertriebspolitik) umfasst sowohl die Gestaltung von Maßnahmen der Warenverteilung als auch Maßnahmen der Kundengewinnung (Akquisition).

343/2 Welche Entscheidungsfelder gehören zur Distributionspolitik?

Vertriebssystem, Beziehungen zu den Vertragspartnern, Verkaufsaktivitäten, Distributionslogistik

343/3 Beschreiben Sie anhand des Schaubildes auf Seite 334 des Lehrbuches, wie ein Franchisesystem funktioniert.

Dabei räumt das Unternehmen, das als Franchisegeber auftritt, meist mehreren Partnern (Franchisenehmern) das Recht ein, mit seinen Waren und Dienstleistungen unter seinem Namen ein Geschäft zu betreiben.

Der Franchisegeber erstellt ein unternehmerisches Gesamtkonzept, das von seinen Franchisenehmern selbstständig an ihrem Standort umgesetzt wird. Der Franchisenehmer ist ein rechtlich selbstständiger und eigenverantwortlicher Unternehmer. Die Gegenleistung des Franchisenehmers für die vom Franchisegeber eingeräumten Rechte besteht meist in der Zahlung von Eintritts- bzw. Franchisegebühren und in der Verpflichtung, den regionalen Markt zu bearbeiten. Franchising bietet die Möglichkeit, eine erfolgreiche Geschäftsidee mehreren Partnern zur Verfügung zu stellen und so den Geschäftstyp zu multiplizieren.

343/4 Erläutern Sie, welche Funktionen der Großhandel im Rahmen des Distributionsprozesses übernimmt.

Funktionen des Großhandels
- an der Ware: Sortimentsbildung, Mengenumgruppierung
- zur Überbrückung: Raum- und Zeitüberbrückung
- zur Vermittlung: Markterschließung

343/5 Ein Fahrradhersteller belieferte bisher 500 Einzelhandelsunternehmen in über 40 Städten. Er entschließt sich ergänzend dazu zum direkten Absatz über Verkaufsniederlassungen in vier Großstädten.
a) Nennen Sie mögliche Gründe dafür.
b) Welche zusätzlichen Kosten entstehen dadurch?
c) Welche Kosten könnten eingespart werden?
d) Begründen Sie, wie sich die Veränderung auf den Umsatz auswirken könnte.

a) direkter Kundenkontakt, Absatzsteigerung, höherer Deckungsbeitrag, Preisdifferenzierung möglich
b) Raumkosten (Abschreibungen, Miete), Personalkosten (Gehälter, Lohnnebenkosten), Lagerhaltungskosten (Lagerzinsen, Einrichtung), Vertriebskosten
c) Vertriebskosten (Rabatte und Gewinnspannen für Handel)
d) Der direkte Kontakt zu den Kunden kann zur Verbesserung der Beziehungen zu den Kunden, zur Verbesserung der Produkte und des Sortiments führen und somit den Umsatz verbessern. Das Unternehmen kann sich besser um umsatzsteigernde Maßnahmen kümmern.

343/6 Stellen Sie Vor- und Nachteile des direkten und indirekten Absatzes in einer Tabelle einander gegenüber.

	Vorteile	Nachteile
direkter Absatz	– Einflussmöglichkeiten auf Absatzgeschehen – direkter Kundenkontakt – keine Handelsspanne – Provision an Händler	– hohe Kosten für den Aufbau des Vertriebssystems – Unternehmen übernimmt selbst die Aufgaben des gesamten Vertriebs
indirekter Absatz	– keine Kosten für den Aufbau des Vertriebsnetzes – Aufgaben des Vertriebs weitgehend ausgelagert – Einzelhandel als Multiplikator	– geringere Deckungsbeiträge wegen Handelsspanne – kein direkter Kundenkontakt – kein Einfluss auf das Absatzgeschehen

343/7 Wie unterscheiden sich Handelsvertreter und Handlungsreisender?

Ein Handelsvertreter ist ein selbstständiger Kaufmann, der im eigenen Namen und auf eigene Rechnung Waren verkauft und dafür eine Provision erhält.

Ein Handlungsreisender ist ein kaufmännischer Angestellter, der im Namen und auf Rechnung seines Arbeitgebers Waren verkauft und dafür ein Gehalt und eventuell eine Provision erhält.

343/8 Die Reifen Roesch GmbH prüft, ob sie einen Handlungsreisenden oder einen Handelsvertreter für den Außendienst beschäftigen soll. Der Handlungsreisende erhält eine Provision von 2 % und ein Monatsfixum von 2.000 EUR; ein Handelsvertreter erhält 6,5 % Provision.

a) Nennen Sie vier grundlegende Unterschiede zwischen einem Handlungsreisenden und einem Handelsvertreter.

b) Begründen Sie, ob es sich jeweils um einen direkten oder indirekten Absatzweg handelt.

c) Angenommen, die Reifen Roesch GmbH rechnet zunächst mit einem Monatsumsatz von 45.000 EUR. Begründen Sie, was Sie der Geschäftsleitung in diesem Fall empfehlen würden.

a)

Handlungsreisender	Handelsvertreter
– Angestellter	– selbstständiger Unternehmer
– weisungsgebunden	– nicht weisungsgebunden
– flexibel einsetzbar	– nicht anderweitig einsetzbar
– Fixum und Provision	– i. d. R. Provision
– Auslagenersatz	– i. d. R. keine Aufwandsentschädigung
– Wettbewerbsverbot	– Wettbewerbsverbot nur, soweit vereinbart (Konkurrenzklausel)

b) Handlungsreisender: direkt, da der Absatz über unternehmensinternen Außendienstmitarbeiter erfolgt

Handelsvertreter: indirekt, da der Absatz über externen Absatzhelfer erfolgt

c) Kosten Handlungsreisender:

2.000,00 EUR + 45.000,00 EUR · 0,02 = 2.900,00 EUR

Kosten Handelsvertreter:

45.000,00 EUR · 0,065 = 2.925,00 EUR

Aus reinen Kostengründen müsste ein Handlungsreisender eingesetzt werden. Wenn jedoch mit Umsatzzuwächsen zu rechnen ist, sollte sofort ein Handelsvertreter eingesetzt werden.

344/9 **Siegfried Kessler hat zwei Beschäftigungsangebote. Er steht vor der Entscheidung, als Handlungsreisender oder als Handelsvertreter zu arbeiten.**

a) Wägen Sie Vor- und Nachteile aus der Sicht Siegfried Kesslers ab.

b) Wägen Sie Vor- und Nachteile aus der Sicht des Unternehmens ab.

c) Berechnen Sie, ab welchem Umsatz sich der Einsatz eines Handlungsreisenden lohnen würde. Er erhält eine Provision von 3 % und ein Monatsfixum von 2.500 EUR. Der Handelsvertreter erhält 6,5 % Provision.

d) Angenommen, das einstellende Unternehmen rechnet zunächst mit einem Monatsumsatz von 45.000 EUR. Begründen Sie, was Sie der Geschäftsleitung in diesem Fall empfehlen würden.

a)

	Handlungsreisender	Handelsvertreter
Vorteile	– durch Fixum gesichertes Einkommen – meist ein geschlossenes Verkaufsgebiet	– hohes Maß an Unabhängigkeit – Möglichkeit eines hohen Einkommens bei großem Arbeitseinsatz – kann evtl. mehrere Unternehmen vertreten
Nachteile	– Weisungsgebundenheit – bei zu hohem Einkommen Gefahr der Gebietsteilung	– kein gesichertes Einkommen – bei hohen Umsätzen Gefahr der Kündigung (Ersatz durch Handlungsreisenden) – meist unerschlossene Verkaufsgebiete

b)

	Handlungsreisender	Handelsvertreter
Vorteile	– Weisungsgebundenheit – kalkulierbare fixe Kosten – flexibel einsetzbar – vertritt nur Interessen des Unternehmens	– Anreiz zu hohem Umsatz wegen Provision – Anreiz zu stärkeren Verkaufsaktivitäten – meist größere Marktnähe
Nachteile	– bei geringem Umsatz hohe Kosten – evtl. geringe Verkaufsaktivitäten	– keine Weisungsgebundenheit – vertritt u. U. auch andere Unternehmen

c) $0,065 \, x = 2.500 \, \text{EUR} + 0,03 \, x$

$0,035 \, x = 2.500 \, \text{EUR}$

$x = 71.428,57 \, \text{EUR}$

Ab einem Umsatz von 71.428,58 EUR ist der Handlungsreisende günstiger.

d) Aus reinen Kostengründen müsste ein Handelsvertreter eingesetzt werden. Wenn jedoch mit Umsatzzuwächsen zu rechnen ist, sollte ab dem kritischen Umsatz ein Handlungsreisender eingesetzt werden.

344/10 Für die neuen Produkte im Sortiment der Lachmann GmbH (vgl. Aufgabe 10, Seite 308 des Lehrbuches) sollen als Kunden angesprochen werden: Fachgeschäfte über deren Einkaufsverbände, Bau- und Heimwerkermärkte sowie Kaufhäuser über deren Fachabteilungen.

Diese Kunden sollen durch Handelsvertreter (HV) oder Handlungsreisende (HR) intensiver betreut werden. Pro Monat fallen folgende Kosten an: HR: 6.000 EUR Fixum und 1 % Umsatzprovision; HV: 7 % Umsatzprovision und 700 EUR Spesenpauschale. Erwartet wird ein Umsatz von 80.000 EUR in dünner besiedelten Regionen und 150.000 EUR in den Ballungsgebieten.

a) Berechnen Sie die jeweiligen monatlichen Kosten.

b) Berechnen Sie den kritischen Umsatz.

c) Sprechen Sie eine Empfehlung bezüglich der Wahl der Außendienstmitarbeiter je Umsatzgebiet aus. Begründen Sie Ihre Empfehlung nicht nur mit Kostenargumenten.

a)

	dünn besiedelte Gebiete	Ballungsgebiete
Handlungs-reisender	6.000 EUR + 0,01 · 80.000 EUR = 6.800,00 EUR	6.000 EUR + 0,01 · 150.000 EUR = 7.500,00 EUR
Handels-vertreter	700 EUR + 0,07 · 80.000 EUR = 6.300,00 EUR	700 EUR + 0,07 · 150.000 EUR = 11.200,00 EUR

b) kritischer Umsatz:

$$6.000 \text{ EUR} + 0,01 \text{ x} = 700 \text{ EUR} + 0,07 \text{ x}$$
$$\text{x} = 88.333,33 \text{ EUR}$$

c) Aus Kostengründen müsste in Ballungsräumen der selbstständige Handelsvertreter, in dünn besiedelten Gebieten der Handlungsreisende eingesetzt werden, da erst ab einem Umsatz von 88.334 Stück der Handelsvertreter günstiger ist. Dies ist auch aus anderen Erwägungen die richtige Entscheidung. Der Handelsvertreter wird u.U. die dünn besiedelten Gebiete weniger intensiv bearbeiten und es besteht daher die Gefahr, dass der erwartete Umsatz nicht erreicht wird. Außerdem wird nur die dauernde Präsenz des Außendienstmitarbeiters die Absatzchancen in den dünn besiedelten Gebieten nachhaltig verbessern können.

344/11 Ein Unternehmen möchte drei verschiedene Vertriebswege einander gegenüberstellen: Handelsvertreter, Handlungsreisender und Kommissionär. Es wird mit einem Jahresumsatz von 2,2 Mio. EUR gerechnet. Es entstehen folgende Kosten:

– Handelsvertreter: 6 % Umsatzprovision

– Handlungsreisender: monatliche Personalkosten 3.300 EUR, 1,5 % Umsatzprovision, Spesenersatz 0,5 % vom Umsatz

– Kommissionär: jährlicher Kostenersatz für Lagerung 10.000 EUR, 5 % Umsatzprovision

a) Berechnen Sie, welche Alternative am kostengünstigsten wäre.

b) Berechnen Sie, bei welchem Umsatz jeweils die Kosten gleich hoch wären für den

– Handelsvertreter und den Handlungsreisenden.

– Kommissionär und den Handlungsreisenden.

– Handelsvertreter und den Kommissionär.

c) Erstellen Sie eine grafische Lösung für die kritischen Umsätze.

d) Welche Schlussfolgerungen ziehen Sie aus den Berechnungen bzw. der Grafik?

a) Kosten HV: 6% von 2,2 Mio. EUR = 132.000,00 EUR

   Kosten HR: 39.600,00 EUR + 2% von 2,2 Mio. EUR =   83.600,00 EUR

   Kosten K: 10.000,00 EUR + 5% von 2,2 Mio. EUR = 120.000,00 EUR

b) Vergleich HV – HR: kritischer Umsatz bei 990.000 EUR

   Berechnung: $0,06 x = 39.600 + 0,02 x$

                                         $x = 990.000$

   Vergleich K – HR: kritischer Umsatz bei 986.666,67 EUR

   Berechnung: $10.000 + 0,05 x = 39.600 + 0,02 x$

                                         $x = 986.666,67$

   Vergleich HV – K: kritischer Umsatz bei 1.000.000,00 EUR

   Berechnung: $0,06 x = 10.000 + 0,05 x$

                                         $x = 1.000.000$

c)
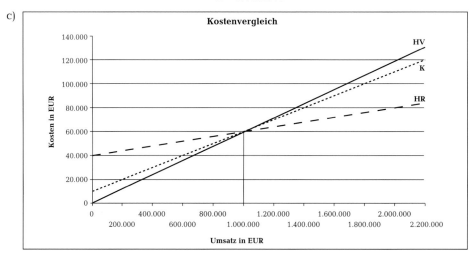

d) Bis zu einem Umsatz von 990.000,00 EUR sollte ein Handelsvertreter eingesetzt werden, darüber ein Handlungsreisender. Ein Kommissionär ist unter den gegebenen
   Bedingungen immer ungünstiger als eine der beiden anderen Varianten.

345/12 Skizzieren Sie ein mögliches Mehrkanal-Vertriebssystem für
a) Sportbekleidung,
b) Autoradios,
c) Bücher.

a) Sportbekleidung:
   – eigene Verkaufsniederlassung – Konsument
   – Handlungsreisender – Einzelhandel – Konsument
   – Katalog/Internet – Einzelhandel – Konsument

v) Autoradios:
   – Handelsvertreter – Einzelhandel – Konsument
   – Handelsvertreter – Kfz-Händler –Konsument
   – Internet – Kfz-Zubehörhandel – Konsument

c) Bücher:
   – Internet – Einzelhandel – Konsument
   – Internet – Konsument

345/13 Erläutern Sie, was man unter Key-Accountern versteht und welche Bedeutung ihnen zukommt.

Key-Accounter sind Kunden, die aufgrund ihrer tatsächlichen oder potenziellen Abnahmemengen für das Unternehmen von großer Bedeutung sind. Die Gestaltung der Beziehungen mit diesen wichtigen Kunden besteht zum einen in der Kooperation, zum anderen in der Gestaltung der vertraglichen Beziehungen.

345/14 Erläutern Sie an jeweils einem Beispiel die beiden Strategien des vertikalen Marketings.

Push-Aktivität: Es wird versucht, ein neues Parfum durch verschiedene Verkaufsförderungsaktionen im Einzelhandel an den Konsumenten zu bringen.

Pull-Aktivität: Für das neue Parfum wird eine groß angelegte Werbekampagne über Zeitschriften, Fernsehwerbung und Plakatwerbung gestartet, um die Verbraucher zur Nachfrage im Einzelhandel zu bewegen.

345/15 Was versteht man unter E-Commerce?

Unter E-Commerce werden das Angebot, der Kauf und die Bezahlung von Gütern und Dienstleistungen über das Internet zusammengefasst.

345/16 Welche verschiedenen E-Commerce-Beziehungen werden unterschieden?

C2C (consumer to consumer): Verbraucher kommunizieren und treiben Handel mit Verbrauchern.

B2C (business to consumer): Unternehmen kommunizieren mit Verbrauchern und verkaufen an diese.

B2B (business to business): Unternehmen kommunizieren mit anderen Unternehmen und verkaufen an diese.

345/17 Immer mehr Verbraucher schätzen den bequemen Einkaufsbummel im Internet. Vor allem der *klassische Versandhandel* und die Anbieter von Eintrittskarten und Reisen, Musik und Büchern profitieren vom *Vertriebsweg* Internet. Aber auch Unternehmen, die ihr Sortiment im Ladengeschäft und zugleich im Internet anbieten (die sogenannten *Multi-Channel-Betriebe*) zählen zu den Gewinnern. Betrachtet man allerdings den Anteil, den der *Onlinehandel* am gesamten Einzelhandelsumsatz hat, so ist er mit knapp 13 % (2016) noch relativ gering.
a) Erläutern Sie die *kursiven* Begriffe.
b) Beurteilen Sie, warum gerade die Anbieter der genannten Produkte wachsende Umsätze über das Internet verzeichnen.
c) Warum ist der Umsatzanteil des Onlinehandels am Gesamtumsatz des Handels relativ gering?

a) *klassischer Versandhandel:* Bestellung aus dem Katalog, Lieferung direkt an den Konsumenten

Multi-Channel-Betrieb: Auswahl und Kombination von Vertriebsorganen
Unternehmen, die ein Mehrkanal-Vertriebssystem nutzen, also unterschiedliche Vertriebsorgane und Vertriebswege

Onlinehandel: Verkauf über das Internet, Lieferung direkt an Konsumenten

b) Die Kunden wissen sehr genau, was sie möchten, und es besteht ein geringer Beratungsbedarf und keine Notwendigkeit, das Produkt auszuprobieren.

Eintrittskarten, Musik-CDs und -DVDs sowie Bücher sind sehr homogen; bedeutsam für den Kauf ist lediglich der Preis.

Kann bequem von zu Hause erledigt und ohne Umstände dorthin geliefert werden.

c) Höheres Risiko bei Datenaustausch, Zahlung und Lieferung; keine Beratung möglich: für viele Konsumenten ungewohnt; nur für wenige Produkte gibt es breite Plattformen für den Handel.

345/18 Die »Greinacher-Peterson-Sailer GmbH« (GPS GmbH) ist ein Großhandelsunternehmen, das sich auf den Vertrieb von hochwertigen Navigationssystemen für verschiedene Anwendungsbereiche spezialisiert hat. Bisher erfolgte der Vertrieb ausschließlich über ausgewählte Facheinzelhändler der Autoelektronikbranche im westdeutschen Raum. Diese Verkaufsaktivitäten sollen weiter intensiviert werden. Daneben sollen auch weitere Vertriebswege erschlossen werden. Die »Autoteile Bischofberger GmbH« (AB GmbH) ist eine Fachmarktkette für Autozubehör, die Filialen in der gesamten Bundesrepublik betreibt. Sie möchte gerne die Produkte der GPS GmbH in ihr Sortiment aufnehmen und an die Endverbraucher verkaufen. Sie rechnet mit einer Abnahmemenge von jährlich ca. 20.000 Navigationssystemen. Auch die große Verbrauchermarktkette »Huber KG«, die überwiegend in Süd- und Ostdeutschland vertreten ist, möchte die Systeme in ihr Sortiment aufnehmen. Jedoch erwartet sie von der GPS GmbH einen kräftigen Rabatt, damit die Geräte in das preisgünstige Sortiment eingepasst werden können. Außerdem soll die GPS GmbH vertraglich vereinbart das Auffüllen und Aussortieren der Regalflächen in den Huber-Filialen übernehmen und nicht verkaufte Ware wieder zurücknehmen. Die Abnahmemenge könnte bei ca. 500 Geräten monatlich liegen.

a) Erstellen Sie mithilfe einer Entscheidungsbewertungstabelle eine Bewertung der drei Vertriebsformen. Legen Sie dazu geeignete Kriterien fest.

b) Erstellen Sie ein Gesamturteil zu der ermittelten Rangfolge.

c) Begründen Sie, welche weiteren Absatzalternativen in Betracht zu ziehen sind.

---

a) Lösungsvorschlag:

| Kriterium | Gewichtung | Absatzformen | | | | | |
| | | Facheinzelhandel | | AB GmbH | | Huber KG | |
		Punkte	gew. Punkte	Punkte	gew. Punkte	Punkte	gew. Punkte
zusätzlicher Absatz	35	1	35	5	175	4	140
Zuwachs der Bekanntheit	30	2	60	5	150	4	120
zusätzliche Kosten (Rabatt, Vertrieb)	25	5	125	3	75	0	0
Markenexklusivität	10	5	50	2	20	0	0
Summe	**100**		**270**		**420**		**260**

b) Schülerabhängige Antworten, z. B.:

Ein zusätzlicher Vertrieb der GPS-Systeme über die Fachmarktkette AB GmbH erscheint aus folgenden Gründen sinnvoll:

– Die Chance für zusätzlichen Absatz ist hier sehr groß und der Bekanntheitsgrad der Geräte kann gesteigert werden.

- Trotzdem wird die Markenexklusivität zum großen Teil gewahrt.

- Die Werbe- und Vertriebskosten halten sich, im Vergleich zum bisherigen Vertriebsweg, im Rahmen.

Der Vertrieb über die Verbrauchermarktkette Huber KG scheidet aus folgenden Gründen aus:

- hoher Imageverlust, da Präsentation als »Massenware«

- hohe Rabattgewährung

c) Intensivierung der Vermarktung über den Facheinzelhandel evtl. zusätzlich über Elektroeinzelhandel und Autozubehörhandel. Zu prüfen ist auch die Möglichkeit des Onlineshoppings.

345/19 Beschreiben Sie die Aufgaben der Distributionslogistik.

Aufgabe der Distributionslogistik ist es, die produzierten Güter in der richtigen Art und Menge zur rechten Zeit am richtigen Ort bereitzustellen, um den Bedarf der Kunden optimal und kostengünstig zu decken. Dabei werden unterschiedliche logistische Leistungen erbracht, je nachdem, ob für den anonymen Markt oder als Auftragsfertigung produziert wird.

Bei der Auftragsfertigung werden logistische Leistungen hinsichtlich der Lieferart, der Liefermenge, des Lieferortes und der Lieferzeit erbracht, um den Kundenwunsch und die Wirtschaftlichkeit der Auftragserfüllung in Einklang zu bringen.

345/20 Untersuchen Sie, inwieweit die Distributionslogistik bereits vor der Auftragsannahme in die Planung mit einbezogen werden sollte.

Beispiele:

- Endprodukt wird in fertigem Zustand oder zerlegt geliefert

- Lieferung erfolgt als Gesamt- oder Teillieferung

- Entscheidung über Transportmittel

345/21 Ein Möbelhersteller produziert für den anonymen Markt. Beschreiben Sie die Entscheidungen für die Distribution, die Sie in diesem Fall treffen würden.

Die Distribution muss gewährleisten, dass die produzierten Möbel in der gewünschten Art und Menge dann zur Verfügung stehen, wenn die Kunden sie nachfragen. Um dies zu gewährleisten muss entschieden werden, wie groß das Absatzgebiet sein soll, wie die Güter verteilt werden und wie groß die Lager bzw. an welchen Orten die Lager sein sollen.

345/22 Suchen Sie Beispiele für Zusatzleistungen, die Industriebetriebe für ihre Kunden übernehmen können.

- Preisauszeichnung

- Verpacken in Verkaufsverpackungen/Kundenaufmachungen

- Fakturierung, Inkasso, Mahnwesen

- Zusammenstellung von Aktionspaketen

9.8 Produktlebenszyklus und Portfolioanalyse

9.9 Marketing-Mix

9.10 Marketingcontrolling und Kundenbindung

357/1 Beschreiben Sie den Lebenszyklus eines Produktes anhand der Umsatz- und Gewinnentwicklung.

Einführungsphase: Umsatz sehr gering, Verlust

Wachstumsphase: Umsatz stark steigend, steigender Gewinn

Reifephase: Umsatz sehr hoch, evtl. bereits gering rückläufig, große Gewinne

Sättigungsphase: abnehmender Umsatz, deutlich zurückgehende Gewinne

Rückgangsphase: Umsatz stark abnehmend, Eintritt in Verlustzone

357/2 Welchen Zusammenhang gibt es zwischen den Lebenszyklusphasen und den Marketingmaßnahmen?

Lebenszyklus-phase / Marketing-maßnahme	Einführung	Wachstum	Reife	Sättigung	Rückgang
Ziel-setzung	Etablierung am Markt	Marktdurch-dringung	Behauptung der Marktposition	Position »ausschlachten«, Relaunch	Rückzug
Produkt- und Sortiments-politik	schmales Programm Grundmodell, Verzicht auf Varianten	Verbesserung der Qualität, erste Varianten	Produktvariation und Produktdifferenzierung (Qualitätsverbesserungen, Funktionsveränderungen, Design), Sortimentserweiterung		Produktelimination oder Versuch einer Repositionierung
Preis- und Konditio-nenpolitik	niedrige Einführungspreise	Preise ziehen an	differenziertes Preisniveau, Bereitschaft zu Preissenkungen (Handelsrabatte)		tendenziell niedriges Preisniveau
	hohe Einführungspreise	Preise geben nach			

Lebenszyklusphase / Marketingmaßnahme	Einführung	Wachstum	Reife	Sättigung	Rückgang
Kommunikationspolitik	sehr große Anstrengungen	große Anstrengungen zum Aufbau der Produktbekanntheit und Erlangung von Marktanteilen	große Anstrengungen zum Aufbau der Markentreue	deutlich geringere Aktivitäten	geringer Einsatz kommunikationspolitischer Instrumente
Distributions politik	anfangs selektives Vertriebssystem	intensiver Aufbau des Vertriebssystems	intensiv gepflegtes Vertriebssystem, Mehrkanal-Vertriebssystem		Aufgabe unwirtschaftlicher Teile des Vertriebssystems

357/3 Welche Strategien sollten für Question Marks, Stars, Cash Cows und Poor Dogs verfolgt werden?

Question Marks: selektives Vorgehen (ausbauen zu Stars, Marktnischen suchen oder wenn nicht Erfolg versprechend, Elemination)

Stars: Investitions- und Wachstumsstrategie (ausbauen, halten, Marktanteile steigern)

Cash Cows: selektives Vorgehen (Gewinne mitnehmen, Position halten, Produktvariation)

Poor Dogs: Abschöpfungs- oder Desinvestitionsstrategie (Geschäftsfeld abernten und eliminieren)

357/4 Nennen Sie Produkte aus Ihrem Erfahrungsbereich, die Sie als »Question Marks«, »Cash Cows«, »Stars« bzw. »Poor Dogs« bezeichnen würden.

Question Marks: E-Book-Reader, 3-D-Fernsehgerät

Cash Cows: schnurloser Telefonapparat, Flachbild-Farbfernsehgerät, Handy

Stars: Festplattenrekorder, digitales Farbfernsehgerät, Smartphones

Poor Dogs: CD-/DVD-Player, CD, herkömmlicher Telefonapparat

357/5 Fertigen Sie eine Portfolioanalyse für einzelne Automodelle eines Autoherstellers an.

Beispiel:

Fragezeichen	Stars
VW Up	VW Tiguan
VW T-Roc	VW Passat
Arme Hunde	**Melkkühe**
VW Jetta	VW Polo
VW Phaeton	VW Golf

357/6 Die Geschäftsleitung der Lachmann GmbH (vgl. Aufgabe 8, Seite 308 des Lehrbuches) möchte für folgende Produkte aus dem Sortiment eine Portfolioanalyse erstellen lassen.

Produkt	Marktanteil	Marktwachstum
A Bohrmaschine (einfach, ohne Schlagbohrwerk)	3 %	0 %
B Schlagbohrmaschine (220 Volt)	35 %	2 %
C Schlagbohrmaschine (Akku)	15 %	18 %
D Kombischraubbohrer (mit Schlagwerk, 220 Volt)	9 %	9 %
E Kombischraubbohrer (mit Schlagwerk, Akku)	7 %	24 %

a) Erstellen Sie die Portfolioanalyse.

b) Ziehen Sie für jedes Produkt Schlussfolgerungen für zu planende Marketinginstrumente.

c) Zeichnen Sie einen Produktlebenszyklus und ordnen Sie die Produkte den Phasen zu.

d) Beurteilen Sie Ihre Entscheidungen aus Aufgabe b) vor dem Hintergrund der Einordnung in den Produktlebenszyklus.

e) Erklären Sie, durch welche Maßnahmen ein Relaunch erreicht werden könnte.

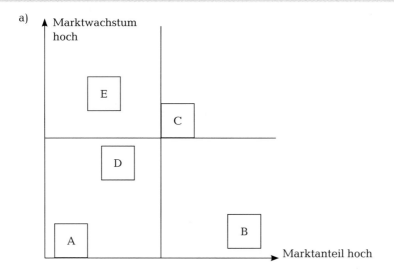

b) A = Poor Dog   → eliminieren (eindeutig technisch überholt)

B = Cash Cow   → keine Anstrengungen, Gewinne mitnehmen, Selbstläufer

C = Star   → Marktpotenzial, evtl. Preisdifferenzierung, Werbung

E = Question Mark   → vermutlich Gerät der Zukunft mit viel Potenzial; stark bewerben, aggressive Preispolitik mit Preisdifferenzierung

D = Poor Dog   → nur auf den ersten Blick Poor Dog; genauer besehen jedoch wohl wichtige Alternative zu E, folglich Politik wie E

c)

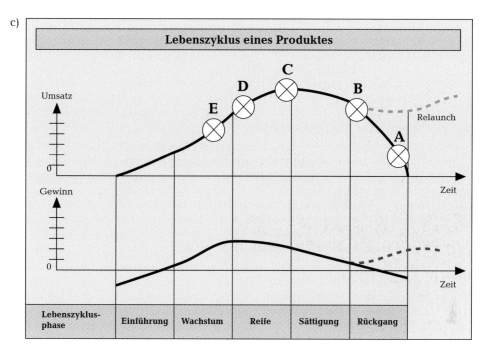

Lebenszyklus eines Produktes

d) A Eliminieren, da in Rückgangsphase; ein Relaunch ist nicht mehr Erfolg versprechend.

B Befindet sich an der Schwelle zwischen Sättigungs- und Rückgangsphase; ein Relaunch könnte versucht werden, um den Selbstläufer noch einige Zeit »melken«
zu können.

C Hat vermutlich die Reifephase bereits überschritten und befindet sich in der Sättigungsphase. Die oben für B genannten Aktivitäten könnten bereits jetzt durch
Relaunchmaßnahmen ergänzt werden.

D Auch hier ist noch Wachstumspotenzial vorhanden. Das Produkt sollte wie E stark
beworben und mit aggressiver Preispolitik vermarktet werden.

E Befindet sich in der Wachstumsphase; die genannten Maßnahmen sind passend.

e) A Ein Relaunch ist nicht mehr Erfolg versprechend, Produkt vom Markt nehmen.

B Die oben angeführten Maßnahmen können ergänzt werden durch produktpolitische Relaunchaktivitäten: Ausführungen mit verschiedenen Drehzahlen und Mo-
torstärken oder Profiausführungen für den gewerblichen Einsatz.

E Grundsätzlich frühzeitig ähnliche Relaunchmaßnahmen in Erwägung ziehen wie
bei B, zusätzlich noch Versuch, Frauen für Heimwerkermaschinen zu gewinnen:
entsprechende Werbemaßnahmen.

**357/7 Entwerfen Sie in einer Gruppenarbeit einen Marketing-Mix für ein selbst gewähltes
Produkt.**

Schülerabhängige Antworten

Als Beispiel wird hier ein Marketing-Mix für ein umweltfreundliches Produkt dargestellt
(Quelle: http://www.marketing-marktplatz.de):

Fallbeispiel: Werner & Mertz

Ein Ansatz kann darin bestehen, neben dem klassischen herkömmlichen Programm ein spezielles ökologieorientiertes Programm zu entwickeln und über eine eigenständige Marke zu vermarkten. Diesen Weg ist hier das Unternehmen Werner & Mertz gegangen. Neben dem traditionellen Schuhreinigungs- und Schuhpflegeprogramm unter der Marke Erdal Rex (Markensymbol »roter Froschkönig«) hat sich das Unternehmen entschlossen, in neue Märkte zu diversifizieren, und zwar mit einem ausgeprägten ökologischen Konzept unter einer eigenen Marke.

Man erkannte, dass der Markt für Reinigungs- und Putzmittel sich in einem Wandel befand. Immer mehr Konsumenten waren mit klassischen, die Umwelt stärker belastenden Reinigungs- und Putzmitteln nicht mehr zufrieden und suchten nach umweltfreundlichen Alternativen. Werner & Mertz schuf ein solches Programm, das u. a. auf Chlor und Phosphat verzichtet, und vermarktet es unter der eigenständigen Marke Frosch (im Gegensatz zur Stammmarke als »Grünfrosch« konzipiert). Damit wurde bewusst eine Assoziation zur von der Umwelt bedrohten Tierart Frosch hergestellt, was der Marke von vornherein ein positives Ausgangsimage mitgab.

Neben der umweltorientierten Produktgestaltung im engeren Sinne (Verzicht auf umweltproblematische Rohstoffe, Wahl u. a. des Basisrohstoffes Essig = »sanfte Chemie«) entschied man sich für ein umweltorientiertes, stark am Grundnutzen ausgerichtetes Verpackungskonzept (weniger Verpackungsmaterial, Verzicht auf umweltbelastende Verpackungsstoffe wie PVC, Schaffung leichter Nachfüllpackungen). Begleitet wird das Konzept von einer konzeptionsadäquaten Kommunikationspolitik, die sehr stark die sachliche Produktinformation in den Vordergrund stellt, und zwar sowohl in der Werbung als auch in der Verkaufsförderung.

Der Markt hat dieses Konzept honoriert, inzwischen benutzt über die Hälfte aller Haushalte mindestens ein Frosch-Produkt.

Einsatz der Marketinginstrumente:

Im Sinne des umfassenden Ansatzes Ökomarketing sollte auch auf grundlegende instrumentale Einsatzformen und Ausprägungen eingegangen werden:

Produkt- und Sortimentspolitik:

Im Rahmen der Angebotspolitik ist ein zentraler Anknüpfungspunkt eines ökologieorientierten Marketings zunächst die Produkt- und Programmpolitik. Ökologiegerichtete Produkt- und Programmpolitik ist sowohl auf die umweltfreundliche Herstellung der Produkte, ihre umweltfreundliche Nutzung (speziell bei Gebrauchsgütern) wie auch auf ihre umweltfreundliche Entsorgung gerichtet (= Gestaltung geschlossener Stoffkreisläufe.

Einzubeziehen ist dabei nicht nur der Produktkern, sondern auch das Produktdesign (»Ökodesign« = Verwendung und Nutzung umweltfreundlicher Stoffe für eine neue Ökoästhetik) sowie die Verpackung, und zwar sowohl die primäre Verpackung für den Endverbraucher als auch die sekundäre Verpackung entlang der Absatz- bzw. Logistikkette (u. a. Anforderungen des dualen Entsorgungssystems in Verbindung mit der Verpackungsverordnung).

Preis- und Konditionenpolitik:

Was die Preispolitik betrifft, so ist zunächst relevant, ob umweltorientierte Produkte zusätzliche Kosten verursachen und inwieweit diese Kosten an die Endverbraucher weitergegeben werden können. Dabei ist an die umweltorientierte Preisbereitschaft der Abnehmer anzuknüpfen. Ursprünglich zeichnete sich eine große Bereitschaft ab, für umweltgerechte Produkte auch höhere Preise zu akzeptieren. Diese Bereitschaft hat eher wieder abgenommen, nicht zuletzt vor dem Hintergrund gesamtwirtschaftlicher Probleme der letzten Jahre, wie hohe Arbeitslosigkeit, Dauerrezession und ihrer ökonomischen bzw. kaufkraftbezogenen Auswirkungen. Anstelle von Preisabschöpfungs-strategien (Skimming-Strategien) bei umweltorientierten Produktinnovationen sind deshalb ggf. auch Durchsetzungspreisstrategien (Penetrations-Strategien) angemessen, die über einen eher niedrigen Preis eine hohe Durchsetzung im Markt anstreben und über hohe Absatzmengen bzw. Marktanteile dann entsprechende Kostenvorteile realisieren.

Für breitere Programme kommen im Übrigen auch Ansätze der Mischkalkulation in Betracht, wie es z.B. Henkel seinerzeit mit der Einführung des ersten phosphatfreien Waschmittels realisiert hat. Besondere Probleme bzw. Konsequenzen für die Preispolitik ergeben sich vor allem bei der Schaffung geschlossener Stoffkreisläufe.

Distributionspolitik:

Im Rahmen der Distributionspolitik ist sowohl die akquisitorische als auch die physische Distribution tangiert. Bei der akquisitorischen Distribution geht es vor allem darum, die adäquaten Absatzkanäle für den Absatz umweltorientierter Produkte (Leistungen) zu finden und ggf. auch Schwerpunkte in der Gestaltung der Absatzwege zu bilden, z.B. unter besonderer Berücksichtigung spezifischer Beratungs- und Kundendienstleistungen. Stark betroffen ist darüber hinaus die physische Distribution. Hierbei geht es vor allem um die Gestaltung umweltfreundlicher Transport- und Auslieferungssysteme. Einen besonderen Stellenwert hat außerdem die Gestaltung adäquater Rückführungskanäle für gebrauchte, zu entsorgende Produkte erhalten (Redistribution). Hierbei sind je nach Produktart bzw. -komplexität jeweils spezifische Systeme zu entwickeln (vgl. etwa bei Automobilen, Unterhaltungselektronik, Computern usw.).

Neben einer Umweltorientierung der Angebots- und Distributionspolitik gilt es auch, im Rahmen eines systematischen, konsequenten Ökomarketings die Möglichkeiten der Kommunikationspolitik zu nutzen.

Kommunikationspolitik:

Ihr kommt generell die Aufgabe zu, realisierte Umweltvorteile herauszustellen und die Kompetenz des Unternehmens für umweltorientierte Marketing- und Unternehmenskonzepte aufzubauen. Hierfür ist zunächst einmal – ggf. zielgruppendifferenziert – Mediawerbung einzusetzen. Hierzu gehört auch die Herausstellung von Umweltzeichen. Neben der Werbung in Massenmedien, die sich in erster Linie an Endverbraucher richtet (sog. Sprungwerbung), sind die warenbegleitenden Aktivierungsmöglichkeiten der Verkaufsförderung zu nutzen, um vor allem am Ort des Verkaufs (Point of Sale, POS) umweltfreundliche Leistungen herauszustellen bzw. die von der Werbung vermittelten Ökobotschaften zu (re)aktivieren. Bei enger abgegrenzten ökologieorientierten Zielgruppen kann auch der Einsatz von Direktwerbemaßnahmen sinnvoll sein, gestützt durch eine entsprechende Adressendatenbank (Database-Marketing).

Neben der produktorientierten Werbung und Verkaufsförderung gilt es auch, Umweltthemen und Umweltleistungen des Unternehmens zum Gegenstand von Public Relations (Öffentlichkeitsarbeit) zu machen. Hierbei ist es vielfach sinnvoll, wenn nicht notwendig, die Anliegen und Interessen der einzelnen »Teil-Öffentlichkeiten« wie Endverbraucher, Absatzmittler, Lieferanten, Kapitalgeber oder auch das lokale Umfeld (»Standort-PR«) usw. zu berücksichtigen. In diesem Zusammenhang sind ggf. Möglichkeiten eines Umweltsponsorings zu prüfen, z.B. Ausschreibung von eigenen Umweltpreisen oder Unterstützung von Umweltprojekten.

Mit diesen Darlegungen ist deutlich geworden, dass ein konsequentes Ökomarketing im Prinzip an allen Instrumentalbereichen bzw. allen Basisinstrumenten des Marketings anknüpfen muss. Nur so kann eine ökologieorientierte Marketing- und Unternehmenspolitik konsequent gestaltet und im Markt verankert werden. Es geht mit anderen Worten um einen konsequenten ökologieorientierten Marketing-Mix.

Quelle: http://www.marketing-marktplatz.de

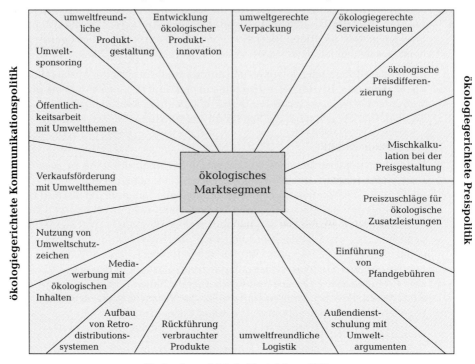

ökologiegerichtete Produkt- und Servicepolitik

umweltfreund-
liche
Produkt-
gestaltung

Umwelt-
sponsoring

Entwicklung
ökologischer
Produkt-
innovation

umweltgerechte
Verpackung

ökologiegerechte
Serviceleistungen

ökologische
Preisdifferen-
zierung

Öffentlich-
keitsarbeit
mit Umweltthemen

Verkaufsförderung
mit Umweltthemen

**ökologisches
Marktsegment**

Mischkalku-
lation bei der
Preisgestaltung

Preiszuschläge für
ökologische
Zusatzleistungen

Nutzung von
Umweltschutz-
zeichen

Media-
werbung mit
ökologischen
Inhalten

Einführung
von
Pfandgebühren

Aufbau
von Retro-
distributions-
systeme

Rückführung
verbrauchter
Produkte

umweltfreundliche
Logistik

Außendienst-
schulung mit
Umwelt-
argumenten

ökologiegerichtete Kommunikationspolitik (left vertical label)

ökologiegerichtete Preispolitik (right vertical label)

ökologiegerichtete Vertriebspolitik

357/8 Stellen Sie die Maßnahmen des Marketingcontrollings eines beliebigen Unternehmens zusammen.

schülerabhängige Antworten

357/9 Bei einem Fahrradgroßhändler ist der Umsatz von 1 Mio. EUR auf 1,2 Mio. EUR gestiegen. Beurteilen Sie diese Entwicklung, wenn

a) der Gewinn von 50.000 EUR auf 55.000 EUR gestiegen ist.

b) der Gewinn von 50.000 EUR auf 48.000 gesunken ist.

a) Der Umsatz stieg um 20 %, der Gewinn nur um 10 %. Die Umsatzrendite ging von 5 % auf 4,5 % zurück. Die Kosten (vereinfacht: Umsatz abzüglich Gewinn) sind also von 9.500.000 EUR auf 11.450.000 EUR gestiegen, dies entspricht einem Zuwachs von 20,5 %. Sofern durch die Umsatzsteigerung eine verbesserte Kapazitätsauslastung erreicht wurde und ein Deckungsbeitrag erzielt wurde, ist die Entwicklung gutzuheißen. Der Mehrumsatz vergrößerte den Gesamtgewinn.

b) Der Umsatz stieg um 20 %, der Gewinn ging jedoch um 4 % zurück. Die Umsatzrendite ging von 5 % auf 4,5 % zurück. Die Kosten (vereinfacht: Umsatz abzüglich Gewinn) sind also von 9.500.000 EUR auf 13.450.000 EUR gestiegen, dies entspricht einem Zuwachs von 41,5 %. Es ist unbedingt nach den Ursachen zu suchen, ob sie betriebswirtschaftlich oder volkswirtschaftlich bedingt sind.

358/10 **Aus der Kundendatei eines Großhandelsunternehmens liegen folgende Daten vor:**

	A	B	C	D	E	F
1	Kunden	Umsatz		variable Kosten	Deckungsbeitrag	
2		EUR	%	EUR	EUR	%
3	Bink Handelsgesellschaft mbH	1.300.000,00		750.000,00		
4	Eisunion GmbH	1.000.000,00		92.000,00		
5	Frier GmbH	800.000,00		650.000,00		
6	AZD Dortmund GmbH	2.000.000,00		1.700.000,00		
7	Bergarena OHG	30.000,00		20.000,00		
8	Cornelia Riester e. Kfr.	45.000,00		38.000,00		
9	Kufensport KG	300.000,00		100.000,00		
10		5.475.000,00	100	3.350.000,00		100

a) Übertragen Sie die Tabelle auf ein Blatt und berechnen Sie die jeweiligen erwirtschafteten Deckungsbeiträge und die Prozentanteile.

b) Führen Sie jeweils eine ABC-Analyse mit dem Merkmal »Umsatz« und dem Merkmal »Deckungsbeitrag« durch. Bestimmen Sie dabei selbst, welche Kunden zu den A-, B- und C-Kunden gehören könnten.

c) Erstellen Sie ein Diagramm (z. B. Balkendiagramm) für die Umsatz- und für die Deckungsbeitragsanteile der Kunden.

d) Begründen Sie, welche Schlussfolgerungen Sie aus den Ergebnissen ziehen.

a)

	A	B	C	D	E	F
1	Kunden	Umsatz		variable Kosten	Deckungsbeitrag	
2		EUR	%	EUR	EUR	%
3	Bink Handelsgesellschaft mbH	1.300.000,00	23,7	750.000,00	550.000,00	25,9
4	Eisunion GmbH	1.000.000,00	18,3	92.000,00	908.000,00	42,7
5	Frier GmbH	800.000,00	14,6	650.000,00	150.000,00	7,1
6	AZD Dortmund GmbH	2.000.000,00	36,5	1.700.000,00	300.000,00	14,1
7	Bergarena OHG	30.000,00	0,5	20.000,00	10.000,00	0,5
8	Cornelia Riester e. Kfr.	45.000,00	0,8	38.000,00	7.000,00	0,3
9	Kufensport KG	300.000,00	5,5	100.000,00	200.000,00	9,4
10		5.475.000,00	100	3.350.000,00	2.125.000,00	100

b) ABC-Analyse nach dem Unsatz:

Kunden	Umsatz		
	EUR	%	
AZD Dortmund GmbH	2.000.000,00	36,5	} A-Kunden
Bink Handelsgesellschaft mbH	1.300.000,00	23,7	
Eisunion GmbH	1.000.000,00	18,3	
Frier GmbH	800.000,00	14,6	} B-Kunden
Kufensport KG	300.000,00	5,5	
Cornelia Riester e. Kfr.	45.000,00	0,8	} C-Kunden
Bergarena OHG	30.000,00	0,5	
	5.475.000,00	100	

165

ABC-Analyse nach dem Deckungsbeitrag:

Kunden	Deckungsbeitrag	
	EUR	%
Eisunion GmbH	908.000,00	42,7
Bink Handelsgesellschaft mbH	550.000,00	25,9
AZD Dortmund GmbH	300.00,00	14,1
Kufensport KG	200.00,00	9,4
Frier GmbH	150.00,00	7,1
Bergarena OHG	10.000,00	0,5
Cornelia Riester e. Kfr.	7.000,00	0,3
	2.125.000,00	100

A-Kunden (Eisunion GmbH, Bink Handelsgesellschaft mbH)
B-Kunden (AZD Dortmund GmbH, Kufensport KG, Frier GmbH)
C-Kunden (Bergarena OHG, Cornelia Riester e. Kfr.)

c)

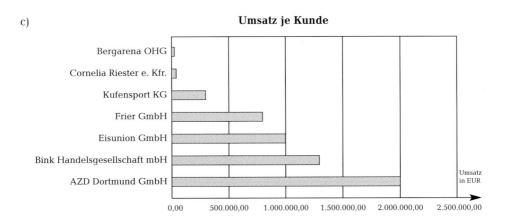

Umsatz je Kunde

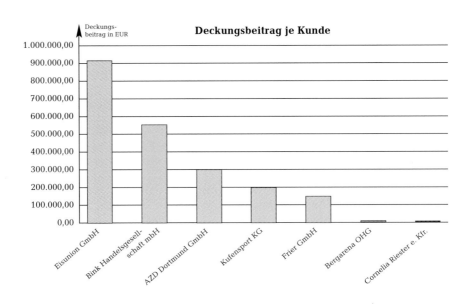

Deckungsbeitrag je Kunde

d) Die ABC-Analyse sollte nach den Deckungsbeiträgen erstellt werden, da diese den Anteil an der Deckung der Fixkosten bzw. am Gewinn widerspiegeln. Nach den Umsatzanteilen sind die AZD Dortmund GmbH (36,5 %) und die Bink Handelsgesellschaft mbH (23,7 %) A-Kunden und die Eisunion GmbH (18,3 %) nur B-Kunde. Betrachtet man jedoch die jeweiligen Deckungsbeiträge, so liegt die Eisunion GmbH mit einem Anteil von 42,7 % deutlich an erster Stelle und wird zum A-Kunden, die AZD Dortmund GmbH mit einem Anteil von nur 14,1 % zum B-Kunden.

Für die A-Kunden (Eisunion GmbH, Bink Handelsgesellschaft mbH): intensive Betreuung z. B. mit besonderem Rabattsystem und Preiszugeständnissen, Möglichkeit der Onlinebestellung, regelmäßige Besuche durch Außendienstmitarbeiter, Kundenwünschen mit Sortimentserweiterungen entgegenkommen, langfristige Lieferverträge mit Preisgarantien vereinbaren.

Für die B-Kunden (AZD Dortmund GmbH, Kufensport KG, Frier GmbH): Es sollte versucht werden, insbesondere bei der AZD Dortmund GmbH und der Frier GmbH den Deckungsbeitrag zu erhöhen, da die Umsätze im Vergleich zum Deckungsbeitrag bereits sehr gut sind. Es könnte versucht werden, bei der Sortimentsgestaltung gezielter auf die beiden einzugehen oder durch zusätzliche Serviceleistungen das Augenmerk der Kunden auf Produkte mit einem höheren Deckungsbeitrag zu lenken.

Für die C-Kunden sollten keine besonderen Maßnahmen ergriffen werden.

358/11 **Eine Unternehmungsberatungsgesellschaft hat für ein Großhandelsunternehmen folgendes Kundenportfolio erstellt:**

Die ovalen Flächen stellen die Kunden A bis E dar; die Größen der Flächen sollen die relative Umsatzhöhe wiedergeben.

a) Interpretieren Sie das Kundenportfolio.

b) Erstellen Sie eine Maßnahmenliste für jeden Kunden, nach der dieser betreut werden sollte.

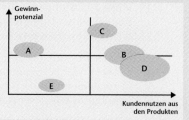

a) Das Großhandelsunternehmen hat fünf sehr unterschiedlich große Kunden. Die Kunden B und D sind Abschöpfungskunden mit großen Umsätzen, die dem Großhandelsunternehmen jedoch sehr wenig Gewinn bringen. Mit ihnen wird jedoch ein erheblicher Teil des Umsatzes gemacht, sodass sie stark zur Auslastung des Unternehmens beitragen. Der Starkunde des Unternehmens ist Kunde C. Mit ihm wird ein sehr hoher Gewinn erwirtschaftet. Er ist der momentan wertvollste Kunde. Falls es nicht gelingt, Kunde E zu einem profitableren Kunden zu machen, sollten die Bemühungen um diesen Kunden eingeschränkt werden. Kunde A scheint bei momentan noch geringem Umsatz kräftiges Entwicklungspotenzial zu haben.

b) – Die Kunden B und D ziehen einen hohen Nutzen aus den Produkten des Unternehmens, sind also wohl leicht zur Sicherung des Beschäftigungsgrades zu halten. Es sollten keine weiteren Zugeständnisse bezüglich Preisen, Rabatten und Serviceleistungen bzw. nur im bisher üblichen Umfang angeboten werden. Vielleicht kann aber mit der gemeinsamen Entwicklung neuer Produkte ein höherer Deckungsbeitrag erwirtschaftet werden.

– Kunde C als wertvollster Kunde muss besonders umsorgt werden, z. B. mit kostenlosen Zusatzleistungen und Einladungen, aber auch mit Preis- und Leistungsgarantien. Es sollte versucht werden, mit dem Kunden gemeinsam Produkte zu entwickeln und Cross-Selling-Geschäfte anzustreben.

– Kunde A muss ebenfalls besonders beachtet werden. Mit seinem Entwicklungspotenzial sollte versucht werden, ihn zum Starkunden zu machen. Er sollte hinsichtlich der Kommunikation und der Belohnung eine besondere Beachtung finden. Es wäre erstrebenswert, Wechselbarrieren aufzubauen.

– Bei Kunde E sollte eine Kundenbefragung durchgeführt werden.

– Der Absatz/Umsatz kann im Laufe der Geschäftsbeziehungen steigen, weil ein zunehmendes Verständnis für die Bedürfnisse des Kunden entstehen kann.

– Eine große Zahl von Stammkunden führt zu einer geringeren Anfälligkeit der Absatzzahlen eines Unternehmens gegenüber externen Einflüssen.

– Die Akquisition neuer Kunden ist meist relativ kostenintensiv und langwierig. Eine andauernde Geschäftsbeziehung kann zu erheblichen Kostenvorteilen führen.

358/13 Beschreiben Sie, welche Instrumente zur Sicherung der Kundenbindung unterschieden werden.

– Kundenbindung mithilfe einzelner Bereiche der absatzpolitischen Instrumente (vgl. Tabelle des Lehrbuches, Seite 354).

– Kundenclubs und -karten als Instrumente der Kundenbindung

Kundenclubs sind von Unternehmen veranlasste Vereinigungen, die in der Regel exklusive Leistungen anbieten, kombiniert mit einer intensiven Kommunikation über Kundenzeitschriften oder E-Mails. Auch Preisvorteile können mit der Klubmitgliedschaft verbunden sein.

Kundenkarten sind Träger kundenbezogener Daten und sollen durch interessante Service- oder Warenangebote die Kunden binden. Sie können Zahlungs- und Kreditmöglichkeiten, Rabatt- oder Bonusgewährung, Zugang zu Kundenclubs oder verbilligte Eintritte zu Events einräumen.

– Beschwerdemanagement als Instrument der Kundenbindung

– Cross-Selling als Instrument der Kundenbindung

Beim Cross-Selling (»Überkreuz-Verkauf«) soll der Kunde zur Abnahme vieler Produkte eines Unternehmens – zum Cross-Buying – bewegt werden. Nachdem die Geschäftsbeziehung mit einem »Einstiegsprodukt« begründet wurde, strebt das Unternehmen dann den Verkauf weiterer Produkte (Zusatzprodukte) an.

– Kundenrückgewinnung als Instrument der Kundenbindung

Dieses Instrument zielt auf die Kunden ab, die Geschäftsbeziehungen bereits beendet haben oder gerade beenden wollen. Vor dem Hintergrund, dass viele der abgewanderten Kunden durchaus einst zufriedene Kunden gewesen sein könnten, wird versucht, den Grund für die Verärgerung zu erfahren, Abhilfe zu schaffen und dadurch die Kunden zurückzugewinnen.

10 Steuern in der Betriebswirtschaft

10.1 Steuersystem in der Bundesrepublik Deutschland

361/1 **Erläutern Sie die Unterschiede zwischen Steuern, Gebühren und Beiträgen.**

Steuern sind definiert als Geldleistungen an den Staat, ohne eine unmittelbare Gegenleistung des Staates an den Steuerzahler, während mit der Zahlung einer Gebühr eine in Anspruch genommene Gegenleistung des Staates verbunden ist, z.B. die Zahlung einer Zulassungsgebühr für die Zulassung eines Pkw. Beiträge werden erhoben für Gegenleistungen des Staates, und zwar unabhängig davon, ob sie in Anspruch genommen werden. So muss z.B. ein sozialversicherungspflichtig Beschäftigter Beiträge zur Arbeitslosenversicherung zahlen, auch wenn er die Leistungen der Arbeitslosenversicherung nicht in Anspruch nimmt.

361/2 **»Steuern sind der Preis für eine zivile Gesellschaft.«**
Nehmen Sie Stellung zu dieser Aussage.

Der Staat benötigt zur Bewältigung seiner Aufgaben Steuern, um diese Aufgaben finanzieren zu können. Hierzu zählen vielfältige Aufgaben wie z.B. hoheitliche Leistungen von Polizei und Feuerwehr und die Sozialleistungen für Menschen, die sich nicht selbst helfen können. Ohne Steuern könnte der Staat diese Aufgaben nicht wahrnehmen. Jeder wäre sich selbst überlassen und die damit verbundenen volkswirtschaftlichen Kosten, die entstehen, wenn der Staat seinen Aufgaben nicht mehr nachkommt, wären sehr wahrscheinlich deutlich höher als die gezahlten Steuern.

361/3 **Die Gesamtverschuldung aller öffentlichen Haushalte der Bundesrepublik Deutschland beträgt derzeit rund 2.325 Mrd. EUR (Dezember 2021). Wie viel EUR Steuern müssen erhoben werden, damit eine Zinslast von 5 % abgedeckt werden kann?**

5 % von 2.325 Mrd. EUR = 116,25 Mrd. EUR

361/4 **Welche Steuern entrichten**
a) Sie selbst,   b) Unternehmen?

Beispiele:
a) Lohnsteuer, Kraftfahrzeugsteuer, Umsatzsteuer, Verbrauchsteuern, Kirchensteuer
b) Gewerbesteuer, Grundsteuer, Versicherungsteuer, Kraftfahrzeugsteuer, Körperschaftsteuer

362/5 **Die Belastung der deutschen Bürger mit den verschiedenen Steuern und Sozialabgaben (Abgabenquote) betrug laut Statistik des Bundesfinanzministeriums im Jahr 2020 41,1 %.**

Diskutieren Sie über die Berechtigung einer derartigen Belastung durch den Staat.

Der Staat hat viele Aufgaben (Verwaltung, Verteidigung, Verkehr, Unterstützung der sozial Schwachen). Die Finanzierung erfolgt durch Einkünfte aus Unternehmertätigkeit (Staatsbetriebe), aber vor allem durch Steuereinnahmen. Wichtig ist dabei, dass die Steuern als gerecht empfunden werden und dass sie sinnvoll verwendet werden (Überprüfung durch Rechnungshöfe). Der Staat hat die Steuern so zu gestalten, dass sie der Gesamtwirtschaft zuträglich sind und den Standort Deutschland fördern.

362/6 In der Zeitung lesen Sie: In Leimen haben am 13. Juli 2021 Bürgerinnen und Bürger auf dem Georgiplatz den Tag des Steuerzahlers gefeiert. Dieser Tag bedeutet, dass der Durchschnittsbürger ab dem nächsten Tag nur für sich selbst arbeitet. Bis dahin hat er nur gearbeitet, um die Steuern und Sozialabgaben für den Staat aufzubringen.

a) Ermitteln Sie, wie das Datum 13. Juli errechnet wurde.

b) Bringen Sie in Erfahrung, in welchen Ländern der Tag des Steuerzahlers früher, in welchen er später liegt.

a) Die Abgabenquote (Anteil aller Steuern und Sozialabgaben am Bruttoinlandsprodukt) betrug 2021 52,9 %. 52,9 % von 365 Tagen entsprechen 193 Tagen. Der Tag des Steuerzahlers fällt somit auf den 13. Juli. Zu beachten ist, dass es sich bei diesem Datum um eine geschätzte Größe für das laufende Jahr handelt.

b) früher: Schweiz, alle anderen Länder der EU
   später: Belgien

10.2 Steuern vom Einkommen

373/1 Wie kann der Steuerpflichtige bei der Einkommensteuer auf erlaubte Weise das steuerpflichtige Einkommen verringern?

Durch Geltendmachung aller Werbungskosten, Sonderausgaben, außergewöhnlichen Belastungen sowie der Freibeträge.

373/2 Wie trägt die Steuergesetzgebung bei der Einkommensteuer den sozialen Verhältnissen des Besteuerten Rechnung?

Durch die Berücksichtigung von Alter, Familienstand und Leistungsfähigkeit im Steuertarif.

373/3 Bei welcher Einkunftsart werden versteuert

a) der Gewinnanteil eines Kommanditisten (KG),

b) das Gehalt eines Angestellten einer Versicherungsagentur,

c) das Honorar einer Rechtsanwältin,

d) die Mieteinnahmen eines Hauseigentümers,

e) die Provision eines Handelsvertreters,

f) die Dividende einer Aktionärin,

g) die Sparbuchzinsen einer Schülerin,

h) der Gewinn eines Winzers aus Weinverkauf?

a) Einkünfte aus Gewerbebetrieb

b) Einkünfte aus nichtselbstständiger Arbeit

c) Einkünfte aus selbstständiger Arbeit

d) Einkünfte aus Vermietung und Verpachtung

e) Einkünfte aus Gewerbebetrieb

f) Einkünfte aus Kapitalvermögen

g) Einkünfte aus Kapitalvermögen

h) Einkünfte aus Land- und Forstwirtschaft

373/4   Warum sind feste Freibeträge im Einkommensteuerrecht unsozial?

Feste Freibeträge ergeben wegen der Steuerprogression bei höheren Einkommen eine stärkere Steuerersparnis als bei niedrigen Einkommen.

373/5   In welchen Fällen können außergewöhnliche Belastungen geltend gemacht werden?

Wenn Aufwendungen für den Steuerpflichtigen zwangsläufig und in ungewöhnlichem Umfang anfallen: Krankheit, Körperbehinderung, Berufsausbildung der Kinder, Beschäftigung einer Haushaltshilfe.

373/6   Zu welchen steuerlichen Abzugsbeträgen gehören

a) Sozialversicherungsbeiträge,

b) Aufwendungen für Fachliteratur,

c) Wegekosten zur Arbeitsstelle,

d) gezahlte Kirchensteuer,

e) Kosten der Unterbringung und des Unterhaltes für den studierenden Sohn,

f) Spenden an das Rote Kreuz?

a) Sonderausgaben   d) Sonderausgaben

b) Werbungskosten   e) außergewöhnliche Belastungen

c) Werbungskosten   f) Sonderausgaben

373/7   Begründen Sie, warum ein Mindesteinkommen von der Besteuerung ausgenommen wird?

Der Grundfreibetrag soll sicherstellen, dass das für die Existenz notwendige Mindesteinkommen nicht durch Steuern gemindert wird.

373/8   In welche Tarifzone fällt

a) ein lediger Steuerpflichtiger mit einem zu versteuernden Jahreseinkommen von 10.000 EUR, 20.000 EUR, 60.000 EUR,

b) ein Ehepaar mit einem zu versteuernden Jahreseinkommen von 10.000 EUR, 20.000 EUR, 60.000 EUR?

a) 10.000 EUR: erste Progressionszone

    20.000 EUR: zweite Progressionszone

    60.000 EUR: erste obere Proportionalzone

b) 10.000 EUR: Freizone

    20.000 EUR: erste Progressionszone

    60.000 EUR: zweite Progressionszone

373/9   Aus welchem Grund bleibt bei einem zu versteuernden Jahreseinkommen von 265.327 (530.654) EUR der Steuersatz bei 45 % und erhöht sich nicht weiter?

Weil eine höhere Besteuerung den Anreiz zur weiteren einkommensteuerpflichtigen Betätigung vernichten würde.

373/10 Ermitteln Sie mithilfe der Einkommensteuertabelle den Durchschnittssteuersatz eines ledigen Steuerpflichtigen bei einem zu versteuernden Jahreseinkommen von 31.000 EUR.

Für 31.000 EUR zahlt er 5.324 EUR (2022) EUR Steuern, das entspricht einem Durchschnittssteuersatz von 17,17.

373/11 In der Einkommensteuertabelle für ledige Steuerpflichtige ist bei 46.040 EUR eine Steuer von 10.394 EUR angegeben. Bei einem Zusatzverdienst von 108 EUR zahlt er 10.434 EUR.

Wie hoch ist die Grenzbelastung?

Für 108 EUR höhere Einkünfte zahlt er 40 EUR mehr Steuern, die Grenzbelastung beträgt also 37 %.

373/12 Beurteilen Sie die Aussage: »Bei meinem Einkommen muss ich 40 % Einkommensteuer bezahlen.«

Diese Aussage ist kritisch zu beurteilen, weil nicht gesagt ist, ob die Einkommensteuer 40 % vom gesamten zu versteuernden Einkommen beträgt (Durchschnittsbelastung) oder ob nur der letzte verdiente EUR mit 40 % besteuert wird (Grenzbelastung).

374/13 Ermitteln Sie das zu versteuernde Einkommen des 39-jährigen Heinz Gossler, Einzelunternehmer: Jahresgewinn laut GuV-Rechnung 122.000 EUR. Für abzugsfähige Sonderausgaben werden 15.780 EUR anerkannt. Seine Einkünfte aus Vermietung und Verpachtung betragen 15.000 EUR, die Einnahmen aus Kapitalvermögen 1.600 EUR.

Einkünfte aus Gewerbebetrieb		122.000,00 EUR
Einkünfte aus Vermietung und Verpachtung		15.000,00 EUR
Einkünfte aus Kapitalvermögen	1.600,00 EUR	
– Sparerpauschbetrag	801,00 EUR	799,00 EUR
Summe der Einkünfte		137.799,00 EUR
– Sonderausgaben		15.780,00 EUR
zu versteuerndes Einkommen		122.019,00 EUR

374/14 Der Angestellte Dominik Müller, geb. am 4. März 1982, ledig, katholisch, Seewattenstraße 80, 88348 Bad Saulgau, verdiente 2018 brutto 33.000,00 EUR. Vom Arbeitslohn wurden einbehalten: 6.020,00 EUR Lohnsteuer und 481,60 EUR Kirchensteuer. Der Arbeitnehmeranteil zur gesetzlichen Rentenversicherung betrug 3.096,00 EUR. Den Weg zur Arbeitsstelle (Entfernung 1 km) bewältigt er mit dem Fahrrad.

Dominik Müller zahlte als Spende an den Tierschutzverein 150,00 EUR, als Mitgliedsbeitrag für die Gewerkschaft 60,00 EUR, als Spende an eine politische Partei 100,00 EUR und für eine Lebensversicherung monatlich 150,00 EUR. Für Fachliteratur gab er 25,00 EUR aus und für Steuerberatungskosten 279,84 EUR.

Auf seinem Bausparkonto erhielt Dominik Müller eine Zinsgutschrift von 180,00 EUR, auf seinem Sparbuch Sparzinsen in Höhe von 43,50 EUR. Für beide Zinserträge wurde ein Freistellungsantrag gestellt.

An Sonderausgaben werden 2.540,00 EUR anerkannt.

a) Ermitteln Sie das zu versteuernde Einkommen von Dominik Müller.

b) Muss Dominik Müller Steuern nachzahlen oder bekommt er bereits gezahlte Steuern erstattet? Ermitteln Sie den Betrag.

a) und b)	EUR	EUR
1. Einkünfte aus Land- und Forstwirtschaft		0
2. Einkünfte aus Gewerbebetrieb		0
3. Einkünfte aus selbstständiger Arbeit		0
4. Einkünfte aus nicht selbstständiger Arbeit lt. Ausdruck der elektronischen Lohnsteuerbescheinigung	33.000,00	
– Werbungskosten (Pauschbetrag)	1.000,00	32.000,00
5. Einkünfte aus Vermietung und Verpachtung		0
6. Einkünfte aus Kapitalvermögen	223,50	
– Sparerpauschbetrag	801,00	0
7. Sonstige Einkünfte		0
Gesamtbetrag der Einkünfte		**32.000,00**
– Sonderausgaben (Vorsorgeaufwendungen, Kirchensteuer, Spenden, Sonderausgaben-Pauschale)		2.540,00
– außergewöhnliche Belastungen		0
Einkommen		**30.460,00**
– Kinderfreibeträge		0
Zu versteuerndes Einkommen		**30.460,00**

Berechnung von Einkommensteuer, Kirchensteuer, Solidaritätszuschlag

Festzusetzende Einkommensteuer lt. Grundtabelle 2021	5.231,00	
– Steuerermäßigung bei Spenden an politische Parteien ($^{1}/_{2}$ von 100,00 EUR)	50,00	
Festzusetzende Einkommensteuer	5.181,00	
– einbehaltene Lohnsteuer	6.020,00	
Erstattung Lohnsteuer		839,00
Kirchensteuer (8 %)	418,48	
– einbehaltene Kirchensteuer	481,60	
Erstattung Kirchensteuer		63,12
Erstattung insgesamt		**902,12**

374/15 Unterscheiden Sie Einkommensteuer und Lohnsteuer im Hinblick auf die Entrichtung.

Lohnsteuer entrichtet, wer Einkünfte aus nicht selbstständiger Arbeit bezieht; Einkommensteuer entrichtet, wer darüber hinaus weitere Einkünfte bezieht.

- Die Einkommensteuer wird im Veranlagungsverfahren erhoben (Vorauszahlungen, Steuererklärung als Pflichtveranlagung, Steuerbescheid, bei einkommensteuerpflichtigen Arbeitnehmern Anrechnung der entrichteten Lohnsteuer auf die Einkommensteuerschuld, Abschlusszahlung bzw. Rückerstattung).
- Die Lohnsteuer wird im Abzugsverfahren erhoben (Steuerabzüge bei der Lohnzahlung, Steuererklärung als Antragsveranlagung).

374/16 Warum ist die Kapitalertragsteuer im Einkommensteuergesetz enthalten?

Sie ist eine besondere Form der Einkommensteuer, die im Abzugsverfahren an der Quelle erhoben wird, z.B. bei der Dividendenausschüttung aus Aktienbesitz. Mit der Zahlung der Steuer ist die Steuerschuld abgegolten. Die gezahlte Abgeltungsteuer wird nicht auf die Einkommensteuerschuld angerechnet.

10.3 Gewerbesteuer

376/1 Wie viel EUR Gewerbesteuer muss ein Unternehmen bezahlen, wenn der Steuermessbetrag 1.150 EUR und der Hebesatz 320 % beträgt?

Gewerbesteuerschuld: 1.150 EUR · 320 % = 3.680 EUR

376/2 Ermitteln Sie die Gewerbesteuerschuld des Holzsägewerkes Steinmühle KG: Bilanzgewinn 97.500 EUR. Einheitswert des Betriebsgrundstücks 50.000 EUR, Zinsaufwendungen für Dauerschulden 210.000 EUR (entsprechen 6 % Jahreszinssatz); Hebesatz der Gemeinde 420 %.

Gewinn lt. Bilanz		97.500,00 EUR
+ Hinzurechnungen:		
Zinsen für Dauerschulden	210.000,00 EUR	
– Freibetrag	100.000,00 EUR	
Zwischensumme	110.000,00 EUR	
davon 25 %		27.500,00 EUR
		115.000,00 EUR
– Kürzungen:		
1,2 % des Einheitswertes des Grundstücks		600,00 EUR
Gewerbeertrag		114.400,00 EUR
– Freibetrag für Personengesellschaften		24.500,00 EUR
gekürzter Gewerbeertrag		89.900,00 EUR
Steuermessbetrag: 3,5 % von 89.900 EUR		3.146,50 EUR
Hebesatz: 420 %		
Gewerbesteuerschuld: 420 % von 3.146,50 EUR		13.215,30 EUR

376/3 Im Gemeinderat von Gunzenhausen wird über die Erhöhung des Hebesatzes diskutiert. Was spricht für, was gegen die Erhöhung?

– für die Erhöhung: höhere Gemeindeeinnahmen
– gegen die Erhöhung: Förderung der Gewerbeansiedlung

10.4 Umsatzsteuer

10.5 Betriebswirtschaftliche Bedeutung der Steuern

11 Kosten- und Leistungsrechnung des Industriebetriebes

11.1 Bedeutung und Aufgaben der Kosten- und Leistungsrechnung

11.2 Grundbegriffe der Kosten- und Leistungsrechnung

11.2.1 Kosten, Ausgaben, Aufwand

11.2.2 Leistungen, Ertrag, Einnahmen

11.2.3 Abgrenzungsrechnung mithilfe der Ergebnistabelle

396/1 Wodurch unterscheiden sich Finanzbuchführung, Kosten- und Leistungsrechnung, Statistik und Planungsrechnung?

Finanzbuchführung:	Zeitrechnung. Die Vermögens- und Kapitalbestände werden in der Bilanz und ihre Veränderungen in der Gewinn- und Verlustrechnung erfasst.
Kosten- und Leistungsrechnung:	Kostenrechnung = Stückrechnung. Sie erfasst den in Geld bewerteten Gütereinsatz zur Erstellung von Leistungseinheiten, d. h. von Erzeugnissen, Waren und Dienstleistungen.
	Leistungsrechnung = Leistungseinheitsrechnung. Sie erfasst die betrieblichen Leistungen und stellt sie den Kosten gegenüber.
Statistik:	Vergleichsrechnung. Sie dient zur zahlenmäßigen Erfassung und zum Vergleich von wiederkehrenden Vorgängen wie Auftragseingängen, Umsätzen, Geldeingängen, Kalkulationszuschlägen, Maschinenlaufstunden, Personalkosten u. a.
Planungsrechnung:	Vorschaurechnung. Sie stellt die Plan- oder Sollzahlen für zukünftige Zeiträume oder Projekte auf.

396/2 Welche Sachgüter und Dienstleistungen werden eingesetzt bei der Herstellung von

a) Stahlblechen,

b) Keramikerzeugnissen,

c) Fruchtsäften?

Gütereinsatz für	a) Stahlbleche	b) Keramik- erzeugnisse	c) Fruchtsäfte
Sachgüter			
– Rohstoffe	Rohstahl	Ton, Tonveredler	Früchte, Trinkwasser
– Hilfsstoffe	Härte- und Veredelungszusätze	Farben, Wasser, Chemikalien	Zucker, Aromastoffe

Gütereinsatz für	a) Stahlbleche	b) Keramik-erzeugnisse	c) Fruchtsäfte
– Betriebsstoffe	Kühlmittel, Schmiermittel, Wasser		
– Energiestoffe	Benzin, Dieselöl, elektrischer Strom		
– Betriebsmittel	Abschreibungen für die Abnutzung von Gebäuden, Einrichtungen, Maschinen, Transportmitteln, sozialen und der Sicherung dienenden Einrichtungen		
Dienstleistungen			
– Arbeitsleistungen	Arbeits- und Managementleistungen der Betriebsbelegschaft und der Betriebsleitung		
– Kapitalüberlassung	Zurverfügungstellung von Eigen- und Fremdkapital für die Unternehmung		
– Fremdleistungen	Bereitstellung von Pachtland, Mietraum, Transportmitteln, Versicherungsschutz, Rechtsberatung, ärztlichen Leistungen, gemeinwirtschaftlichen Leistungen wie Verkehrsnetz u. a.		
– Inanspruchnahme von Rechten	Behördliche Betriebsgenehmigungen, gewerbliche Schutz- und Nutzungsrechte		

396/3 In welchen Maßeinheiten werden die einzelnen eingesetzten Güter erfasst?

Der Gütereinsatz erfolgt in Mengeneinheiten wie t, kg, hl, l, m³, Stück, Arbeitsstunden, kWh, deren Wert in Geldeinheiten verrechnet wird.

396/4 Ordnen Sie die Vorgänge in einer Tabelle den folgenden Aussagen zu:

Vorgänge	Aussagen
a) Vorausbezahlung des Heizölvorrats	1. Ausgaben – keine Kosten
b) Privatentnahmen	2. Kosten – keine Ausgaben
c) Abschreibung auf geerbte Fabrikanlagen	3. Kosten – gleichzeitig Ausgaben
d) Verarbeitung von noch nicht bezahlten Rohstoffen	4. Ausgaben – später Kosten
e) sofortige Bezahlung von Transport-kosten	5. Kosten – später Ausgaben

Vorgänge	Aussagen
a)	4.
b)	1.
c)	2.
d)	5.
e)	3.

396/5 Warum sind Eigenkapitalrückzahlungen und Privatentnahmen kein Aufwand?

Eigenkapitalrückzahlungen und Privatentnahmen sind für den Betrieb Geldabflüsse bzw. Ausgaben, für die keine in den Produktionsprozess einsetzbaren Güter beschafft werden.

396/6 Wodurch unterscheiden sich

    a) Zweckaufwand und neutraler Aufwand,

    b) Grundkosten und Zusatzkosten,

    c) Grundkosten und Anderskosten,

    d) Anderskosten und Zusatzkosten?

a) Zweckaufwand: kostengleicher Aufwand

    neutraler Aufwand: kostenloser Aufwand

b) Grundkosten: aufwandsgleiche Kosten

    Zusatzkosten: aufwandslose Kosten

c) Grundkosten: aufwandsgleiche Kosten

    Anderskosten: aufwandsungleiche Kosten

d) Anderskosten: aufwandsungleiche Kosten

    Zusatzkosten: aufwandslose Kosten

396/7 Begründen Sie, ob folgende Aussagen richtig sind:

    a) Betriebliche periodenfremde Aufwendungen fallen unregelmäßig an und können deswegen in keinen Zusammenhang mit der betrieblichen Leistungserstellung gebracht werden.

    b) Die das Gesamtergebnis betreffenden Aufwendungen gehören zu den betriebsfremden Aufwendungen, weil sie nicht in die Kalkulation mit einbezogen werden dürfen.

    c) Soweit tatsächliche Aufwendungen die ihnen entsprechenden kalkulatorischen Beträge übersteigen, gehören sie zu den neutralen Aufwendungen.

a) Falsch, denn die betrieblichen periodenfremden Aufwendungen betreffen nur die Aufwendungen einer anderen Periode. Sie können deswegen durchaus mit der Leistungserstellung in Zusammenhang gebracht werden.

b) Falsch, denn das Gesamtergebnis umfasst sowohl betriebsfremde als auch betriebsbedingte Aufwendungen.

c) Falsch, denn sie gehören zu den Kosten, die nur anders (niedriger) kalkuliert werden.

396/8 **Die Abschreibungen auf Büroausstattung betrugen laut Geschäftsbuchführung im Vorjahr 6.800 EUR und im laufenden Jahr 9.000 EUR. In der Kostenrechnung wurde jedes Jahr mit 8.400 EUR gerechnet. Geben Sie für beide Fälle an, inwieweit vorliegende Anderskosten zu den Grundkosten und zu den Zusatzkosten zu rechnen sind.**

–   Vorjahr: Anderskosten 8.400 EUR. Davon sind 6.800 EUR zu den Grundkosten und 1.600 EUR zu den Zusatzkosten zu zählen.

–   Laufendes Jahr: Anderskosten 8.400 EUR. Sie sind zu den Grundkosten zu rechnen. In Höhe von 600 EUR ist neutraler Aufwand entstanden.

396/9 **Inwieweit unterscheiden sich die kalkulatorischen Kosten von den tatsächlichen Aufwendungen?**

Die kalkulatorischen Kosten können

–   Grundkosten und damit Zweckaufwand sowie

–   Zusatzkosten und damit aufwandslose Kosten sein.

Sind die kalkulatorischen Kosten gleich den entsprechenden tatsächlichen Aufwendungen, so besteht kein Unterschied.

Sind sie kleiner als die tatsächlichen Aufwendungen, so bezeichnet man den Unterschied als neutralen Aufwand.

Sind sie größer als die tatsächlichen Aufwendungen, so bezeichnet man den Unterschied als Zusatzkosten.

Steht den kalkulatorischen Kosten kein Aufwand gegenüber, so sind sie in voller Höhe Zusatzkosten.

396/10 **a) Wie wird das Anlagevermögen berechnet, das als Grundlage der kalkulatorischen Abschreibung als Abschreibungsgrundwert dient?**

b) Nach welchen Kriterien wird der kalkulatorische Abschreibungsbetrag ermittelt?

a) Abschreibungsgrundwert: Anschaffungs-, Herstellungs- oder Wiederbeschaffungskosten der der Abnutzung unterliegenden Wirtschaftsgüter. Die Wiederbeschaffungskosten bemessen sich nach dem Preis, der am Bewertungsstichtag für die Wiederbeschaffung oder Wiederherstellung des zu bewertenden Gutes zu zahlen wäre.

b) Betrag der kalkulatorischen Abschreibung: Er errechnet sich als jährlicher Wertminderungsbetrag von a) entsprechend dem abnutzungsbedingten und natürlichen Verschleiß der Anlagegüter sowie ihrer Entwertung durch technische Überholung.

396/11 **Berechnen Sie die kalkulatorischen Zinsen: kalkulatorische Restwerte des Anlagevermögens insgesamt 750.000 EUR, betriebsnotwendiges Umlaufvermögen durchschnittlich 800.000 EUR, zinsfreies Fremdkapital 90.000 EUR, branchenüblicher kalkulatorischer Zinssatz 8 %.**

kalkulatorischer Restwert des gesamten betrieblichen Anlagevermögens	750.000 EUR
+ durchschnittliches betriebsnotwendiges Umlaufvermögen	800.000 EUR
= betriebsnotwendiges Vermögen oder Kapital	1.550.000 EUR
– zinsfrei überlassenes Fremdkapital	90.000 EUR
= zu verzinsendes betriebsnotwendiges Kapital	1.460.000 EUR
kalkulatorische Jahreszinsen: 1.460.000 EUR · 8 % =	116.800 EUR

397/12 **a) Wodurch unterscheidet sich das allgemeine Unternehmerwagnis von den betrieblichen Einzelwagnissen?**

b) Wodurch unterscheiden sich eingetretene Wagnisverluste von den kalkulatorischen Wagnisverlusten?

a) – allgemeines Unternehmerwagnis: nicht kalkulierbar, da es nicht messbare Risiken umfasst; wird im Gewinn abgegolten

– betriebliche Einzelwagnisse: kalkulierbar als Durchschnitt tatsächlich eingetretener Wagnisverluste; als kalkulatorische Wagnisse in die Kostenrechnung einbezogen

b) – eingetretene Wagnisverluste: aperiodisch tatsächlich angefallene Verluste; werden als neutraler Aufwand gebucht

– kalkulatorische Wagnisverluste: durchschnittliche Verluste; werden periodisch als Kosten gebucht; Gegenbuchung erfolgt auf einem Verrechnungskonto

397/13 a) Wie lässt sich der kalkulatorische Unternehmerlohn ermitteln?

b) Der kalkulatorische Unternehmerlohn ist kein Aufwand. Inwiefern kann er sich trotzdem in der Gewinn- und Verlustrechnung auswirken?

a) Der Unternehmerlohn lässt sich nach dem Entgelt für die vergleichbare Arbeitsleistung von angestellten Auftragsunternehmern (Managern) ermitteln.

b) Der verrechnete Unternehmerlohn (Buchung: Kostenkonto an Verrechnungskonto) wird als Kostenwert in die Preiskalkulation übernommen. Bezahlen die Kunden die entsprechenden Verkaufspreise, so schlägt sich der Unternehmerlohn in den Umsatzerlösen und damit in der Gewinn- und Verlustrechnung nieder.

397/14 Finden Sie jeweils ein Beispiel zu den im folgenden Bild definierten Kosten und Aufwendungen.

Aufwendungen des Unternehmens			
Neutraler Aufwand	Zweckaufwand		
	Grundkosten	Zusatzkosten	
	Anderskosten		
	Kosten des Unternehmens		

Beispiele für:

– Kosten, die kein Aufwand sind (Zusatzkosten):   kalkulatorischer Unternehmerlohn, kalkulatorische Eigenkapitalzinsen

– Zweckaufwand und Grundkosten: Personalkosten, Raumkosten

– neutraler Aufwand, aber keine Kosten: Erwerb von unbebauten Grundstücken, Spenden

397/15 Ermitteln Sie anhand der gegebenen Zahlen in den Betrieben 1 und 2 die Werte für

a) den neutralen Aufwand,

b) die Zusatzkosten,

c) den Zweckaufwand,

d) die Anderskosten,

e) die Grundkosten

Aufwands- bzw. Kostenbetrag		bilanzmäßiger Wert	kalkulatorischer Wert
Abschreibungen	Betrieb 1	200.000 EUR	180.000 EUR
	Betrieb 2	86.000 EUR	90.000 EUR
Zinsen	Betrieb 1	22.000 EUR	105.000 EUR
	Betrieb 2	50.000 EUR	44.000 EUR
Wagnisverluste	Betrieb 1	25.000 EUR	25.000 EUR
	Betrieb 2	18.000 EUR	40.000 EUR
Unternehmerlohn	Betrieb 1	0 EUR	90.000 EUR
	Betrieb 2	0 EUR	75.000 EUR

f) Begründen Sie, warum die kalkulatorischen Abschreibungen in Betrieb 1 niedriger und in Betrieb 2 höher sind als die Werte in der Geschäftsbuchführung.

a) – e)

Wertart \\ Wertaufteilung	a) neutraler Aufwand	b) Zusatzkosten	c) Zweckaufwand	d) Anderskosten	e) Grundkosten
Abschreibungen					
– Betrieb 1	20.000	–	180.000	180.000	180.000
– Betrieb 2	–	4.000	86.000	90.000	86.000
Zinsen					
– Betrieb 1	–	83.000	22.000	105.000	22.000
– Betrieb 2	6.000	–	44.000	44.000	44.000
Wagnisverluste					
– Betrieb 1	–	–	25.000	–	25.000
– Betrieb 2	–	22.000	18.000	40.000	18.000
Unternehmerlohn					
– Betrieb 1	–	90.000	–	–	–
– Betrieb 2	–	75.000	–	–	–

f) Betrieb 1: Man kalkuliert aus Wettbewerbsgründen mit niedrigeren Beträgen.

Man schreibt bilanziell höher (geometrisch-degressiv) ab, weil es dem wirtschaftlichen Verbrauch entspricht.

Betrieb 2: Man kalkuliert den Wiederbeschaffungswert, der über dem Anschaffungswert liegt.

Man kalkuliert eine kürzere Nutzungsdauer ein, als es die AfA-Tabelle gestattet.

397/16 Aus der Geschäftsbuchführung eines Unternehmens liegen folgende Daten (in EUR) vor:

Umsatzerlöse	6.200.000
Zinsen und ähnliche Erträge	80.000
Warenaufwendungen	2.060.000
Löhne und Gehälter	2.340.000
soziale Aufwendungen	520.000
Abschreibungen auf Sachanlagen	480.000
Verluste aus Vermögensverkäufen	110.000
Zinsaufwendungen	175.000
Betriebssteuern	202.000
Reparaturen	240.000
weitere kostenwirksame Aufwendungen	80.000

Weitere Angaben:

kalkulatorische Abschreibungen   500.000

kalkulatorischer Unternehmerlohn   120.000

a) Erstellen Sie die Ergebnistabelle.

b) Beurteilen Sie die Situation des Unternehmens aufgrund der Ergebnistabelle.

a)

(in Tsd. EUR)	Aufw.	Ertrag	Aufw.	Ertrag	verr. Aufw.	verr. Kosten	Kosten	Leist.
Umsatzerlöse		6.200						6.200
Zinsen u. ä. Erträge		80		80				
Warenaufwendungen	2.060						2.060	
Löhne und Gehälter	2.340						2.340	
soz. Aufw.	520						520	
Abschr. auf Sachanl.	480				480	500	500	
Verluste aus Verm.verk.	110		110					
Zinsaufwendungen	175		175					
Betriebssteuern	202						202	
Reparaturen	240						240	
weitere kostenw. Aufw.	80						80	
Unternehmerlohn	–					120	120	
Summe	6.207	6.280	285	80	480	620	6.062	6.200
Gesamtergebnis (GE)	+ 73	=	– 205	+ 140			+ 138	

NE = – 65   BE = + 138

GE = + 73

b) – Das Betriebsergebnis ist sehr gut: mehr als 200 % Betriebsgewinn aus dem operativen Geschäft.

     – Das neutrale Ergebnis ist nicht in Ordnung, da zu hohe Verluste aus Vermögensverkäufen.

11.3.1 Kostenartenrechnung

400/1 Ordnen Sie mithilfe der folgenden Aufstellung die einzelnen Kostenarten zu. Füllen Sie die entsprechende Zelle aus bzw. kreuzen Sie die richtige Spalte an.

Bezeichnung der Kostenarten	Kostenarten	Zurechenbarkeit auf Kostenträger			Verhalten bei Beschäftigungsänderungen				
		Einzelkosten	Sondereinzelkosten	Gemeinkosten	fixe Kosten	variable Kosten prop.	unterprop.	überprop.	Mischkosten

Bezeichnung der Kostenarten:

Kraftfahrzeugsteuer, Büromaterial, Gehälter, Instandhaltung, Berufsgenossenschaftsbeiträge, Rohstoffverbrauch, Mieten, Beiträge zur Feuerversicherung, Akkordlöhne, betriebliche Steuern, Reisekosten, Hilfsstoffverbrauch, Werbekosten, Ausgangsfrachten, Hilfslöhne, kalkulatorischer Unternehmerlohn, Vertreterprovision, Betriebsstoffaufwand, Instandhaltungskosten, Abschreibungen auf Sachanlagen, Fertigungsmaterial, soziale Abgaben, Zinsen, Modellkosten, Versicherungsprämie für Lkw-Ladung, Auszubildendenvergütung, Reinigungskosten, Garantieleistungen, Gehalt des Pförtners, Kosten für Abluftanlage, Leasinggebühren.

Bezeichnung der Kostenarten	Kostenarten	Zurechenbarkeit auf Kostenträger			Verhalten bei Beschäftigungsänderungen				
		Einzelkosten	Sondereinzelkosten	Gemeinkosten	fixe Kosten	variable Kosten prop.	unterprop.	überprop.	Mischkosten
Kraftfahrzeugsteuer	Kosten der menschlichen Gesellschaft			x	x				
Büromaterial	Stoffkosten			x					x
Gehälter	Arbeitskosten			x	x				
Instandhaltung	Fremdleistungskosten			x			(x)	(x)	x
Berufsgenossenschaftsbeiträge	Kosten der menschlichen Gesellschaft			x	x				
Rohstoffverbrauch	Stoffkosten	x				x		(x)	
Mieten	Fremdleistungskosten			x	x				
Feuerversicherungsprämie	Kosten der menschlichen Gesellschaft			x	x				
Akkordlöhne	Arbeitskosten	x				x			
betriebliche Steuern	Kosten der menschlichen Gesellschaft			x					x
Reisekosten	Arbeitskosten			x					x
Hilfsstoffverbrauch	Stoffkosten	x		x		x			
Werbekosten	Fremdleistungskosten			x					x
Ausgangsfrachten	Fremdleistungskosten		x			x	(x)		

Bezeichnung der Kostenarten	Art der verbrauchten Kostengüter	Zurechenbarkeit auf Kostenträger			Verhalten bei Beschäftigungsänderungen				
		Einzel-kosten	Son-der-einzel-kosten	Ge-mein-kosten	fixe Kosten	variable Kosten			Misch-kosten
						prop.	unter-prop.	über-prop.	
Hilfslöhne	Arbeitskosten			x	x				
Unternehmerlohn	Arbeitskosten	x		x	x				x
Vertreterprovision	Arbeitskosten			x	(x)	(x)			x
Betriebsstoff-aufwand	Stoffkosten			x		(x)			x
Instandhaltungs-kosten	Fremdleistungs-kosten			x				(x)	x
Abschreibungen auf Sachanlagen	Anlagekosten			x	x				
Fertigungs-material	Stoffkosten	x				x		(x)	
soziale Abgaben	Arbeitskosten			x	x				
Zinsen	Fremdleistungs-kosten			x	x				
Modellkosten	Stoffkosten		x						x
Versicherungs-prämie für Lkw-Ladung	Fremdleistungs-kosten		x			x			
Auszubildenden-vergütung	Arbeitskosten			x	x				
Reinigungskosten	Fremdleistungs-kosten			x					x
Garantie-leistungen	Arbeitskosten			x					x
Gehalt des Pförtners	Arbeitskosten			x	x				
Kosten für Abluftanlage	Umweltkosten			x					x
Leasinggebühren	Fremdleistungs-kosten			x	x				

401/2   Aus der Geschäftsbuchführung liegen folgende Daten vor:

Bezeichnung	Betrag in EUR	Bezeichnung	Betrag in EUR
Aufw. für Rohstoffe	40.000,00	Abschreib. auf Sachanlagen	75.000,00
Hilfsstoffaufwand	15.000,00	Mietaufwendungen	11.000,00
Betriebsstoffaufwand	5.000,00	Büromaterial	1.100,00
Verpackungsmaterial	9.500,00	Werbung	16.500,00
Fremdreparaturen	9.000,00	Gewerbesteuer	15.000,00
Löhne	186.000,00	Zinsaufwendungen	4.900,00
Gehälter	140.000,00	kalk. Unternehmerlohn	36.000,00
soziale Abgaben	100.000,00		

a) Gliedern Sie die Daten nach Kostenarten.

b) Errechnen Sie den Anteil der Einzel-, Sondereinzel- und Gemeinkosten an den Gesamtkosten in EUR und in Prozent.

a)

	Bezeichnung	Betrag in EUR	Summe in EUR
Stoffkosten	Aufw. für Rohstoffe	40.000,00	
	Hilfsstoffaufwand	15.000,00	
	Betriebsstoffaufwand	5.000,00	
	Verpackungsmaterial	9.500,00	
	Büromaterial	1.100,00	70.600,00
Arbeitskosten	Löhne	186.000,00	
	Gehälter	140.000,00	
	soziale Abgaben	100.000,00	426.000,00
Anlagekosten	Abschreib. auf Sachanlagen	75.000,00	75.000,00
kalkulatorische Kosten	kalk. Unternehmerlohn	36.000,00	36.000,00
Fremdleistungskosten	Fremdreparaturen	9.000,00	
	Mietaufwendungen	11.000,00	
	Werbung	16.500,00	
	Zinsaufwendungen	4.900,00	41.400,00
Kosten der menschlichen Gesellschaft	Gewerbesteuer	15.000,00	15.000,00

b)

Kosten nach Zurechenbarkeit auf Kostenträger / Bezeichnung	Beträge in EUR		
	Einzelkosten	Sondereinzelkosten	Gemeinkosten
Aufw. für Rohstoffe	40.000,00		
Hilfsstoffaufwand			15.000,00
Betriebsstoffaufwand			5.000,00
Verpackungsmaterial		9.500,00*	
Fremdreparaturen			9.000,00**
Löhne	186.000,00		
Gehälter			140.000,00
soziale Abgaben			100.000,00
Abschreib. auf Sachanlagen			75.000,00
Mietaufwendungen			11.000,00
Büromaterial			1.100,00
Werbung			16.500,00
Gewerbesteuer			15.000,00
Zinsaufwendungen			4.900,00
kalkulatorischer Unternehmerlohn			36.000,00
Summe	226.000,00	9.500,00	428.500,00
Anteil an Gesamtkosten	34,04 %	1,43 %	64,53 %

* Hier nur als Beispielrechnung; Verpackungsmaterial kann auch Einzelkosten oder Gemeinkosten darstellen. Die Kosten müssen dann in der entsprechenden Spalte berücksichtigt werden.

** Hier nur als Beispielrechnung; Fremdreparaturen können auch Sondereinzelkosten darstellen. Die Kosten müssen dann in der entsprechenden Spalte berücksichtigt werden.

401/3 In einem Unternehmen zur Herstellung von Badezusätzen beträgt die Kapazität 325.000 Liter im Jahr. Berechnen Sie den Beschäftigungsgrad im vergangenen Jahr, wenn damals 295.000 Liter abgefüllt wurden.

maximale Kapazität im Jahr: 325.000 Liter

Beschäftigungsgrad im vergangenen Jahr:
295.000 Liter · 100 % : 325.000 Liter = 90,77 %

401/4 Ein Maschinenbauunternehmen ist in verschiedene Bereiche unterteilt. Der Bereich »Fräsen« kann täglich zehn Stunden benutzt werden. Das entspricht der vollen Kapazitätsauslastung. Berechnen Sie den Beschäftigungsgrad, wenn in diesem Bereich an 240 Arbeitstagen mit insgesamt 2.025 Stunden gearbeitet wurde.

maximale Kapazität im Jahr: 2.400 Stunden

Kapazität an 240 Tagen mit insgesamt: 2.025 Stunden

Beschäftigungsgrad im Bereich Fräsen:
2.025 Stunden · 100 % : 2.400 Stunden = 84,38 %

401/5 In einem Holz verarbeitenden Unternehmen fallen monatlich 36.000,00 EUR an fixen Kosten an. Die variablen Kosten belaufen sich auf 175,00 EUR pro Stück.

a) Übernehmen Sie die folgende Tabelle und ermitteln Sie die einzelnen Kostenbeträge bei einer monatlichen Produktion von 50, 100, 150, 200, 250, 300, 350 und 400 Stück.

Menge in Stück	fixe Kosten in EUR	variable Kosten in EUR	Gesamtkosten in EUR

b) Stellen Sie die einzelnen Kostenverläufe grafisch dar und wählen Sie selbst einen geeigneten Maßstab.

a)

Menge in Stück	fixe Kosten in EUR	variable Kosten in EUR	Gesamtkosten in EUR
50	36.000,00	8.750,00	44.750,00
100	36.000,00	17.500,00	53.500,00
150	36.000,00	26.250,00	62.250,00
200	36.000,00	35.000,00	71.000,00
250	36.000,00	43.750,00	79.750,00
300	36.000,00	52.500,00	88.500,00
350	36.000,00	61.250,00	97.250,00
400	36.000,00	70.000,00	106.000,00

b)

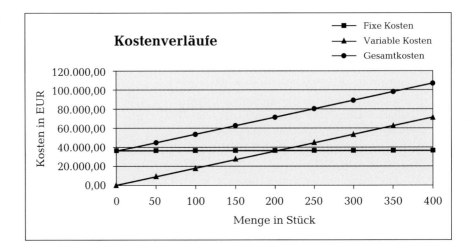

11.3.2 Kostenstellenrechnung als Ist- und Normalkostenrechnung

421/1

Quartalssummen der Kostenarten zum 31. Dezember	BAB 1	BAB 2
Fertigungsmaterial	410.000,00	280.000,00
Fertigungslöhne	276.100,00	412.000,00
Hilfs- und Betriebsstoffe	390.000,00	215.000,00
Energiekosten	84.000,00	134.400,00
Hilfslöhne	18.000,00	96.000,00
Gehälter	104.000,00	228.020,00
Sozialkosten	40.800,00	86.400,00
Instandhaltungskosten	31.200,00	74.100,00
Steuern, Beiträge, Versicherungsprämien	18.600,00	34.500,00
Bürokosten	7.600,00	78.000,00
kalkulatorische Abschreibungen		
– Gebäude	9.000,00	15.000,00
– Maschinen	32.000,00	75.000,00
– Werkzeuge	6.000,00	4.000,00
– Betriebsausstattung	3.600,00	18.000,00
– Geschäftsausstattung	4.800,00	12.000,00
kalkulatorischer Unternehmerlohn	9.000,00	7.500,00
Sondereinzelkosten der Fertigung (SEK d. F.)	6.400,00	36.000,00
Sondereinzelkosten des Vertriebs (SEK d. Vt.)	49.100,00	88.000,00

Verteilen Sie die Gemeinkosten nach dem Beispiel eines BABs der Seite 406 des Lehrbuches auf die vier Kostenstellen. Verwenden Sie die Angaben von BAB 1 und BAB 2 der folgenden Seite.

Angaben zum BAB

Kostenarten	Zumessungs- und Zuteilungs- grundlagen	Einheit	(BAB 1) Schlüssel für Kostenstellen				(BAB 2) Schlüssel für Kostenstellen			
			Material	Fertigung	Verwaltung	Vertrieb	Material	Fertigung	Verwaltung	Vertrieb
Hilfs- und Betriebsstoffe	Einzelbelege	EUR	3.600	28.700	Rest	5.600	16.300	148.100	4.400	46.200
Energiekosten	Verbrauch (Stromzähler)	kWh	8.000	800.000	12.000	20.000	12.800	1.280.000	19.200	32.000
Hilfslöhne	Lohnlisten	EUR	1.125	14.625	–	2.250	5.400	78.200	1.300	11.100
Gehälter	Gehaltslisten	EUR	7.428	18.570	66.860	11.142	14.600	61.900	118.100	33.420
Sozialkosten	Zahl der Beschäftigten	Pers.	3	110	18	5	12	184	24	20
Instandhaltungs- kosten	Anlagendatei	EUR	3.016	22.672	1.768	3.744	8.300	46.300	1.200	18.300
Steuern, Beiträge, Vers.-Prämie	Fläche je Kostenstelle	m²	290	2.180	170	360	290	2.180	170	360
Büromaterial	Einzelbelege	EUR	1.800	280	Rest	720	1.200	7.400	56.300	13.100
Abschreibung auf Gebäude	Fläche je Kostenstelle	m²	290	2.180	170	360	290	2.180	170	360
Abschreibung bewegl. AV	Anlagendatei									
	Maschinen	%	–	100	–	–	–	100	–	–
	Werkzeuge	%	–	100	–	–	–	100	–	–
	Betriebs- ausstattung	%	10	70	–	20	10	70	–	20
	Geschäfts- ausstattung	%	10	10	60	20	10	10	60	20
kalk. Unterneh- merlohn	Verhältnis- zahlen	–	1	8	6	5	1	8	6	5

BAB 1:

Kostenarten		Kostenstelle			
Name	Betrag in EUR	I	II	III	IV
Hilfs- und Betriebsstoffe	39.000,00	3.600,00	28.700,00	1.100,00	5.600,00
Energiekosten	84.000,00	800,00	80.000,00	1.200,00	2.000,00
Hilfslöhne	18.000,00	1.125,00	14.625,00	–	2.250,00
Gehälter	104.000,00	7.428,00	18.570,00	66.860,00	11.142,00
Sozialkosten	40.800,00	900,00	33.000,00	5.400,00	1.500,00
Instandhaltungskosten	31.200,00	3.016,00	22.672,00	1.768,00	3.744,00
Steuern, Beiträge, Versicherungsprämien	18.600,00	1.798,00	13.516,00	1.054,00	2.232,00
Bürokosten	7.600,00	1.800,00	280,00	4.800,00	720,00
kalk. Abschreibungen					
– Gebäude	9.000,00	870,00	6.540,00	510,00	1.080,00
– Maschinen	32.000,00	–	32.000,00	–	–
– Werkzeuge	6.000,00	–	6.000,00	–	–
– Betriebsausstattung	3.600,00	360,00	2.520,00	–	720,00
– Geschäftsausstattung	4.800,00	480,00	480,00	2.880,00	960,00
kalk. Unternehmerlohn	9.000,00	450,00	3.600,00	2.700,00	2.250,00
Summe der Gesamtkosten	407.600,00	22.627,00	262.503,00	88.272,00	34.198,00

BAB 2:

Kostenarten		Kostenstelle			
Name	Betrag in EUR	I	II	III	IV
Hilfs- und Betriebsstoffe	215.000,00	16.300,00	148.100,00	4.400,00	46.200,00
Energiekosten	134.400,00	1.280,00	128.000,00	1.920,00	3.200,00
Hilfslöhne	96.000,00	5.400,00	78.200,00	1.300,00	11.100,00
Gehälter	228.020,00	14.600,00	61.900,00	118.100,00	33.420,00
Sozialkosten	86.400,00	4.320,00	66.240,00	8.640,00	7.200,00
Instandhaltungskosten	74.100,00	8.300,00	46.300,00	1.200,00	18.300,00
Steuern, Beiträge, Versicherungsprämien	34.500,00	3.335,00	25.070,00	1.955,00	4.140,00
Bürokosten	78.000,00	1.200,00	7.400,00	56.300,00	13.100,00
kalk. Abschreibungen					
– Gebäude	15.000,00	1.450,00	10.900,00	850,00	1.800,00
– Maschinen	75.000,00	–	75.000,00	–	–
– Werkzeuge	4.000,00	–	4.000,00	–	–
– Betriebsausstattung	18.000,00	1.800,00	12.600,00	–	3.600,00
– Geschäftsausstattung	12.000,00	1.200,00	1.200,00	7.200,00	2.400,00
kalk. Unternehmerlohn	7.500,00	375,00	3.000,00	2.250,00	1.875,00
Summe der Gesamtkosten	1.077.920,00	59.560,00	667.910,00	204.115,00	146.335,00

423/2 Das Maschinenbauunternehmen KaFriWa e.K. legt folgende Daten zur Erstellung eines mehrstufigen BABs vor:

Gemeinkosten	Betrag in EUR	Kostenstellen						
		Allg. Kosten-stelle	Material	Fertigung I	Fertigung II	Hilfskos-tenstelle Fertigung	Verwal-tung	Vertrieb
Betriebsstoffe	401.700	5.100	22.000	201.600	141.100	3.700	15.000	13.200
Hilfslöhne	361.000	4.800	38.600	181.800	95.800	4.800	18.400	16.800
Gehälter	391.000	7.600	20.200	40.200	26.800	17.600	221.000	57.600
kalk. Abschr.	81.000	2	6	18	16	2	8	8
kalk. Unt.-lohn	60.000	2	8	16	14	2	4	4

Zusatzinformationen: Die Gemeinkosten der allgemeinen Kostenstelle werden im Verhältnis 5:10:10:2:8:5 auf die übrigen Kostenstellen verteilt.

Die Gemeinkosten der Hilfskostenstelle Fertigung werden im Verhältnis 7:3 auf die Hauptkostenstellen Fertigung I und Fertigung II verteilt.

Erstellen Sie den BAB.

Gemeinkosten	Betrag in EUR	Kostenstellen						
		Allg. Kosten-stelle	Material	Fertigung I	Fertigung II	Hilfskos-tenstelle Fertigung	Verwal-tung	Vertrieb
Betriebsstoffe	401.700	5.100	22.000	201.600	141.100	3.700	15.000	13.200
Hilfslöhne	361.000	4.800	38.600	181.800	95.800	4.800	18.400	16.800
Gehälter	391.000	7.600	20.200	40.200	26.800	17.600	221.000	57.600
kalk. Abschr.	81.000	2.700	8.100	24.300	21.600	2.700	10.800	10.800
kalk. Unt.-lohn	60.000	2.400	9.600	19.200	16.800	2.400	4.800	4.800
Zwischensumme 1	1.294.700	22.600	98.500	467.100	302.100	31.200	270.000	103.200
Umlage allg. Kostenstelle			2.825	5.650	5.650	1.130	4.520	2.825
Zwischensumme 2			101.325	472.750	307.750	32.330	274.520	106.025
Umlage Hilfs-kostenstelle Fertigung				22.631	9.699			
Endsummen der Hauptkosten-stellen			101.325	495.381	317.449		274.520	106.025

423/3 Der Inhaber der Dosen-Technik e.K. möchte die Gemeinkostenendsummen aller Hauptkostenstellen errechnen. Er lässt sich dazu sowohl aus der Geschäftsbuchführung als auch aus dem Controllingbereich folgende Daten geben:

Gemeinkosten	Betrag in EUR	Allgem. Bereich	Material	Fertigung		Arbeits-vorbe-reitung	Verwal-tung	Vertrieb
				I	II			
Zwischensumme 1	1.720.000	100.000	280.000	360.000	440.000	80.000	300.000	160.000

Die Verteilung des kalkulatorischen Unternehmerlohns in Höhe von 45.100,00 EUR orientiert sich an der Stundenzahl, die der Inhaber für die einzelnen Kostenstellen aufgebracht hat:

Kostenstelle	Stundenzahl	Kostenstelle	Stundenzahl
Allgemeiner Bereich	30	Arbeitsvorbereitung	40
Material	100	Verwaltung	150
Fertigung I	400	Vertrieb	70
Fertigung II	30		

a) Ermitteln Sie die Zwischensumme 2, wobei die Kosten des allgemeinen Bereiches im Verhältnis 4 : 10 : 3 : 2 : 4 : 2 verteilt werden.

b) Ermitteln Sie die Zwischensumme 3, wobei die Kosten der Arbeitsvorbereitung im Verhältnis 6 : 5 auf die Hauptkostenstellen Fertigung I und Fertigung II verteilt werden.

c) Ermitteln Sie die Endsummen der Hauptkostenstellen.

Gemeinkosten	Betrag in EUR	Allgem. Bereich	Material	Fertigung		Arbeitsvorbereitung	Verwaltung	Vertrieb
				I	II			
Zwischensumme 1	1.720.000	100.000	280.000	360.000	440.000	80.000	300.000	160.000
kalk. Unternehmerlohn	45.100	1.650	5.500	22.000	1.650	2.200	8.250	3.850
Zwischensumme 2		101.650	285.500	382.000	441.650	82.200	308.250	163.850
Umlage des allg. Bereiches			16.264	40.660	12.198	8.132	16.264	8.132
Zwischensumme 3			301.764	422.660	453.848	90.332	324.514	171.982
Umlage bes. Kostenstelle Arbeitsvorbereitung				49.272	41.060			
Endsummen der Hauptkostenstelle			301.764	471.932	494.908		324.514	171.982

424/4 Ein Industriebetrieb kalkuliert mit folgenden Normalgemeinkostenzuschlagssätzen: NMGKZ 6 %; NFGKZ I 115 %; NFGKZ II 170 %; NVwGKZ 9 %; NVtGKZ 3 %.

Zur Überprüfung dieser Zuschlagssätze werden die Istkosten des vergangenen Abrechnungszeitraumes herangezogen:

Fertigungsmaterial	102.000 EUR	Sondereinzelkosten:	
Fertigungslöhne I	42.100 EUR	der Fertigung	6.500 EUR
Fertigungslöhne II	27.300 EUR	des Vertriebs	7.200 EUR
Materialgemeinkosten lt. BAB	6.100 EUR		
Fertigungsgemeinkosten I lt. BAB	49.200 EUR	Bestandsminderung fE	3.900 EUR
Fertigungsgemeinkosten II lt. BAB	42.500 EUR	Bestandsmehrung ufE	8.900 EUR
Verwaltungsgemeinkosten lt. BAB	24.400 EUR		
Vertriebsgemeinkosten lt. BAB	7.500 EUR		

Verwenden Sie zur Lösung dieser Aufgabe folgendes Muster:

Selbstkosten-rechnung	Istkosten	Istkosten-zuschlag	Normal-kosten	Normal-kosten-zuschlag	Über-deckung	Unter-deckung
	(EUR)	(%)	(EUR)	(%)	(EUR)	(EUR)

a) Stellen Sie in einer Selbstkostenrechnung die Ist- und Normalkosten einander gegenüber. Dabei werden die Verwaltungsgemeinkosten auf die Herstellkosten der Fertigung, die Vertriebsgemeinkosten auf die Herstellkosten des Umsatzes bezogen. (Hinweis: Zum Problem verschiedener Herstellkosten aufgrund von Bestandsveränderungen siehe Lehrbuch, Seite 425 und Seite 435)

b) Ermitteln Sie die Istgemeinkostenzuschlagssätze und die Kostenüber- bzw. -unterdeckungen für die einzelnen Positionen. Runden Sie auf volle EUR auf.

Selbstkosten-rechnung	Istkosten	Istkosten-zuschlag	Normal-kosten	Normal-kosten-zuschlag	Überdeckung	Unterdeckung
	(EUR)	(%)	(EUR)	(%)	(EUR)	(EUR)
FM	102.000,00		102.000,00			
+ MGK	6.100,00	5,98 %	6.120,00	6 %	20,00	
+ FL I	42.100,00		42.100,00			
+ FGK I	49.200,00	116,86 %	48.415,00	115 %		785,00
+ FL II	27.300,00		27.300,00			
+ FGK II	42.500,00	155,68 %	46.410,00	170 %	3.910,00	
+ SEK d. Fert.	6.500,00		6.500,00			
= HK d. Fert.	275.700,00		278.845,00			
+ Best.mind. fE	3.900,00		3.900,00			
– Best.mehr. ufE	8.900,00		8.900,00			
= HK d. Ums.	270.700,00		273.845,00			
+ VwGK	24.400,00	8,85 %	25.096,05	9 %	696,05	
+ VtGK	7.500,00	2,77 %	8.215,35	3 %	715,35	
+ SEK d. Vertr.	7.200,00		7.200,00			
= Selbstkosten	309.800,00		314.356,40			

11.3.3 Kostenträgerrechnung als Ist- und Normalkostenrechnung

440/1 Für welche Betriebe eignet sich

a) die einfache Divisionskalkulation,

b) die Äquivalenzzahlenkalkulation,

c) die Zuschlagskalkulation,

d) die Zuschlagskalkulation mit Maschinenstundensätzen?

a) einfache Divisionskalkulation: anwendbar in Betrieben, die eine einzige Erzeugnisart herstellen, wie z. B. Elektrizitäts- und Wasserwerke, Mineralbrunnen, eventuell Ziegeleien und Margarinefabriken

b) Äquivalenzzahlenkalkulation: eignet sich für Betriebe, die mehrere gleichartige Erzeugnisse herstellen, z. B. Seifen, Konserven, Limonade, Bretter

c) Zuschlagskalkulation: wird in Betrieben angewandt, die mehrere verschiedenartige Erzeugnisse herstellen, wie z. B. Kleider- und Möbelfabriken, Stahl und Kunststoff verarbeitende Industrien

d) Zuschlagskalkulation mit Maschinenstundensätzen: wird in Betrieben angewandt, bei denen die Kosten der Fertigung hauptsächlich durch den Einsatz von Maschinen bestimmt sind, z. B. in Druckereien, Spinnereien, Webereien, bei der Fahrzeugherstellung

---

441/2 Eine kleine Limonadenfabrik stellt pro Quartal 2.000 hl Zitronenlimonade, 4.000 hl Orangenlimonade und 1.000 hl Grapefruitlimonade her. Die Stückkosten der drei Getränkesorten verhalten sich zueinander wie 1,2 : 1,0 : 1,5. Die Gesamtkosten im Vierteljahr belaufen sich auf 395.000 EUR.

Berechnen Sie die Kosten pro Liter der drei verschiedenen Limonaden mithilfe der Äquivalenzzahlenkalkulation.

Sorten	produzierte Menge	Äquivalenz- zahlen	Rechnungs- einheiten	Kosten insgesamt	Kosten pro Liter
ZLim	200.000 l	1,2	240.000	120.000,00 EUR	0,60 EUR
OLim	400.000 l	1,0	400.000	200.000,00 EUR	0,50 EUR
GLim	100.000 l	1,5	150.000	75.000,00 EUR	0,75 EUR
			790.000	= 395.000,00 EUR	
			1	= 0,50 EUR	

441/3 Die Fensterbau Schneider KG in Heilbronn hat aufgrund der guten Wirtschaftslage im abgelaufenen Jahr den Absatz von Fensterelementen steigern können. Im Produktionsprogramm befinden sich Kunststoff-, Aluminium- und Holzfenster nach DIN. Mithilfe eines Betriebsabrechnungsbogens wurden die Gemeinkosten verteilt.

a) Unterbreiten Sie je zwei Vorschläge, nach welchen Kriterien die angefallenen Kosten für Heizung, Strom und Grundsteuer auf die Hauptkostenstellen verteilt werden könnten.

b) Die Summen der verteilten Gemeinkosten der Fensterbau Schneider KG für das Jahr sind aus dem beigefügten Betriebsabrechnungsbogen zu ersehen. Verteilen Sie die allgemeine Hilfskostenstelle gemäß der gemessenen Verbrauchswerte im Verhältnis von 45 : 120 : 105 : 105 : 30 : 75 : 45 (siehe BAB, Teilaufgabe f).

c) Die Fertigungshilfskostenstelle wurde von den einzelnen Fertigungsabteilungen unterschiedlich stark in Anspruch genommen. Dabei wird davon ausgegangen, dass für die Fertigungsabteilung Kunststoff 500 Stunden, für Aluminium 300 Stunden und 200 Stunden für Holz angesetzt werden können. Verteilen Sie die Kosten entsprechend dem Schlüssel.

d) Geben Sie zwei Beispiele für die Aufgaben der Fertigungshilfskostenstelle, die als Gemeinkosten verrechnet werden.

e) Ermitteln Sie in einer Aufstellung die Gesamtkalkulation der Fensterbau Schneider KG.

Dabei sind die folgenden Vorgaben zu berücksichtigen:

Fertigungsmaterial	996.000 EUR
Fertigungslohn I	158.000 EUR
Fertigungslohn II	98.000 EUR
Fertigungslohn III	87.000 EUR
Bestandsmehrung an unfertigen Erzeugnissen	150.000 EUR
Bestandsminderung an fertigen Erzeugnissen	75.000 EUR

f) Errechnen Sie im BAB die Gemeinkostenzuschlagssätze (Ergebnisse sind auf zwei Dezimalstellen zu ermitteln). Die Verwaltungsgemeinkosten sind auf die Herstellkosten der Erzeugung, die Vertriebsgemeinkosten auf die Herstellkosten des Umsatzes zu beziehen.

BAB (in EUR):

Summen	Allgemeine Hilfskostenstelle	Material	Fertigungshauptkostenstellen			Fertigungshilfskostenstelle	Verwaltung	Vertrieb
			Kunststoff	Aluminium	Holz			
1.000.000	35.000	160.000	250.000	150.000	110.000	45.000	120.000	130.000

a) Kriterien für Verteilung der Kosten auf Hauptkostenstellen für

- Heizung: Anzahl der Heizkörper, Wärmemessgeräte
- Strom: Stromzähler, Anzahl der Leuchteinheiten, Wattstärke
- Grundsteuer: Fläche in Quadratmeter, Rauminhalt in Kubikmeter

		Summen	Allgemeine Hilfskostenstelle	Material	Fertigungshauptkostenstellen			Fertigungshilfskostenstelle	Verwaltung	Vertrieb
					Kunststoff	Aluminium	Holz			
		1.000.000	35.000	160.000	250.000	150.000	110.000	45.000	120.000	130.000
b)	Umlage allg. Hilfskostenstelle			3.000	8.000	7.000	7.000	2.000	5.000	3.000
	Zwischensumme 1			163.000	258.000	157.000	117.000	47.000	125.000	133.000
c)	Umlage Fertigungshilfskostenstelle				23.500	14.100	9.400			
	Zwischensumme 2			163.000	281.500	171.100	126.400		125.000	133.000

d) Reparaturen, Planung, Erprobung, Arbeitsvorbereitung

193

e)

	FM	996.000 EUR	
+	MGK	163.000 EUR	
=	MK		1.159.000 EUR
	FL K	158.000 EUR	
+	FGK K	281.500 EUR	
+	FL A	98.000 EUR	
+	FGK A	171.100 EUR	
+	FL H	87.000 EUR	
+	FGK H	126.400 EUR	
=	FK		922.000 EUR
=	**HK der Erzeugung**		**2.081.000 EUR**
–	Mehrbestand unfertiger Erzeugnisse		150.000 EUR
+	Minderbestand fertiger Erzeugnisse		75.000 EUR
=	**HK des Umsatzes**		**2.006.000 EUR**

f)

$$MGKZ = \frac{\text{Materialgemeinkosten}}{\text{Fertigungsmaterial}} \cdot 100\ \% = \frac{163.000\ EUR}{996.000\ EUR} \cdot 100\ \% = \mathbf{16,37\ \%}$$

$$FGKZK = \frac{\text{Fertigungsgemeinkosten K}}{\text{Fertigungslöhne K}} \cdot 100\ \% = \frac{281.500\ EUR}{158.000\ EUR} \cdot 100\ \% = \mathbf{178,16\ \%}$$

$$FGKZA = \frac{\text{Fertigungsgemeinkosten A}}{\text{Fertigungslöhne A}} \cdot 100\ \% = \frac{171.100\ EUR}{98.000\ EUR} \cdot 100\ \% = \mathbf{174,59\ \%}$$

$$FGKZH = \frac{\text{Fertigungsgemeinkosten H}}{\text{Fertigungslöhne H}} \cdot 100\ \% = \frac{126.400\ EUR}{87.000\ EUR} \cdot 100\ \% = \mathbf{145,29\ \%}$$

$$VwGKZ = \frac{\text{Verwaltungsgemeinkosten}}{\text{HK der Erzeugung}} \cdot 100\ \% = \frac{125.000\ EUR}{2.081.000\ EUR} \cdot 100\ \% = \mathbf{6,01\ \%}$$

$$VtGKZ = \frac{\text{Vertriebsgemeinkosten}}{\text{HK des Umsatzes}} \cdot 100\ \% = \frac{133.000\ EUR}{2.006.000\ EUR} \cdot 100\ \% = \mathbf{6,63\ \%}$$

442/4 **Es sind folgende Daten gegeben (Beträge in EUR):**

Gemeinkosten	Material	Fertigung	Verwaltung	Vertrieb	Summe
Hilfslöhne	44.000	316.000	4.000	6.000	370.000
Gehälter	50.000	60.000	220.000	84.000	414.000
Energie	16.000	148.000	18.000	8.000	190.000
Sozialkosten	2.000	20.000	4.000	2.000	28.000
kalk. Abschreibg.	4.000	56.000	6.000	2.000	68.000

Einzelkosten		Bestandsveränderungen		
Fertigungsmaterial	1.160.000	fertige Erzeugnisse	Erhöhung	380.000
Fertigungslöhne	400.000	unfertige Erzeugnisse	Minderung	40.000

Ermitteln Sie die Gemeinkostenzuschlagssätze. Dabei sind die Verwaltungsgemein-kosten auf die Herstellkosten der Erzeugung, die Vertriebsgemeinkosten auf die Herstellkosten des Umsatzes zu beziehen.

	FM	1.160.000 EUR	
+	MGK	116.000 EUR	
=	MK		1.276.000 EUR
	FL	400.000 EUR	
+	FGK	600.000 EUR	
=	FK		1.000.000 EUR
=	**HK der Erzeugung**		**2.276.000 EUR**
−	Mehrbestand fertiger Erzeugnisse		380.000 EUR
+	Minderbestand unfertiger Erzeugnisse		40.000 EUR
=	**HK des Umsatzes**		**1.936.000 EUR**

$$\text{MGKZ} = \frac{\text{Materialgemeinkosten}}{\text{Fertigungsmaterial}} \cdot 100\ \% = \frac{116.000\ \text{EUR}}{1.160.000\ \text{EUR}} \cdot 100\ \% = \mathbf{10,00\ \%}$$

$$\text{FGKZ} = \frac{\text{Fertigungsgemeinkosten}}{\text{Fertigungslöhne}} \cdot 100\ \% = \frac{600.000\ \text{EUR}}{400.000\ \text{EUR}} \cdot 100\ \% = \mathbf{150,00\ \%}$$

$$\text{VwGKZ} = \frac{\text{Verwaltungsgemeinkosten}}{\text{HK der Erzeugung}} \cdot 100\ \% = \frac{252.000\ \text{EUR}}{2.276.000\ \text{EUR}} \cdot 100\ \% = \mathbf{11,07\ \%}$$

$$\text{VtGKZ} = \frac{\text{Vertriebsgemeinkosten}}{\text{HK des Umsatzes}} \cdot 100\ \% = \frac{102.000\ \text{EUR}}{1.936.000\ \text{EUR}} \cdot 100\ \% = \mathbf{5,27\ \%}$$

442/5 Eine Glasfabrik stellt folgenden BAB auf (Beträge in EUR):

Gemein-kosten	Beträge	Hauptkostenstellen			
		Material	Fertigung	Verwaltung	Vertrieb
Gehälter	636.000,00	80.000,00	116.000,00	320.000,00	120.000,00
Hilfslöhne	594.000,00	146.000,00	420.000,00	8.000,00	20.000,00
Sozialkosten	150.800,00	28.000,00	66.000,00	40.000,00	16.800,00

Die Miete in Höhe von 72.000,00 EUR wird im Verhältnis 2:10:4:2 und die kalkulatorischen Zinsen in Höhe von 88.000,00 EUR im Verhältnis von 4:8:6:2 verteilt.

Das Fertigungsmaterial beträgt 2.500.000,00 EUR und für Fertigungslöhne sind 1.020.000,00 EUR an Kosten angefallen.

Fertigerzeugnisse sind in ihrem Bestand um 300.000,00 EUR abgebaut, unfertige Erzeugnisse in ihrem Bestand um 400.000,00 EUR aufgebaut worden.

Es soll ein Auftrag für Spezialverglasung kalkuliert werden. Dazu werden folgende Daten ermittelt:

Fertigungsmaterial	72.000,00 EUR	Gewinnzuschlag	20 %
Fertigungslöhne	30.000,00 EUR	Kundenskonto	3 %
SEK der Fertigung	1.200,00 EUR	Kundenrabatt	10 %
SEK des Vertriebs	800,00 EUR		

Ermitteln Sie den Nettoverkaufspreis für den Auftrag der Spezialverglasung.

– Vervollständigung des BAB (Beträge in EUR):

Gemein-kosten	Beträge in EUR	Hauptkostenstellen			
		Material	Fertigung	Verwaltung	Vertrieb
Gehälter	636.000	80.000	116.000	320.000	120.000
Hilfslöhne	594.000	146.000	420.000	8.000	20.000
Sozialkosten	150.800	28.000	66.000	40.000	16.800
Miete	72.000	8.000	40.000	16.000	8.000
kalk. Zinsen	88.000	17.600	35.200	26.400	8.800
Endsummen	1.540.800	279.600	677.200	410.400	173.600

– Ermittlung der Zuschlagsgrundlagen für Vw- und VtGK:

FM	2.500.000 EUR	
+ MGK	279.600 EUR	
= MK		2.779.600 EUR
FL	1.020.000 EUR	
+ FGK	677.200 EUR	
= FK		1.697.200 EUR
= HK der Erzeugung		**4.476.800 EUR**
– Mehrbestand unfertige Erzeugnisse		400.000 EUR
+ Minderbestand fertige Erzeugnisse		300.000 EUR
= HK des Umsatzes		**4.376.800 EUR**

– Ermittlung der Zuschlagssätze:

$$\text{MGKZ} = \frac{\text{Materialgemeinkosten}}{\text{Fertigungsmaterial}} \cdot 100\,\% = \frac{279.600\text{ EUR}}{2.500.000\text{ EUR}} \cdot 100\,\% = \mathbf{11,18\,\%}$$

$$\text{FGKZ} = \frac{\text{Fertigungsgemeinkosten}}{\text{Fertigungslöhne}} \cdot 100\,\% = \frac{677.200\text{ EUR}}{1.020.000\text{ EUR}} \cdot 100\,\% = \mathbf{66,39\,\%}$$

$$\text{VwGKZ} = \frac{\text{Verwaltungsgemeinkosten}}{\text{HK der Erzeugung}} \cdot 100\,\% = \frac{410.400\text{ EUR}}{4.476.800\text{ EUR}} \cdot 100\,\% = \mathbf{9,17\,\%}$$

$$\text{VtGKZ} = \frac{\text{Vertriebsgemeinkosten}}{\text{HK des Umsatzes}} \cdot 100\,\% = \frac{173.600\text{ EUR}}{4.376.800\text{ EUR}} \cdot 100\,\% = \mathbf{3,97\,\%}$$

– Kalkulation des Nettoverkaufspreises der Spezialverglasung:

FM		72.000,00 EUR	
+ MGK	11,18 %	8.049,60 EUR	
= MK			80.049,60 EUR
FL		30.000,00 EUR	
+ FGK	66,39 %	19.917,00 EUR	
+ SEK d. Fert.		1.200,00 EUR	
= FK			51.117,00 EUR
= HK			131.166,60 EUR
+ VwGK	9,17 %		12.027,98 EUR
+ VtGK	3,97 %		5.207,31 EUR
+ SEK d. Vertr.			800,00 EUR

=	SK		149.201,89 EUR
+	Gewinn	20,00 %	29.840,38 EUR
=	Barverkaufspreis		179.042,27 EUR
+	Kundenskonto	3,00 %	5.537,39 EUR
=	Zielverkaufspreis		184.579,66 EUR
+	Kundenrabatt	10,00 %	20.508,85 EUR
=	**Nettoverkaufspreis**		**205.088,51 EUR**

442/6 Beim Besuch der Fachmesse INTERBAU in München musste der Betriebsinhaber feststellen, dass ein Mitbewerber eine genormte und in der Ausstattung mit dem eigenen Modell PANORAMA vergleichbare Balkontüre zu 1.200,00 EUR (ohne USt.) anbietet.

a) Da sein Produkt 120,00 EUR teurer ist, soll mit den nachstehenden geschätzten Sätzen berechnet werden, wie viel Kosten für das Fertigungsmaterial beim Mitbewerber voraussichtlich aufgewendet wurden.

MGKZ	5,00 %	VtGKZ	8,00 %
FL	110,17 EUR	Gewinnzuschlag	12,50 %
FGKZ	200,00 %	Kundenskonto	3,00 %
VwGKZ	12,00 %	Kundenrabatt	20,00 %

b) Geben Sie zwei Gründe für die Abweichungen an und unterbreiten Sie mindestens zwei Vorschläge, wie diese Differenz von 120,00 EUR ausgeglichen werden könnte.

a)

	FM		**342,16 EUR**	
+	MGK	5,0 %	17,11 EUR	
=	MK			359,27 EUR
	FL		110,17 EUR	
+	FGK	200,0 %	220,34 EUR	
=	FK			330,51 EUR
=	HK			689,78 EUR
+	VwGK	12,0 %		82,77 EUR
+	VtGK	8,0 %		55,18 EUR
=	Selbstkosten			827,73 EUR
+	Gewinn	12,5 %		103,47 EUR
=	Barverkaufspreis			931,20 EUR
+	Kundenskonto	3,0 %		28,80 EUR
=	Zielverkaufspreis			960,00 EUR
+	Kundenrabatt	20,0 %		240,00 EUR
=	Nettoverkaufspreis			1.200,00 EUR

b) Gründe für die Abweichungen:

- Vorteile im Materialeinkauf (höhere Rabatte, bessere Zahlungsbedingungen)

- Vorteile im Kostenbereich (effektivere Produktion, bessere Kostenkontrolle)

Vorschläge zum Ausgleich der Differenz:

- Gewinnspanne senken

- härtere Verhandlungen mit Materiallieferanten

- kostensenkende Maßnahmen im Fertigungs-, Verwaltungs- und Vertriebsbereich durchführen

- größere Produktionsmengen herstellen (Gesetz der Massenproduktion)

443/7 Das Porzellanunternehmen Bracher GmbH richtet nach der Anschaffung der Maschinenanlagen 1 und 2 eine zusätzliche Kostenstelle für die Fertigung ein.

a) Über die Maschinenanlage 1 ist Folgendes bekannt:

- Anschaffungskosten: 500.000,00 EUR
- Wiederbeschaffungskosten: 600.000,00 EUR
- betriebliche Nutzungsdauer: 10 Jahre
- jährliche Maschinenlaufzeit je Anlage: 1.944 Stunden
- kalkulatorischer Zinssatz: 9 %
- Instandhaltungskosten für die Anlage 1: 22.700,00 EUR jährlich
- jährliche Raumkosten: 104,00 EUR pro m² bei einem Platzbedarf von 30 m²
- Energiekosten: Strompreis 0,15 EUR/kWh, Grundgebühr monatlich 80,00 EUR, Energiebedarf monatlich 25 kW

Ermitteln Sie den Maschinenstundensatz für die Maschinenanlage 1.

b) Auf der Anlage 2 wird ein Produkt »Jaklos« hergestellt, für das folgende Daten vorliegen:

- jährliche Maschinenlaufzeit: 1.944 Stunden
- Fertigungszeit: 5 Stunden
- Materialkosten: 252,00 EUR/Stück
- Fertigungslöhne: 150,00 EUR/Stück
- SEK des Vertriebs: 151,90 EUR/Stück
- Barverkaufspreis: 1.746,00 EUR/Stück
- Nettoverkaufspreis: 2.000,00 EUR/Stück

Zuschlagssätze: MGK 5,0 %, Rest-FGK 120,0 %, Vw-/VtGK 30,0 %.

Im Kundenbereich gelten die Sätze: Gewinn 10,4 %, Vertreterprovision 5,0 %, Kundenskonto 3,0 %.

Ermitteln Sie mithilfe einer vollständigen Angebotskalkulation den Maschinenstundensatz und geben Sie an, wie viel Prozent Rabatt gewährt werden kann.

---

a) Die jährlichen maschinenabhängigen Gemeinkosten für Maschinenanlage 1 bestehen aus:

- jährliche kalkulatorische Abschreibungen:

$$= \frac{\text{Wiederbeschaffungswert}}{\text{betriebl. ND in Jahren}} = \frac{600.000,00 \text{ EUR}}{10 \text{ Jahre}} = 60.000,00 \text{ EUR/Jahr}$$

– jährliche kalkulatorische Zinsen:

$$= \frac{\text{Anschaffungskosten} \cdot \text{kalk. Zinssatz}}{2 \cdot 100} = \frac{500.000 \text{ EUR} \cdot 9}{2 \cdot 100} = 22.500,00 \text{ EUR}$$

– jährliche Raumkosten:

$= $ beanspruchte Fläche $\cdot$ monatliche Miete pro m^2 $\cdot$ 12
$= 30 \text{ m}^2 \cdot 104 \text{ EUR/m}^2 \cdot 12$ $\hspace{2cm} = 37.440,00 \text{ EUR}$

– jährliche Energiekosten:

$= $ Energieverbrauch pro Jahr $\cdot$ Kosten je Energieeinheit
$= (25 \text{ kW} \cdot 1 \text{ h} \cdot 0,15 \text{ EUR/kWh} \cdot 12) + (80,00 \text{ EUR} \cdot 12)$ $\quad = 1.005,00 \text{ EUR}$

– jährliche Instandhaltungskosten: $\hspace{3cm} = 22.700,00 \text{ EUR}$

$$\begin{matrix}\text{Maschinen-}\\\text{stundensatz}\\\text{Maschinen-}\\\text{anlage 1}\end{matrix} = \dfrac{\begin{matrix}\text{jährl. kalk. Abschr.}\\+\text{ jährl. kalk. Zinsen}\\+\text{ jährl. Raumkosten}\\+\text{ jährl. Energiekosten}\\+\text{ jährl. Instandhaltungskosten}\end{matrix}}{\begin{matrix}\text{geplante Maschinenlaufzeit}\\\text{pro Jahr}\end{matrix}} = \dfrac{\begin{matrix}60.000,00 \text{ EUR}\\+\ 22.500,00 \text{ EUR}\\+\ 37.440,00 \text{ EUR}\\+\ \ 1.005,00 \text{ EUR}\\+\ 22.700,00 \text{ EUR}\end{matrix}}{1.944 \text{ Stunden}} = \begin{matrix}73,89 \text{ EUR/}\\\text{Stunde}\end{matrix}$$

b)

			EUR
	FM		252,00
+	MGK	5,0 %	12,60
=	MK		264,60
+	Maschinenkosten		**505,11** : 5 Stunden = **101,02 EUR/Stunde**
+	FL		150,00
+	RFGK	120,0 %	180,00
=	FK		835,11
=	HK		1.099,71
+	Vw-/VtGK	30,0 %	329,91
+	SEK d. Vertr.		151,90
=	Selbstkosten		1.581,52
+	Gewinn	10,4 %	164,48
=	Barverkaufspreis		1.746,00
+	Kundenskonto	3,0 %	56,93
+	Vertreterprovision	5,0 %	94,89
=	Zielverkaufspreis		1.897,82
+	Kundenrabatt	**5,1 %**	102,18
=	Nettoverkaufspreis		2.000,00

444/8 Im Zweigwerk der Grasser GmbH wurde im Monat Mai nur das Produkt P hergestellt.

Folgende Daten liegen vor:

	Material	Fertigung 1	Fertigung 2	Verwaltung und Vertrieb
Istgemeinkosten (EUR)	14.405,00	?	46.335,00	76.120,00
Zuschlagsbasen (EUR)	?	42.000,00	?	?
Istzuschlagssätze (%)	21,50	138,00	?	27,50
Normalzuschlagssätze (%)	20,00	140,00	85,00	27,50

Der Schlussbestand an unfertigen und fertigen Erzeugnissen zum 31. Mai lag insgesamt um 4.900,00 EUR über dem Anfangsbestand zum 1. Mai.

a) Im Mai lagen der Vorkalkulation für ein Stück von P neben den oben angeführten Zuschlagssätzen folgende Einzelkosten je Stück zugrunde:

Fertigungsmaterial	60,00 EUR
Fertigungslöhne 1	45,00 EUR
Fertigungslöhne 2	52,00 EUR

Außerdem wurde mit 2 % Kundenskonto, einer Vertreterprovision von 19,88 EUR und einem Barverkaufspreis von 389,65 EUR gerechnet. Ermitteln Sie die Prozentsätze für die Vertreterprovision und den Gewinnzuschlag (rechnen auf zwei Dezimalstellen).

b) Berechnen Sie im Rahmen eines Kostenträgerzeitblattes die folgenden Werte:

– Verbrauch an Fertigungsmaterial im Mai,

– Istfertigungsgemeinkosten für die Fertigungsstelle 1,

– Über-/Unterdeckung der Kostenstelle Material,

– die in der Fertigungsstelle 2 angefallenen Fertigungslöhne.

c) Im Mai wurden 1.000 Stück vom Produkt P zum kalkulierten Barverkaufspreis (vgl. a) abgesetzt.

Ermitteln Sie das Umsatzergebnis der Abrechnungsperiode, wobei die Herstellungskosten der Abrechnungsperiode auf Normalkostenbasis 281.100,00 EUR betragen. Berücksichtigen Sie dabei auch die Vertreterprovision als Sondereinzelkosten des Vertriebs.

d) Ermitteln Sie das Betriebsergebnis unter Berücksichtigung der Unter- bzw. Überdeckungen insgesamt.

a) Ermittlung der Prozentsätze für Vertreterprovision und Gewinnzuschlag:

FM		60,00 EUR
+ MGK	20,00 %	12,00 EUR
+ FL 1		45,00 EUR
+ FGK 1	140,00 %	63,00 EUR
+ FL 2		52,00 EUR
+ FGK 2	85,00 %	44,20 EUR
= HK		276,20 EUR
+ Vw-/VtGK	27,50 %	75,96 EUR
= Selbstkosten (SK)		352,16 EUR
+ Gewinn	**5,00 %**	17,61 EUR)***

= Barverkaufspreis (BVP)		369,77 EUR	)**
+ Kundenskonto	2,00 %	7,95 EUR	
+ Vertreterprovision	**5,00 %**	19,88 EUR	)*
= Zielverkaufspreis (ZVP)		397,60 EUR	

Nebenrechnung:

= Barverkaufspreis		389,65 EUR	= 98 %
+ Kundenskonto	2,00 %	7,95 EUR	= 2 %
= Zielverkaufspreis		397,60 EUR	= 100 %
+ Vertreterprovision	**5,00 %**	19,88 EUR	

)* ZVP = 397,60 EUR = 100 % → 19,88 EUR = 5 %

)** ZVP – Vertreterprovision – Kundenskonto = BVP

)*** BVP – SK = 17,61 EUR; SK = 100 % → 17,61 EUR = 5,00 %

b) – **Berechnung des Verbrauchs an Fertigungsmaterial:**

14.405,00 EUR · 100 % : 21,50 % = 67.000,00 EUR

– **Berechnung der Über-/Unterdeckung der Kostenstelle Material:**

Über-/Unterdeckung = NMGK – IMGK

NMGK = 20 % von 67.000,00 EUR	= 13.400,00 EUR
IMGK	= 14.405,00 EUR
Über-/Unterdeckung	= 1.005,00 EUR
	→ Unterdeckung

– **Berechnung der IFGK für Fertigungsstelle 1:**

IFGK 1 = 138 % von 42.000,00 EUR = 57.960,00 EUR

– **Berechnung der Fertigungslöhne in Fertigung 2:**

FM	67.000,00 EUR
+ IMGK	14.405,00 EUR
+ FL1	42.000,00 EUR
+ IFGK 1	57.960,00 EUR
+ FL 2	**54.000,00 EUR**
+ IFGK 2	46.335,00 EUR*
= HK d. Fert.	281.700,00 EUR
– Bestandsmehrung	4.900,00 EUR
= HK d. Umsatzes	276.800,00 EUR**

* IFGKZS 2 = 85,81 %

** 76.120,00 EUR = 27,50 %; HK d. Ums. = 100,00 %

c) **Berechnung des Umsatzergebnisses:**

=	HK d. Ums.	276.800,00 EUR	
+	IVw-/IVtGk	76.120,00 EUR	(27,50 % von 276.800,00 EUR [281.100,00 – 4.900,00 EUR])
+	SEK d. Vertriebs	19.880,00 EUR	(19,88 EUR · 1.000 Stück)
=	Selbstkosten	372.800,00 EUR	
	Erlöse	389.650,00 EUR	(389,65 EUR · 1.000 Stück)
–	Selbstkosten	372.800,00 EUR	
=	Umsatzergebnis	17.615,00 EUR	

d) **Berechnung des Betriebsergebnisses unter Berücksichtigung der Unterdeckung insgesamt:**

	Istkosten		Normalkosten		Über-/ Unterdeckung
FM	67.000 EUR		67.000 EUR		
+ MGK	14.405 EUR	21,50 %	13.400 EUR	20,00 %	– 1.005 EUR
+ FL 1	42.000 EUR		42.000 EUR		
+ FGK 1	57.960 EUR	138,00 %	58.800 EUR	140,00 %	+ 840 EUR
+ FL 2	54.000 EUR		54.000 EUR		
+ FGK 2	46.335 EUR	85,81 %	45.900 EUR	85,00 %	– 435 EUR
= HK d. Fert.	281.700 EUR		281.100 EUR		
– Bestandsmehrung	4.900 EUR		4.900 EUR		
= HK d. Ums.	276.800 EUR		276.200 EUR		
+ Vw-/VtGK	76.120 EUR	27,50 %	75.955 EUR	27,50 %	– 165 EUR
+ SEK d. Vertr.	19.880 EUR		19.880 EUR		
= Selbstkosten	372.800 EUR		372.035 EUR		– 765 EUR
Erlöse	389.650 EUR		389.650 EUR		
– Selbstkosten	372.800 EUR		372.035 EUR		
= Umsatzergebnis			17.615 EUR		
– Unterdeckung			765 EUR		
= Betriebsergebnis			16.850 EUR		

11.3.4 Plankostenrechnung

449/1   In einem Industriebetrieb liegen folgende Daten vor: Planbeschäftigung 20.000 Stück, Plankosten 220.000 EUR, Istbeschäftigung 16.000 Stück, Istkosten 180.000 EUR.

Berechnen Sie

a) den Plankalkulationssatz,

b) die verrechneten Plankosten,

c) die Gesamtabweichung.

a) Plankalkulationssatz $= \dfrac{\text{Plankosten}}{\text{Planbeschäftigung}} = \dfrac{220.000 \text{ EUR}}{20.000 \text{ Stück}} = 11 \text{ EUR/Stück}$

b) verrechnete Plankosten = Plankalkulationssatz · Istbeschäftigung
    = 11 EUR/Stück · 16.000 Stück = 176.000 EUR

c) Gesamtabweichung = Istkosten – verrechnete Plankosten
    = 180.000 EUR – 176.000 EUR = 4.000 EUR

449/2   In einer Kostenstelle ist die Planbezugsgröße mit 1.200 Fertigungsstunden angegeben. Die Plankosten belaufen sich insgesamt auf 96.000 EUR in der zu untersuchenden Periode. Die Controllingabteilung führt eine Kostenkontrolle durch. Dabei untersucht sie verschiedene Alternativen:

a) Die Istbeschäftigung entspricht der Planbeschäftigung. Die Istkosten belaufen sich auf 110.000 EUR.

b) Die Istbeschäftigung beträgt nur 800 Fertigungsstunden. Die Istkosten belaufen sich auf 84.000 EUR.

Stellen Sie für beide Alternativen rechnerisch und grafisch die starre Plankostenrechnung dar und nennen Sie mögliche Ursachen für die Gesamtabweichung.

Alternative a)

– rechnerisch:

Plankalkulationssatz $= \dfrac{\text{Plankosten}}{\text{Planbeschäftigung}} = \dfrac{96.000 \text{ EUR}}{1.200 \text{ Stück}} = 80 \text{ EUR/Stück}$

verrechnete Plankosten = Plankalkulationssatz · Istbeschäftigung
= 80 EUR/Stück · 1.200 Stück = 96.000 EUR

Gesamtabweichung = Istkosten – verrechnete Plankosten
= 110.000 EUR – 96.000 EUR = 14.000 EUR

Ursachen für Gesamtabweichung: Sie kann nicht durch eine höhere oder geringere Beschäftigung entstehen, da Ist- und Planbeschäftigung gleich hoch sind. Die Ursache kann nur in einer Verbrauchserhöhung liegen, vorausgesetzt, alle anderen Kosteneinflussgrößen haben sich nicht verändert.

– grafische Darstellung:

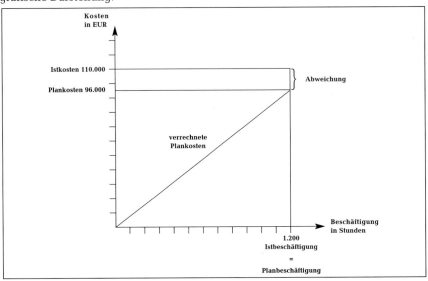

Alternative b)

– rechnerisch:

$$\text{Plankalkulationssatz} = \frac{\text{Plankosten}}{\text{Planbeschäftigung}} = \frac{96.000 \text{ EUR}}{1.200 \text{ Stück}} = 80 \text{ EUR/Stück}$$

verrechnete Plankosten = Plankalkulationssatz · Istbeschäftigung
= 80 EUR/Stück · 800 Stück = 64.000 EUR

Gesamtabweichung = Istkosten – verrechnete Plankosten
= 84.000 EUR – 64.000 EUR = 20.000 EUR

Ursachen für die Gesamtabweichung: Preiserhöhungen, Verbrauchserhöhungen, nicht abbaubare fixe Kosten

– grafische Darstellung:

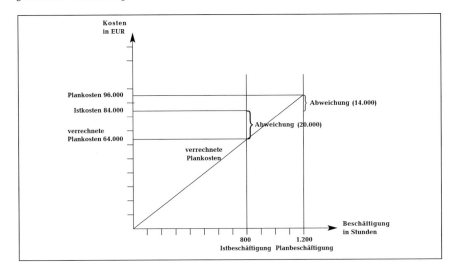

449/3 In der Fertigungshauptkostenstelle der KÜHLsys GmbH werden die Kosten geplant, ebenso der Beschäftigungsgrad. Bei einer Planbeschäftigung von 10.000 Fertigungsstunden betragen die Plankosten 60.000 EUR.

In der betreffenden Abrechnungsperiode betrug die effektive Beschäftigung 6.000 Stunden, die dabei angefallenen Istkosten betrugen 50.000 EUR.

a) Ermitteln Sie den Plankalkulationssatz.

b) Wie hoch sind die verrechneten Plankosten?

c) Welche Gesamtabweichung ergibt sich zwischen den Istkosten und den verrechneten Plankosten?

d) Beurteilen Sie das Ergebnis der flexiblen Plankostenrechnung anhand einer grafischen Darstellung. Durch Kostenauflösung wurden fixe Kosten in Höhe von 20.000 EUR festgestellt.

e) Errechnen Sie die Verbrauchs-, Beschäftigungs- und Gesamtabweichung.

a) $\text{Plankalkulationssatz} = \dfrac{\text{Plankosten}}{\text{Planbeschäftigung}} = \dfrac{60.000\ \text{EUR}}{10.000\ \text{Stück}} = 6\ \text{EUR/Stück}$

b) verrechnete Plankosten = Plankalkulationssatz · Istbeschäftigung
   = 6 EUR/Stück · 6.000 Stück = 36.000 EUR

c) Gesamtabweichung = Istkosten – verrechnete Plankosten
   = 50.000 EUR – 36.000 EUR = 14.000 EUR

d) grafische Darstellung:

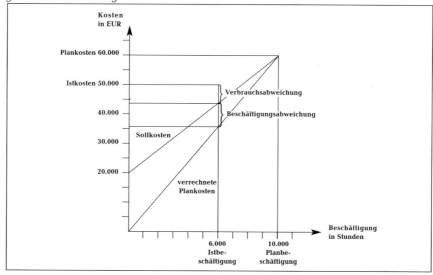

e) Verbrauchsabweichung = Istkosten – Sollkosten[*]

   = 50.000 EUR – 44.000 EUR = 6.000 EUR

   Beschäftigungsabweichung = Sollkosten – verrechnete Plankosten

   = 44.000 EUR – 36.000 EUR = 8.000 EUR

   Gesamtabweichung = Beschäftigungsabweichung + Verbrauchsabweichung

   = 8.000 EUR + 6.000 EUR = 14.000 EUR

   [*] Sollkosten = 20.000 EUR + 40.000 EUR · 6.000 Std./10.000 Std. = 44.000 EUR

11.3.5 Prozesskostenrechnung

457/1 **Nennen Sie Hauptprozesse in Ihnen bekannten Betrieben.**

– Auftragsabwicklungsprozess

– Liquiditätssicherungsprozess

– Rentabilitätssicherungsprozess

– Investitionsprozess (Beantragung, Genehmigung)

– Strategieplanungs- und -umsetzungsprozess

– Logistikprozess

– Personaltrainingsprozess

– Produktentwicklungsprozess

– Instandhaltungsprozess

457/2 **Welche Arten von Kostentreibern lassen sich den folgenden Kostenstellen zuordnen?**

a) Labor	**e) Materialprüfung**	**i) Lohnabrechnung**	**m) Verkauf**
b) Einkauf	**f) Finanzbuchhaltung**	**j) Schreibbüro**	**n) Fakturierung**
c) Materiallager	**g) Kalkulation**	**k) Registratur**	**o) Versand**
d) Fertigwarenlager	**h) Betriebsabrechnung**	**l) Poststelle**	**p) Datenverarbeitung**

a) Anzahl Proben, Anzahl Analysen

b) Anzahl bearbeitete Angebote, Anzahl Bestellungen, Anzahl geprüfte Rechnungen

c) Anzahl Zugänge, Anzahl Abgänge, mengenmäßiger durchschnittlicher Lagerbestand,

d) wertmäßiger durchschnittlicher Lagerbestand, beanspruchte Lagerfläche in m^2, beanspruchter Lagerraum in m^3, l oder hl, Anzahl Kommissionierungsvorgänge

e) Anzahl Proben, Anzahl Analysen

f) Anzahl Buchungen

g) Anzahl Vorkalkulationen, Anzahl Plankalkulationen, Anzahl Nachkalkulationen

h) Anzahl abgerechnete Kostenstellen

i) Anzahl Bruttolohnabrechnungen, Anzahl Nettolohnabrechnungen

j) Anzahl DIN-A4-Seiten 1,5-zeilig

k) Anzahl Ablagen

l) Anzahl Postausgänge

m) Anzahl bearbeiteter Kundenaufträge

n) Anzahl Rechnungen, Anzahl Rechnungszeilen

o) Anzahl Versandaufträge

p) Anzahl Rechenzeiten, Anzahl Tabellenzeilen

457/3 Aus dem Prozesskostenstellenplan der KÜHLsys GmbH liegen für eine Kostenstelle folgende Daten vor:

Kostenstelle 4401: Fertigungsplanung					
Teilprozesse		**Kostentreiber**		**Prozesskosten in EUR**	
Nr.	**Bezeichnung**	**Art**	**Menge**	**lmi**	**lmn**
1	Fertigungspläne ändern	Änderungen der Fertigprodukte	200 Stück	400.000,00	40.000,00
2	Fertigung betreuen	Varianten der Fertigprodukte	100 Stück	600.000,00	60.000,00

a) Ermitteln Sie für die Teilprozesse die lmi-Prozesskostensätze.

b) Berechnen Sie den Umlagesatz und die lmn-Prozesskostensätze.

c) Ermitteln Sie die gesamten Prozesskosten je Teilprozess.

a) $\text{lmi-Prozesskostensatz Teilprozess 1} = \dfrac{400.000,00 \text{ EUR}}{200 \text{ Stück}} = 2.000,00 \text{ EUR/Einheit}$

$\text{lmi-Prozesskostensatz Teilprozess 2} = \dfrac{600.000,00 \text{ EUR}}{100 \text{ Stück}} = 6.000,00 \text{ EUR/Einheit}$

b) $\text{lmn-Zuschlagssatz} = \dfrac{\text{Summe aller lmn-Prozesskosten}}{\text{Summe lmi-Prozesskosten}} \cdot 100 \%$

$\text{lmn-Zuschlagssatz TP 1} = \dfrac{40.000,00 \text{ EUR}}{1.000.000,00 \text{ EUR}} \cdot 100 \% = 4 \%$

$\text{lmn-Zuschlagssatz TP 2} = \dfrac{60.000,00 \text{ EUR}}{1.000.000,00 \text{ EUR}} \cdot 100 \% = 6 \%$

lmn-Prozesskostensatz = lmi-Prozesskostensatz · lmn-Zuschlagssatz

lmn-Prozesskostensatz TP 1 = 1.000,00 EUR/Einheit · 4 % = 40,00 EUR

lmn-Prozesskostensatz TP 2 = 6.000,00 EUR/Einheit · 6 % = 360,00 EUR

c) Gesamtprozesskostensatz = lmi-Prozesskostensatz + lmn-Prozesskostensatz

Gesamtprozesskostensatz TP 1 = 2.000,00 EUR + 40,00 EUR = 2.040,00 EUR

Gesamtprozesskostensatz TP 2 = 6.000,00 EUR + 360,00 EUR = 6.360,00 EUR

457/4 Die KÜHLsys GmbH stellt unter anderem die beiden Produkte »Frosto X10« und »Frosto X25« her. Bei der Ermittlung der Stückkosten wurde bisher die Zuschlags-kalkulation verwendet. Ein neuer Mitarbeiter der Controlling-Abteilung verwendet neben der herkömmlichen Methode auch die neue Form der Prozesskostenrech-nung.

Dazu hat die Abteilung folgende Daten ermittelt:

	Frosto X10	Frosto X25	Summe	Bezugsgröße
Einzelkosten:				
Fertigungsmaterial	150,00 EUR	75,00 EUR	225,00 EUR	
Fertigungslöhne	70,00 EUR	35,00 EUR	105,00 EUR	
Gemeinkosten:				
Materialgemeinkosten			300,00 EUR	FM-Verhältnis
Fertigungsgemeinkosten			140,00 EUR	je 50 %
Vw-/Vt-Gemeinkosten			270,00 EUR	Verhältnis 2 : 1
Daten aus der Produktion:				
Produktionsanzahl	75 Stück	50 Stück	125 Stück	
Prozessdaten:				
Tätigkeiten	**Prozesskosten**	**Kostentreiber**		
Material vorbereiten	70,00 EUR	Anzahl produzierte Einheiten		
Maschine vorbereiten	125,00 EUR	Anzahl produzierte Einheiten		
Produkte herstellen	175,00 EUR	125,00 EUR für Frosto X10, 50,00 EUR für Frosto X25		
Qualitätskontrolle durchführen	100,00 EUR	je 50 %		
Abteilung leiten	240,00 EUR			

Beide Produkte beanspruchen die gleiche Fläche im Lager.

Die leistungsmengenneutralen Kosten werden proportional zu den leistungsmengeninduzierten Kosten umgelegt.

a) Berechnen Sie nach der Zuschlagsmethode die Selbstkosten je Stück.

b) Führen Sie die Prozesskostenrechnung durch und berechnen Sie die Selbstkosten pro Stück. Es ist gelungen, alle Gemeinkosten in Tätigkeiten aufzuschlüsseln.

a) Zuschlagskalkulation:

	Frosto X10	Frosto X25
Fertigungsmaterial	150,00 EUR	75,00 EUR
+ Materialgemeinkosten	200,00 EUR	100,00 EUR
+ Fertigungslöhne	70,00 EUR	35,00 EUR
+ Fertigungsgemeinkosten	70,00 EUR	70,00 EUR
= Herstellkosten	490,00 EUR	280,00 EUR
+ Vw-/Vt-Gemeinkosten	180,00 EUR	90,00 EUR
= Selbstkosten	670,00 EUR	370,00 EUR
produzierte Menge	75 Stück	50 Stück
Selbstkosten je Stück	**8,93 EUR**	**7,40 EUR**

b) Prozesskostenrechnung:

	Frosto X10	Frosto X25
Einzelkosten		
Fertigungsmaterial	150,00 EUR	75,00 EUR
Fertigungslöhne	70,00 EUR	35,00 EUR
lmi-Prozesse		
Material vorbereiten	42,00 EUR	28,00 EUR
Maschine vorbereiten	75,00 EUR	50,00 EUR
Produkte herstellen	125,00 EUR	50,00 EUR
Qualitätskontrolle durchführen	50,00 EUR	50,00 EUR
Summe lmi-Prozesse	292,00 EUR	178,00 EUR

lmn-Prozesse

Abteilung leiten	149,11 EUR	90,89 EUR
Selbstkosten	661,11 EUR	378,89 EUR
produzierte Menge	75 Stück	50 Stück
Selbstkosten je Stück	**8,82 EUR**	**7,58 EUR**

11.4 Kostenanalyse

11.4.1 Kapazität und Beschäftigungsgrad

11.4.2 Einfluss des Beschäftigungsgrades auf die Kosten

11.4.3 Kostenverlauf und kritische Kostenpunkte

11.4.4 Verschieben der kritischen Kostenpunkte

11.4.5 Kostenanpassung

471/1 Erklären Sie, weshalb man nicht von »Unkosten« sprechen kann.

Im deutschen Sprachgebrauch steht die Vorsilbe »un« für »nicht«. Daraus würde folgen, dass »Unkosten« Nichtkosten, also keine Kosten sind.

471/2 Bei welchen Arten von Betrieben ist der Anteil der fixen bzw. variablen Kosten besonders hoch?

Der Fixkostenanteil ist besonders hoch bei

– Betrieben mit großem technischen Anlagevermögen, z. B. bei Betrieben der Energiewirtschaft, bei Bergbau- und Verkehrsbetrieben, Druckereien;
– Betrieben, die ihre Arbeitnehmer nach Zeit entlohnen, z. B. Dienstleistungsbetriebe;
– Betrieben, die mit gemieteten Anlagen arbeiten, z. B. DV-Anlagen-Leasing.

Der Anteil an variablen Kosten ist besonders hoch bei

– Betrieben, die nach Stückzahlen entlohnen, z. B. bei Betrieben mit Massenproduktion in der Textilverarbeitung;
– Betrieben, bei denen der Verbrauch von Fertigungsmaterial einen hohen Kostenanteil ausmacht, z. B. Konservenindustrie.

471/3 Welche der folgenden Kostenarten gelten innerhalb einer Abrechnungsperiode als variabel?

a) Hausmeistergehalt,   d) Miete für Geschäftsräume,

b) Abschreibungen auf Gebäude, e) Akkordlohn eines Fabrikarbeiters,

c) Bezugskosten für Rohstoffe, f) Kfz-Steuer.

c) und e)

471/4 Welche Zusammenhänge bestehen zwischen fixen Gesamtkosten, Beschäftigungsgrad und Stückkosten?

Die fixen Gesamtkosten verursachen bei steigendem Beschäftigungsgrad degressive Stückkostenanteile, bei sinkendem Beschäftigungsgrad progressive Stückkostenanteile.

471/5 Wie kann man die Kapazität ausdrücken bei der Herstellung von

a) Autos,   c) Getränken,   e) Stahlblechen,

b) Kleiderstoffen, d) Kunstdünger,   f) Sand und Kies?

a) Stückzahl

b) Stoffbahnen in m bzw. Rollen Stoff

c) Flaschen, Kisten, Fässer, Container, Paletten

d) m^3 oder Tonne

e) m^2, lfd. Meter

f) m^3 oder Tonne

471/6 Begründen Sie die besondere Krisenanfälligkeit von Betrieben mit hoher Fixkostenquote.

Bei sinkendem Beschäftigungsgrad verursachen die fixen Kosten steigende (progressive) Stückkostenanteile. Die am Markt erzielten Erlöse reichen nicht mehr aus, die Kosten zu decken. Laufende Zahlungsschwierigkeiten führen zur Zahlungsunfähigkeit und damit zur Insolvenz.

471/7 Eine Fahrradfabrik produziert im Monat durchschnittlich 2.000 Fahrräder vom Typ Standard. Die Gesamtkosten der Herstellung belaufen sich auf 400.000 EUR, die sich in 160.000 EUR fixe und 240.000 EUR variable Kosten aufteilen lassen.

a) Berechnen Sie die Stückkosten pro Fahrrad bei durchschnittlichen Produktionszahlen.

b) Wie viel EUR variable Stückkosten verursacht die Herstellung eines Fahrrades bei durchschnittlicher Produktion?

c) Stellen Sie fest, welchen Preis der Betrieb am Markt für ein Standardfahrrad mindestens erzielen muss, damit er keinen Verlust macht.

d) Wie viel EUR Gewinn pro Monat und wie viel EUR Gewinn pro Fahrrad erzielt der Betrieb bei durchschnittlicher Produktion, wenn die Fahrräder zu einem Preis von 250 EUR pro Stück abgesetzt werden können?

e) Wie hoch sind jeweils die Gesamtkosten der Herstellung, wenn

– wegen starker Nachfrage im Monat März 2.500 Fahrräder,

– wegen sinkender Nachfrage im November nur 1.600 Fahrräder produziert werden?

f) Auf welchen Betrag ändern sich im März und November jeweils die Stückkosten pro Fahrrad?

g) Welche Gewinne insgesamt und pro Fahrrad ergeben sich

– bei der Produktion von 2.500 Fahrrädern im März,

– bei der Produktion von 1.600 Fahrrädern im November?

h) Wegen der Anschaffung neuer Fabrikationsmaschinen ändern sich die fixen Kosten auf 260.000 EUR.

Welche Anzahl von Standardfahrrädern müsste hergestellt werden, damit sich die unter a) ermittelten durchschnittlichen Stückkosten pro Fahrrad nicht ändern?

a) $$k = \frac{K}{x} = \frac{400.000 \text{ EUR}}{2.000 \text{ St.}} = 200 \text{ EUR/St.}$$

b) $$k_v = \frac{K_v}{x} = \frac{240.000 \text{ EUR}}{2.000 \text{ St.}} = 120 \text{ EUR/St.}$$

c) Volle Kostendeckung, wenn ein Fahrrad für 200 EUR (vgl. a) verkauft wird.

d) Gewinn pro Fahrrad: 250 EUR – 200 EUR = 50 EUR

Gewinn pro Monat: 50 EUR/St. · 2.000 St. = 100.000 EUR

e) – Gesamtkosten der Märzproduktion:

$K_f + k_v \cdot x = 160.000$ EUR + 120 EUR/St. · 2.500 St. = <u>460.000 EUR</u>

– Gesamtkosten der Novemberproduktion:

= 160.000 EUR + 120 EUR/St. · 1.600 St. = <u>352.000 EUR</u>

f) – Stückkosten der Märzproduktion: $\dfrac{K}{x} = \dfrac{460.000 \text{ EUR}}{2.500 \text{ St.}} =$ 184 EUR/St.

– Stückkosten der Novemberproduktion: $\dfrac{352.000 \text{ EUR}}{1.600 \text{ St.}} =$ 220 EUR/St.

g) – Stückgewinn im März: 250 EUR – 184 EUR = <u>66 EUR</u>

– Gesamtgewinn im März: 66 EUR/St. · 2.500 St. = <u>165.000 EUR</u>

– Stückgewinn im November: 250 EUR – 220 EUR = <u>30 EUR</u>

– Gesamtgewinn im November: 30 EUR/St. · 1.600 St. = <u>48.000 EUR</u>

h) $k = \dfrac{K_f}{x} + k_v$ 200 EUR/St. $= \dfrac{260.000 \text{ EUR}}{x} + 120 \text{ EUR/St.}$

200 EUR/St. · x = 260.000 EUR + 120 EUR/St. · x

80 EUR/St. · x = 260.000 EUR

x = 3.250 Fahrräder

471/8 Ein Hersteller von Kosmetika hatte im Vorjahr eine Ausbringung von 15 Mio. Stück der Standardseife »belle blanche«.

Die Fixkosten für die Produktion dieser Seife beliefen sich auf 4,5 Mio. EUR, die variablen Kosten pro Stück betrugen 0,60 EUR. Der Beschäftigungsgrad des Unternehmens bewegte sich um 75 %.

In diesem Jahr lag die Kapazitätsausnutzung bei 90 %. Die Fixkosten insgesamt und die variablen Kosten pro Stück blieben konstant.

Die Seife konnte in beiden Jahren für 1,05 EUR pro Stück verkauft werden.

a) Berechnen Sie die Kosten für ein Stück Seife im Vorjahr und in diesem Jahr.

b) Berechnen Sie für beide Jahre die Gewinnschwelle, das Gewinnmaximum, das Stückkostenminimum.

a) Vorjahr:

$K = K_f + k_v \cdot x$

$K = 4.500.000,00$ EUR $+ 0,60$ EUR/St. $\cdot 15.000.000$ St.

$K = 13.500.000,00$ EUR

$k = K/x = 0,90$ EUR/St.

aktuelles Jahr:

$K = K_f + k_v \cdot x$

$K = 4.500.000,00$ EUR $+ 0,60$ EUR/St. $\cdot 18.000.000$ St.

$K = 15.300.000,00$ EUR

$k = K/x = 0,85$ EUR/St.

b) Gewinnschwelle:
(gilt für beide Jahre)

Vorjahr und aktuelles Jahr:

$K = E$

$4.500.000,00$ EUR $+ 0,60$ EUR/St.$\cdot x = 1,05$ EUR/St. $\cdot x$

$\underline{x = 10.000.000 \text{ St.}}$

Gewinnmaximum:
(gilt für beide Jahre)

$E - K = G_{max}$

$(e \cdot x) - (K_f + k_v \cdot x) = G_{max}$

$(1,05 \text{ EUR/St.} \cdot 20.000.000 \text{ St.}) - (4.500.000,00 \text{ EUR} + 0,60 \text{ EUR/St.} \cdot 20.000.000 \text{ St.}) = G_{max}$

$\underline{4.500.000,00 \text{ EUR} = G_{max}}$

Stückkostenminimum:
(gilt für beide Jahre)

$e - k = g_{max}$

$1,05$ EUR/St. $- 083$ EUR/St.
$= 0,23$ EUR/St.

$e - k = g_{max}$

Das Stückkostenminimum liegt ebenfalls an der Kapazitätsgrenze, weil der in den Stückkosten enthaltene Fixkostenanteil mit zunehmender Ausbringung immer kleiner wird. Minimale Stückkosten ergeben somit einen maximalen Stückgewinn.

c) $K = 4.500.000,00$ EUR $+ 0,60$ EUR/St. $\cdot 10.000.000$ St.
$K = 10.500.000,00$ EUR

$k = \dfrac{K}{x} = \dfrac{10.500.000,00 \text{ EUR}}{10.000.000,00 \text{ St.}} = 1,05$ EUR/St. $\Rightarrow k = e$

Das Unternehmen erzielt weder Gewinn noch Verlust, es wird an der Gewinnschwelle gearbeitet. Kurzfristig »lohnt« die Produktion, langfristig nicht.

d) $K = 4.500.000,00$ EUR $+ 0,60$ EUR/St. $\cdot 20.000.000$ St.

$K = 16.500.000,00$ EUR

$k = \dfrac{K}{x} = \dfrac{16.500.000,00 \text{ EUR}}{20.000.000 \text{ St.}} = 0,825$ EUR/St. $\triangleq 0,83$ EUR/St.

Der Gesamtgewinn beträgt in diesem Fall 4.400.000,00 EUR, da das Unternehmen an der Kapazitätsgrenze arbeitet (vgl. b).

472/9 Eine Fabrik, die Digitalfernseher herstellt, leidet unter Absatzschwund. Die Produktion des Standardfabrikats muss von monatlich 25.000 Stück auf 15.000 Stück reduziert werden. Für die Produktion des Standardgeräts belaufen sich die fixen Kosten auf insgesamt 20 Mio. EUR. Die variablen Gesamtkosten verringern sich durch die Produktionsreduzierung linear von 25 auf 20 Mio. EUR. Der Verkaufserlös pro Stück beträgt weiterhin 2.000 EUR.

a) Stellen Sie die alte und die neue Situation dar.

X-Achse: 5.000 Stück = 2 cm, insgesamt 10 cm; Y-Achse: 5 Mio. EUR = 1 cm, insgesamt 10 cm.

b) Markieren Sie die alte und die neue Gewinn-/Verlustzone.

c) Tragen Sie im Diagramm die alte und die neue Gewinnschwelle ein.

a) – c)

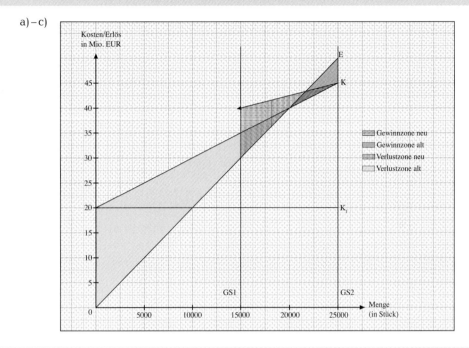

472/10 Ein mittelständisches Unternehmen stellt als Zulieferer Rollladen für den Fertighausbau her. Bei vollkommener Auslastung der vorhandenen Anlagen können 1.500 Standardrollladen je Monat produziert werden. Im Monat Januar entstanden dabei fixe Kosten in Höhe von 125.000,00 EUR und proportional-variable Stückkosten von 77,50 EUR. Der Verkaufspreis beträgt 200,00 EUR/Stück. Bisher wurde überwiegend maschinell gefertigt. Dabei erfolgte ein Großteil der Arbeit unter lohnintensiver Bearbeitung der Werkstücke.

a) Ermitteln Sie rechnerisch die Gewinnschwelle.

b) Berechnen Sie die Stückkosten für die Beschäftigungsgrade von 40 % bzw. 80 %.

Aufgrund des Preisdrucks durch die Fertighaushersteller ist die Unternehmensleitung gezwungen, kostengünstiger zu produzieren. Als Alternative zum bisherigen Fertigungsablauf wird eine Teilautomatisierung in Erwägung gezogen. Die Kapazität des Unternehmens könnte auf 1.800 Teile erhöht werde. Die fixen Kosten würden dabei auf 140.000,00 EUR steigen, die proportional-variablen Stückkosten jedoch gleichzeitig auf 60,00 EUR sinken. Der Verkaufspreis könnte auf 191,00 EUR/Stück gesenkt werden.

c) Warum ergeben sich bei der geplanten Teilautomatisierung höhere Fixkosten und gesunkene variable Kostenanteile?

d) Ermitteln Sie rechnerisch, ab welcher Ausbringungsmenge sich das neue Fertigungsverfahren lohnt.

e) Ermitteln Sie die Gewinnsituation vor und nach der Änderung des Fertigungsverfahrens, wenn eine Ausnutzung der bisherigen Kapazität geplant ist.

f) Entscheiden Sie begründet, welches Fertigungsverfahren zukünftig eingesetzt werden sollte.

a) K $= E$

$K_f + k_v \cdot x$ $= e \cdot x$

125.000,00 EUR + 77,50 EUR/St. $\cdot$ x = 200,00 EUR/St. $\cdot$ x

1.020,41 St. $= x$

Die Gewinnschwelle ist bei <u>1.021 Rollladen</u> erreicht.

b) Beschäftigungsgrad von 40 % $= 600$ St.

K = 125.000,00 EUR + 77,50 EUR/St. $\cdot$ 600 St. $= 171.500,00$ EUR

k = 171.500,00 EUR : 600 St. $= \underline{285,83 \text{ EUR/St.}}$

Beschäftigungsgrad von 80 % $= 1.200$ St.

K = 125.000,00 EUR + 77,50 EUR/St. $\cdot$ 1.200 St. = 218.000,00 EUR

k = 218.000,00 EUR : 1.200 St. $= \underline{181,67 \text{ EUR/St.}}$

c) Bei der geplanten Teilautomatisierung wird ein Teil der menschlichen Arbeitskraft durch maschinelle Arbeit ersetzt. Die Kosten der Anschaffung und Installation sowie weitere Anschaffungsnebenkosten sind unabhängig von der Höhe der Ausbringung und fallen als Abschreibungskosten auf jeden Fall an. Gleichzeitig fallen weniger Kosten für die menschliche Arbeit (variable Fertigungslöhne) an.

d) K $= E$

$K_f + k_v \cdot x$ $= e \cdot x$

140.000,00 EUR + 60 EUR/St. $\cdot$ x = 191,00 EUR/St. $\cdot$ x

1.068,70 St. $= x$

Die Gewinnschwelle für das neue Fertigungsverfahren liegt bei <u>1.069 Stück.</u>

e) Gewinnsituation vor Änderung des Fertigungsverfahrens:

$G = E - K$

$= (1.500 \text{ St.} \cdot 200,00 \text{ EUR/St.}) - (125.000,00 \text{ EUR} + 77,50 \text{ EUR/St.} \cdot 1.500 \text{ St.})$

$= 300.000,00 \text{ EUR} - 241.250,00 \text{ EUR}$

$= \underline{58.750,00 \text{ EUR}}$

Gewinnsituation *nach Änderung* des Fertigungsverfahrens:

$G = E - K$

$= (1.500 \text{ St.} \cdot 191 \text{ EUR/St.}) - (140.000,00 \text{ EUR} + 60,00 \text{ EUR/St.} \cdot 1.500 \text{ St.})$

$= 286.500,00 \text{ EUR} - 230.000,00 \text{ EUR}$

$= \underline{56.500,00 \text{ EUR}}$

f) Trotz niedrigen Gewinnes bei gleicher Ausbringung bietet sich das neue Fertigungsverfahren an. Außerdem wird es möglich, die Kapazität bei zusätzlichen Aufträgen auszuweiten. Eine Teilautomation kann zudem dazu führen, dass Tätigkeiten mit gleichbleibend hoher Präzision ausgeführt werden können.

11.5 Kosten- und Leistungsrechnung als Teilkostenrechnung (Deckungsbeitragsrechnung)

11.5.1 Einstufige und mehrstufige Deckungsbeitragsrechnung

11.5.2 Verwendung der Deckungsbeitragsrechnung bei unternehmerischen Entscheidungen

482/1 Welche der angegebenen Kostenarten sind zuzuordnen den

a) eindeutig variablen Kosten,

b) eindeutig fixen Kosten,

c) Mischkosten?

- Kosten des Rohstoffeinsatzes
- Gehälter
- Fertigungslöhne
- Sozialkosten
- Zinsen
- Raummieten
- Verpackungskosten
- Heizungs- und Beleuchtungskosten
- Wartungskosten
- Abschreibungen
- Werbekosten
- Energiekosten

a) eindeutig variable Kosten	b) eindeutig fixe Kosten	c) Mischkosten
– Kosten des Rohstoffeinsatzes – Verpackungskosten – Fertigungslöhne	– Abschreibungen – Raummieten – Gehälter – Zinsen	– Heizungs- und Beleuchtungskosten – Sozialkosten – Werbekosten – Wartungskosten – Energiekosten

483/2 Die Betriebsleitung stellt anhand der folgenden Tabelle fest, dass das Ausmaß des Werbeetats von direktem Einfluss auf die Höhe des Absatzes ist:

Werbekosten in TEUR	50	57	68	89	96	112
Absatz in Stück	2.000	2.400	4.000	5.600	6.800	8.000

Ermitteln Sie den in allen Werbekostenblocks enthaltenen Fixkostenanteil mittels der statistisch-bildlichen Zerlegung.

Diagrammmaße: Y-Achse: 10.000 EUR = 0,5 cm   X-Achse: 400 Stück = 0,5 cm

Werbekosten
in TEUR

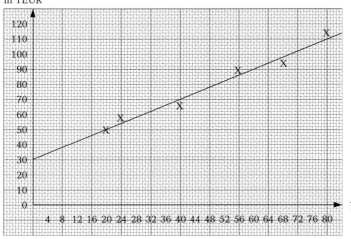

Der Fixkostenanteil liegt bei **30.000 EUR.**

215

483/3 Die Energiekosten betragen bei einer monatlichen Erzeugnisausbringung von 50.000 Stück insgesamt 120.000 EUR. Eine Steigerung der Ausbringung auf 70.000 Stück verursacht Energiekosten von insgesamt 150.000 EUR.

Berechnen Sie den in den Energiekosten enthaltenen Fixkostenanteil auf mathematischem Wege.

$$\frac{K_2 - K_1}{x_2 - x_1} = \frac{150.000,00 \text{ EUR} - 120.000,00 \text{ EUR}}{70.000 \text{ Stück} - 50.000 \text{ Stück}} = \frac{30.000,00 \text{ EUR}}{20.000 \text{ Stück}} = 1,50 \text{ EUR/St.} = k_v$$

$$K \quad - \quad k_v \quad \cdot \quad x \quad = \quad K_f$$

150.000,00 EUR – 1,50 EUR/St. · 70.000 St. = 45.000,00 EUR fixe Kosten, oder
120.000,00 EUR – 1,50 EUR/St. · 50.000 St. = 45.000,00 EUR fixe Kosten

---

483/4 a) Berechnen Sie die Zuschlagssätze für die variablen Gemeinkosten eines Fertigungsbetriebes anhand der folgenden im BAB ermittelten Gemeinkostensummen:

Kostenstellen	Summe der variablen Kosten in EUR	Summe der fixen Kosten in EUR
Allgemeine Kostenstelle	240.000	300.000
Materialstelle	96.000	53.000
Fertigungshauptstelle I	114.000	1.081.000
Fertigungshauptstelle II	261.000	966.000
Fertigungshilfsstelle	200.000	151.000
Verwaltungsstelle	129.960	360.000
Vertriebsstelle	169.950	344.000

Zuschlagsgrundlagen:

Fertigungsmaterial 1.325.000 EUR, Fertigungslöhne I 250.000 EUR, Fertigungslöhne II 240.000 EUR

Die Kosten der Allgemeinen Kostenstelle sind in gegebener Reihenfolge auf die nachfolgenden Kostenstellen im Verhältnis 1 : 9 : 6 : 2 : 3 : 3 zu verteilen.

Die Kosten der Fertigungshilfsstelle sind auf die Hauptstellen I mit 55 % und II mit 45 % umzulegen.

b) Die in Rechnung gestellten Verkaufspreise (Beträge ohne Umsatzsteuer) belaufen sich in der Abrechnungsperiode auf insgesamt 6.976.000 EUR.

Als Erlösschmälerungen sind 5 % abzuziehen.

Die Beträge für die fixen und variablen Kosten ergeben sich aus der Lösung der Teilaufgabe a).

Berechnen Sie mittels der Kostenträgerzeitrechnung den Deckungsbeitrag der Abrechnungsperiode und das Betriebsergebnis.

c) Kalkulieren Sie mit den nach Teilaufgabe a) ermittelten Zuschlagssätzen den Deckungsbeitrag eines Produktes, dessen Herstellung 500 EUR Materialeinzelkosten, 100 EUR Fertigungslöhne I und 80 EUR Fertigungslöhne II verursacht.

Das Produkt kann auf dem Markt zu einem Rechnungspreis von 1.500 EUR (Betrag ohne Umsatzsteuer) unter Abzug von 3 % Skonto verkauft werden.

a)

(Beträge in EUR)	Allgemeine Kostenstelle	Material-kostenstelle	Fertigungs-hauptstelle I	Fertigungs-hauptstelle II	Fertigungs-hilfsstelle	Verwaltungsstelle	Vertriebsstelle
Summe der variablen Gemeinkosten	240.000	96.000	114.000	261.000	200.000	129.960	169.950
Umlage der Allgemeinen Kostenstelle		10.000	90.000	60.000	20.000 / 220.000	30.000	30.000
Umlage der Fertigungs-hilfsstelle			121.000	99.000			
variable Gemeinkosten		106.000	325.000	420.000		159.960	199.950
Zuschlagsgrundlagen:							
Fertigungsmaterial Fertigungslöhne I Fertigungslöhne II	1.325.000	250.000	240.000				
variable Herstellkosten	1.431.000 +	575.000 +	660.000 =			2.666.000	2.666.000
Zuschlagssätze der variablen Gemeinkosten		8,0 %	130,0 %	175,0 %		6,0 %	7,5 %

b)

In Rechnung gestellte Verkaufspreise (ohne USt.)		6.976.000 EUR
– 5,0 % Erlösschmälerungen		348.800 EUR
= Barverkaufserlöse		6.627.200 EUR
– variable Leistungskosten:		
Einzelkosten	1.815.000 EUR	
Gemeinkosten	1.210.910 EUR	3.025.910 EUR
= Deckungsbeitrag der Abrechnungsperiode		3.601.290 EUR
– fixe Gesamtkosten		3.255.000 EUR
= Betriebsgewinn		346.290 EUR

c) **1. Schritt: Berechnung der variablen Leistungs- oder Selbstkosten:**

Fertigungsmaterial	500,00 EUR	
+ variable MGK 8,0 %	40,00 EUR	540,00 EUR
Fertigungslöhne I	100,00 EUR	
+ variable FGK I 130,0 %	130,00 EUR	
Fertigungslöhne II	80,00 EUR	
+ variable FGK II 175,0 %	140,00 EUR	450,00 EUR
= variable Herstellkosten		990,00 EUR
+ variable Verw.-GK 6,0 %		59,40 EUR
+ variable Vertr.-GK 7,5 %		74,25 EUR
= variable Leistungs- oder Selbstkosten		1.123,65 EUR

2. Schritt: Berechnung des Deckungsbeitrages:

Rechnungspreis (ohne USt.)	1.500,00 EUR
– 3,0 % Skonto	45,00 EUR
= Barverkaufserlöse	1.455,00 EUR
– variable Leistungskosten	1.123,65 EUR
= Deckungsbeitrag	331,35 EUR

484/5 Inwiefern ermöglicht eine mehrstufige Deckungsbeitragsrechnung mit Erzeugnis- und Unternehmensfixkosten bessere Produktionsentscheidungen?

Durch die mehrstufige Deckungsbeitragsrechnung erfolgt eine verursachungsgerechte Verteilung von Fixkostenanteilen auf verschiedene Erzeugnisse und Erzeugnisgruppen. Die unterschiedliche Höhe der für die verschiedenen Erzeugnisse verbleibenden Deckungsbeiträge 2 gibt den Ausschlag für Produktionsentscheidungen und Produktionsvorrangigkeiten (-prioritäten).

484/6 Eine Gemüsekonservenfabrik produziert in Blechdosen die Hülsenfrüchte Erbsen, Bohnen und Linsen. Produktionsengpässe ergeben sich bei der Verarbeitung von Massenanlieferungen zur Erntezeit. Deshalb ist in dieser Zeit eine Produktionsrangfolge nach der Höhe der erzielbaren Deckungsbeiträge einzuhalten. Zu dieser Berechnung stehen folgende Daten zur Verfügung:

	Erbsen	Bohnen	Linsen
erzielbare Barverkaufserlöse	2,00 EUR	1,80 EUR	2,40 EUR
variable Kosten	1,00 EUR	0,85 EUR	1,20 EUR

Das Enthülsen, Reinigen und Sortieren der Früchte erfolgt in einer mit Spezialmaschinen ausgerüsteten Betriebshalle. Dabei ergeben sich folgende Durchlaufzeiten:

30 Minuten pro Tonne Erbsen, 25 Minuten pro Tonne Bohnen, 40 Minuten pro Tonne Linsen.

Der Inhalt einer Konservendose entspricht dem Frischgewicht von 1 kg jeder Hülsenfruchtart.

a) Berechnen Sie die absoluten Deckungsbeiträge pro Dose und stellen Sie nach den Ergebnissen eine Produktionsrangfolge auf.

b) Berechnen Sie die relativen Deckungsbeiträ ge pro Engpasseinheit und eine sich ergebende Änderung der Produktionsrangfolge.

a)

Dosen-produkte	erzielbare Barverkaufs-erlöse pro Dose	variable Kosten pro Dose	absolute Deckungs-beiträge pro Dose	Produktionsrang-folge nach der Höhe der absoluten db
Erbsen	2,00 EUR	1,00 EUR	1,00 EUR	2.
Bohnen	1,80 EUR	0,85 EUR	0,95 EUR	3.
Linsen	2,40 EUR	1,20 EUR	1,20 EUR	1.

b)

Dosen-produkte	absolute Deckungs-beiträge pro Dose	Durchlauf-zeiten pro t im Engpass	Dosen-material pro Stunde	Deckungs-beiträge pro Stunde	Produktions-rangfolge nach der Höhe der relativen db
Erbsen	1,00 EUR	30 Min.	2.000 kg	2.000 EUR	2.
Bohnen	0,95 EUR	25 Min.	2.400 kg	2.280 EUR	1.
Linsen	1,20 EUR	40 Min.	1.500 kg	1.800 EUR	3.

484/7 Ein Produzent von Wandfliesen stellt zurzeit pro Monat her:

2.500 m² Fliesen, Serie A, Modell AK,   1.200 m² Fliesen, Serie B, Modell BR,

2.000 m² Fliesen, Serie A, Modell AL,   2.400 m² Fliesen, Serie B, Modell BX.

Die Gesamtkosten der Produktion belaufen sich auf 330.240 EUR monatlich. Für die Deckungsbeitragsrechnung ergeben sich folgende Daten:

Fliesenmodelle	Barverkaufserlöse pro m²	variable Kosten pro m²
AK	36,00 EUR	24,40 EUR
AL	32,40 EUR	22,60 EUR
BR	60,00 EUR	48,00 EUR
BX	50,60 EUR	40,00 EUR

a) Berechnen Sie die absoluten Deckungsbeiträge pro m² und markieren Sie die Produktionsrangfolge.

b) Ermitteln Sie das Betriebsergebnis.

a)

Fliesenmodelle	AK	AL	BR	BX
Stückdeckungsbeiträge	11,60 EUR	9,80 EUR	12,00 EUR	10,60 EUR
Produktionsrangfolge	2.	4.	1.	3.

b)   2.500 m² · 11,60 EUR/m² =   29.000 EUR
       2.000 m² · 9,80 EUR/m² =   19.600 EUR

       1.200 m² · 12,00 EUR/m² =   14.400 EUR

       2.400 m² · 10,60 EUR/m² =   25.440 EUR   88.440 EUR

− fixe Kosten insgesamt (Gesamtkosten 330.240 EUR -
    variable Kosten AK 61.000 EUR, AL 45.200 EUR, BR 57.600 EUR,
    BX 96.000 EUR)   70.440 EUR

= Betriebsergebnis (Gewinn)   18.000 EUR

484/8 Die KÜHLsys GmbH produziert im Bereich Deckenkühlgeräte die drei Zusatzaggregate »DKG Z100«, »DKG Z200« und »DKG Z300«. Für die letzte Abrechnungsperiode liegen folgende Daten vor:

Zusatzaggregat	Stückerlös	variable Stückkosten	geplante Menge	Produktionszeit je Stück
DKG Z100	240,00 EUR	180,00 EUR	600 Stück	6 Stunden
DKG Z200	420,00 EUR	300,00 EUR	400 Stück	20 Stunden
DKG Z300	500,00 EUR	332,00 EUR	360 Stück	24 Stunden

a) Ermitteln Sie den gesamten Deckungsbeitrag der drei Zusatzaggregate, wenn die geplanten Mengen produziert und abgesetzt werden.

b) Durch Rationalisierungsmaßnahmen kann das Unternehmen weitere 1.200 Fertigungsstunden für die Produktion der Zusatzaggregate bereitstellen. Bestimmen Sie die Rangfolge und die Stückzahl für die Mehrproduktion, wenn alle geplanten Mengen abgesetzt werden können. Berechnen Sie den neuen maximal möglichen Deckungsbeitrag.

c) Die verfügbaren Fertigungsstunden müssen um 5.320 Stunden gekürzt werden. Berechnen Sie den gesamten Deckungsbeitrag der drei Zusatzaggregate, wenn man den absoluten Deckungsbeitrag bzw. den relativen Deckungsbeitrag verwendet.

a)

Zusatz-aggregat	e	k_{var}	db	abgesetzte Menge	DB je Aggregat und DB
DKG Z100	240 EUR	180 EUR	60 EUR	600 Stück	36.000 EUR
DKG Z200	420 EUR	300 EUR	120 EUR	400 Stück	48.000 EUR
DKG Z300	500 EUR	332 EUR	168 EUR	360 Stück	60.480 EUR
Summe					144.480 EUR

b)

Zusatz-aggregat	db	Rang absoluter db	Produktions-zeit	relativer db	Rang relativer db
DKG Z100	60 EUR	3	6 Stunden	10 EUR	1
DKG Z200	120 EUR	2	20 Stunden	6 EUR	3
DKG Z300	168 EUR	1	24 Stunden	7 EUR	2

Die zusätzlichen 1.200 Fertigungsstunden werden für das Zusatzaggregat DKG Z100 verwendet, weil es den höchsten relativen Deckungsbeitrag besitzt.

$$\frac{\text{zusätzliche}}{\text{Menge DKG Z100}} = \frac{\text{zusätzliche Kapazität}}{\substack{\text{Produktionszeit je Stück} \\ \text{DKG Z100}}} = \frac{1.200 \text{ Stunden}}{6 \text{ Stunden/Stück}} = 200 \text{ Stück}$$

Deckungsbeitrag alt	144.480 EUR
+ zusätzlicher Deckungsbeitrag DKG Z100 200 Stück · 60 EUR/Stück	12.000 EUR
= Deckungsbeitrag neu	156.480 EUR

c) – Berechnung mit absolutem Deckungsbeitrag als Entscheidungsgröße:

Zusatz-aggregat	Rang	abgesetzte Menge	Produktions-zeit	bisherige Stunden-anzahl	neue Stunden-anzahl	DB je Aggregat und DB
DKG Z100	3	600 Stück	6 Std.	3.600 Std.	0 Std.	0 EUR
DKG Z200	2	400 Stück	20 Std.	8.000 Std.	6.280 Std.	37.680 EUR
DKG Z300	1	360 Stück	24 Std.	8.640 Std.	8.640 Std.	60.480 EUR
			Summe	20.240 Std.	14.920 Std.	98.160 EUR
			Kürzung	5.320 Std.		
		neue Stundenzahl	14.920 Std.			

– Berechnung mit relativem Deckungsbeitrag als Entscheidungsgröße:

Zusatz-aggregat	Rang	abgesetzte Menge	Produk-tionszeit	bisherige Stunden-anzahl	neue Stunden-anzahl	DB je Aggregat und DB
DKG Z100	1	600 Stück	6 Std.	3.600 Std.	3.600 Std.	36.000 EUR
DKG Z200	3	400 Stück	20 Std.	8.000 Std.	2.680 Std.	16.080 EUR
DKG Z300	2	360 Stück	24 Std.	8.640 Std.	8.640 Std.	60.480 EUR
			Summe	20.240 Std.	14.920 Std.	112.560 EUR
			Kürzung	5.320 Std.		
		neue Stundenzahl		14.920 Std.		

485/9 Ein Unternehmen zur Herstellung von Mountainbikes produziert einen exklusiven Rahmen für ein Extrem-Outdoor-Bike. Dieser Rahmen wird zum Nettopreis von 698,00 EUR an den Fahrradfachhandel verkauft.

Die Stückkosten betragen 650,00 EUR bei einer Kapazitätsauslastung von 60 %. Die monatliche Gesamtkapazität liegt bei 800 Stück.

Ein Großkunde stellt dem Unternehmen einen Großauftrag in Aussicht, der den Beschäftigungsgrad auf absehbare Zeit um 15 % erhöhen würde. Allerdings will der Kunde nur 620,00 EUR bezahlen.

Die Kostensituation im Unternehmen stellt sich für den Rahmen wie folgt dar: Die monatlichen Fixkosten betragen 52.800,00 EUR, die variablen Kosten je Rahmen betragen 540,00 EUR.

a) Ermitteln Sie für den Zusatzauftrag den Gewinn bzw. den Verlust je Rahmen beim Einsatz der Vollkostenrechnung.

b) Bestimmen Sie den Deckungsbeitrag je Rahmen, wenn der Zusatzauftrag angenommen wird.

c) Wie hoch ist der Gesamtgewinn bzw. Gesamtverlust je Rahmen, wenn das Unternehmen den Auftrag annimmt bzw. ihn ablehnt?

d) Begründen Sie eine Entscheidung des Unternehmens.

a)

	e	620 EUR
–	k	650 EUR
=	v	30 EUR

b)

	e	620 EUR
–	k_v	540 EUR
=	db	80 EUR

c)

		bisherige Situation	Zusatzauftrag
	e	698 EUR/Stück	620 EUR/Stück
–	k_v	540 EUR/Stück	540 EUR/Stück
=	db	158 EUR/Stück	80 EUR/Stück
·	Absatzmenge (x)	480 Stück	72 Stück
=	DB	75.840 EUR	5.760 EUR
=	DB_{gesamt}	81.600 EUR	
–	K_f		52.800 EUR
=	G		28.800 EUR

d) – Das Unternehmen sollte den Zusatzauftrag annehmen, weil er einen positiven Deckungsbeitrag erwirtschaftet. Er trägt damit zur Deckung der fixen Kosten bei. Das bedeutet Zusatzgewinn, da die Fixkosten bereits in der bisherigen Situation abgedeckt sind.

   – Zusatzeffekt: Durch den Zusatzauftrag erhöht sich der Beschäftigungsgrad. Dadurch sinken die Stückkosten (Gesetz der Massenproduktion). Bei gleichem Absatz erhöht sich damit der Gewinn.

485/10 Die Abteilung Controlling eines Unternehmens zur Herstellung von Beleuchtungsprodukten hat es mit folgenden Daten zu tun:

	Produkt »Stehleuchte«	Produkt »Hängeleuchte«
Bruttoverkaufspreis	850,00 EUR	940,00 EUR
Produktionsmenge	1.400 Stück	2.600 Stück
Absatzmenge	1.400 Stück	2.600 Stück
Kundenrabatt	10 %	12 %
Kundenskonto	3 %	2 %
Vertreterprovision	5 %	7 %
variable Kosten je Stück	560,00 EUR	604,00 EUR
fixe Kosten*	197.000,00 EUR	

* Die fixen Kosten werden bei Bedarf im Verhältnis der Produktionsmengen aufgeteilt.

a) Wie hoch ist der Deckungsbeitrag für jedes Produkt?

b) Bestimmen Sie das Betriebsergebnis.

c) Welche kurz- bzw. langfristige Preisuntergrenze könnte die Unternehmensleitung jeweils für die Produkte festlegen?

a)

		Produkt »Stehleuchte«		Produkt »Hängeleuchte«
Nettoverkaufspreis		850,00 EUR		940,00 EUR
– Kundenrabatt	10 %	85,00 EUR	12 %	112,80 EUR
= Zielverkaufspreis		765,00 EUR		827,20 EUR
– Vertreterprovision	5 %	38,25 EUR	7 %	57,90 EUR
– Kundenskonto	3 %	22,95 EUR	2 %	16,54 EUR
= Barverkaufspreis = e		703,80 EUR		752,76 EUR
– k_v		560,00 EUR		604,00 EUR
= db		143,80 EUR		148,76 EUR

b)

		Produkt »Stehleuchte«	Produkt »Hängeleuchte«
· Absatzmenge (x)		1.400 Stück	2.600 Stück
= DB		201.320,00 EUR	386.776,00 EUR
DB_{gesamt}			588.096,00 EUR
– K_f			197.000,00 EUR
= Betriebsergebnis (Gewinn)			391.096,00 EUR

c) kurzfristige Preisuntergrenze = k_v:

Stehleuchte = 560,00 EUR

Hängeleuchte = 604,00 EUR

langfristige Preisuntergrenze = k:

	Produkt »Stehleuchte«	Produkt »Hängeleuchte«
$K_v = k_v \cdot x$	784.000 EUR	1.570.400 EUR
+ K_f (im Verhältnis verteilt)	68.950 EUR	128.050 EUR
= K	852.950 EUR	1.698.450 EUR
x	1.400 Stück	2.600 Stück
= k	609,25 EUR/Stück	653,25 EUR/Stück

486/11 **Ein Elektrounternehmen hat freie Kapazitäten und steht vor der Entscheidung, ob ein möglicher Zusatzauftrag des Schaltmoduls II mit 210 Stück und einem Preis von 360,00 EUR infrage kommt. Für diese Entscheidung stehen folgende Daten zur Verfügung:**

	Schaltmodul I	Schaltmodul II
Fertigungskapazität	1.800 Stück	2.400 Stück
Absatzmenge	1.400 Stück	1.900 Stück
Nettoverkaufserlöse	396,00 EUR	540,00 EUR
variable Stückkosten	224,00 EUR	240,00 EUR
fixe Kosten	300.000,00 EUR	

Begründen Sie rechnerisch, ob sich die Annahme des Zusatzauftrages für das Unternehmen lohnt.

Kostensituation mit Zusatzauftrag:

	Schaltmodul I	Schaltmodul II	Zusatzauftrag
e	396 EUR	540 EUR	360 EUR
− k_v	224 EUR	240 EUR	240 EUR
= db	172 EUR	300 EUR	120 EUR
· Absatzmenge (x)	1.400 Stück	1.900 Stück	210 Stück
= DB	240.800 EUR	570.000 EUR	25.200 EUR

= DB_{gesamt}	836.000 EUR
− K_f	300.000 EUR
= G	536.000 EUR

Kostensituation ohne Zusatzauftrag:

DB_{gesamt}	836.000 EUR – 25.200 EUR =	810.800 EUR
− K_f		300.000 EUR
= G		510.800 EUR

Die Annahme des Zusatzauftrages lohnt sich für das Unternehmen, weil ansonsten der Gewinn um 25.200 EUR geringer ausfallen würde.

486/12 Die Abteilung Absatzcontrolling steht vor der Aufgabe, ein Produktionsprogramm zusammenzustellen. Dafür liegen Ihnen folgende Daten vor:

Produkt	I	II	III	IV	V
möglicher Absatz in Stück	40.000	55.000	50.000	45.000	30.000
erwarteter Verkaufspreis in EUR	24,00	30,00	18,00	20,00	16,00
variable Stückkosten in EUR	12,00	26,00	10,00	12,00	10,00
Unternehmensfixkosten in EUR	525.000				

Im Kundenbereich sind 2 % Kundenskonto und 20 % Wiederverkäuferrabatt vorgesehen.

a) Welches Produktionsprogramm wird zusammengestellt?

b) Berechnen Sie den Gewinn bzw. Verlust bei dem ermittelten Produktionsprogramm.

c) Ermitteln Sie das Produkt, für das sich besondere Anstrengungen im Absatzbereich lohnen würden. Welchen Stellenwert nehmen die übrigen Produkte ein?

a)

	I	II	III	IV	V
e	24 EUR	30 EUR	18 EUR	20 EUR	16 EUR
$- k_v$	12 EUR	26 EUR	10 EUR	12 EUR	10 EUR
= db	12 EUR	4 EUR	8 EUR	8 EUR	6 EUR

Produktionsprogramm: I, III oder IV, V, II (Reihenfolge nach Höhe des db).
Da kein Engpass vorliegt, können alle Produkte mit der möglichen Absatzzahl produziert werden.

b)

	I	II	III	IV	V
= db	12 EUR	4 EUR	8 EUR	8 EUR	6 EUR
· Absatzmenge (x)	40.000 St.	55.000 St.	50.000 St.	45.000 St.	30.000 St.
= DB	480.000 EUR	220.000 EUR	400.000 EUR	360.000 EUR	180.000 EUR
= DB_{gesamt}	1.640.000 EUR				
$- K_f$	525.000 EUR				
= G	1.115.000 EUR				

c)

Alle Werte in EUR	I	III	IV	V	II
e	24,00	18,00	20,00	16,00	30,00
+ Kundenskonto 2 %	0,49	0,37	0,41	0,33	0,61
= ZVP	24,49	18,37	20,41	16,33	30,61
+ Rabatt 20 %	6,12	4,59	5,10	4,08	7,65
= NVP	30,61	22,96	25,51	20,41	38,26

Besondere Anstrengungen im Absatzbereich lohnen sich für das Produkt II.
Die weitere Reihenfolge wäre dann I, IV, III, V.

486/13 In einem Tochterunternehmen der KÜHLsys GmbH werden für die selbstproduzierten Außenanlagen drei Sorten von Speziallack hergestellt. Aus der Controlling-Abteilung liegen folgende Daten vor:

	Touch	Dip	Dunken
Erlöse je Einheit	120,00 EUR	140,00 EUR	200,00 EUR
variable Kosten je Einheit	56,00 EUR	68,00 EUR	100,00 EUR
Absatzmenge	4.240 Stück	4.600 Stück	5.200 Stück

Alle drei Lackarten durchlaufen eine DV-gesteuerte Mischmaschine. Touch benötigt 16 Minuten, Dip 12 Minuten und Dunken beansprucht 20 Minuten. Die Mischmaschine steht für 3.360 Stunden je Abrechnungszeitraum zur Verfügung. Die fixen Kosten des Produktes Speziallack belaufen sich auf 370.400,00 EUR.

Ermitteln Sie

a) die Deckungsbeiträge je Minute,

b) die Produktionsrangfolge der Speziallacksorten,

c) das gewinnmaximale Produktionsprogramm mit Betriebsergebnis.

d) Von der Sorte Dunken werden nur noch 2.600 Einheiten abgenommen. Es kann aber auf die anderen Sorten ausgewichen werden. Gestalten Sie das Produktionsprogramm und berechnen Sie das Betriebsergebnis.

a) und b)

Speziallacksorten	e	k_v	db	abgesetzte Menge	Zeit	rel. db	Rang
Touch	120 EUR	56 EUR	64 EUR	4.240 Stück	16 Minuten	4 EUR	3
Dip	140 EUR	68 EUR	72 EUR	4.600 Stück	12 Minuten	6 EUR	1
Dunken	200 EUR	100 EUR	100 EUR	5.200 Stück	20 Minuten	5 EUR	2

c) verfügbare Gesamtzeit: 3.360 Stunden · 60 Minuten = 201.600 Minuten

Speziallacksorten	benötigte Zeit	db	abgesetzte Menge	DB
Touch	42.400 Minuten	64 EUR	2.650 Stück	169.600 EUR
Dip	55.200 Minuten	72 EUR	4.600 Stück	331.200 EUR
Dunken	104.000 Minuten	100 EUR	5.200 Stück	520.000 EUR
Summen	201.600 Minuten			1.020.800 EUR
			– Fixkosten	370.400 EUR
			Betriebsergebnis	650.400 EUR

d) *) rundungsbedingte Abweichung

Speziallacksorten	benötigte Zeit	db	abgesetzte Menge	DB
Touch	42.400 Minuten	64 EUR	2.650 Stück	169.600 EUR
Dip	107.200 Minuten	72 EUR	8.933 Stück*)	643.176 EUR
Dunken	52.000 Minuten	100 EUR	2.600 Stück	260.000 EUR
Summen	201.600 Minuten			1.072.776 EUR
			– Fixkosten	370.400 EUR
			Betriebsergebnis	702.376 EUR

487/14 Ein Zulieferunternehmen der Automobilindustrie setzt von seinen vier Produkten jeweils 2.000 Stück ab. Die Kostenauflösung bei den vier Produkten ergab folgendes Bild:

	Produkt I	Produkt II	Produkt III	Produkt IV
Stückerlös	180,00 EUR	84,00 EUR	112,00 EUR	34,00 EUR
variable Kosten	140,00 EUR	64,00 EUR	80,00 EUR	24,00 EUR

Die fixen Kosten belaufen sich im entsprechenden Zeitraum auf 160.000,00 EUR. Darüber hinaus liegen noch folgende Daten vor:

	Fertigungsstelle 1	Fertigungsstelle 2	Fertigungsstelle 3
Kapazität	80.000 Stunden	84.000 Stunden	56.000 Stunden
zeitliche Beanspruchung für eine Einheit			
Produkt I	14 Stunden	12 Stunden	14 Stunden
Produkt II	6 Stunden	6 Stunden	4 Stunden
Produkt III	10 Stunden	12 Stunden	8 Stunden
Produkt IV	8 Stunden	4 Stunden	10 Stunden

a) Bestimmen Sie das gewinnmaximale Produktionsprogramm und das entsprechende Betriebsergebnis.

b) Stellen Sie das veränderte Betriebsergebnis dar, wenn vom Produkt IV unbedingt 2.000 Stück zu liefern sind.

a) – Ermittlung des relativen Deckungsbeitrages:

Produkte	e	k_{var}	db	Zeit	rel. db	Rang
Produkt I	180 EUR	140 EUR	40 EUR	40 Stunden	1,00 EUR	3
Produkt II	84 EUR	64 EUR	20 EUR	16 Stunden	1,25 EUR	1
Produkt III	112 EUR	80 EUR	32 EUR	30 Stunden	1,07 EUR	2
Produkt IV	34 EUR	24 EUR	10 EUR	22 Stunden	0,46 EUR	4

– Ermittlung des gewinnmaximalen Produktionsprogramms und des Betriebsergebnisses:

Produkte	Menge	Stundenzahl in Fertigungsstelle 1	Fertigungsstelle 2	Fertigungsstelle 3	DB
Produkt I	2.000 Stück	28.000 Stunden	24.000 Stunden	28.000 Stunden	80.000 EUR
Produkt II	2.000 Stück	12.000 Stunden	12.000 Stunden	8.000 Stunden	40.000 EUR
Produkt III	2.000 Stück	20.000 Stunden	24.000 Stunden	16.000 Stunden	64.000 EUR
Produkt IV	400 Stück	3.200 Stunden	1.600 Stunden	4.000 Stunden	4.000 EUR
Summe	6.400 Stück	63.200 Stunden	61.600 Stunden	56.000 Stunden	188.000 EUR
				– Fixkosten	160.000 EUR
				Betriebsergebnis	28.000 EUR

b) Ermittlung des gewinnmaximalen Produktionsprogramms und des Betriebsergebnisses, wenn von Produkt IV 2.000 Stück produziert werden müssen:

| Produkte | Menge | Stundenzahl in | | | DB |
		Fertigungsstelle 1	Fertigungsstelle 2	Fertigungsstelle 3	
Produkt I	857 Stück	11.998 Stunden	10.284 Stunden	11.998 Stunden	34.280 EUR
Produkt II	2.000 Stück	12.000 Stunden	12.000 Stunden	8.000 Stunden	40.000 EUR
Produkt III	2.000 Stück	20.000 Stunden	24.000 Stunden	16.000 Stunden	64.000 EUR
Produkt IV	2.000 Stück	16.000 Stunden	8.000 Stunden	20.000 Stunden	20.000 EUR
Summe	6.857 Stück	59.998 Stunden	54.284 Stunden	56.000 Stunden	158.280 EUR
				– Fixkosten	160.000 EUR
				Betriebsergebnis	– 1.720 EUR

11.6 Zusammenhänge der Kostenrechnung

12 Das Unternehmen

12.1 Rechtliche Rahmenbedingungen für die Gründung

496/1 Begründen Sie, warum der Grundsatz der Gewerbefreiheit nicht uneingeschränkt gelten kann.

Es gilt, die Öffentlichkeit zu schützen vor

– Gefährdungen des Lebens oder der Gesundheit, z. B. beim Verkauf von Arznei- und Lebensmitteln,

– Vermögensschäden, z. B. beim Abschluss von Kredit- oder Versicherungsverträgen.

496/2 Nennen Sie Beispiele für Betriebsgründungen, die
a) genehmigungspflichtig sind,
b) einen Sachkundenachweis erfordern.

a) Privatkrankenhäuser, Banken, Gastwirtschaften, Spielhallen

b) Lebensmitteleinzelhandel, Apotheken, Drogerien

496/3 Suchen Sie Vorschriften aus Gesetzen, die dem Umweltschutz dienen.

Beispiele:

– Bundes-Immissionsschutzgesetz: Genehmigung von sogenannten lästigen Anlagen (Zementwerke, Gießereien)

– Gesetz über die friedliche Verwendung der Kernenergie und den Schutz gegen ihre Gefahren (ergänzt durch Strahlenschutzverordnung des Bundes)

– Strafgesetzbuch (§§ 324–330): Die Verunreinigung von Gewässern, Luft und Boden ist strafbar.

– Gesetz über die Umweltverträglichkeitsprüfung (UVPG)

– Umweltauditgesetz (UAG)

– Kreislaufwirtschaftsgesetz (KrWG)

– Chemikaliengesetz (ChemG)

– Umwelthaftungsgesetz (UmweltHG)

– Bundes-Bodenschutzgesetz (BbodSchG)

– Abfallverbringungsgesetz (AbfVerbrG)

– Benzinbleigesetz (BzBlG)

– Abwasserabgabengesetz (AbwAG)

496/4 Warum regelt das Handelsgesetzbuch in den §§ 1, 2, 3, 5 und 6 die Kaufmannseigenschaft?

Das HGB enthält Rechtsvorschriften für Kaufleute. Es muss deshalb zunächst festgelegt werden, wer Kaufmann im Sinne des HGB ist.

496/5 Begründen Sie, ob es sich bei den folgenden Personen bzw. Unternehmen um Kaufleute handelt:

a) Inhaber eines Elektroinstallationsgeschäftes mit zwei Verkaufsfilialen,

b) Vorstandsmitglied einer Aktiengesellschaft,

c) Prokurist einer Großbank,

d) Inhaber eines Zeitungskiosks,

e) zwei Landwirte, die gemeinsam eine Hühnerfarm betreiben,

f) Inhaber einer Autovermietung,

g) Forschungsgesellschaft m.b.H.

a) Ja. Aufgrund der Verkaufsfilialen, in denen Waren angeschafft und weiterveräußert werden (Istkaufmann, § 1 (2) HGB). Sofern der Gewerbebetrieb über den Umfang des Kleingewerbes hinausgeht, ist der Inhaber Kaufmann.

Handwerkliche Installationsarbeit in Gebäuden führt nur über § 2 HGB zur Kaufmannseigenschaft.

b) Nein. Leitender Angestellter (Handlungsgehilfe); Aktiengesellschaft als juristische Person besitzt Eigenschaft des Formkaufmanns.

c) Nein. Leitender Angestellter (Handlungsgehilfe); Bank betreibt einen in kaufmännischer Weise eingerichteten Gewerbebetrieb, Istkaufmann.

d) Möglich. Kleingewerbetreibender, mit Eintragung ins Handelsregister erwirbt man Kaufmannseigenschaft als Kannkaufmann, § 2 HGB.

e) Möglich. Wenn die beiden Landwirte sich in das Handelsregister eintragen lassen, Kannkaufleute, §§ 2, 3 HGB; ansonsten Kleingewerbetreibende.

f) Ja. Kaufmännisch eingerichteter Gewerbebetrieb, Istkaufmann, § 1 (2) HGB.

g) Ja. GmbH ist Formkaufmann, § 6 HGB.

497/6 Ein Abschlusszeugnis der Industrie- und Handelskammer enthält die Berufsbezeichnung »Industriekaufmann«. Beurteilen Sie diese Bezeichnung nach § 1 HGB.

Im Sinne des HGB kein Kaufmann. Betreibt keinen in kaufmännischer Weise eingerichteten Gewerbebetrieb, sondern ist Handlungsgehilfe (kaufmännischer Angestellter).

497/7 Das Kieswerk Fink hat einen Jahresumsatz von 15 Mio. EUR und beschäftigt 50 Mitarbeiter.

a) Begründen Sie, ob Fink ein Handelsgewerbe betreibt.

b) Welche Kaufmannseigenschaft kommt für Fink infrage?

c) Welche Rechte und Pflichten erwachsen Fink aus der Eintragung ins Handelsregister?

d) Welche Wirkung hat der Erwerb der Kaufmannseigenschaft auf das vorgeschriebene Verhalten beim Eingang einer Lieferung (vgl. § 377 HGB)?

a) Ja, er hat die Absicht, durch eine andauernde, selbstständige Tätigkeit Gewinn zu erzielen. Bei diesem Umsatz und den beschäftigten Mitarbeitern ist ein kaufmännisch eingerichteter Gewerbebetrieb erforderlich.

b) Istkaufmann kraft kaufmännisch eingerichteten Geschäftsbetriebs.

c) Grundsätzlich gelten für ihn alle Rechte und Pflichten, die das Handelsgesetzbuch für Kaufleute vorsieht.

Beispiele für Rechte:

– Führung einer Firma

– Ernennen von Prokuristen

– Gründung einer OHG oder KG

– mündliche Erteilung einer Bürgschaftserklärung

– Festsetzung eines vom Kalenderjahr abweichenden Geschäftsjahres

Beispiele für Pflichten:

– Eintragung ins Handelsregister

– Führen von Handelsbüchern

– Übernahme von nur selbstschuldnerischen Bürgschaften

d) – Nichtkaufleute: Prüfung der Ware und Mängelrüge innerhalb der Gewährleistungsfrist (gesetzlich zwei Jahre vom Zeitpunkt der Lieferung an)

– Kaufleute: unverzügliche Prüfung der Lieferung nach Güte, Menge und Art. Unverzügliche Rügepflicht bei offenen Mängeln nach der Prüfung, bei versteckten Mängeln nach der Entdeckung, spätestens innerhalb der Gewährleistungspflicht

497/8   Warum sieht der Gesetzgeber im § 17 HGB bei Kaufleuten eine Firma vor?

Die Firma soll nach außen hin das Unternehmen kennzeichnen. Deshalb kann die Firma möglicherweise vom bürgerlichen Namen des Unternehmens abweichen. Die Firma soll eine werbende Wirkung haben. Aus diesem Grunde können auch Zusätze werbenden Charakters aufgenommen werden, z.B. Fantasiebezeichnungen.

Beim Wechsel in der Person des Inhabers soll die Fortführung der Firma dem Erwerber möglich sein, damit ein auf den Märkten eingeführter Name erhalten werden kann.

497/9   Untersuchen Sie, welche der in Ihrem Wohnort ansässigen Unternehmen eine Personen-, Sach-, Fantasie- oder gemischte Firma haben.

Arten	Personenfirma	Sachfirma	Fantasiefirma	gemischte Firma
Inhalt	ein oder mehrere Personennamen	Gegenstand des Unternehmens	werbewirksame, oft von Markenzeichen abgeleitete Bezeichnung	enthält Personennamen, Gegenstand des Unternehmens und Fantasiename
Beispiele	Maucher & Holzmann KG	Video-Treff GmbH	Schneewittchen OHG	Grubers Kfz-Zubehör Crashhelply GmbH

497/10   Ein Industrieunternehmen, das das Fitnesszentrum Gustav Zeller e.K. belieferte, hat noch Forderungen gegenüber Kaufmann Gustav Zeller e.K. Das Fitnesszentrum wird vom Erwerber Erich Groß unter der alten Firma weitergeführt.

a) Wie wirkt sich die Betriebsveräußerung auf die Sicherheit der Forderungen des Industrieunternehmens aus?

b) Auf welche Weise können Sie erfahren, wer für die bestehenden Schulden des Fitnesszentrums haftet?

c) Warum lässt das HGB die Weiterführung einer Firma zu?

d) Wovon hängt die Möglichkeit der Weiterführung einer Firma ab?

a) Erwerber Groß übernimmt nach dem Gesetz die Haftung für die bestehenden Schulden (§§ 25, 26 HGB). Ein Ausschluss der Haftungsübernahme ist vertraglich möglich. Neben Groß haftet Zeller weiterhin für diese Schulden.

b) Bei Ausschluss der Haftungsübernahme:
   – entweder durch briefliche Mitteilung des Erwerbers oder Veräußerers,
   – durch Eintragung ins Handelsregister und Bekanntmachung.

c) Eine bekannte Firma stellt für das Unternehmen einen beachtlichen Vermögenswert dar. Die wirtschaftliche Bedeutung eines solchen Firmenwertes hat der Gesetzgeber als das wichtigste Rechtsgut gegenüber der Firmenwahrheit betrachtet (§§ 21, 22 HGB).

d) – ausdrückliche Einwilligung des bisherigen Eigentümers oder von dessen Erben
   – genaue Beibehaltung der bisherigen Firma

497/11 **Prüfen Sie, welche der folgenden Eintragungen ins Handelsregister**

a) rechtserzeugende oder

b) rechtsbezeugende Wirkung hat.
– **Eintragung des Tabakwaren Großhandels Felix Blankertz e. K.,**
– **Eintragung der Münstertäler Fleischwarengroßhandlung AG,**
– **Eintragung der Papiergroßhandlung Seboth GmbH & Co. KG,**
– **Eintragung des Blumengroßhandels Krüger Vertriebs GmbH.**

a) rechtserzeugende Wirkung:
   – Münstertäler Fleischwarengroßhandlung AG (Formkaufmann)
   – Blumengroßhandel Krüger Vertriebs GmbH (Formkaufmann)

b) rechtsbezeugende Wirkung:
   – Tabakwaren Großhandel Felix Blankertz e. K. (Istkaufmann)
   – Papiergroßhandlung Seboth GmbH & Co. KG (Personengesellschaft)

497/12 **Warum empfehlen Industrie- und Handelskammern, vor der Eintragung ins Handelsregister die vorgesehene Firmenbezeichnung durch die Kammer prüfen zu lassen?**

– rechtskundige Beratung
– Vorbeugung vor Verwechslung mit Firmen bereits bestehender Unternehmen am gleichen oder an einem anderen Ort

---

497/13 **Das Amtsgericht Essen veröffentlicht in regelmäßigen Abständen Informationen unter der Überschrift »Handelsregister«. Folgender Auszug liegt vor:**

Neueintragungen: HRB 12407 – 14. April 20..: Rexing Fördertechnik GmbH, Essen (45307, Kleine Schönscheidtstr. 12). Gegenstand des Unternehmens ist die industrielle Fertigung und der Vertrieb von fördertechnischen Anlagen, insbesondere Transportanlagen und Maschinen. Stammkapital: 185.000 EUR. Geschäftsführerin ist Sylvia Rexing, Kauffrau, Essen.

Veränderungen: HRB 5537 – 17. April 20..: Speeck Rohrleitungsbau und Tiefbau GmbH, Essen (45141, Manderscheidtstr. 92 b). Heinrich Speeck ist nicht mehr Geschäftsführer. Dipl.-Kaufmann Thomas Speeck, Datteln, ist zum Geschäftsführer bestellt.

Löschungen: HRB 5448 – 11. April 20..: Gomolinski Bedachungs-Gesellschaft mit beschränkter Haftung, Essen. Die Liquidation ist beendet. Die Gesellschaft ist gelöscht.

a) Aus welchen Gründen veröffentlicht das Amtsgericht solche Informationen regelmäßig und für welche Personengruppen können diese Informationen von Wert sein?

b) Warum ist es für einen Kaufmann sinnvoll, die Veröffentlichung von Eintragungen im Handelsregister ständig aus der Tagespresse zu entnehmen?

a) Interessierte Personengruppen können sein: Geschäftspartner (Lieferanten, Kunden), Banken u. a.

b) Um notwendige Informationen zu erhalten, beispielsweise über

   – Vertretungsberechtigte eines Unternehmens,

   – Beteiligungs- und Haftungsverhältnisse,

   – Insolvenz- und Vergleichsmeldungen.

12.2 Überblick über die Rechtsformen der Unternehmen

500 Martha Krenz, bisher Angestellte im Einzelhandel für Computerausstattungen, möchte sich selbstständig machen. Sie möchte alte Tonerkartuschen sammeln, aufbereiten und erneut in den Handel bringen.

a) Geben Sie einen Überblick über die Unternehmensformen.

b) Begründen Sie die Notwendigkeit, dass ein Unternehmen sich eine bestimmte Rechtsform gibt.

c) Von welchen Überlegungen geht Frau Krenz aus, wenn sie eine Entscheidung bezüglich der Rechtsform des Unternehmens trifft?

d) Begründen Sie, weshalb Frau Krenz sich für die Rechtsform des Einzelunternehmens entscheiden wird.

e) Bei welchen öffentlichen Stellen muss Frau Krenz ihr Unternehmen anmelden?

f) Zeigen Sie Frau Krenz mögliche Nachteile auf, die sie im Vergleich zur Gründung eines Gesellschaftsunternehmens haben könnte.

a)

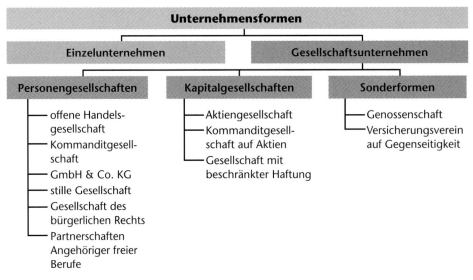

b) Die Rechtsform des Unternehmens regelt die Rechtsbeziehungen des Unternehmens im Innen- und Außenverhältnis. Diese Beziehungen können gesetzlich unterschiedlich geregelt sein und deshalb Einfluss auf die Handlungen der am Unternehmen Beteiligten haben.

c) – Welche Unternehmensgröße hat das Unternehmen?

   – Welche Möglichkeiten der Kapitalbeschaffung gibt es?

   – Welche Entscheidungs- und Mitwirkungsrechte haben mögliche Kapitalgeber?

   – Wie kann die Arbeitslast verteilt werden?

   …

d) – alleinige Entscheidungskompetenz

   – alleiniger Gewinnanspruch

   – kein Mindestkapital notwendig

   – die Möglichkeit, Ziele und Wünsche in die Realität umzusetzen

e) Die Anmeldeformalitäten sind in Deutschland auch sehr umfangreich. Dazu gehören beispielhaft:

   – Gewerbeamt: Gewerbeanmeldung

   – Finanzamt: Anmeldung der Unternehmertätigkeit

   – Berufsgenossenschaft: Anmeldung der Pflichtversicherung des Arbeitgebers

   – Amtsgericht: Eintragung in das Handelsregister

   – Sozialversicherungsträger: Pflichtversicherung für Mitarbeiter

   Eine ausführliche Darstellung der Anmeldeschritte finden Sie im Lehrbuch, Seite 494.

f) – hohes unternehmerische Risiko, das nicht auf andere Schultern verteilt wird

   – hohes Verlustrisiko, auch mit dem Privatvermögen

   – Problematik der Unternehmensfortführung im Krankheits- oder Todesfall

   – begrenzte Möglichkeiten der Kapitalbeschaffung

12.3 Personenunternehmen

511/1 **Herr Friedrich Leone entwickelte ein Übungsgerät für den Freizeitsport, mit dessen Hilfe man wie ein Känguru hüpfen kann. Er möchte dieses Gerät herstellen und vertreiben und gründet zu diesem Zweck ein Einzelunternehmen. Erläutern Sie,**

a) warum Herr Leone die Rechtsform des Einzelunternehmens wählt,

b) welche Probleme Herr Leone als Einzelunternehmer haben kann,

c) wie er auf eine rasche Absatzausweitung bzw. eine Konjunkturschwäche reagieren kann,

d) wie Friedrich Leone firmieren kann.

a) – alleinige Ausübung der Geschäftsführung und Vertretung, d. h. keine Abhängigkeit von Gesellschaftern

   – alleinige Verfügung über den Gewinn

b) – starke Beanspruchung seiner Arbeitskraft

   – Überforderung in fachlicher Hinsicht (technisch, kaufmännisch) oder hinsichtlich der Führungsaufgaben

   – Kapitalmangel

   – Haftung mit dem Geschäfts- und Privatvermögen

c) – Bei Absatzausweitung: Erweiterungsinvestitionen erfordern die Beschaffung von Fremdkapital oder von Eigenkapital durch die Aufnahme eines Gesellschafters.

   – Bei Konjunkturschwächen: Krisenanfälligkeit ist wegen geringer Kapitalbasis gerade bei Einzelunternehmungen groß. Personalbeschränkung durch Rationalisierung. Steigerung des Absatzes durch absatzpolitische Maßnahmen, z. B. Diversifikation, Preispolitik.

d) Beispiele: Friedrich Leone e. K., Friedrichs Freizeitspaß e. K., Leone + Freizeit e. K.

511/2 Im Unternehmen verbreitet sich das Gerücht, der Chef beabsichtige, seine beiden Söhne am Unternehmen zu beteiligen. Das Einzelunternehmen soll in eine Personengesellschaft umgewandelt werden. Teile der Belegschaft begrüßen dies, andere Mitarbeiter äußern Bedenken. Welche Argumente können die beiden Gruppen vorbringen?

Argumente für die Umwandlung:

– Bisher allein verantwortlicher Unternehmer kann seine persönliche Arbeitsbelastung abbauen.
– Seine Kräfte werden für unternehmerische Initiativen freigesetzt.
– Künftige Nachfolger werden frühzeitig an die Unternehmertätigkeit herangeführt.
– Junge Unternehmer sind nicht »betriebsblind«. Sie können neue Ideen einbringen.

Argumente gegen die Umwandlung:

– Betriebliche (aber auch familiäre) Meinungsverschiedenheiten stören den Betriebsfrieden.
– Wachsende Zuständigkeitsprobleme in der Leitung verursachen in der Belegschaft Unsicherheit hinsichtlich der Entscheidungs- und Weisungsbefugnisse.

511/3 Am 7. März 1997 wurde in das Handelsregister Ludwigsburg die Fielmann AG & Co. OHG eingetragen. Erläutern Sie diese Rechtsform.

In dieser offenen Handelsgesellschaft gibt es zwei persönlich haftende Gesellschafter: die Fielmann Aktiengesellschaft, mit Sitz in Hamburg, und die Fielmann-Optik GmbH, mit Sitz in Hamburg.

Alternativ wäre aber auch denkbar, dass neben der AG eine natürliche Person als zweiter persönlich haftender Gesellschafter auftritt.

511/4 Zeigen Sie durch die Beantwortung folgender Fragen, dass die OHG personenbezogen ist.

a) Wie viele Personen können eine OHG gründen?
b) Wer ist zur Geschäftsführung verpflichtet?
c) Wie kann das Vertretungsrecht wahrgenommen werden?
d) Was versteht man unter persönlicher Haftung?
e) Warum ist nach dem Gesetz die Kündigung oder der Tod eines Gesellschafters ein Auflösungsgrund?

a) mindestens zwei Personen
b) jeder Gesellschafter, Einzelgeschäftsführungsbefugnis
c) jeder Gesellschafter, Einzelvertretungsmacht
d) unbeschränkte, direkte (unmittelbare) und primäre Haftung
e) wesentlicher Einfluss der einzelnen Gesellschafter auf die Geschäftspolitik; vertrauensvolle Zusammenarbeit der Gesellschafter ist an bestimmte Personen gebunden und kann nicht von vornherein bei den Nachfolgern vorausgesetzt werden

511/5 Entscheiden Sie, ob die folgenden Situationen zur Geschäftsführung oder zur Vertretung gehören:

- Die Gesellschafter vereinbaren, die neue Produktionsmaschine im nächsten Geschäftsjahr zu kaufen.
- Das Produktionsprogramm wird um die Abteilung Stahlbearbeitung ergänzt.
- Der geschäftsführende Gesellschafter legt Widerspruch gegen den Steuerbescheid des Finanzamtes ein.
- Alle Gesellschafter wollen nachhaltige Bestellungsprozesse verwirklichen.
- Für die neuen Prozesse wird im Namen der OHG der Kreditvertrag mit der Hausbank unterschrieben.
- Der unterschriebene Kaufvertrag für die neue Maschine soll rückgängig gemacht werden.
- Die OHG setzt eine neue Umweltverordnung der Regierung um und kauft eine neue Abluftanlage.
- Es sollen drei weitere Büroräume angemietet werden. Für zwei Räume wird auch ein Mietvertrag unterschrieben.

- Die Gesellschafter vereinbaren, die neue Produktionsmaschine im nächsten Geschäftsjahr zu kaufen (Geschäftsführung).
- Das Produktionsprogramm wird um die Abteilung Stahlbearbeitung ergänzt (Geschäftsführung).
- Der geschäftsführende Gesellschafter legt Widerspruch gegen den Steuerbescheid des Finanzamtes ein (Vertretung).
- Alle Gesellschafter wollen nachhaltige Bestellungsprozesse verwirklichen (Geschäftsführung).
- Für die neuen Prozesse wird im Namen der OHG der Kreditvertrag mit der Hausbank unterschrieben (Vertretung).
- Der unterschriebene Kaufvertrag für die neue Maschine soll rückgängig gemacht werden (Vertretung).
- Die OHG setzt eine neue Umweltverordnung der Regierung um und kauft eine neue Abluftanlage (Vertretung).
- Es sollen drei weitere Büroräume angemietet werden. Für zwei Räume wird auch ein Mietvertrag unterschrieben (Geschäftsführung + Vertretung).

512/6 Dem Gesellschafter Sautter wurde die Geschäftsführungsbefugnis durch seine beiden anderen Gesellschafter Reitter und Moll entzogen. Trotzdem kauft Sautter für die OHG einen neuen Geschäftswagen und schließt einen Kredit über 25.000 EUR ab. Beurteilen Sie die Rechtslage.

Die Geschäftsführungsbefugnis (Innenverhältnis) berechtigt zur Vornahme von Handlungen, die sich die Gesellschafter untereinander zubilligen (»rechtliches Dürfen«). Überschreitungen der Geschäftsführungsbefugnisse führt zu Ersatzansprüchen der Gesellschafter untereinander.

Die Vertretungsmacht (Außenverhältnis) berechtigt, im Namen der Gesellschaft Rechtsgeschäfte mit dritten Personen rechtsgültig abzuschließen (»rechtliches Können«). Es geht also dabei um die rechtsgeschäftliche Wirksamkeit von Geschäften für und gegen die Gesellschaft nach außen.

Das bedeutet, dass Sautter den Kaufvertrag über den Pkw rechtskräftig für die OHG abgeschlossen hat. Entstehen der OHG aber durch dieses Geschäft und diesen Kreditvertrag Nachteile, können die Mitgesellschafter Sautter in Regress nehmen.

512/7 **Warum werden die Kapitalanteile der Gesellschafter einer OHG nicht in das Handelsregister eingetragen?**

Die Kapitalanteile ändern sich ständig

– durch die jährliche Buchung der Gewinn- und Verlustanteile,

– durch Buchung von Privateinlagen oder Privatentnahmen.

512/8 **Das Eigenkapital einer OHG mit den Gesellschaftern Balle und Marischler beläuft sich auf 125.000 EUR. Dabei entfallen 75.000 EUR auf Balle und 50.000 EUR auf Marischler.**

a) Auf welche Art und Weise kann der Gesellschafter Marischler seinen Kapitalanteil um 30.000 EUR erhöhen?

b) Welche Auswirkungen hätte diese Kapitalerhöhung hinsichtlich seiner Geschäftsführungsbefugnis und seiner Vertretungsmacht?

a) Leistung von Privateinlagen, Nichtentnahme von Gewinnanteilen

b) keine Wirkungen, solange im Gesellschaftsvertrag keine Änderung getroffen wird

512/9 **Der Kraftfahrzeugmeister Buhl und der kaufmännische Angestellte Ruf beschließen die Gründung einer Großhandlung für Kfz-Bedarf in der Rechtsform einer OHG.**

Beantworten Sie folgende Fragen (mit Begründung):

a) Welche Gründe können Buhl veranlassen, statt eines Einzelunternehmens zusammen mit Ruf eine OHG zu gründen?

b) Zur Finanzierung eines Auslieferungslagers beantragte Ruf einen Bankkredit. Zu welchen Überlegungen dürfte die Bank aufgrund der Tatsache gelangen, dass das Schuldnerunternehmen eine OHG ist?

c) Wie ist die Rechtslage nach der gesetzlichen Regelung?

– Gesellschafter Ruf kündigt dem Angestellten Michels.

– Er gibt schriftlich Anweisungen an die Mitarbeiter der Buchhaltungsabteilung.

– Er erteilt einem Angestellten Prokura.

– Er unterschreibt einen Überweisungsauftrag an die Hausbank zulasten des Kontos der OHG.

a) – Buhl möchte das Eigenkapital erhöhen.

– Wenn Ruf mit dem Gedanken spielt, selbst ein ähnliches Unternehmen zu eröffnen, könnte Buhl einen möglichen Konkurrenten ausschalten.

– Buhl sieht vor allem auch in den kaufmännischen Kenntnissen von Ruf eine Ergänzung der Arbeitskraft und Verteilung der Arbeitslast.

– Buhl möchte das Unternehmerrisiko verteilen.

– In einer OHG mit zwei Gesellschaftern erhöht sich die Kreditwürdigkeit durch Erweiterung der Haftung.

– Buhl hat persönliche Gründe (Alter, Krankheit, Erbfall).

b) Zwei Gesellschafter haften persönlich und gesamtschuldnerisch (solidarisch). Damit besitzen sie eine hohe Kreditwürdigkeit aufgrund der umfassenden Absicherung des Bankkredits.

c) Gesellschafter Ruf ist grundsätzlich alleine zur Geschäftsführung befugt und alleine zur Vertretung berechtigt. Nur zur Bestellung des Prokuristen hätte er die Zustimmung von Buhl gebraucht.

512/10 Die im HGB vorgesehene Gewinnbeteiligung ergibt sich aus dem Wesen der OHG.

a) Warum erhält jeder Gesellschafter zunächst einen Prozentsatz seines Kapitalanteils?

b) Weshalb wird der mögliche Restgewinn nach Köpfen verteilt?

c) Welche Wirkung auf die Verteilung des Gewinns wird der vertragliche Ausschluss eines Gesellschafters von der Geschäftsführung haben?

a) Unterschiedliche Kapitalanteile sollen angemessen verzinst werden.

b) Nach dem Gesetz ist jeder Gesellschafter gleichermaßen zur Mitarbeit verpflichtet und haftet nach den gleichen Grundsätzen.

c) Die geschäftsführenden Gesellschafter werden auf höhere Gewinnanteile bestehen.

513/11 Eine OHG erzielt in einem Geschäftsjahr (= Kalenderjahr) einen Reingewinn von 350.800 EUR. Beteiligungsverhältnis der Gesellschafter:

A 800.000 EUR, B 600.000 EUR, C 400.000 EUR. Entnahme von A am 18. Oktober 40.000 EUR, Einlage von C am 6. August 60.000 EUR.

Nach dem Gesellschaftsvertrag werden die Kapitalanteile mit 5 % verzinst. Entnahmen und Einlagen sind mit 5 % Zinsen zu berücksichtigen. Der Restgewinn ist im Verhältnis 5:5:3 zu verteilen.

Berechnen Sie die Gewinnanteile und die neuen Kapitalanteile der Gesellschafter.

Gesell-schafter	Kapitalanteil	Vordividende 5 %	Kopfanteil	Gesamt-gewinn	neuer Kapitalanteil
A	800.000	40.000			
	− 40.000	− 400			
	760.000	39.600	100.000	139.600	899.600
B	600.000	30.000	100.000	130.000	730.000
C	400.000	20.000			
	+ 60.000	+ 1.200			
	460.000	21.200	60.000	81.200	541.200
A + B + C	1.820.000	90.800	260.000	350.800	2.170.800

513/12 Der Kaufmann Andreas Weinert gründete ein Unternehmen für Geschäftsausstattungen. Er möchte dieses Unternehmen nun vergrößern und ausbauen.

Für eine Betriebserweiterung im Jahre 02 soll das Einzelunternehmen in eine OHG umgewandelt werden. Als Gesellschafter bieten sich sein technischer Mitarbeiter Wolfgang Pschorr und sein Sohn Alexander Weinert an, der unlängst sein Ingenieurstudium beendet hatte.

Die Bezeichnung »Geschäftsausstattungen Andreas Weinert« soll in die neue Firma aufgenommen werden.

Herr Weinert sen. bringt sein Unternehmen (Gebäude, sonstiges Anlagevermögen, Umlaufvermögen) im Wert von 400.000 EUR ein, Pschorr leistet eine Bareinlage von 50.000 EUR und Alexander Weinert stellt seine Arbeitskraft zur Verfügung.

Die OHG beginnt laut Gesellschaftsvertrag, der am 5. Dezember 01 abgeschlossen wurde, am 1. Januar 02; die Eintragung in das Handelsregister erfolgt am 10. Januar 02.

a) Welche Form muss der Gesellschaftsvertrag für diese OHG haben? Begründen Sie Ihre Antwort.

b) Prüfen Sie, ob die OHG die vorgesehene Firma übernehmen kann, und begründen Sie Ihre Ansicht.

c) Der Sohn Alexander Weinert leistet keine Einlage, sondern stellt seine Arbeitskraft zur Verfügung.

Beurteilen Sie diese Vereinbarung im Gesellschaftsvertrag

– im Hinblick auf die Einlagepflicht des OHG-Gesellschafters,

– in bilanztechnischer Sicht,

– aus der Sicht der Mitgesellschafter,

– aus der Sicht der Gläubiger.

d) Erläutern Sie die Bedeutung der Daten 5. Dezember 01, 1. Januar 02 und 10. Januar 02 im Hinblick auf die Entstehung der OHG.

e) Führen Sie in einer übersichtlichen Tabelle die Gewinnverteilung für das Jahr 02, die Verlustverteilung für das Jahr 03 durch, und geben Sie die Entnahmen der drei Gesellschafter am Ende der Jahre 02 und 03 an.

Die Gesellschafter Andreas Weinert und Wolfgang Pschorr machen von ihrem Entnahmerecht nach HGB Gebrauch.

Im Jahr 02 erzielte die OHG einen Gewinn von 30.000 EUR. Im Jahr 03 erzielte die OHG einen Verlust von 7.500 EUR.

Die Gewinn- und Verlustverteilung ist wie folgt geregelt:

– Jeder Gesellschafter erhält zunächst 6 % seines Kapitalanteils; der Rest wird zur Hälfte an Andreas Weinert und zu je einem Viertel an Wolfgang Pschorr und Alexander Weinert verteilt.

– Außerdem hat Alexander Weinert eine Einlage in der Form zu bewirken, dass er seinen 3.000 EUR übersteigenden Anteil am Gewinn so lange nicht entnehmen darf, bis sein Kapitalkonto 25.000 EUR erreicht hat.

– Die Verlustverteilung erfolgt nach Gesetz.

f) Angenommen, der Kapitalanteil von Alexander Weinert ist im Jahr 04 negativ geworden. Wie verhält es sich in einem solchen Fall mit dem Entnahmerecht des Gesellschafters?

a) Grundsätzlich schreibt das HGB keine bestimmte Form vor (§ 109 HGB). Da im vorliegenden Fall Gebäude eingebracht werden, bedarf der Vertrag jedoch der notariellen Beurkundung (§ 925 BGB).

b) Nach § 22 HGB kann die bisherige Firma fortgeführt werden. Bedingung: Der bisherige Kaufmann Weinert muss »ausdrücklich einwilligen«. Darüber hinaus muss nach § 19 (2), Z. 1 HGB die Bezeichnung »Offene Handelsgesellschaft« oder eine allgemein verständliche Abkürzung dieser Bezeichnung in der Firma enthalten sein (OHG, offene HG, oHg).

c) – Nach § 111 HGB besteht in erster Linie eine Verzinsungspflicht von Einlagen; über die Art und Höhe der Einlage ist nichts ausgesagt. Entsprechend dem Wesen einer OHG als Personengesellschaft und der bestehenden Vertragsfreiheit im Innenverhältnis ist eine derartige Vereinbarung möglich.

– Der Kapitalanteil von Alexander Weinert wird in der Gründungsbilanz wie folgt ausgewiesen: Kapital Alexander Weinert = 0,00 EUR.

– Für die Gesellschafter einer OHG hat die vertrauensvolle Zusammenarbeit unter den Gesellschaftern Vorrang vor der Frage der Höhe eines Kapitalanteils.

– Da es eine Haftungsbeschränkung (§ 105 HGB) gegenüber den Gläubigern nicht gibt (unbeschränkt persönliche Haftung), spielt die Höhe der einzelnen Kapitaleinlage eine untergeordnete Rolle.

d) 5. Dezember 01: Das Abschlussdatum des Gesellschaftsvertrages ist rechtlich ohne Bedeutung. Zu diesem Termin entsteht deshalb die OHG auch nicht nach innen.

1. Januar 02: Mit diesem Termin entsteht die OHG im Innenverhältnis (§ 105 HGB), da dies so vereinbart wurde.

10. Januar 02: Im Außenverhältnis entsteht die OHG spätestens mit der Eintragung in das Handelsregister (§ 123 (1) HGB), es sei denn, es ergibt sich aus § 123 (2) HGB etwas anderes: Im vorliegenden Falle entstünde die OHG nach außen, wenn sie nicht vor dem 10. Januar 02 ihre Geschäfte aufnehmen würde.

e) Gewinnverteilung von 30.000 EUR für das Jahr 02 nach Gesellschaftsvertrag:

	Kapital zu Beginn des Jahres 02	Zinsen 6 %	Rest-verteilung	Gesamt-gewinn	Entnahme am Ende des Jahres	Kapital am Ende des Jahres 02
Andreas Weinert	400.000	24.000	1.500	25.500	16.000	409.500
Wolfgang Pschorr	50.000	3.000	750	3.750	2.000	51.750
Alexander Weinert	0	0	750	750	0	750
	450.000	27.000	3.000	30.000	18.000	462.000

Verlustverteilung von 7.500 EUR für das Jahr 03 nach Gesellschaftsvertrag:

	Kapital zu Beginn des Jahres 03	Verlust	Entnahme am Ende des Jahres	Kapital am Ende des Jahres 03
Andreas Weinert	409.500	2.500	16.380	390.620
Wolfgang Pschorr	51.750	2.500	2.070	47.180
Alexander Weinert	750	2.500	0	–1.750
	462.000	7.500	18.450	437.800

f) Nach dem Gesellschaftsvertrag darf Alexander Weinert nur dann Privatentnahmen tätigen, wenn sein Gewinnanteil den Betrag von 3.000 EUR übersteigt. Entnahmen sind nach dem HGB bei einem negativen Kapitalkonto nicht gestattet (§ 122 HGB).

514/13 Vervollständigen Sie die folgende Tabelle:

	Komplementär (Vollhafter)	Kommanditist (Teilhafter)
Kontrollrecht		
Recht auf Kapitalentnahme		
Haftung beim Eintritt in die Gesellschaft		
Haftung beim Ausscheiden aus der Gesellschaft		

	Komplementär (Vollhafter)	Kommanditist (Teilhafter)
Kontrollrecht	Laufendes Kontrollrecht; kann sich persönlich über die Geschäftslage unterrichten, die Handelsbücher und Papiere der Gesellschaft einsehen und sich daraus eine Bilanz anfertigen.	Nur Anspruch auf Mitteilung des Jahresabschlusses. Er kann ihn durch Einsicht in die Bücher und die Papiere der Gesellschaft nachprüfen.

	Komplementär (Vollhafter)	Kommanditist (Teilhafter)
Recht auf Kapitalentnahme	Jeder Gesellschafter kann bis zu 4 % seines zu Beginn des Geschäftsjahres vorhandenen Kapitalanteils entnehmen.	Er kann die Auszahlung von Gewinnanteilen erst fordern, wenn die vereinbarte Kommanditeinlage eingezahlt ist.
Haftung beim Eintritt in die Gesellschaft	Er haftet auch für die bereits bestehenden Verbindlichkeiten der KG.	Er haftet für die bei seinem Eintritt bestehenden Verbindlichkeiten der Gesellschaft bis zur Höhe seiner noch nicht geleisteten, in das Handelsregister eingetragenen Einlage.
Haftung beim Ausscheiden aus der Gesellschaft	Er haftet noch 5 Jahre für die beim Ausscheiden vorhandenen Verbindlichkeiten der Gesellschaft (§§ 130, 159 HGB).	Wird einem Kommanditisten seine Einlage zurückgezahlt, so haftet er den Gläubigern gegenüber noch fünf Jahre für die bei seinem Ausscheiden vorhandenen Verbindlichkeiten in Höhe seiner zurückgewährten Einlage (§§ 152, 172 HGB).

514/14 Begründen Sie, ob ein Angestellter gleichzeitig Kommanditist

a) in dem Unternehmen seines Arbeitgebers,

b) in einem fremden Unternehmen sein kann.

Beide Fälle sind möglich. Als Kommanditist ist er nicht geschäftsführungs- und vertretungsberechtigt. Deshalb ist er nicht in der Erfüllung seiner Pflichten als Angestellter behindert.

514/15 Auszug aus dem Gesellschaftsvertrag der Schweigart Labor KG:

»§ 35: Stirbt ein Komplementär, werden eventuell vorhandene Erben nur als Kommanditisten in die KG aufgenommen.«

Begründen Sie, warum die Gründer der KG diesen Paragrafen in den Gesellschaftsvertrag aufgenommen haben.

Würde diese Vereinbarung nicht bestehen, hätte der Tod des Vollhafters die Auflösung des Unternehmens zur Folge. Somit wird die Fortführung eines Unternehmens sichergestellt, auch wenn die Erben wegen mangelnden Interesses oder mangelnder Qualifikation nicht als Vollhafter eingesetzt werden können.

514/16 Ein Kommanditist fordert, dass bei der Gewinnverteilung der Restgewinn nach Köpfen verteilt werden soll. Der Komplementär verweist auf das HGB, in dem es heißt, dass der Restgewinn in einem angemessenen Verhältnis zu verteilen sei.

Begründen Sie, warum der Gesetzgeber zu dieser Regelung gegriffen hat.

Kommanditisten sind nicht zur Geschäftsführung verpflichtet. Außerdem ist ihr Verlustrisiko auf die Haftsumme beschränkt. Dies muss bei der Gewinnverteilung zugunsten der Komplementäre berücksichtigt werden.

514/17 Sachverhalt: Peter Stalder gründete ursprünglich die Peter Stalder Tennishallen e. K. Um mit anderen Betreibern von Tennishallen konkurrenzfähig zu bleiben, stehen umfangreiche Investitionen an. Dazu nahm er gegen Ende des Jahres 01 seine Tochter Femke als Komplementärin und Alfred Brodt als Kommanditisten in das Unternehmen auf.

Der Gesellschaftsvertrag für die KG wurde am 1. Dezember 01 abgeschlossen. Die Eintragung in das Handelsregister erfolgte am 15. Dezember 01. Die Bilanz der KG zum 31. Dezember 01 weist zusammengefasst folgende Beträge in EUR aus:

Aktiva	Bilanz zum 31. Dezember 01		Passiva
Anlagevermögen	1.300.000	Kapital Peter Stalder	260.000
Umlaufvermögen	180.000	Kapital Femke Stalder	350.000
Forderung: ausst.		Kommanditkapital Brodt	110.000
Kommanditeinlage	10.000	Fremdkapital	770.000
	1.490.000		1.490.000

a) Kommanditist Brodt hat bei den Vertragsverhandlungen die Aufnahme seines Namens in die Firma gefordert. Die anderen Gesellschafter lehnen dies ab. Nennen Sie jeweils ein rechtliches und wirtschaftliches Argument.

b) Erläutern Sie die rechtliche Bedeutung des
   - 1. Dezembers 01 und
   - 15. Dezembers 01 für die Gesellschafter des Unternehmens.

c) Am 18. Februar 02 fordert ein Lieferant des Unternehmens einen seit einem halben Jahr fälligen Betrag über 12.000 EUR vom Kommanditisten Brodt. Dieser verweigert die Zahlung mit der Begründung, dass er zum Zeitpunkt der Entstehung der Schuld noch nicht Gesellschafter gewesen sei. Erläutern Sie die Rechtslage.

d) Femke Stalder möchte sich an einer Fitness-Center GmbH beteiligen. Für diesen Zweck will sie 10.000 EUR aus der KG herausziehen. Welcher rechtliche und wirtschaftliche Einwand ist dagegen zu erheben, wenn im Gesellschaftsvertrag darüber nichts vereinbart wurde?

e) Beurteilen Sie folgende Vorgänge:
   - Brodt erwirbt bei einem Sportartikelhändler Tennisschläger im Wert von 30.000 EUR für die Sportshops in den Tennishallen. Er begründet dies damit, Gesellschafter des Unternehmens zu sein.
   - Peter Stalder kauft fünf Ballmaschinen im Wert von 25.000 EUR. Brodt widerspricht dem Kauf mit der Begründung, man beschäftige doch einen Tennislehrer.
   - Femke Stalder beabsichtigt, mit liquiden Mitteln der KG aus Spekulationsgründen 500 Aktien eines Automobilwerkes zu kaufen. Ihr Vater, Peter Stalder, dessen Geschäftsführungsrechte nicht beschränkt sind, widerspricht dem Kauf.

a) – rechtliches Argument: Die Firma der KG kann aus Personen-, Sach- oder Fantasienamen bestehen. Darüber hinaus muss die Bezeichnung »Kommanditgesellschaft« oder eine allgemein verständliche Abkürzung dieser Bezeichnung in der Firma enthalten sein (KG, Kges; § 19 (1), Z. 2 HGB). Deshalb kann auch der Name eines Kommanditisten in die Firma aufgenommen werden.

   – wirtschaftliches Argument: Das Unternehmen ist unter dem Namen Peter Stalder Tennishallen e. K. eingeführt und bei der Kundschaft bekannt. Um den wirtschaftlichen Wert zu erhalten, kann deshalb grundsätzlich die ursprüngliche Firma fortgeführt werden (§ 24 HGB – Grundsatz der Firmenbeständigkeit). Nach herrschender Gesetzeslage muss jedoch der Gesellschaftszusatz auf KG abgeändert werden (Grundsatz der Firmenwahrheit): Peter Stalder Tennishallen KG.

b) Bedeutung der Termine (Gesellschaftsvertrag, Eintragung ins Handelsregister) für Gesellschafter:
- 1. Dezember 01: Mit dem Abschluss des Gesellschaftsvertrages entsteht die KG im Innenverhältnis; damit zeitlicher Beginn der Rechtsbeziehungen der Gesellschafter untereinander; es sei denn, es wurde ein anderer Termin vereinbart (§ 109 HGB i. V. m. § 161 (2) HGB).
- 15. Dezember 01: Mit der Eintragung entsteht die KG im Außenverhältnis – damit zeitlicher Beginn der Rechtsbeziehungen gegenüber Dritten; es sei denn, sie beginnt ihre Geschäfte schon vorher (§ 123 (1), (2) HGB).

c) Rechtslage für den Kommanditisten: Er muss zahlen, denn als Kommanditist haftet er
- für die zum Zeitpunkt seines Eintritts bestehenden Verbindlichkeiten der Gesellschaft (§ 173 HGB);
- den Gläubigern der Gesellschaft bis zur Höhe seiner noch ausstehenden Einlage unmittelbar (§ 171 HGB). Der Gläubiger kann also die Zahlung von 10.000 EUR von Brodt verlangen; 2.000 EUR müssen allerdings bei Peter und Frank Stalder geltend gemacht werden.

d) – rechtlicher Einwand: Die Beteiligung an der Fitness-Center GmbH verstößt nicht gegen das gesetzliche Wettbewerbsverbot (§ 122 HGB). Da diese Privatentnahme 4 % ihres Kapitalanteils (350.000 EUR · 0,04 = 14.000 EUR) nicht übersteigt, ist sie auch von der Zustimmung der übrigen Gesellschafter nicht abhängig (§ 122 HGB).
- betriebswirtschaftlicher Einwand: Eine Verminderung der Eigenkapitalbasis wäre wegen der bevorstehenden Erweiterungsinvestitionen der KG nicht sinnvoll.

e) – Die KG muss die Tennisschläger nicht abnehmen und bezahlen, da der Kommanditist nicht zur Vertretung berechtigt ist (§ 170 HGB).
- Peter Stalder ist zum Kauf der Ballmaschinen berechtigt; die Kommanditisten haben bei gewöhnlichen Rechtsgeschäften kein Widerspruchsrecht (§ 164 HGB).
- Der Aktienkauf wäre für die KG bindend. Femke Stalder als Vollhafterin hat die Vertretungsmacht für alle Rechtsgeschäfte. Im Innenverhältnis haben die Kommanditisten bei außergewöhnlichen Rechtsgeschäften ein Widerspruchsrecht (§ 164 HGB).

515/18 **Vergleichen Sie die Gesellschaft des bürgerlichen Rechts mit der offenen Handelsgesellschaft in Bezug auf folgende Merkmale: Zweck, gesetzliche Grundlagen, Firma, Geschäftsführung und Vertretung, Ergebnisverteilung.**

	Gesellschaft des bürgerlichen Rechts	offene Handelsgesellschaft
Zweck	Personenzusammenschluss zu einem beliebigen erlaubten Zweck	Personenzusammenschluss zum Betrieb eines Handelsgewerbes
gesetzliche Grundlagen	ausschließlich im BGB	BGB und als Handelsgesellschaft auch HGB
Firma	keine	in das Handelsregister eingetragene Firma
Geschäftsführung	grundsätzlich alle Gesellschafter gemeinsam	Einzelgeschäftsführungsbefugnis
Vertretung	grundsätzlich alle Gesellschafter gemeinsam	Einzelvertretungsmacht
Ergebnisverteilung	gleiche Anteile, unabhängig von der Art und Höhe des Beitrages	abhängig von der Höhe des Kapitalanteils und der Anzahl der Gesellschafter

12.4   Kapitalgesellschaften

532/1 Bei der Gründung emittiert eine AG Aktien mit dem kleinstmöglichen Nennbetrag zur Deckung des gesetzlich vorgeschriebenen Mindestkapitals zum Kurs von 15,25 EUR.

a) Wie hoch ist der Nennbetrag einer solchen Aktie?

b) Wie hoch ist das Agio dieser Aktie?

c) Wie viele Aktien wurden ausgegeben?

d) Dürfte der Nennbetrag der ausgegebenen Aktien auch 25 EUR sein (Begründung)?

e) Wäre ein Ausgabekurs von 0,50 EUR möglich (Begründung)?

a) 1,00 EUR

b) 14,25 EUR

c) 50.000 Aktien

d) Ja, Nennbetragsaktien müssen auf mindestens 1,00 EUR, höhere Nennbeträge müssen auf volle 5,00 EUR lauten.

e) Nein, keine Emission unter pari

532/2 Vergleichen Sie die gesetzliche Geschäftsführungsbefugnis und Vertretungsmacht eines OHG-Gesellschafters mit der eines Vorstandsmitglieds einer AG.

OHG-Gesellschafter	Vorstandsmitglied einer AG
Einzelgeschäftsführungsbefugnis	bei mehreren Vorstandsmitgliedern Gesamtgeschäftsführungsbefugnis
Einzelvertretungsmacht	Gesamtvertretungsmacht
zeitlich unbegrenzt	vom Aufsichtsrat auf fünf Jahre bestellt, Wiederbestellung zulässig

532/3 Aus welchen Gründen verpflichtet man die Aktiengesellschaften zur Veröffentlichung ihres Jahresabschlusses?

Aktionäre, Arbeitnehmer, Gläubiger und die sonstige interessierte Öffentlichkeit sollen sich über die Geschäftsentwicklung der AG informieren können.

532/4 Stellen Sie dar, welche Merkmale der GmbH typisch sind für

a) Kapitalgesellschaften,

b) Personengesellschaften.

a) – eigene Rechtspersönlichkeit (juristische Person)
   – beschränkte Haftung

b) – Errichtung durch eine Person möglich
   – Mitverwaltungsrecht der Gesellschafter
   – keine Publizitätspflicht bei Klein- und Mittelbetrieben
   – geringerer Gründungs- und Verwaltungsaufwand

Erstellen Sie anhand selbst gewählter Kriterien eine Aufstellung, in der die wesentlichen Unterschiede zwischen GmbH und AG enthalten sind.

	GmbH	AG
gesetzliche Grundlage	GmbH-Gesetz	Aktiengesetz
Firma	Personen-, Sach-, Fantasiefirma oder gemischte Firma mit Bezeichnung »Gesellschaft mit beschränkter Haftung« oder allgemein verständlicher Abkürzung (§ 4)	Personen-, Sach-, Fantasiefirma oder gemischte Firma mit Bezeichnung »Aktiengesellschaft« oder allgemein verständlicher Abkürzung (§ 4)
Mindestkapital	Stammkapital 25.000 EUR (§ 5) (Gezeichnetes Kapital)	Grundkapital 50.000 EUR (§ 7) (Gezeichnetes Kapital)
Anteil	1. Stammeinlage mindestens 100 EUR (§ 5,1) 2. Nur eine Stammeinlage kann bei der Gründung übernommen werden (§ 5,2). 3. persönliche Bindung; kein börsenmäßiger Verkauf notarielle Form des Abtretungsvertrags (§ 15)	1. Nennbetragsaktie mindestens 1 EUR; Stückaktie am Grundkapital in gleichem Umfang beteiligt; anteiliger Betrag des Grundkapitals mindestens 1 EUR (§ 8) 2. Mehrere Aktien können bei Gründung übernommen werden. 3. keine persönliche Bindung; börsenmäßiger Handel formloser Eigentumsübergang bei Inhaberaktien
Haftung	Für die Verbindlichkeiten der Gesellschaft haftet nur das Gesellschaftsvermögen. Der einzelne Gesellschafter riskiert lediglich die Stammeinlage. Evtl. Nachschusspflicht.	Für die Verbindlichkeiten der Gesellschaft haftet nur das Gesellschaftsvermögen. Der Aktionär riskiert lediglich den Wert seiner Aktie(n).
Geschäftsführung und Vertretung	1. Geschäftsführer 2. ohne Zeitbeschränkung	1. Vorstand 2. auf fünf Jahre
Aufsichtsrat	nur notwendig bei Gesellschaften mit mindestens 500 Arbeitnehmern nach § 1 DrittelbG	immer vorgeschrieben
Gesamtheit der Gesellschafter	1. Gesellschafterversammlung 2. Einberufung durch eingeschriebenen Brief (§ 51) 3. je 1 EUR Geschäftsanteil eine Stimme (§ 47)	1. Hauptversammlung 2. Einberufung der HV bei großer AG durch öffentliche Bekanntmachung 3. Stimmrecht nach Aktiennennbeträgen bei Nennbetragsaktien; bei Stückaktien nach deren Zahl
Jahresabschluss	keine gesetzliche Rücklage	gesetzliche Rücklage

533/6 Sachverhalt: Die Filterwerk GmbH beschäftigt 1.280 Arbeitnehmer. Sie ist Zulieferer für Kraftfahrzeughersteller. Ein Großabnehmer errichtet in den USA eine Niederlassung. Um die günstigen Bedingungen auf diesem überseeischen Markt zu nutzen, beabsichtigt auch das Filterwerk, dort ein Zweigwerk aufzubauen. Der dafür erforderliche Finanzbedarf löst eine Diskussion aus, ob die GmbH in eine AG umgewandelt werden soll.

Nach dem Gesellschaftsvertrag verteilt sich das Stammkapital von 100 Mio. EUR wie folgt auf die Gesellschafter: Eva Spies 72 Mio. EUR, Marcus Kopf 7 Mio. EUR, Kurt Knecht 20 Mio. EUR, Alfred Mohl 1 Mio. EUR.

Kurt Knecht und Marcus Kopf sind Geschäftsführer der GmbH mit Einzelvertretungsbefugnis.

Für die Gesellschafter besteht nach dem Gesellschaftsvertrag unbeschränkte Nachschusspflicht.

a) Führen Sie zwei Gründe an, die in diesem Fall für eine Umwandlung in eine AG sprechen.

b) Kurt Knecht und Marcus Kopf sind gegen eine Umwandlung. Beurteilen Sie, ob sie eine Umwandlung verhindern könnten.

c) Eva Spies garantiert den beiden Geschäftsführern, dass sie nach der Umwandlung Vorstandsmitglieder der AG werden. Erklären Sie, wer bei einer neu zu gründenden AG den Vorstand bestellt, und überprüfen Sie, ob das Versprechen von Eva Spies durchsetzbar ist.

d) Alfred Mohl gibt zu bedenken, dass eine Umwandlung dieser GmbH in eine AG eine veränderte Offenlegungspflicht mit sich bringt. Nehmen Sie hierzu Stellung.

e) Trotz der ursprünglichen Bedenken der beiden Geschäftsführer wird am 30. März einstimmig die Umwandlung in eine AG beschlossen. Die Gesellschafter der GmbH bringen ihre Geschäftsanteile als Sachvermögen ein und erhalten Aktien zum Nennbetrag von 1,00 EUR. Die Hausbank übernimmt zusätzlich Aktien im Wert von 20 Mio. EUR zuzüglich 10 % Agio. Welche Gründe könnten die Hausbank veranlasst haben, sich an der AG zu beteiligen?

f) Wie hoch sind das gezeichnete Kapital und die Kapitalrücklage?

g) Begründen Sie, warum bei der vorliegenden Gründungsart der Gesetzgeber besonders strenge Prüfungsanforderungen stellt.

h) Die Geschäftsentwicklung der AG verläuft ausgezeichnet. Für dringend notwendige Erweiterungsinvestitionen werden im kommenden Geschäftsjahr flüssige Mittel in Höhe von 70 Mio. EUR benötigt.

Der Vorstand will diese Mittel durch Ausgabe weiterer Aktien aufbringen. Er legt daher der Hauptversammlung folgenden Vorschlag zur Abstimmung vor:
– Erhöhung des Grundkapitals zum Jahresbeginn durch Ausgabe junger Aktien
– Ausgabekurs: 5 EUR je 1-EUR-Aktie

Auf der Hauptversammlung sind 85 % des Grundkapitals anwesend. Wie viele Stimmen werden für die geplante Kapitalerhöhung benötigt?

i) Aktionär Edelmann besitzt Aktien im Gesamtnennbetrag von 29,8 Mio. EUR. Begründen Sie, ob Edelmann diese Kapitalerhöhung verhindern könnte.

a) – Zugang zum Kapitalmarkt (Kapitalbeschaffung durch Emission von Aktien)

– Risikobegrenzung (die vorhandene Nachschusspflicht fällt weg)

b) Zur Auflösung/Umwandlung sind 75 % des vertretenen Stammkapitals nötig (§ 60 GmbHG). Kurt Knecht und Markus Kopf können dies verhindern, da sie aufgrund ihrer Kapitalanteile zusammen mehr als 25 % der Stimmen besitzen.

c) Bei der Gründung einer AG haben die Gründer den ersten Aufsichtsrat zu bestellen, der wiederum bestellt den ersten Vorstand der AG (§§ 30 und 84 AktG). Das Garantieversprechen ist insofern durchsetzbar, als Eva Spieß Mehrheitsaktionärin wird und mittelbar über die Wahl der Aufsichtsratsmitglieder Einfluss auf die Zusammensetzung des Vorstands nehmen kann.

d) Für die neu zu gründende AG ergibt sich im Hinblick auf die Offenlegung keine Änderung gegenüber der GmbH. Beide zählen zu den großen Kapitalgesellschaften, da zwei Merkmale an zwei aufeinanderfolgenden Bilanzstichtagen erfüllt sind: Die Bilanzsumme ist größer als 20 Mio. EUR, und die Beschäftigtenzahl beträgt über 250 (§§ 267 (3) und 325 HGB).

Zuordnung / Merkmale	kleine Kapitalgesellschaft	mittelgroße Kapitalgesellschaft	große Kapitalgesellschaft
Bilanzsumme (nach Abzug eines auf der Aktivseite ausgewiesenen Fehlbetrages)	> 6 Mio. EUR	> 6 Mio. EUR ≤ 20 Mio. EUR	> 20 Mio. EUR
Umsatzerlöse (in den zwölf Monaten vor dem Abschlussstichtag)	> 12 Mio. EUR	> 12 Mio. EUR ≤ 40 Mio. EUR	> 40 Mio. EUR
Arbeitnehmer (im Jahresdurchschnitt)	> 50 Arbeitnehmer	> 50 Arbeitnehmer ≤ 250 Arbeitnehmer	> 250 Arbeitnehmer

Kapital- gesell- schaften	Offenlegung					Veröffent- lichungsfrist
	Jahresabschluss			Lage- bericht	Einreichung bzw. Bekanntmachung	
	Bilanz	GuV	Anhang			
große	×	×	×	×	elektr. Bundes- anzeiger	12 Monate
mittelgroße	×	×	×	×	elektr. Bundes- anzeiger	12 Monate
kleine	×	–	×	–	elektr. Bundes- anzeiger	12 Monate

e) – Beteiligung an einem aufstrebenden Unternehmen

   – Berücksichtigung bei künftigen Neuemissionen, Kreditaufnahmen und bei der Kontoführung

f) Gezeichnetes Kapital:

Summe der Nennbeträge der GmbH-Gesellschafter	100 Mio. EUR
+ Nennbetrag der Aktien der Hausbank	20 Mio. EUR
= Gezeichnetes Kapital	120 Mio. EUR
Kapitalrücklage: 10 % Agio von 20 Mio. EUR	2 Mio. EUR

g) Beim Einbringen von Sacheinlagen in die AG besteht die Gefahr der Überbewertung. Verschärfte Prüfungsvorschriften sollen verhindern, dass

   – die Aktionäre, die sich durch den Kauf von Aktien beteiligen, übervorteilt werden,

   – für Gläubiger ein erhöhtes Risiko entsteht.

h) 85 % des Grundkapitals von 120 Mio. EUR   = 102,0 Mio. EUR

$^3/_4$-Mehrheit des vertretenen Grundkapitals =   76,5 Mio. EUR

76,5 Mio. EUR : 1 Stimme/EUR = 76,5 Mio. Stimmen

i) Sperrminorität > 25 % von 76,5 Mio. EUR

102,0 Mio. EUR   = 100 %

29,8 Mio. EUR   = x %

100 % · 29,8 : 102 = 29,2 %

Ergebnis: Edelmann kann die Kapitalerhöhung verhindern.

533/7 Die Geschwister Anke, Marion und Dr.-Ing. Volker Braun gründeten im Jahr 01 die AQUATERRA Gesellschaft für Umwelttechnikbedarf mbH. Dem Gesellschaftsvertrag vom 10. Juli 01 ist folgender Auszug entnommen:

§ 2 Gegenstand des Unternehmens ist, im Bereich Wasser-, Abwasser- und Abfallwirtschaft die notwendigen Einrichtungen, Gerätschaften und technischen Anlagen anzubieten und zu vertreiben.

§ 3 Sitz des Unternehmens ist Warthausen.

§ 4 Das Stammkapital beträgt 1.900.000 EUR.

Stammeinlagen der Gesellschafter sowie Art und Zeitpunkt der Leistung:

Marion Braun: 1,0 Mio. EUR als Bareinlage, davon sind 0,2 Mio. EUR sofort zu leisten, der Rest am 14. August 01.

Anke Braun: 0,75 Mio. EUR als Bareinlage, davon 80 % sofort, der Rest am 2. August 01.

Volker Braun: 0,15 Mio. EUR durch notariell beurkundete Übertragung der Rechte an einem Patent auf die GmbH bis zum 25. Juli 01.

§ 6 Dr.-Ing. Volker Braun und Dipl.-Kaufmann Uwe Hoch werden zu Geschäftsführern bestellt.

Die Handelsregistereintragung erfolgte am 6. September 01, die Veröffentlichung der Eintragung zwei Tage später. Alle Gesellschafter erbrachten ihre Einlagen zu den genannten Terminen, Dipl.-Kaufmann Hoch ist ein anerkannter Finanzierungsfachmann.

In der Gründungsphase waren stets etwa 60 Mitarbeiter beschäftigt.

a) Die Gesellschafter hatten zunächst erwogen, eine KG zu gründen, entschieden sich aber dann für die Rechtsform der GmbH. Vergleichen Sie in einer Tabelle beide Unternehmensformen hinsichtlich der Formvorschrift des Gesellschaftsvertrages, Geschäftsführung, Pflicht zur Bildung eines Aufsichtsrates.

b) Die GmbH sollte nach dem Willen der Gesellschafter unter der Firma »Braun & Hoch Umwelttechnik« in das Handelsregister eingetragen werden.

– Warum lehnt das Registergericht die Eintragung dieser Firma ab?

– Begründen Sie, warum das Registergericht auch die Eintragung in das Handelsregister wegen mangelhafter kapitalmäßiger Voraussetzungen Ende Juli 01 verweigern musste.

c) Volker Braun kaufte am 12. August 01 ohne Rücksprache mit Hoch im Namen der GmbH drei notwendige Fertigungsmaschinen zum Preis von 120.000 EUR.

– Bei der Auslieferung am 20. August 01 verlangte der Lieferant von der Gesellschafterin Marion Braun die volle Bezahlung des fälligen Kaufpreises. Kann der Verkäufer diese Forderung durchsetzen (Begründung)?

- Könnte der Lieferant seinen Anspruch gegenüber Marion Braun oder gegenüber der GmbH durchsetzen, wenn der Kaufvertrag am 28. September 01 abgeschlossen und die Zahlung sofort fällig gewesen wäre (Begründung)?

d) Zum 20. September 01 wurde die Gesellschafterversammlung eingeladen. Die Tagesordnung enthielt folgende Beschlussanträge:

- Frau Irma Bach, Leipzig, wird zur Prokuristin bestellt,
- der Sitz des Unternehmens wird von Warthausen nach Riesa verlegt.

Frau Anke Braun stimmt gegen beide Tagesordnungspunkte. Die Mitgesellschafter stimmen zu. Welche Wirkung hat die Ablehnung?

e) Der Geschäftsführer Hoch ist interessiert, den Geschäftsanteil von Frau Anke Braun zu erwerben.

- Warum kann der Wert des Geschäftsanteiles vom Betrag der Stammeinlage sowohl nach oben als auch nach unten abweichen? Begründen Sie dies jeweils mit einem Argument.
- Welcher Form bedarf die Übertragung des Geschäftsanteiles von Frau Braun auf Herrn Hoch?

f) Für die Errichtung von Niederlassungen im osteuropäischen Raum müsste dem Unternehmen weiteres Kapital zugeführt werden. Man diskutiert, ob der Gesellschaftsvertrag um die Einführung einer beschränkten Nachschusspflicht ergänzt oder ob die GmbH in eine Aktiengesellschaft umgewandelt werden soll. Erklären Sie die Vor- und Nachteile, ausgehend vom Standpunkt der einzelnen Gesellschafter.

a)

Merkmale	KG	GmbH
Form des Gesellschaftsvertrages	grundsätzlich formfrei	notarielle Beurkundung
Geschäftsführung	nur Vollhafter, falls nicht von der Geschäftsführung ausgeschlossen	Geschäftsführer (Gesellschafter oder Dritte)
Pflicht zur Bildung eines Aufsichtsrates	nein	nein, nur falls mehr als 500 Mitarbeiter (§ 1 DrittelbG)

b) Gründe für die Ablehnung der Eintragung:

Bezeichnung »GmbH« fehlt; zwingend, nach § 4 GmbHG

Fehlen kapitalmäßiger Voraussetzung:

Nach § 7 GmbHG ist die erforderliche Mindesteinzahlung bei Marion Braun (25 % von 1,0 Mio. EUR = 0,25 Mio. EUR) mit 0,2 Mio. EUR nicht erfüllt.

c) Durchsetzung eines Lieferantenanspruchs am 20. August 01:

GmbH ist zu diesem Zeitpunkt (20. August 01) noch nicht entstanden; konstitutive (rechtserzeugende) Wirkung der Handelsregistereintragung (6. September 01) gemäß § 11 (1) GmbHG; »Handelndenhaftung« nur durch Dr.-Ing. Volker Braun, gemäß § 11 (2) GmbHG, d. h., Marion Braun muss nicht zahlen.

Durchsetzung eines Lieferantenanspruchs am 28. September 01:

- Marion Braun muss nicht zahlen, da für Verbindlichkeiten der Gesellschaft den Gläubigern nur das Gesellschaftsvermögen haftet (§ 13 (2) GmbHG).
- Die GmbH muss nicht zahlen, da bei der GmbH Gesamtgeschäftsführung und -vertretung gesetzlich vorgesehen ist (§ 35 (2) S. 2 GmbHG) und der Gesellschaftsvertrag keine abweichende Regelung enthält. Der Kaufvertrag ist »schwebend unwirksam«, solange die Zustimmung der geschäftsführenden Gesellschafter nicht vorliegt.

d) Wirkung der Ablehnung von Vorschlägen in der Gesellschafterversammlung:
Anke Braun besitzt 15.000 Stimmen, das sind ca. 39 % bei einer Gesamtstimmenzahl von 38.000.

Gemäß §§ 46 ff. GmbHG ist für den Beschluss der Gesellschafterversammlung die einfache Stimmenmehrheit erforderlich, d. h., Anke Braun besitzt weniger als 50 % der Stimmen, sodass die Prokuristin gegen ihren Willen ernannt werden kann.

Für die Satzungsänderung ist eine 75 %ige Mehrheit erforderlich, sodass Anke Braun die Verlegung des Unternehmenssitzes verhindern kann (§ 53 (2) S. 1 GmbHG).

e) Abweichung des Wertes des Gesellschaftsanteils von der Stammeinlage:
Der Wert des Geschäftsanteils ist gegenüber dem Betrag der übernommenen Stammeinlage kleiner, sofern diese

– noch nicht voll eingezahlt ist,
– durch Verluste geschmälert ist, die durch Rücklagen nicht mehr ausgeglichen werden konnten;

größer, falls nach Volleinzahlung der Stammeinlage

– offene Rücklagen,
– stille Rücklagen vorhanden sind.

Form der Übertragung:
notarielle Beurkundung erforderlich (§ 15 (3) GmbHG)

f) Alternativ »beschränkte Nachschusspflicht« oder »Umwandlung in eine AG«
Vor- und Nachteile der beschränkten Nachschusspflicht:

Vorteile:

– Einflussnahme auf das Unternehmen bleibt wie bisher erhalten.
– Geschäftsführer behält seine Leitungs- und Vertretungsfunktion.
– Es entstehen keine Umwandlungskosten.

Nachteile:

– Die finanziellen Mittel können eventuell nicht aufgebracht werden.

535/8   In Deutschland gibt es ca. 148.000 GmbH & Co. KG. Welche Gründe sprechen für diese Unternehmensform?

– Haftungsbeschränkung
– Nachfolgeregelung ist gesichert.
– Beschaffung von Eigenkapital durch weitere Kommanditeinlagen
– Beschränkung der Mitbestimmung durch die Arbeitnehmer
– Gesellschafter kann als Geschäftsführer der GmbH angestellt sein und ist sozialversichert.
– Außenstehende Fachleute können Geschäftsführer der GmbH werden.

12.5   Entscheidungskriterien für die Wahl der Rechtsform

12.6   Kooperation und Konzentration von Unternehmen

548/1   Welche Ziele verfolgen Unternehmen

a) aus der Automobilbranche bei einem horizontalen Zusammenschluss,

b) aus dem rohstofffördernden und -verarbeitenden Bereich bei einem vertikalen Zusammenschluss,

c) aus dem Versandbereich und dem Lebensmittelbereich bei einem anorganischem Zusammenschluss?

a) – Erhaltung der Konkurrenzfähigkeit
   – Beschränkung des Wettbewerbs
b) – Sicherung der Beschaffungs- und Absatzbasis
c) – Verminderung der Krisenanfälligkeit durch branchenübergreifende Geschäftstätigkeit

548/2 **Beantworten Sie aufgrund der folgenden Pressenotizen folgende Fragen:**
   – Welche Ziele verfolgen die einzelnen Unternehmen?
   – Wie werden diese Zusammenschlüsse genannt?
   – Welche Vor- und Nachteile ergeben sich aus deren Zusammenschluss?

a) »Zwei Automobil-AGs wollen bis zum Jahre 2030 gemeinsam ein Wasserstofffahrzeug produzieren, das weltweit vertrieben werden soll. An einen Aktienerwerb bei einem beteiligten Unternehmen ist dabei nicht gedacht.«

b) »Die Spezialbrot- und Keksfabrik Steinfurt GmbH wird von der Holzofenbrotfabrik Karl Jause & Co., Starnberg, übernommen.«

c) »Aus informierten Branchenkreisen verlautet, dass sich ein führendes Unternehmen der Unterhaltungselektronik mit mehr als 50 % an einem anderen Unternehmen der gleichen Branche beteiligen wird.«

d) »Mehrere Bauunternehmer werden mit erheblichen Geldbußen belegt, weil sie sich bei der Vergabe öffentlicher Aufträge gegenseitig über ihre Angebotssummen verständigt und gemäß einer Absprache Aufträge zu überhöhten Preisen zugeschoben haben.«

e) »Drei Großsaftereien einigen sich, für sämtliche von ihnen hergestellten Säfte die Verkaufspreise einheitlich festzulegen. So soll beispielsweise eine Kiste trüber Apfelsaft (20 Flaschen à 0,33 l) nicht unter 6,00 EUR abgegeben werden.«

a)

Ziele des Zusammenschlusses	Vorteile/Nachteile des Zusammenschlusses	Art des Zusammenschlusses
– Sicherung der Absatzbasis – gemeinsame Werbung – höhere Erträge durch Beschränkung und Ausschaltung des Wettbewerbs – Sicherung der Beschäftigung durch Übernahme von Aufträgen, die das Leistungsvermögen und die Finanzkraft einer einzelnen Unternehmung übersteigen würde – höherer technischer und wirtschaftlicher Wirkungsgrad durch gemeinsame Entwicklungs- und Forschungsarbeiten – größere Wirtschaftlichkeit durch gemeinsame Rationalisierung des Fertigungsverfahrens – Erhaltung der Konkurrenzfähigkeit gegenüber ausländischen Großunternehmen	**Vorteile:** – Senkung der Preise, wenn die Unternehmen ihre Kostenminderung im Preis weitergeben – bessere Versorgung der Verbraucher, wenn Rationalisierungsmaßnahmen mengen- und gütemäßige Leistungssteigerung ermöglichen – Die außenwirtschaftliche Wettbewerbsfähigkeit wird erhalten oder gestärkt. – Sozialprodukt und Wirtschaftswachstum werden gesichert und damit auch die Einnahmen der öffentlichen Hand. – Imageförderung, da umweltverträgliches Produkt **Nachteil:** – Die Preise können überhöht sein, sofern kein hinreichender Wettbewerb gegeben ist.	Kooperation

b)			
– Sicherung der Absatzbasis – höhere Wirtschaftlichkeit durch Beschränkung und Ausschaltung des Wettbewerbs – Erhaltung der Konkurrenzfähigkeit gegenüber anderen Großunternehmen	**Vorteile:** – Senkung der Preise, wenn das Unternehmen seine Kostenminderung im Preis weitergibt – bessere Versorgung der Verbraucher, wenn Rationalisierungsmaßnahmen die mengen- und gütemäßige Leistungssteigerung ermöglichen – größere Übersichtlichkeit des Marktes (Markttransparenz) durch Bereinigung des Produktionsprogramms – Unternehmen mit Absatzproblemen werden von expandierenden Unternehmen übernommen. Damit können Arbeitsplätze erhalten werden. **Nachteile:** – Durch die Wettbewerbsbeschränkung des freien Wettbewerbs wird die volkswirtschaftlich erwünschte Leistungsauslese verzögert. – Die Vielfalt des Angebots an Waren wird vermindert.	vereinigte Unternehmen (Fusion)
c)	– gemeinsame Werbung – höhere Wirtschaftlichkeit durch Beschränkung und Ausschaltung des Wettbewerbs – Sicherung der Beschäftigung durch Übernahme von Aufträgen, die das Leistungsvermögen und die Finanzkraft einer einzelnen Unternehmung übersteigen würden – höherer technischer und wirtschaftlicher Wirkungsgrad durch gemeinsame Entwicklungs- und Forschungsarbeiten – größere Wirtschaftlichkeit durch gemeinsame Rationalisierung des Fertigungsverfahrens – Erhaltung der Konkurrenzfähigkeit gegenüber anderen Großunternehmen	**Vorteile:** – Senkung der Preise, wenn die Unternehmen ihre Kostenminderung im Preis weitergeben – Unternehmen mit Absatzproblemen werden von einem expandierenden Unternehmen übernommen. Damit können Arbeitsplätze erhalten werden. – Die außenwirtschaftliche Wettbewerbsfähigkeit wird erhalten oder gestärkt. – Sozialprodukt und Wirtschaftswachstum werden gesichert und damit auch die Einnahmen der öffentlichen Hand. **Nachteile:** – Die Preise können überhöht sein, sofern kein hinreichender Wettbewerb gegeben ist. – Die Vielfalt des Angebots an Waren und Dienstleistungen wird vermindert.	Konzernbildung (Unterordnungskonzern)

d)	– höhere Erträge durch Beschränkung und Ausschaltung des Wettbewerbs – Sicherung der Beschäftigung durch gleichmäßige Auftragsverteilung	**Vorteil:** – Sicherung von Arbeitsplätzen **Nachteile:** – Die Preise sind überhöht, weil kein hinreichender Wettbewerb gegeben ist. – Durch die Wettbewerbsbeschränkung des freien Wettbewerbs wird die volkswirtschaftlich notwendige Leistungsauslese verzögert. – Die Vielfalt des Angebots an Waren und Dienstleistungen wird verhindert.	Submissionskartell
e)	– Sicherung der Ertragslage durch Beschränkung und Ausschaltung des Wettbewerbs	**Vorteil:** – Sicherung von Arbeitsplätzen **Nachteil:** – Die Preise können überhöht sein, sofern kein hinreichender Wettbewerb gegeben ist.	Preiskartell

549/3 Die Spektro-Holzbau-AG hat im letzten Jahr die Transport-GmbH gegründet, die ausschließlich für den Vertrieb zuständig ist. Daneben erwarb die AG von der Minerva-Holzgeräte-AG, die im süddeutschen Raum eine führende Stellung innehat, ein weiteres Aktienpaket, sodass sie nun 231 Mio. EUR des insgesamt 460 Mio. EUR ausmachenden Grundkapitals der Minerva-Holzgeräte-AG besitzt.

Die Minerva-Holzgeräte-AG hat in diesem Jahr von der Impuls-Inneneinrichtungs-AG ein Aktienpaket in Höhe von 110 Mio. EUR erworben. Das Grundkapital der Impuls-Inneneinrichtungs-AG beträgt 330 Mio. EUR.

Die Elektrizitäts-AG, die aufgrund von Managementfehlern seit mehreren Jahren Verluste erwirtschaftet, wird durch die Übernahme des gesamten Aktienpakets vor der Insolvenz gerettet. Es wird eine gemeinsame Leitung von Elektrizitäts-AG und Spektro-Holzbau-AG eingerichtet.

Die Krado-Speditions-GmbH wird von der Spektro-Holzbau-AG ebenfalls in ihrer Gesamtheit übernommen.

a) Verschaffen Sie sich durch eine Skizze einen Überblick, welche Beziehungen zwischen den Unternehmen bestehen.

b) Entscheiden Sie, welche Zielrichtungen bei den Zusammenschlüssen zwischen den einzelnen Unternehmen erkennbar sind.

c) Stellen Sie fest, um welche Arten von verbundenen Unternehmen es sich handelt.

a)

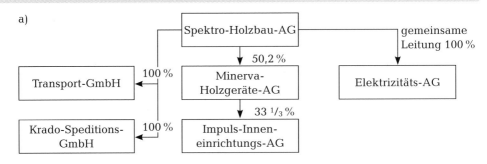

b) Spektro-Holzbau-AG/ Elektrizitäts-AG	= anorganischer Zusammenschluss
Spektro-Holzbau-AG/ Minerva-Holzgeräte-AG	= vertikaler (evtl. horizontaler) Zusammenschluss
Minerva-Holzgeräte-AG/ Impuls-Inneneinrichtung-AG	= vertikaler Zusammenschluss
Spektro-Holzbau-AG/ Transport-GmbH	= anorganischer Zusammenschluss
Spektro-Holzbau-AG/ Krado-Speditions-GmbH	= anorganischer Zusammenschluss

c) Spektro-Holzbau-AG/ Elektrizitäts-AG	Konzern, Unterordnungskonzern – Muttergesellschaft: Spektro-Holzbau-AG (herrschendes Unternehmen), – Tochtergesellschaft: Elektrizitäts-AG (beherrschtes Unternehmen).
Spektro-Holzbau-AG/ Minerva-Holzgeräte-AG	Konzern, Unterordnungskonzern, – Muttergesellschaft: Spektro-Holzbau-AG (herrschendes Unternehmen), – Tochtergesellschaft: Minerva-Holzgeräte-AG (beherrschtes Unternehmen).
Minerva-Holzgeräte-AG/ Impuls-Inneneinrichtung-AG	Konzern, Unterordnungskonzern, – Muttergesellschaft: Minerva-Holzgeräte-AG bzw. Spektro-Holzbau-AG (herrschendes Unternehmen), – Tochtergesellschaft: Impuls-Inneneinrichtung-AG (beherrschtes Unternehmen).
Spektro-Holzbau-AG/ Transport-GmbH	Konzern, Unterordnungskonzern, – Muttergesellschaft: Spektro-Holzbau-AG (herrschendes Unternehmen), – Tochtergesellschaft: Transport-GmbH (beherrschtes Unternehmen).
Spektro-Holzbau-AG/ Krado-Speditions-GmbH	Konzern, Unterordnungskonzern, – Muttergesellschaft: Spektro-Holzbau-AG (herrschendes Unternehmen), – Tochtergesellschaft: Krado-Spedition-GmbH (beherrschtes Unternehmen).

549/4 **Vervollständigen Sie folgende Übersicht.**

Unternehmens- zusammen- schluss Selbstständigkeit	Kartell	Konzern	vereinigte Unternehmen
rechtliche			
wirtschaftliche			

Unternehmens- zusammen- schluss Selbstständigkeit	Kartell	Konzern	vereinigte Unternehmen
rechtliche	beibehalten	beibehalten	aufgegeben
wirtschaftliche	teilweise aufgegeben	aufgegeben (ein- heitliche Leitung)	aufgegeben

549/5 Welche Vor- und Nachteile hat ein Beherrschungsvertrag für die beteiligten Unternehmen?

Vorteile:

– Ausdehnung des wirtschaftlichen Einflusses

– Sicherung der wirtschaftlichen Existenz

– Einschränkung der Konkurrenz

– Erhaltung von Arbeitsplätzen

– größere Marktanteile

– Weisungsermächtigung

Nachteile:

– Verlust der wirtschaftlichen Selbstständigkeit

– Erweiterung der Verantwortung

– Weisungsgebundenheit

549/6 Begründen Sie, warum die Gefahr der Entstehung von Überkapazitäten durch einen Konzern in höherem Maße als durch ein Kartell vermieden werden kann.

Im Konzern gibt es eine einheitliche Leitung. Deshalb ist die Begrenzung der Produktionsmengen eher möglich.

549/7 Erläutern Sie die Bedeutung des Wettbewerbs für die marktwirtschaftliche Ordnung.

Wettbewerb ist ein Wesensmerkmal der Marktwirtschaft. Er sorgt für

– die bestmögliche Ausnutzung der Produktionsmöglichkeiten (Lenkungsfunktion),

– die Ausweitung dieser Produktionsmöglichkeiten (Fortschrittsfunktion),

– die Kontrolle und Beschränkung wirtschaftlicher Macht,

– die bestmögliche Versorgung der Verbraucher.

549/8 Begründen Sie, welche Wirkungen der Kooperation und Konzentration volkswirtschaftlich erwünscht bzw. nicht erwünscht sind.

erwünschte Wirkungen:

– Preissenkung durch Kostenminderung

– bessere Versorgung durch Rationalisierung

– größere Markttransparenz

– außenwirtschaftliche Wettbewerbsfähigkeit

– bei Wirtschaftswachstum höhere Steuereinnahmen

– Erhaltung von Arbeitsplätzen

nicht erwünschte Wirkungen:

– Wettbewerbsminderung

– Gefahr überhöhter Preise

– keine Leistungsauslese

– Verringerung der Angebotsvielfalt

– Behinderung des technischen Fortschritts

550/9 Warum und in welchem Fall ist der Grundsatz des Kartellverbots durch Freistellung von diesem Verbot durchbrochen?

– Bei anmeldepflichtigen Kartellen gibt es die Missbrauchsaufsicht, sofern die Wettbewerbsbeschränkung nicht gravierend ist (Beispiel: Typenkartell von zwei Herstellern von Kühlschränken).

– Bei genehmigungspflichtigen Kartellen gibt es zunächst ein Verbot. Genehmigungen werden nur aus volkswirtschaftlichen Erwägungen erteilt, um z. B. Unternehmungszusammenbrüche durch Strukturveränderungen zu verhindern und Arbeitsplätze zu erhalten (Beispiele: Kohlebergbau, Stahlindustrie).

550/10 **In den letzten Jahren sind viele Klein- und Mittelbetriebe des Einzelhandels verkauft oder aufgegeben worden.**

a) Nennen Sie mögliche Ursachen.

b) Welche Auswirkungen hatte dies auf die Verbraucher?

c) Wie versuchen noch existierende Kleinbetriebe des Einzelhandels, diese Entwicklung zu überleben?

d) Welche Maßnahmen ergreift der Staat, um den Mittelstand zu fördern (Begründung)?

a) mangelnde Wettbewerbsfähigkeit gegenüber Großbetrieben; mangelnde Anpassung an veränderte Marktsituation; Konzentration in vielen Einzelhandelsbranchen, vor allem im Bereich des Lebensmitteleinzelhandels, beim Textil- und Schuhwareneinzelhandel, im Möbelhandel, im Elektrogeräte- und Mediahandel

b) bei entsprechender Mobilität Ausnutzung von Preisvorteilen; Unterversorgung in einzelnen Wirtschaftsräumen

c) Anschluss an Einkaufsgenossenschaften oder an eine freiwillige Kette mit einem Großhändler

d) Mittelstandsförderung durch zinsgünstige Kredite, Steuervergünstigungen

Begründung: Förderung des Wettbewerbs; Schaffung und Erhaltung von Arbeitsplätzen; Ausgleich in der Einkommens- und Vermögensbildung

550/11 **Auf welche Weise kann wirtschaftliche Macht zu politischer Macht führen?**

– Beeinflussung politischer Mandatsträger (Lobbyismus)

– Abhängigkeit politischer Parteien von Spenden

– Abhängigkeit einer Kommune vom Steueraufkommen eines Großbetriebes

550/12 **Wägen Sie ab, inwieweit »Multis« bzw. »Global Player« mächtiger sind als Nationen.**

»Multis« bzw. »Global Player« sind mächtiger als Nationen:

– Sie beherrschen über ihre Wirtschafts- und Finanzkraft die Politik der Staaten, in denen sie sich niedergelassen haben. Die Drohung lautet: Bei Einschränkungen durch den jeweiligen Staat verlegen wir unseren Produktionsstandort in ein anderes Land.

– Multinationale Unternehmen beuten die Entwicklungsländer aus. Technischer Vorsprung verstärkt die Ausbeutung.

– Multinationale Unternehmen verlegen Betriebsteile in Länder, in denen es keine Gewerkschaften gibt. Sie »beuten« damit die Mitarbeiter »aus«, ohne dass der entsprechende Staat Gegenmaßnahmen zum Schutze der Mitarbeiter ergreifen kann.

– Sie vernichten Arbeitsplätze im Inland, indem sie »willkürlich« Betriebsteile in Länder mit niedrigeren Arbeitslöhnen verlagern. Kein Gesetz eines Staates kann dieses Vorgehen verhindern.

– Viele Staaten werben um die Niederlassungen der Multis, um Arbeitsplätze zu schaffen und Steuerquellen zu erschließen.

»Multis« bzw. »Global Player« sind nicht mächtiger als Nationen:

– Die These, dass »Multis« Staaten beherrschen, ist reine Theorie. Die Staaten können über ihre Gesetzgebung die Niederlassung eines Unternehmens verhindern oder mit strengen Auflagen versehen.

– »Willkürliche« Produktionsverlagerungen sind normalerweise nicht möglich. Die Stilllegung der einen Produktionsstätte verlangt den Aufbau einer neuen in einem anderen Land.

– Gewerkschaften sind gegenüber »Multis« nicht machtlos, weil z.B. ein Streik in einem Konzernunternehmen in einem Land aufgrund der Verflechtung und Abhängigkeit den ganzen Konzern beeinträchtigen kann.

550/13 Jedes Unternehmen hat die Pflicht, selbst zu prüfen, ob sein Verhalten, seine Absprachen und seine Beschlüsse kartellrechtlich zulässig sind.

Bestimmen Sie das Kriterium, das geeignet ist zu entscheiden, ob es sich um ein verbotenes Kartell oder um eine erlaubte Kooperation handelt. Prüfen Sie dieses Kriterium kritisch.

Das Kriterium für diese Entscheidung ist der Marktanteil der beteiligten Unternehmen. Allerdings sind Marktanteile sehr schwer zu bestimmen. Darüber hinaus sind sie nicht durchgehend konstant.

12.7 Notleidendes Unternehmen

560/1 Welche Auswirkungen hat der Zusammenbruch eines Unternehmens

a) für die Volkswirtschaft,

b) für die Arbeitnehmer,

c) für die Gläubiger,

d) für die Eigentümer?

a) Die Zulieferer können selbst in Zahlungsschwierigkeiten geraten. Die öffentliche Hand und die Sozialversicherungsträger haben Einnahmeausfälle zu verkraften.

b) Die Arbeitnehmer verlieren ihren Arbeitsplatz. Die Einhaltung privater Verpflichtungen (Bezahlung von Schulden) ist dadurch gefährdet.

c) Die Gläubiger (Lieferanten und Kreditgeber) müssen einen Teil ihrer Forderungen abschreiben, evtl. können sie ihren eigenen Verpflichtungen nicht mehr nachkommen.

d) Die Existenzgrundlage der Eigentümer kann zerstört sein, evtl. bleiben ihnen noch jahrelange Zahlungsverpflichtungen.

560/2 Wodurch kann der Mangel an flüssigen Mitteln verursacht werden?

– innerbetriebliche Ursachen wie Mangel an Kapital, technische Überalterung der Anlagen u. a.

– außerbetriebliche Ursachen wie Rückgang der Konjunktur und der Zahlungseingänge

560/3 Nennen Sie je zwei Gründe für die Krise des Unternehmens, bei denen der Unternehmer die Krise

a) verschuldet hat,

b) nicht verschuldet hat.

a) Mangel an Kapital, falsche Kapitalverwendung, Kapitalentzug durch überhöhte Privatentnahmen, fehlende Marktanpassung, zu geringe kaufmännische Kenntnisse, fehlerhafte Buchführung, technische Überalterung des Betriebs, Verluste durch Fehldispositionen, mangelhafte Organisation, Streitigkeiten zwischen Gesellschaftern

b) Rückgang der Nachfrage durch

   – Abschwächung der Konjunktur,

   – Änderung der Verbrauchergewohnheiten,

   – Beschränkung der Kaufkraft infolge steigender Arbeitslosigkeit,

   – Verschärfung des Wettbewerbs.

   Rückgang der Zahlungseingänge infolge

   – größerer Verluste an Außenständen.

560/4 **Das Vermögen der Klammer KG beträgt 500.000 EUR. Entscheiden und begründen Sie, welche Maßnahmen zu ergreifen sind, wenn die Schulden**

a) 2.000.000 EUR,

b) 500.000 EUR,

c) 900.000 EUR betragen.

a) Das Vermögen reicht nicht aus, um die Schulden abzudecken. Gläubiger werden das Insolvenzverfahren in Gang setzen, um wenigstens einen Teil ihrer Forderungen zu erhalten.

b) Das Vermögen reicht gerade aus. Gesellschafter werden Schritte zur Sanierung unternehmen.

c) Das Vermögen deckt 55 % der Schulden. Gläubiger werden die Vermögenslage überwachen (evtl. gerichtliches Verfahren mit Insolvenzplan).

560/5 **Worin liegt der Unterschied zwischen einer Bilanz mit Jahresfehlbetrag und einer Bilanz mit Überschuldung?**

Bei der Bilanz mit Jahresfehlbetrag ist nur ein Teil des Eigenkapitals aufgezehrt, bei der Bilanz mit Überschuldung das ganze Eigenkapital.

560/6 **Ein Personenunternehmen sieht sich drei Situationen gegenüber:**

   – **Es erwirtschaftet einen Jahresfehlbetrag. Dieser erscheint nicht in der Bilanz. Begründen Sie diesen Sachverhalt.**

   – **Trotz Überschuldung wird es weitergeführt. Warum ist das möglich?**

   – **Es wird saniert. Zu wessen Lasten kann diese Sanierung gehen?**

– Der Jahresfehlbetrag vermindert lediglich das Eigenkapital.

– Ein Personenunternehmen unterliegt einem nicht so strengen Insolvenzrecht wie die Kapitalgesellschaften. So kann sie so lange begrenzt weiterarbeiten, wie sie noch Kredit hat – auch wenn die Überschuldung bereits eingetreten ist. Solange eine positive Fortbestehensprognose besteht, lässt sich das Unternehmen problemlos weiterführen.

– Sie geht zulasten der Gläubiger, weil sich das Personenunternehmen durch ein mögliches Insolvenzverfahren vor zu schnellem oder vollständigem Zugriff auf die Schulden schützen kann.

In welchen Bilanzposten wird ein Verlust ausgewiesen

a) bei Personengesellschaften,

b) bei Aktiengesellschaften?

a) bei Personengesellschaften kein Ausweis, da der Verlust mit dem Eigenkapital verrechnet wird

b) bei der AG auf der Aktivseite als Verlustvortrag

561/8 **Die Bilanz einer AG hat folgende Positionen: Vermögen 8 Mio. EUR, Schulden 10 Mio. EUR, Gezeichnetes Kapital 3 Mio. EUR, Jahresfehlbetrag 5 Mio. EUR.**

a) Erstellen Sie die Bilanzsituation und analysieren Sie diese.

b) Entscheiden Sie, welche Maßnahmen zu treffen sind.

c) Angenommen, die Schulden würden nur 6 Mio. EUR betragen. Für welche Maßnahmen könnten Sie sich dann entscheiden?

a)   Bilanzsituation

Vermögen	8	Gezeichnetes Kapital	3
		Jahresfehlbetrag	– 5
		Schulden	10
nicht durch EK gedeckter Fehlbetrag	2		

Die Verluste übersteigen das Eigenkapital, die Schulden sind größer als das Vermögen.

Bei Überschuldung kann keine Sanierung mehr durchgeführt werden.

b) Es muss die Eröffnung des Insolvenzverfahrens beantragt werden.

c)
Vermögen	8	Gezeichnetes Kapital	3
		Jahresfehlbetrag	– 5
		Schulden	6

Es müsste das Insolvenzverfahren beantragt werden. Dies kann aber abgewendet werden, wenn die Aktionäre bereit sind, das Kapital durch Zuzahlungen aufzustocken.

561/9 **Anton Abele hat beim zuständigen Insolvenzgericht Antrag auf Eröffnung des Insolvenzverfahrens über das Vermögen des Hans Müller e. K. gestellt.**

a) Von welchen formellen Voraussetzungen ist die Eröffnung des Insolvenzverfahrens abhängig?

b) Was kann Hans Müller e. K. dagegen unternehmen?

a) Abele muss sein rechtliches Interesse am Insolvenzverfahren nachweisen und seine Forderung sowie den Grund zur Verfahrenseröffnung glaubhaft machen.

b) Vorlage eines Insolvenzplanes, über den die Gläubiger abstimmen. Bei Zustimmung wird das Insolvenzverfahren aufgehoben. Hans Müller e. K. kann wieder über die Insolvenzmasse frei verfügen.

561/10 Über das Vermögen des Antiquitätenhändlers Preschel e.K. wurde das Insolvenzverfahren eröffnet. Vor der Eröffnung hatte Preschel einen »Biedermeier-Sekretär« für 10.000 EUR unter Eigentumsvorbehalt gekauft. Der Verkäufer verlangt Erfüllung, während der Insolvenzverwalter die Ablehnung der Erfüllung anstrebt. Wie ist die Rechtslage?

Der Verkäufer des Biedermeier-Sekretärs hat noch das Eigentumsrecht und ist für seine Forderung aussonderungsberechtigt. Der Insolvenzverwalter kann die Aushändigung des Sekretärs nicht ablehnen. Sollte dieser bereits gutgläubig weiterverkauft sein, ist der Eigentumsvorbehalt erloschen und der Lieferant hat nur eine gewöhnliche Forderung. In diesem Fall kann der Insolvenzverwalter die Erfüllung durch Bezahlung von 10.000 EUR ablehnen.

561/11 Melden Sie beim Insolvenzgericht Ihre Forderung an Peter Winter e.K., Schillerstr. 19, 49074 Osnabrück, in Höhe von 1.627 EUR für die am 6. März 20.. unter Eigentumsvorbehalt gelieferte Ware an. Bitten Sie um Aussonderung, sofern dies noch möglich sein sollte.

Brieftext:

Wie wir aus den Veröffentlichungen des Handelsregisters ersehen, hat die Peter Winter e.K., Schillerstr. 19, 49074 Osnabrück, das Insolvenzverfahren beantragt.

Wir haben diesem Unternehmen am 6. März 20.. Waren im Wert von 1.627 EUR unter Eigentumsvorbehalt geliefert. Wir bitten Sie, die Ware auszusondern, sofern dies noch möglich ist. Sollte die Ware bereits verkauft sein, melden wir die 1.627 EUR zuzüglich 9 % Zinsen bis zur Eröffnung des Insolvenzverfahrens als gewöhnliche Forderung an.

561/12 Begründen Sie, warum der Gesetzgeber zwischen Insolvenzverfahren und Insolvenzplan unterscheidet.

Je nach der vorliegenden Situation ist es sinnvoller für die Beteiligten, das sich in der Krise befindliche Unternehmen weiterzuführen oder es aufzulösen. Beide Möglichkeiten erfordern eine spezielle rechtliche Regelung.

561/13 Welche Vorteile bietet der Insolvenzplan

    a) dem Schuldner,

    b) dem Gläubiger?

a) Das Verfügungsrecht des Schuldners über sein Vermögen bleibt erhalten.

b) Es könnte sein, dass bei der Auflösung des Betriebes des Schuldners für wertvolle Vermögensteile nur Bruchteile des wirklichen Wertes erzielt werden, sodass der Gläubiger sich mit wesentlich weniger begnügen müsste. Bei einer finanziellen Erholung des Schuldners kann dieser ein wichtiger und treuer Kunde bleiben.

561/14 Welchen wirtschafts- und gesellschaftspolitischen Sinn haben die gesetzlichen Vorschriften über den Insolvenzplan?

– wirtschaftspolitisch: Ein Betrieb, der unverschuldet in Not geraten ist, wird erhalten und damit auch volkswirtschaftliches Vermögen.

– gesellschaftspolitisch: Arbeitsplätze werden erhalten.

Egon Franke e. K. schreibt seinem Lieferanten Jakob Fischer OHG, Bahnhofstr. 3, 92224 Amberg, dass er vor zwei Tagen beim zuständigen Amtsgericht einen Antrag auf die Durchführung eines Insolvenzplanes gestellt habe. Franke verspricht, 50 % seiner bestehenden Schuld binnen eines Jahres zu bezahlen. Er bittet um Zustimmung zu diesem Insolvenzplan und stellt in Aussicht, auch künftig bei Fischer zu kaufen und mit Skonto zu bezahlen.

Schreiben Sie diesen Brief Frankes und begründen Sie, wodurch diese missliche Lage entstanden sein könnte.

Brieftext:

Vor zwei Tagen musste ich beim Amtsgericht Antrag auf Durchführung eines Insolvenzplanes stellen.

Wie Sie wissen, habe ich mein Geschäft im Zentrum der Stadt. Durch die Altstadtsanierung sind meine Umsätze erheblich zurückgegangen. Zunächst wurden im Sommer vergangenen Jahres die Gas- und Wasserleitungen erneuert; dann wurde mit der Einrichtung der Fußgängerzone begonnen. Durch den frühzeitig einsetzenden Winter mussten die Arbeiten unterbrochen werden, sodass die Fußgängerzone erst nach Ostern fertiggestellt werden konnte.

Diese Gründe haben dazu geführt, dass über Monate mein Geschäft schwer zu erreichen war. Deshalb ist der Umsatz stark zurückgegangen, während die Kosten unverändert hoch blieben.

Aus diesem Grunde kann ich vorübergehend meine Verpflichtungen nicht mehr in vollem Umfang erfüllen. Ich biete Ihnen die Zahlung von 50 % Ihrer Forderungen an mich an. Diese Leistung soll innerhalb eines Jahres erfolgen.

Ich bitte Sie, diesem Insolvenzplan zuzustimmen, da wir schon viele Jahre miteinander in guten Geschäftsbeziehungen stehen. Inzwischen ist mein Geschäft durch die Fußgängerzone zu einem beliebten Einkaufsziel geworden, sodass ich Ihnen in Zukunft wieder größere Aufträge zukommen lassen kann, die ich dann mit Skontoabzügen pünktlich bezahlen werde.

Sie würden mir sehr helfen, wenn Sie meinem Vorschlag zustimmen könnten.

Der Gesetzgeber hat neben dem Insolvenzplan auch die Restschuldbefreiung eingeführt. Begründen Sie diese Maßnahme.

So wie der Insolvenzplan die Chance zu einer finanziellen Erholung bietet, ermöglicht die Restschuldbefreiung einen Neubeginn ohne Schulden, allerdings sind »sechs Jahre Wohlverhalten« zu überstehen.

13 Investition und Finanzierung

13.1 Ziele und Arten von Investitionen

564/1 **Unterscheiden Sie zwischen Finanzanlagen- und Sachanlageninvestitionen anhand von Beispielen.**

Die beiden Begriffe unterscheiden Investitionen hinsichtlich der Vermögensanlage:

- Investition in Finanzanlagen: Kauf von Wertpapieren, Kauf von GmbH-Anteilen eines anderen Unternehmens

- Investition in Sachanlagen: Anschaffung einer Werkzeugmaschine, Kauf eines Lieferwagens

564/2 **Zwei Schulfreunde treffen sich nach langer Zeit und unterhalten sich über ihre Wohnsituation. »Ich wohne in einem Reihenhaus, das ich mit einem Lottogewinn finanzieren konnte«, sagt der eine. Der andere erwidert: »Und ich habe die Erbschaft meiner Eltern in eine 5-Zimmer-Eigentumswohnung investiert.«**

Diskutieren Sie, ob man mit »Finanzieren« bzw. »Investieren« denselben Vorgang meint oder ob dies zwei verschiedene Vorgänge sind.

Umgangssprachlich wird zwischen diesen beiden Begriffen oft nicht unterschieden. Fachlich heißt »Investieren« Vermögen aufbauen. Ob dieser Aufbau mit eigenem oder fremdem Kapital erfolgt, ist eine Frage des »Finanzierens«. Investition und Finanzierung sind also Begriffe desselben Vorgangs, nur klärt der eine, was erworben wurde (Mittelverwendung), der andere, mit wessen Kapital (Mittelherkunft).

13.2 Verfahren der Investitionsrechnung

572/1 **Beschreiben Sie den Hauptunterschied zwischen statischer und dynamischer Investitionsrechnung.**

statische Investitionsrechnungsverfahren	dynamische Investitionsrechnungsverfahren
Es werden Kosten, Erlöse oder Gewinne über kurzfristige Zeiträume – meist eine Periode – betrachtet.	Es werden die mit der Investition verbundenen Einnahmen und Ausgaben über längerfristige Zeiträume – meist über die Nutzungszeit des Investitionsgutes – betrachtet.

572/2 **Neben der rein rechnerischen Auswahl von Investitionsalternativen gibt es weitere Gesichtspunkte, die für ein Unternehmen bei der Entscheidung von Bedeutung sind.**

Nennen Sie mindestens drei Gesichtspunkte.

Mögliche Entscheidungsgesichtspunkte neben den rein rechnerischen Größen:

- Lieferungs- und Zahlungsbedingungen
- mögliche Finanzierungsalternativen in Verbindung mit der Investition (z.B. als Leasingangebot oder als Kreditvergabe durch den Hersteller)
- Qualität der Investitionsgüter
- Möglichkeiten zur Kapazitätserweiterung bzw. zur Nachrüstung
- Störanfälligkeit
- ökologische Gesichtspunkte (Herstellverfahren für das Investitionsgut, Transportwege)

572/3 **Begründen Sie, weshalb ein Anlagegut unterschiedliche Amortisations- und Nutzungszeiten aufweisen kann.**

Die Amortisationszeit beinhaltet die jährlichen Abschreibungen des Objektes und den jährlichen Gewinn.

Die Nutzungszeit kann von dieser Zeit abweichen:

- Umwelteinflüsse und Katastrophen können die Nutzungszeit stark verkürzen,
- die wirtschaftliche Nutzungszeit kann bei gleichbleibendem technischen Stand weit über die Amortisationszeit hinausgehen.

572/4 **Folgendes Zahlenmaterial für alternative Angebote liegt vor:**

	Maschine 1	Maschine 2
Anschaffungskosten	100.000 EUR	150.000 EUR
geplante Nutzungsdauer	10 Jahre	10 Jahre
geplante Leistungsmenge	20.000 St./Jahr	20.000 St./Jahr
Kapazitätsgrenze	20.000 St./Jahr	20.000 St./Jahr
Zinssatz*	6 %	6 %
Gehälter	12.000 EUR	10.000 EUR
sonstige fixe Kosten	9.800 EUR	12.000 EUR
Fertigungslöhne	110.000 EUR	105.000 EUR
Materialkosten	170.000 EUR	165.000 EUR
sonstige variable Kosten	19.000 EUR	21.000 EUR

* Hinweis: Die Zinskosten berechnen sich als Anschaffungskosten/2 · Zinssatz.

a) Führen Sie eine Kostenvergleichsrechnung durch.

b) Berechnen Sie die kritische Menge und ermitteln Sie, in welchen Mengenbereichen sich der Einsatz der beiden Maschinen lohnen würde.

c) Stellen Sie die Kostenverläufe für beide Maschinen grafisch dar. Wählen Sie dazu einen geeigneten Maßstab.

d) Maschine 2 kann durch den Einbau eines Präzisions-Zusatzaggregats zukünftig 4.000 Leistungseinheiten/Jahr mehr produzieren. Diese Maßnahme verursacht jedoch zusätzliche Kosten in Höhe von 30.000 EUR, die den Wert des Anlageguts erhöhen.

Führen Sie eine Kostenvergleichsrechnung durch und begründen Sie anschließend die eingetretenen Kostenveränderungen.

e) Entscheiden Sie unter Berücksichtigung weiterer Entscheidungskriterien, ob der Einbau des Zusatzaggregats sinnvoll ist.

f) Führen Sie eine Gewinnvergleichsrechnung durch bei einem Jahreserlös von 350.000 EUR.

g) Führen Sie eine Rentabilitätsvergleichsrechnung durch.

a)

	A	B	C
1		**Maschine 1**	**Maschine 2**
2	Anschaffunsgkosten (EUR)	100.000,00	150.000,00
3	Nutzungsdauer (Jahre)	10	10
4	Zinssatz (%)	6,00	6,00
5	Leistungsmenge (Stück)	20.000,00	20.000,00
7	Abschreibungen (EUR)	10.000,00	15.000,00
8	Zinskosten (EUR)	3.000,00	4.500,00
9	Gehälter (EUR)	12.000,00	10.000,00
10	sonst. Fixkosten (EUR)	9.800,00	12.000,00
11	Summe der Fixkosten (EUR)	34.800,00	41.500,00
13	Fertigungslöhne (EUR)	110.000,00	105.000,00
14	Materialkosten (EUR)	170.000,00	165.000,00
15	sonst. variable Kosten (EUR)	19.000,00	21.000,00
16	Summe der variablen Kosten	299.000,00	291.000,00
18	gesamte Kosten (EUR)	333.800,00	332.500,00
19	Kostendifferenz (EUR)	1.300,00	

b) variable Stückkosten Maschine 1: 14,95 EUR

variable Stückkosten Maschine 2: 14,55 EUR

Bedingung: Kosten Maschine 1 = Kosten Maschine 2

$$34.800 + 14,95 \, x = 41.500 + 14,55 \, x$$

$$x = \underline{16.750 \text{ Stück}}$$

c)

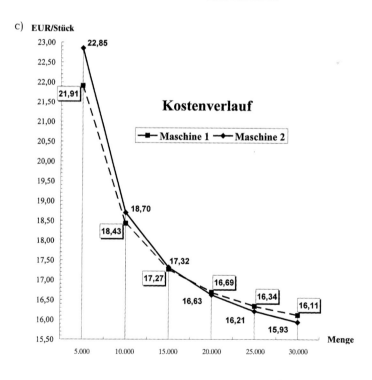

d)

	A	B	C	D
1		Maschine 1	Maschine 2	Maschine 2
2				(mit Zusatzaggr.)
3	Anschaffungskosten (EUR)	100.000,00	150.000,00	180.000,00
4	Nutzungsdauer (Jahre)	10	10	10
5	Zinssatz (%)	6,00	6,00	6,00
6	Leistungsmenge (Stück)	20.000	20.000	24.000
8	Abschreibungen (EUR)	10.000,00	15.000,00	18.000,00
9	Zinskosten (EUR)	3.000,00	4.500,00	5.400,00
10	Gehälter (EUR)	12.000,00	10.000,00	10.000,00
11	sonst. Fixkosten (EUR)	9.800,00	12.000,00	12.000,00
12	Summe der Fixkosten (EUR)	34.800,00	41.500,00	45.400,00
14	Fertigungslöhne (EUR)	110.000,00	105.000,00	126.000,00
15	Materialkosten (EUR)	170.000,00	165.000,00	198.000,00
16	sonst. variable Kosten (EUR)	19.000,00	21.000,00	25.200,00
17	Summe der variablen Kosten (EUR)	299.000,00	291.000,00	349.200,00
18	gesamte Kosten (EUR)	333.800,00	332.500,00	394.600,00
20	fixe Kosten pro Stück (EUR)	Maschine 1		Maschine 2
21	34.800,00 : 20.000,00	1,74		
22	45.400,00 : 24.000,00			1,89
23	variable Kosten pro Stück (EUR)			
24	299.000,00 : 20.000,00	14,95		
25	291.000,00 : 20.000,00			14,55
26	gesamte Kosten pro Stück (EUR)	16,69		16,44

Obwohl die Gesamtkosten für die Maschine 2 gestiegen sind, sind die Stückkosten gefallen. Damit hat sich der Stückkostenvorteil von Maschine 2 gegenüber Maschine 1 erhöht. Der Grund dieser Entwicklung liegt in der Fixkostendegression.

e) Begründung für den Einbau des Zusatzaggregates:

- hohe Qualität der Produkte aufgrund der Präzision des Aggregates
- Die Kapazitätserweiterung ermöglicht zukünftige Anpassungsprozesse.

f)

	Maschine 1	Maschine 2
	EUR	EUR
Erlös	350.000,00	350.000,00
K_f	34.800,00	41.500,00
K_v	299.000,00	291.000,00
Gewinn	16.200,00	17.500,00

g)

	Maschine 1	Maschine 2
	EUR	EUR
Erlös	350.000,00	350.000,00
Kosten	333.800,00	332.500,00
Ø Kapital	50.000,00	75.000,00

$$R = \frac{(350.000 - 333.800)}{50.000} \cdot 100\,\% \qquad R = \frac{(350.000 - 332.500)}{50.000} \cdot 100\,\%$$
$$= 32,40\,\% \qquad\qquad = 23,33\,\%$$

572/5 In einem Unternehmen soll die Entscheidung zugunsten eines Investitionsobjekts aufgrund kostenrechnerischer Ergebnisse getroffen werden. Dabei zieht die Geschäftsleitung Erfahrungswerte aus der Vergangenheit heran. Eine Investition wurde bisher immer dann durchgeführt, wenn die Amortisationszeit höchstens fünf Jahre betrug. Für die geplante Investition steht folgendes Zahlenmaterial zur Verfügung:

Kapitaleinsatz: 1.350.000 EUR. Die Maschine hat eine betriebsgewöhnliche Nutzungsdauer von neun Jahren. Neben den Abschreibungen werden sonstige jährliche Kosten in Höhe von 77.500 EUR angenommen. Bei einem Verkaufspreis von 37,50 EUR wird mit einem Absatz von 9.000 Stück pro Jahr gerechnet.

a) Ermitteln Sie mithilfe eines Tabellenkalkulationsprogramms die Amortisationsdauer. Erstellen Sie Ihre Tabelle so, dass sie für alternative Berechnungen zur Verfügung stehen kann.

b) Prüfen Sie, ob die Investition getätigt werden sollte.

a)

	A	B	C	
1	Berechnung der Amortisationszeit einer Inv			
2	(Amortisation.xls)			
3				
4	Anschaffungskosten		1.350.000,00	EUR
5	Nutzungsdauer		9	Jahre
6	Verkaufspreis		37,50	EUR/
7	erwarteter Absatz		9.000	St.
8				
9	Abschreibungsbetrag		150.000,00	EUR
10	sonstige Kosten		77.500,00	EUR
11	Gesamtkosten		227.500,00	EUR
12	Umsatz		337.500,00	EUR
13	Gewinn		110.000,00	EUR
14				
15	Amortisationszeit		5,19	Jahre

	A	B	C	D
1	Berechnung der Amortisationszeit einer Investition			
2	(Amortisation.xls)			
3				
4	Anschaffungskosten		1.350.000	EUR
5	Nutzungsdauer		9	Jahre
6	Verkaufspreis		37,5	EUR/S
7	erwarteter Absatz		9.000	St.
8				
9	Abschreibungsbetrag		=C4/C5	EUR
10	sonstige Kosten		77.500	EUR
11	Gesamtkosten		=SUMME(C9:C10)	EUR
12	Umsatz		=C6*C7	EUR
13	Gewinn		=C12-C11	EUR
14				
15	Amortisationszeit		=C4/(C13+C9)	Jahre

b) Unter Berücksichtigung vergangener Entscheidungskriterien ist die erwartete Amortisationszeit knapp überschritten. Weitere Überlegungen sollten deshalb angestellt werden. Ein Gesichtspunkt könnte sein, dass durch Werbe- oder Verkaufsförderungsmaßnahmen die Umsätze gesteigert werden. Als Alternative kann versucht werden, mit der Investition die sonstigen Kosten zu senken. In beiden Fällen wird der Gewinn und damit die Amortisationszeit unter fünf Jahre gesenkt werden können.

573/6 Die Anschaffungskosten eines Investitionsgutes betragen 200.000 EUR, die jährlichen Einnahmen am Jahresende werden mit 170.000 EUR, die entsprechenden Ausgaben mit 120.000 EUR angesetzt. Die Nutzungszeit wird mit fünf Jahren veranschlagt; ein Schrottwert ist nicht zu erwarten. Der Kalkulationszinssatz liegt bei 8 %.

a) Berechnen Sie die Wirtschaftlichkeit dieser Investition mithilfe der Kapitalwertmethode.

b) Berechnen Sie den internen Zinssatz dieser Investition.

a) $K_o = \dfrac{g[(1 + i)^n - 1]}{i(1 + i)^n} - a_o$ \quad Barwertgewinnungsfaktor nach Tabelle = 3,99271

$K_o = 50.000 \text{ EUR} \cdot 3,99271 - 200.000 \text{ EUR} = \underline{-364,50 \text{ EUR}}$

Es ergibt sich ein negativer Kapitalwert. Die Renditeerwartung von 8 % kann nicht ganz erfüllt werden. Bei limitierenden 8 % müsste die Investition unterbleiben.

b) $\dfrac{g}{a_o} = \dfrac{i(1+i)^n}{(1+i)^n - 1} = \dfrac{50.000}{200.000} = \underline{\underline{0{,}25}}$

Nach der Tabelle ergibt sich bei fünfjähriger Nutzungszeit bei dem Wert 0,25046 ein Zinssatz von 8 %. Damit liegt der errechnete interne Zinssatz knapp unter 8 %. Es bestätigt sich das Ergebnis der Teilaufgabe a), dass bei limitierenden 8 % die Investition unterbleiben müsste.

13.3   Kapitalbedarfs- und Finanzplanung

576/1   **Worin unterscheiden sich Kapitalbedarfsplanung und Finanzplanung?**

– Kapitalbedarfsplanung: Ermittelt die finanziellen Mittel, die für die Gründung und Errichtung sowie die laufende Betriebstätigkeit benötigt werden.
– Finanzplanung: Eröffnet Quellen, um sich das Kapital beschaffen zu können, das für die Investitionen benötigt wird. Steuert die Finanzierungsvorgänge und sichert die Zahlungsbereitschaft.

576/2   **Die Reifen Roesch GmbH kauft am 20.07. Waren mit einem Zahlungsziel von 40 Tagen. Die durchschnittliche Lagerdauer bis zum Verkauf beträgt 63 Tage. Die GmbH räumt ein Kundenziel von 30 Tagen ein.**

Für wie viele Tage müssen die Waren von der GmbH finanziert werden?

20.07. + 40 Tage = 30.08.

30.08. + 23 Tage = 23.09.

23.09. + 30 Tage = 23.10.

Differenz zwischen 30.08. und 23.10. = 53 Tage

576/3   **Führen Sie das Beispiel der Finanzplanung (Lehrbuch, Seite 575) für die Monate Januar und Februar weiter:**

Januar – Zahlungseingänge von Kunden 85.000 EUR, sonstige Erträge aus dem Verkauf von Wertpapieren 15.000 EUR, Ausgaben für Waren 50.000 EUR für die Lieferung des Vormonats. Eine Warenlieferung wird vorzeitig mit 20.000 EUR bezahlt. Personalkosten und sonstige Kosten wie im Vormonat.

Februar – Zahlungseingänge von Kunden 80.000 EUR, Ausgaben für Waren 50.000 EUR, Personalkosten und sonstige Kosten wie im Vormonat.

a) Welchen Stand hat das Bankkonto Ende Februar?

b) Wie hoch ist der Kontostand Ende Januar tatsächlich, wenn eine erwartete Kundenforderung von 35.000 EUR nicht beglichen wird?

c) Mit welchen Forderungen könnte die Bank aufgrund des Kontostandes Ende Januar an das Unternehmen herantreten?

d) Ende Februar sind die erwarteten 35.000 EUR immer noch nicht eingegangen. Begründen Sie, ob sich das Unternehmen noch im Rahmen seiner Finanzplanung bewegt.

a)

Guthaben Ende Dezember: 8.300 EUR	
Januar	**Februar**
AB 8.300 EUR Haben	AB 14.300 EUR Haben
+ 85.000 EUR	+ 80.000 EUR
+ 15.000 EUR	− 50.000 EUR
− 50.000 EUR	− 20.000 EUR
− 20.000 EUR	− 4.000 EUR
− 20.000 EUR	Kontostand: 20.300 EUR Haben
− 4.000 EUR	
14.300 EUR Haben	

b) 20.700 EUR Soll

c) – Sie wünscht eine Anpassung des Kreditlimits an die jetzigen Gegebenheiten.

    – Sie wünscht weitere Sicherheiten, da der Kreditrahmen von 15.000 EUR auf z. B. 25.000 EUR erhöht wird.

    – Sie wünscht Auskünfte über den weiteren Mittelzufluss auf diesem Konto.

d) Es bewegt sich mit 14.700 EUR Soll gerade noch im Finanzplan (Kreditlimit 15.000 EUR).

13.4 Ziele und Arten der Finanzierung

577/1 Nennen Sie Ziele der Finanzierung.

– Sicherung der Unternehmensstabilität durch die Planung des Kapitalbedarfs
– Sicherung der Zahlungsbereitschaft (Liquidität) des Unternehmens
– Sicherung der finanziellen Unabhängigkeit des Unternehmens
– Verbesserung der Kreditwürdigkeit des Unternehmens
– Verbesserung der Rentabilität des eingesetzten Kapitals

577/2 Welcher grundlegende Unterschied besteht zwischen Außen- und Innenfinanzierung?

– Außenfinanzierung: Die Finanzierungsmittel werden von außen als Eigenkapital oder Fremdkapital in das Unternehmen eingebracht.
– Innenfinanzierung: Die Finanzierungsmittel werden von innen, d. h. von dem Unternehmen selbst, aufgebracht.

577/3 Erläutern Sie den Unterschied zwischen der Beteiligungs- und der Fremdfinanzierung.

– Beteiligungsfinanzierung: Die Finanzierungsmittel werden in Form von Eigenkapital in das Unternehmen eingebracht. Das kann durch Erhöhung der Einlagen bisheriger Gesellschafter oder die Aufnahme neuer Gesellschafter (Eigenfinanzierung von außen) oder durch Einbehaltung von nicht ausgeschütteten Gewinnen erfolgen (Eigenfinanzierung von innen). Beteiligungsfinanzierung kann damit sowohl eine Außen- als auch eine Innenfinanzierung sein.
– Fremdfinanzierung: Die Finanzierungsmittel werden in Form von Fremdkapital dem Unternehmen zur Verfügung gestellt. Die Fremdfinanzierung ist als Kreditfinanzierung eine Form der Außenfinanzierung.

595/1   Nennen Sie Vor- und Nachteile der Beteiligungsfinanzierung.

– Vorteile: Eigenkapital macht unabhängiger; der Unternehmer kann in zeitlicher und sachlicher Hinsicht frei entscheiden; Eigenkapital ermöglicht risikoreiche Investitionen. Eigenfinanzierung bedeutet keinen regelmäßigen Zinsaufwand und damit keinen Liquiditätsabfluss. Beteiligungskapital ist nur beschränkt kündbar.

– Nachteile: Unabhängigkeit kann zu Leichtsinn bei Investitionen führen; wird eine marktgerechte Eigenkapitalverzinsung nicht kalkuliert, steht das Eigenkapital umsonst zur Verfügung und arbeitet unrentabel.

595/2   Stellen Sie die Bilanzveränderungen dar bei einer Kapitalerhöhung gegen Einlagen von 16 Mio. EUR auf 20 Mio. EUR. Der Ausgabepreis der jungen Aktien beträgt 8 EUR für eine 1-EUR-Aktie, die Mindesteinzahlung 40 %*), die Kapitalrücklage 9,2 Mio. EUR.

(in TEUR)	vorher	Zugang**)	nachher
ausstehende Einlage	–	2.400	2.400
Gezeichnetes Kapital	16.000	4.000	20.000
Kapitalrücklage	9.200	28.000	37.200
ausgewiesenes Eigenkapital	25.200	29.600	54.800
Anzahl der 1-EUR-Aktien (in Stück)	16.000	4.000	20.000

*) 40 % = 0,40 EUR Eigenkapital; 60 % = 0,60 EUR stehen noch offen.

+   7,00 EUR Agio

7,40 EUR

**) ohne Berücksichtigung der noch ausstehenden Einlage

595/3   Stellen Sie die Bilanzveränderungen dar aufgrund folgender Angaben: altes Grundkapital 680 Mio. EUR, Kapital- und Gewinnrücklagen 200 Mio. EUR, neues Grundkapital 850 Mio. EUR. Die neuen Aktien lauten auf 1 EUR und werden zu 8 EUR verkauft.

(in Mio. EUR)	vorher	Zugang	nachher
Gezeichnetes Kapital	680	170	850
Kapital- und Gewinnrücklage	200	1.190	1.390
ausgewiesenes Eigenkapital	880	1.360	2.240
Anzahl der 1-EUR-Aktien (in Mio. Stück)	680	170	850

595/4 Eine GmbH plant vor einer Gesamtinvestition von 2,877 Mio. EUR die Umwandlung in eine AG, um dieses Kapital teilweise über die Börse beschaffen zu können. Die GmbH hat ein Anlagevermögen von 984.000 EUR, ein Umlaufvermögen von 816.000 EUR und ein Stammkapital von 925.000 EUR. Die GmbH-Gesellschafter Jan, Ulli und Frank Labek wollen je 300 und Tanja Labek 80 Aktien im Mindestbetrag von 1.000 EUR übernehmen. Ein wohlhabender Freund ist bereit, 11.000 Aktien zum Mindestbetrag von 50 EUR zu zeichnen. Weitere 24.000 Aktien will die Hausbank über die Börse zu mindestens 50 EUR platzieren. Die Aktien werden zu 140 % vom jeweiligen Mindestbetrag verkauft.

a) Prüfen Sie rechnerisch nach, ob bei voller Übernahme aller Aktien der Geldmittelzufluss ausreicht, um die geplante Investition zu finanzieren.

b) Erstellen Sie die Gründungsbilanz der neu errichteten Aktiengesellschaft.

a) geplante Investition

	2.877 TEUR

Beteiligungen

– Jan, Ulli, Frank 3 · 300 · 1.400 EUR	1.260 TEUR
und Tanja 80 · 1.400 EUR	112 TEUR
	1.372 TEUR
– Wert der eingebrachten GmbH	925 TEUR
Restzahlung in Geld	447 TEUR
– wohlhabender Freund 11.000 · 70 EUR	770 TEUR
– durch Börsenverkauf 24.000 · 70 EUR	1.680 TEUR
gesamter Mittelzufluss	2.897 TEUR

Ergebnis: Der Mittelzufluss reicht für die Investition aus.

b)
Aktiva	Gründungsbilanz		Passiva
Anlagevermögen	984.000 EUR	Gezeichnetes Kapital[2]	2.730.000 EUR
Umlaufvermögen[1]	3.713.000 EUR	Kapitalrücklage[3]	1.092.000 EUR
		Fremdkapital	875.000 EUR
	4.697.000 EUR		4.697.000 EUR

1) Umlaufvermögen alt 816.000 EUR + Mittelzufluss 2.897.000 EUR

2) Gezeichnetes Kapital:

			3) Kapitalrücklage:	
Jan, Ulli, Frank	900 · 1.000 EUR =	900.000 EUR	900 · 400 EUR =	360.000 EUR
Tanja	80 · 1.000 EUR =	80.000 EUR	80 · 400 EUR =	32.000 EUR
Freund	11.000 · 50 EUR =	550.000 EUR	11.000 · 20 EUR =	220.000 EUR
Börse	24.000 · 50 EUR =	1.200.000 EUR	24.000 · 20 EUR =	480.000 EUR
		2.730.000 EUR		1.092.000 EUR

595/5 Beschreiben Sie zwei Entscheidungskriterien, die den Vorstand bewegen könnten, aufgrund der Kapitalmarktsituation auf die Inanspruchnahme genehmigten Kapitals zu verzichten.

- Kapitalmarkt signalisiert sinkende Zinssätze, sodass Fremdfinanzierung evtl. günstiger ist.

- Kapitalmarkt zeigt Aufnahmeschwäche, sodass die Gefahr besteht, dass die jungen Aktien nicht vom Markt angenommen werden.

595/6 Beschreiben Sie die Auswirkungen einer Kapitalerhöhung aus Gesellschaftsmitteln.

- Die Bilanzsumme bleibt gleich.

- Gezeichnetes Kapital nimmt zu, Rücklagen nehmen ab. Kapitalrücklage und/oder gesetzliche/andere Gewinnrücklagen nehmen ab.

- Der Aktienkurs sinkt, da das Eigenkapital auf mehr Aktien verteilt wird.

- Eventuell Senkung des Dividendensatzes.

595/7 Begründen Sie, ob einer Kapitalerhöhung aus Gesellschaftsmitteln ein Finanzierungsvorgang vorausging.

Um eine Kapitalerhöhung aus Gesellschaftsmitteln durchführen zu können, ist eine offene Selbstfinanzierung durch Bildung von Rücklagen notwendig, damit diese Gesellschaftsmittel überhaupt zur Verfügung stehen.

595/8 Die HV einer AG beschließt die Ausgabe von Berichtigungsaktien. Folgende Bilanzpositionen sind gegeben: Gezeichnetes Kapital 6 Mio. EUR, gesetzliche Rücklage einschließlich Kapitalrücklage 1,5 Mio. EUR, andere Gewinnrücklagen 3,1 Mio. EUR.

a) Bis zu welcher Höhe können gesetzliche Rücklagen in Grundkapital umgewandelt werden?

b) Stellen Sie die Bilanzpositionen vor und nach der Kapitalerhöhung dar.

c) Wie hoch ist der Bilanzkurs vor und nach der Erhöhung?

d) Um wie viel EUR steigt der Mittelabfluss der AG durch eine gleichbleibende Dividendenpolitik von 0,80 EUR je 5-EUR-Aktie?

a) 10 % des alten Grundkapitals müssen als gesetzliche Rücklage einschließlich Kapitalrücklage stehen bleiben (§ 208 (1) AktG); der Rest kann umgewandelt werden.

b)

(Beträge in Mio. EUR)	vorher	Änderung	nachher
Gezeichnetes Kapital	6,0	+ 4,0	10,0
gesetzliche Rücklage	1,5	− 0,9	0,6
andere Gewinnrücklagen	3,1	− 3,1	0,0
	10,6		10,6

c) vorher: $\dfrac{10,6 \cdot 100}{6} = 176,66$ EUR

nachher: $\dfrac{10,6 \cdot 100}{10} = 106$ EUR

d) 4 Mio. EUR neues Grundkapital : 5 EUR Nennwert = 800.000 Stück;
800.000 Stück · 0,80 EUR/Stück = 640.000 EUR

595/9 Eine AG hat einen Jahresüberschuss von 878.000 EUR erzielt. Das Gezeichnete Kapital beträgt 2.730.000 EUR und ist in Stückaktien zu 1 EUR aufgeteilt.

a) Welchen Dividendenbetrag könnten Vorstand und Aufsichtsrat höchstens vorschlagen, wenn sie durch die Satzung zu einer Einstellung von maximal 60 % in die anderen Gewinnrücklagen ermächtigt sind? (rechnerischer Nachweis erforderlich, wobei die Dividende auf ganze Cents zu runden ist; die gesetzliche Rücklage bleibt unberücksichtigt)

b) Weisen Sie die Verwendung des Jahresüberschusses rechnerisch nach, wenn hierzu keine satzungsmäßigen Bestimmungen vorliegen und die Dividende 0,16 EUR je Aktie betragen würde.

a) Jahresüberschuss 878.000 EUR
 – Einstellung in Gewinnrücklagen (60 %) 526.800 EUR
 = Bilanzgewinn 351.200 EUR

Dividendenvorschlag[1]
(0,12 EUR/Aktie · 2,73 Mio. Aktien) 327.600 EUR

Gewinnvortrag 23.600 EUR

[1] (351.200 EUR : 2.730.000 Aktien = 0,1286 EUR/Aktie)

b) Jahresüberschuss 878.000 EUR
 – Einstellung in Gewinnrücklagen (50 %) 439.000 EUR
 = Bilanzgewinn 439.000 EUR

Dividende 0,16 EUR/Aktie · 2,73 Mio. Aktien 436.800 EUR

Gewinnvortrag 2.200 EUR

596/10 Errechnen Sie das Bezugsrecht aus folgenden Angaben: Kapitalerhöhung um 80 Mio. EUR auf 320 Mio. EUR, Kurs der alten Aktien 400 EUR, Preis der jungen Aktien 280 EUR.

$$B = \frac{400 \text{ EUR} - 280 \text{ EUR}}{\frac{3}{1} + 1} = 30 \text{ EUR}$$

596/11 Wie viele junge Aktien kann ein Aktionär beziehen, wenn das Bezugsverhältnis 5:3 lautet und er 46 Altaktien besitzt?

Darstellung: 5 : 3 = 46 : x

x = 138 : 5 = 27,6, d. h. 27 junge Aktien, Rest 1 Bezugsrecht

oder 5 : 3 = 45 : 27, Rest 1

596/12 Das Grundkapital einer AG beträgt 32 Mio. EUR, ihre Kapitalrücklage 4 Mio. EUR, ihre Gewinnrücklagen 3,2 Mio. EUR. Zur Investition werden 12 Mio. EUR benötigt. Die Hauptversammlung hat beschlossen, diese Mittel durch eine Kapitalerhöhung gegen Einlagen in Höhe von 4 Mio. EUR zu beschaffen. Die Aktien der AG notieren gegenwärtig mit 24 EUR je 5-EUR-Aktie.

a) Berechnen Sie das Bezugsverhältnis, den Ausgabepreis der neuen Aktien und den rechnerischen Wert des Bezugsrechtes.

b) Wie wirkt sich die Kapitalerhöhung auf die betroffenen Bilanzpositionen aus?

c) Wie hoch ist das neue Eigenkapital der AG?

a) – Bezugsverhältnis 32 : 4 oder 8 : 1
 – 4.000.000 EUR : 5 EUR Nennwert = 800.000 Aktien
 Mittelzufluss von 12.000.000 EUR : 800.000 = 15 EUR je junge Aktie = Ausgabepreis

$$- B = \frac{K_a - K_n}{\frac{8}{1} + 1} = \frac{24 \text{ EUR} - 15 \text{ EUR}}{9} = 1 \text{ EUR}$$

b)

(Zahlen in Mio. EUR)	alt	Zugang
Grundkapital	32,0	4
gesetzliche Rücklage		
– Kapitalrücklage	4,0	8
– Gewinnrücklage	3,2	–
flüssige Mittel	–	12

c) 36 Mio. EUR + 12 Mio. EUR + 3,2 Mio. EUR = 51,2 Mio. EUR

596/13 Berechnen Sie den Bilanzkurs bei einem Grundkapital von 2,5 Mio. EUR und einem ausgewiesenen Eigenkapital von 6,25 Mio. EUR.

$$\frac{6{,}25 \text{ Mio. EUR} \cdot 100 \%}{2{,}5 \text{ Mio. EUR}} = 250 \% \text{ oder } 12{,}50 \text{ EUR bei einer 5-EUR-Aktie}$$

596/14 Welche Schlüsse können Sie ziehen, wenn der Börsenkurs über oder unter dem errechneten Bilanzkurs liegt?

– Börsenkurs über Bilanzkurs: Die Aktie wird von Haussespekulanten stark gefragt, weil sie dem Unternehmen Zukunfts- und Gewinnchancen einräumen.

– Börsenkurs unter Bilanzkurs: Die Aktie ist in Anlegerkreisen nicht gefragt, da man dem Unternehmen momentan keine Zukunfts- und Gewinnchancen einräumt. Der Grund kann aber auch außerhalb des Unternehmens liegen, z. B. in der allgemeinen Wirtschaftslage (sich verschlechternde Konjunktur).

596/15 Welche Vor- und Nachteile bringt die Fremdfinanzierung mit sich?

Vorteile: – Zinszahlung ist steuerlich betrieblicher Aufwand und wirkt dadurch steuermindernd

– Ausnutzung des Leverage-Effektes

Nachteile: – Disagio

– Zinszahlung

– Tilgung

– Abhängigkeit vom Geldgeber

596/16 Das Bankhaus Ackermann verlangt für einen Kontokorrentkredit 8 % Sollzinsen und 3 % Bereitstellungsprovision von dem zugesagten Kredit von 30.000 EUR für 180 Tage. Eine Volksbank berechnet 11 % Sollzinsen und 3% Bereitstellungsprovision für diejenigen Beträge, die in den 180 Tagen nicht in Anspruch genommen wurden.

a) Vergleichen Sie die beiden Angebote für den Fall, dass

– der Kreditnehmer den Kredit in den 180 Tagen überhaupt nicht in Anspruch nahm,

– der Kreditnehmer die gesamten 180 Tage mit 30.000 EUR im Soll stand.

b) Begründen Sie, warum eines der beiden Kreditangebote günstiger erscheint.

a)

Es verlangt	Bankhaus Ackermann	Volksbank
bei keiner Inanspruchnahme	0 % Sollzinssatz, aber 3 % Bereitstellungsprovision	0 % Sollzinssatz, aber 3 % für die Nichtinanspruchnahme des Kredits
bei voller Inanspruchnahme	8 % Sollzinssatz sowie 3 % Bereitstellungsprovision	11 % Sollzinssatz und 0 % Bereitstellungsprovision, da in Anspruch genommen

Ergebnis: Beide Institute verlangen gleich viel.

b) 8 % täuschen eine günstigere Bedingung vor als 11 %, denn die Bereitstellungsprovision ist in beiden Fällen 3 %, aber bezogen auf eine unterschiedliche Ausgangsbasis.

596/17 Welche Unterschiede bestehen zwischen einem Kontokorrentkredit und einem Darlehen hinsichtlich Bereitstellung, Rückzahlung und Laufzeit?

Merkmale	Kontokorrentkredit	Darlehen
Bereitstellung	– Beim Kontokorrentkredit wird ein Kreditrahmen vereinbart, innerhalb dessen man frei nach seinen wirtschaftlichen Bedürfnissen verfügen kann.	– Das Darlehen wird in Raten oder in einer Summe für einen in einer Summe für einen bestimmten Zweck bereitgestellt.
Rückzahlung	– Die Rückzahlung erfolgt mit laufender Rechnung, spätestens am Ende des Vertragsverhältnisses.	– Die Rückzahlung erfolgt innerhalb einer festgelegten Zeit in Raten oder in einer Summe.
Laufzeit	– Der Kontokorrentkredit ist seiner Natur nach kurzfristig.	– Das Darlehen ist seiner Natur nach langfristig.

596/18 Warum ist ein Kontokorrentkredit grundsätzlich teurer als ein Darlehen?

Für Kontokorrentkredite müssen die Kreditinstitute täglich Beträge in Höhe der Kreditlimits verfügbar halten, ohne zu wissen, ob und in welcher Höhe diese in Anspruch genommen werden. Diese Entscheidungsfreiheit des Kontokorrentkunden ist eben teurer, als wenn er sich bei einem Darlehen verpflichtet, einen einmal langfristig zur Verfügung gestellten Betrag in gleichbleibenden Raten zu tilgen.

596/19 Durch Änderung des Gesellschaftsvertrags wird ein bisheriger Darlehensgeber zum Teilhaber. Welche Auswirkung hat dieser Vorgang auf die Freisetzung liquider Mittel und auf die Bilanz?

Die Gesellschaft erspart sich den Zins- und Tilgungsdienst, muss aber künftig den Teilhaber am Gewinn beteiligen. In der Bilanz steht statt »Darlehen« jetzt »Eigenkapital« des Teilhabers.

596/20 Was kann einen Kaufmann veranlassen, ein hohes Disagio zu vereinbaren?

Mit einem hohen Disagio »erkauft« sich der Schuldner einen niedrigen Nominalzinssatz für die Laufzeit des Darlehens. Dadurch sind seine zukünftigen nominalen Zinsbelastungen niedriger als ohne Disagio; seine Liquiditätsbelastung ist also eine niedrigere. Die Frage ist, ob ihm die verminderte Auszahlungssumme für das Investitionsvorhaben ausreicht. Das Disagio kann man steuerlich geltend machen, man muss es aber auf die Laufzeit des Darlehens verteilen.

596/21 Nach der Art der Rückzahlung unterscheidet man drei Darlehensformen.

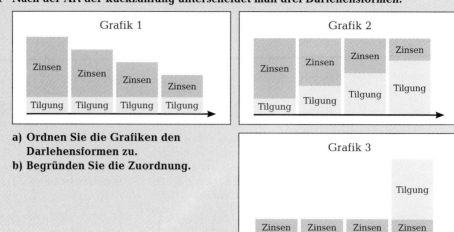

a) Ordnen Sie die Grafiken den Darlehensformen zu.
b) Begründen Sie die Zuordnung.

a) und b) Grafik 1: Ratentilgung: konstanter Tilgungsbetrag, abnehmender Gesamtbetrag

Grafik 2: Annuitätentilgung: steigender Tilgungsbetrag, konstanter Gesamtbetrag

Grafik 3: Festdarlehen: kein Tilgungsbetrag während der Laufzeit, konstanter Gesamtbetrag, komplette Tilgung am Laufzeitende

597/22 Erstellen Sie eine Tabelle zur Ratentilgung für ein mit 9 % verzinsliches Darlehen von 30.000 EUR bei acht Jahren Laufzeit.

Jahr	Tilgungsrate	Zinsen	Gesamtbetrag
1	3.750,00	2.700,00	6.540,00
2	3.750,00	2.362,50	6.112,00
3	3.750,00	2.025,00	5.775,00
4	3.750,00	1.687,50	5.437,50
5	3.750,00	1.350,00	5.100,00
6	3.750,00	1.012,50	4.762,50
7	3.750,00	675,00	4.425,00
8	3.750,00	337,50	4.087,50
	30.000,00	12.150,00	42.150,00

597/23 Erstellen Sie einen Raten- und Annuitätentilgungsplan für die ersten vier Jahre bei 100.000 EUR Kapital, einem Zinssatz von 8 % und 12 % Tilgung; Annuität 20.000 EUR.

Ratentilgungsplan in EUR:				
Jahr	Schuld	Zinsen	Tilgung	Gesamtbetrag
1	100.000	8.000	12.000	20.000
2	88.000	7.040	12.000	19.040
3	76.000	6.080	12.000	18.080
4	64.000	5.120	12.000	17.120
Summe		26.240	48.000	74.240

Annuitätentilgungsplan in EUR:

Jahr	Schuld	Zinsen	Tilgung	Annuität
1	100.000,00	8.000,00	12.000,00	20.000
2	88.000,00	7.040,00	12.960,00	20.000
3	75.040,00	6.003,20	13.996,80	20.000
4	61.043,20	4.883,46	15.116,54	20.000
Summe		25.926,66	54.073,34	80.000

597/24 Ein Industrieunternehmen benötigt Kapital zur Finanzierung einer Erweiterungs-investition. Es besteht ein Kapitalbedarf von 100.000 EUR, der über einen langfristigen Kredit mit 10% Verzinsung und einer Laufzeit von fünf Jahren verzinst werden soll.

Erstellen Sie für das Unternehmen entsprechende Tilgungspläne bei einem

a) Festdarlehen,

b) Ratendarlehen,

c) Annuitätendarlehen.

a)

Tilgungsplan Festdarlehen in EUR

Jahr	Schuld	Zinsen	Tilgung	Gesamtbetrag
1	100.000,00	10.000,00	-	10.000,00
2		10.000,00	-	10.000,00
3		10.000,00	-	10.000,00
4		10.000,00	-	10.000,00
5		10.000,00	100.000,00	110.000,00
Summe		50.000,00	100.000,00	150.000,00

b)

Tilgungsplan Ratendarlehen in EUR

Jahr	Schuld	Zinsen	Tilgung	Gesamtbetrag
1	100.000,00	10.000,00	20.000,00	30.000,00
2	80.000,00	8.000,00	20.000,00	28.000,00
3	60.000,00	6.000,00	20.000,00	26.000,00
4	40.000,00	4.000,00	20.000,00	24.000,00
5	20.000,00	2.000,00	20.000,00	22.000,00
Summe		30.000,00	100.000,00	130.000,00

c)

Tilgungsplan Annuitätendarlehen in EUR

Jahr	Schuld	Zinsen	Tilgung	Gesamtbetrag
1	100.000,00	10.000,00	16.379,75	26.379,75
2	83.620,25	8.362,03	18.017,72	26.379,75
3	65.602,53	6.560,25	19.819,50	26.379,75
4	45.783,03	4.578,30	21.801,45	26.379,75
5	23.981,58	2.398,16	23.981,59	26.379,75
Summe		31.898,74	100.000,01	138.898,75

597/25 **a)** Die Hausbank bietet ein fünfjähriges Darlehen zu einem Zinssatz von 4,5 % nominal und mit einer Auszahlung von 98 % an. Berechnen Sie die Effektivverzinsung.

b) Prüfen Sie, ob das Konkurrenzangebot einer anderen Bank günstiger wäre: Nominalzinssatz 4 %, Auszahlung 96 %, Laufzeit fünf Jahre.

a) $p_{eff.} = \dfrac{(4,50 + 2,00 : 5) \cdot 100}{98} = 5\,\%$

b) $p_{eff.} = \dfrac{(4,00 + 4,00 : 5) \cdot 100}{96} = 5\,\%$. Nein, nicht günstiger.

597/26 Die Gesellschafter einer GmbH erörtern die Frage, ob eine Investition in Höhe von 20 Mio. EUR mittels Erhöhung des Stammkapitals oder Aufnahme eines Darlehens finanziert werden soll. Erklären Sie Vor- und Nachteile beider Finanzierungsmöglichkeiten.

	Stammkapital	Darlehen
Vorteile	– keine Rückzahlung des Kapitals – variable Gewinnausschüttung	– gewinn- und dadurch körperschaftsteuermindernder Zinsaufwand – keine Mitsprache der Gläubiger
Nachteile	– Stimmrecht der Gesellschafter – Gewinn ist körperschaftsteuerpflichtig – Gewinnausschüttung wirkt gewinnmindernd	– feste Zinsen, unabhängig von der Ertragslage – Zinsrisiko – Rückzahlungsverpflichtung

---

597/27 Ein Ehepaar will für 360.000 EUR eine Eigentumswohnung kaufen. Es verfügt über 40.000 EUR Festgeld und einen sofort einsetzbaren Bausparvertrag (Bausparvertragssumme 120.000 EUR, davon angespart 50 %). Errechnen Sie das insgesamt vorhandene Eigenkapital und das insgesamt erforderliche Fremdkapital.

Kaufpreis		360.000 EUR
angespartes Kapital		
– Festgeld	40.000 EUR	
– Bauspargeld	60.000 EUR	
	100.000 EUR	
erforderliches Fremdkapital		260.000 EUR

597/28 Ein Industrieunternehmen steht vor der Entscheidung, einen Lieferwagen zu kaufen oder zu leasen. Was spricht für und was gegen Leasing?

Vorteile (für Leasing)	Nachteile (gegen Leasing)

z. B. – bindet kein Kapital
       – schont die Liquidität
       – Bilanzstruktur bleibt
	z. B. – hohe Leasingraten
	       – Scheinvermögen
	       – Verfügungsbeschränkung

597/29 Vergleichen Sie Kreditfinanzierung und Leasing im Hinblick auf

a) den Kapitalbedarf,

b) die laufenden Liquiditätsbelastungen sowie

c) die Bindung an das Wirtschaftsgut.

		Kreditfinanzierung	Leasing
a)	Kapitalbedarf	anfänglich größerer Bedarf in Höhe der Anschaffungskosten	anfänglich geringerer Bedarf in Höhe der ersten Monatsrate und der Installationskosten
b)	laufende Liquiditätsbelastung	je höher der Fremdfinanzierungsanteil an der Investition, desto höher die Liquiditätsbelastung	Bei Restwertverträgen ist die Belastung niedriger, da nur der Wertverlust ersetzt werden muss.
c)	Bindung an das Wirtschaftsgut	Endgültiger Erwerb bindet den Eigentümer während der gesamten Nutzungsdauer.	Zeitlich begrenzte Gebrauchsüberlassung bindet den Leasingnehmer nur während der vereinbarten Vertragsdauer.

597/30 Einem Unternehmen liegen für ein 100.000-EUR-Objekt folgende Finanzierungsalternativen vor:

Leasing mit fünf Jahren Grundmietzeit und einer Jahresrate von 25.000 EUR. Das Bankdarlehen für fünf Jahre wird gleichmäßig in Raten getilgt und kostet 4 % Zinsen von der Restschuld.

a) Errechnen Sie die Liquiditätsbelastung sowie die Aufwandsbelastung beider Vorschläge für die fünf Jahre insgesamt.

b) Prüfen Sie am Ende der fünf Jahre, ob Leasing einen Vorteil bietet, wenn die Gewinnsteuerminderung bei einem Steuersatz von 40 % berücksichtigt wird. Das Objekt soll mit 20 % linear abgeschrieben werden.

c) Begründen Sie Ihre Finanzierungsentscheidung.

d) Nennen Sie Gründe, weshalb das Leasing trotz höherer Kosten gewählt werden könnte.

a)

Jahre	Leasing	Bankdarlehen				
	Liquiditäts-belastung EUR	Darlehens-höhe EUR	Zinsauf-wand EUR	+	Tilgung EUR	= Liquiditäts-belastung EUR
1	25.000	100.000	4.000	+	20.000	= 24.000
2	25.000	80.000	3.200	+	20.000	= 23.200
3	25.000	60.000	2.400	+	20.000	= 22.400
4	25.000	40.000	1.600	+	20.000	= 21.600
5	25.000	20.000	800	+	20.000	= 20.800
	125.000		12.000	+	100.000	= 112.000

b) – Leasing 40 % von 125.000 EUR = 50.000 EUR Steuerersparnis, d. h. 75.000 EUR tatsächlicher Aufwand

    – Bankdarlehen 40 % von 12.000 EUR; Zinsaufwand = 4.800 EUR; 40 % von 100.000 EUR Abschreibung = 40.000 EUR; Steuerersparnis insgesamt = 44.800 EUR

    tatsächlicher Aufwand = 67.200 EUR (Ein evtl. Restwert aus dem Verkauf des Gegenstandes bleibt unberücksichtigt.)

c) Das Bankdarlehen ist dem Leasing vorzuziehen, da der Gesamtaufwand sowie die Liquiditätsbelastung niedriger sind.

d) – geringerer Kapitalbedarf, da die Anschaffungskosten nicht finanziert werden müssen

    – Zwar höhere, aber gleichmäßigere Liquiditätsbelastung sowie feste Vertragslaufzeiten sorgen für Planungssicherheit.

    – keine Entsorgungskosten am Ende der Nutzungsdauer

    – kein Aufwand für eventuellen Verkauf der Altmaschine

    – Anpassung an technische Innovationen durch flexible Vertragslaufzeiten möglich

    – keine Bilanzverlängerung gegenüber dem Kauf der Maschine, Bilanzstruktur bleibt bestehen

13.6 Sicherheiten bei der Fremdfinanzierung

605/1 Welche Charaktereigenschaften erwarten Sie von einer Person, für die Sie sich verbürgen?

Fleiß, Zuverlässigkeit, guter Ruf, Vertrauen

605/2 a) Kaufmann Hans Dietenmeier nimmt bei seiner Bank einen Kredit auf. Sein Geschäftsfreund Sven Winkler bürgt für ihn. Wer schließt mit wem welchen Vertrag ab?

b) Warum verlangt die Bank von Herrn Winkler den Verzicht auf die Einrede der Vorausklage?

c) Wenige Tage nach Fälligkeit der Schuld verlangt die Bank von Herrn Winkler die Zahlung der Schuld. Dieser zahlt nicht mit der Begründung, Herr Dietenmeier habe noch Vermögen in der Schweiz. Wie verhält sich die Bank?

a) Dietenmeier mit seiner Bank: Kreditvertrag

    Winkler mit dieser Bank: Bürgschaftsvertrag

    Winkler mit Dietenmeier: kein Vertragsverhältnis, aber Einverständnis von Winkler

b) Die Bank will ihn im Ernstfall wie den Hauptschuldner Dietenmeier behandeln können.

c) Die Bank wird sich darauf nicht einlassen, sondern aufgrund des Punktes b) auf Zahlung bestehen.

605/3 Ein Unternehmer benötigt 160.000 EUR und will jeweils die Hälfte über eine Bürgschaft bzw. Zession absichern.

a) In welcher Höhe muss er seiner Bank Forderungen anbieten, wenn sie zu 75 % beliehen werden?

b) Warum wird der Bürgschaftsbetrag zu 100 % der Kreditsumme angesetzt?

a) 75 % = 80.000 EUR

    100 % = 106.667 EUR Forderungen

b) Weil der Bürge für die volle Schuld haftet und die Bank keinen Risikoabschlag macht.

606/4 Wodurch unterscheidet sich eine stille von einer offenen Zession?

stille Zession	offene Zession
– Drittschuldner weiß von der Zession nichts. – Drittschuldner kann schuldbefreiend an den Kreditnehmer bezahlen	– Drittschuldner weiß von der Zession – Drittschuldner kann schuldbefreiend nur an den Gläubiger bezahlen

---

606/5 Beschreiben Sie Vor- und Nachteile der offenen Zession.

Vorteile	Nachteile
– erhöhte Sicherheit, da Mehrfachzession ausgeschlossen – schuldbefreiende Zahlung nur an den Zessionar	– schwindendes Ansehen des Zedenten und evtl. Verlust des Drittschuldners als Käufer

---

606/6 Der Unternehmer Günther Frey benötigt für seine neue Büroausstattung einen Kredit über 5.000 EUR. Auf die Frage der Bankmitarbeiterin nach Sicherheiten antwortet Herr Frey: »Ich habe vor einem Monat einen Neuwagen für 25.000 EUR bar bezahlt, aber mit dem können Sie ja nichts anfangen.« Durch welche Vereinbarung könnte der Pkw doch als Sicherheit dienen?

In der Praxis hat sich die Vereinbarung einer Sicherungsübereignung entwickelt. Da es oft vorkommt, dass ein Unternehmer das Wirtschaftsgut, das er als Sicherheit anbietet, im Betrieb benötigt, vereinbaren Kreditgeber und Kreditnehmer einen Sicherungsübereignungs- und einen Gebrauchsüberlassungsvertrag (Besitzkonstitut). Der Kreditgeber wird bedingter Eigentümer, der Kreditnehmer bleibt Besitzer des Sicherungsgutes.

606/7 Nennen und begründen Sie drei Gefahren für die Bank aus der Sicherungsübereignung.

– Mehrfachübereignung: Nur derjenige mit dem zuerst abgeschlossenen Vertrag ist abgesichert.
– Eigentumsvorbehalt: Da der Kreditnehmer noch gar nicht Eigentümer des Gegenstandes ist, konnte auch keine Eigentumsübertragung auf den Kreditgeber erfolgen; auch gutgläubig nicht, da der Sinn der Sicherungsübereignung nicht in der Eigentumsübertragung liegt, sondern in ihrem Pfandcharakter.

– Vermieterpfandrecht: Der Vermieter kann sich an den in seine Mieträume einge-
brachten Sachen vorrangig wegen nicht bezahlter Miete schadlos halten, sofern sie
nicht dem Eigentumsvorbehalt unterliegen.

606/8 **Der Kaufmann Claudio Marini bietet seiner Bank verschiedene Werte als Sicherheiten an, die diese zu den genannten Beleihungssätzen lombardiert (als Pfand nimmt):**

a) 500 Chemie-Aktien zu je 120 EUR (60 %),

b) Sparbücher über 40.000 EUR (100 %),

c) festverzinsliche Wertpapiere über 60.000 EUR (75 %).

Wie viel EUR Kredit erhält er von seiner Bank?

a) 36.000 EUR
b) 40.000 EUR
c) 45.000 EUR
insgesamt 121.000 EUR

606/9 **Begründen Sie, warum die Beleihungssätze (Aufgabe 8) unterschiedlich hoch sind.**

Weil die gebotenen Sicherheiten unterschiedlichen Risiken unterliegen.

606/10 **In der Geschäftswelt gilt die Immobilie als die beste aller Kreditsicherheiten.**

Diskutieren Sie, warum das so ist und welche Risiken dennoch bleiben.

Die Immobilie ist unbeweglich, kann nur mittels notariellen Vertrages und Grundbuch-
eintragung erworben werden und ist aus langjähriger Erfahrung wertbeständig. Risiken
entstehen eigentlich nur durch fehlerhafte Vermittlung, zu hohe Beleihung, schädliche
Planungsänderungen der Behörden oder Versäumnisse bei der Kreditüberwachung.

606/11 **Welche Informationen
liefert der abgebildete
Grundschuldbrief?**

Gruppe 02 Nr. 1706117

Deutscher Grundschuldbrief
über
200.000,00 EUR, m.W.: Zweihunderttausend Euro

eingetragen im Grundbuch von H a u s e n
Amtsgerichtsbezirk Neustadt
Band 150, Blatt 973, Abteilung III Nr. 3 (drei)
–.–.–.–.–

Inhalt der Eintragung:
Grundschuld zugunsten der Kreditbank AG in Neustadt im
Betrage von – zweihunderttausend Euro – verzinslich zu
vier vom Hundert für das Jahr. Unter Bezugnahme auf
die Eintragungsbewilligung vom 15. August 20..

Belastetes Grundstück
Grundbuch von Hausen, Amtsgericht Neustadt,
Band 150, Blatt 973, Abteilung I, Nr. 1 (eins)

Neustadt, den 20. August 20..
Amtsgericht Neustadt

Siegel

Buhl

606/12 **Ein Bekannter von Ihnen will eine Immobilie kaufen und möchte wissen, welche rechtliche Wirkung folgende Vorgänge haben:**

a) Abschluss eines Grundstückskaufvertrages in Schriftform im Beisein eines Rechtsanwaltes

b) Abschluss eines Grundstückskaufvertrages vor einem Notar

c) Eintragung des Grundstückskaufs in das Grundbuch

d) Eintragung einer Grundschuld in das Grundbuch

e) Tilgung der letzten Rate dieser Grundschuld

a) Kaufvertrag ist nichtig, da er nur von einem Notar abgeschlossen werden kann.

b) Kaufvertrag ist rechtswirksam.

c) vollzogene Eigentumsübergabe der Immobilie an den Käufer

d) Verpfändung der Immobilie an einen Kreditgeber

e) Der Kreditgeber hat keine Forderung aus dem Darlehen mehr, aber theoretisch immer noch aus der abstrakten Grundschuld, solange diese nicht gelöscht wird.

607/13 **a) Welche Möglichkeiten der Kreditsicherungen gibt es aufgrund der nachstehenden Bilanz?**

Aktiva	Bilanz (in EUR)		Passiva
Grundstücke	165.000,00	Eigenkapital	428.000,00
Maschinen	100.000,00	Grundschulddarlehen	90.000,00
Fuhrpark	25.000,00	Verbindlichkeiten	112.000,00
Rohstoffe	170.000,00		
Forderungen	80.000,00		
Wertpapiere	40.000,00		
Zahlungsmittel	50.000,00		
	630.000,00		630.000,00

b) Errechnen Sie den möglichen Mittelzufluss bei folgenden Beleihungssätzen: Anlagevermögen zu 75 %, Umlaufvermögen zu 50 %. Die Maschinen sind bereits zu 40 % sicherungsübereignet.

a) – Grundstücke: Belastung durch weitere Grundpfandrechte bis zur Beleihungsgrenze

– Fuhrpark und Maschinen: Sicherungsübereignung

– Rohstoffe: Sicherungsübereignung; Verpfändung, bei Einlagerung in einem öffentlichen Lagerhaus mittels Verpfändung des Lagerscheins

– Forderungen: Zession, Factoring, Forfaitierung oder Verpfändung

– Wertpapiere: Lombardierung (Verpfändung)

b) Grundstücke (123.750,00 EUR – 90.000,00 EUR Grundschuld) = 33.750,00 EUR

Fuhrpark 18.750,00 EUR

Maschinen 30.000,00 EUR

Rohstoffe 85.000,00 EUR

Forderungen 40.000,00 EUR

Wertpapiere 20.000,00 EUR

möglicher Mittelzufluss 227.500,00 EUR

607/14 Ein Investor beabsichtigt, eine Immobilie für 450.000 EUR zu kaufen. Die kreditgebende Bank ermittelt einen Beleihungswert von 420.000 EUR.

a) Errechnen Sie die Kreditobergrenze bei einer Beleihungsgrenze von 60 %.

b) Errechnen Sie den sich daraus ergebenden Eigenkapitalanteil dieser Investition in EUR und in Prozent.

a) 60 % von 420.000 EUR = 252.000 EUR

b) Investitionssumme 450.000 EUR – Kredit 252.000 EUR = Eigenkapital 198.000 EUR

607/15 Erläutern Sie den Sinn einer Eigentümergrundschuld.

Der Eigentümer eines Grundstücks kann sich eine bevorzugte Rangstellung im Grundbuch freihalten, um durch Abtretung der Eigentümergrundschuld schnell zu Geld zu kommen.

607/16 Einem Kapitalanleger wird ein Mietobjekt angeboten, das nach Abzug aller Kosten im Jahr 180.000 EUR Mietertrag abwirft. Der Verkäufer spricht von einer Verzinsung des eingesetzten Kapitals von 6 %. Errechnen Sie den (Ertrags-)Wert des Mehrfamilienhauses.

6 % $\stackrel{\wedge}{=}$ 180.000 EUR

100 % $\stackrel{\wedge}{=}$ x   EUR

x   =   3 Mio. EUR

607/17 Ein mittelständischer Unternehmer einer Ein-Mann-GmbH beantragt bei seiner Hausbank einen langfristigen Investitionskredit über 1,5 Mio. EUR zur Erweiterung seines Maschinenparks. Als Sicherheit bietet er eine unbelastete Unternehmensimmobilie mit einem von der Bank geschätzten Marktwert von 2 Mio. EUR an. Die Bank setzt den Grundstückswert dieser Immobilie mit 200.000 EUR an und den reinen Gebäudewert mit einem Risikoabschlag von 20 %. Die Beleihungssätze betragen für das Grundstück 100 % und für das Gebäude 80 %.

a) Weisen Sie rechnerisch nach, ob das angebotene Pfand ausreicht, den Kredit abzudecken.

b) Nehmen Sie Stellung zur unterschiedlichen Beleihung von Grundstück und Gebäude.

a) 2.000.000 EUR – 200.000 EUR Wert des Grundstücks = 1.800.000 EUR reiner Gebäudewert. Davon 20 % Risikoabschlag (360.000 EUR) ergibt einen Beleihungswert von 1.800.000 EUR – 360.000 EUR = 1.440.000 EUR. Daraus 80 % = 1.152.000 EUR.

Das Pfand reicht nicht aus; es fehlen Sicherheiten in Höhe von 348.000 EUR.

b) Grundstücke unterliegen keiner Abnutzung und können deswegen nur in Ausnahmefällen an Wert verlieren, sodass man sie zu 100 % beleihen kann.

Gebäude unterliegen einer Abnutzung; infolgedessen kann die Bank vom Marktwert abrücken und sowohl den Risikoabschlag vornehmen als auch einen geringeren Beleihungssatz ansetzen.

607/18 Ordnen Sie folgende Begriffe (a–d) den entsprechenden Kreditsicherheiten (1–4) zu:

a) Einrede der Vorausklage,
b) Besitzkonstitut,
c) Bezahlen mit schuldbefreiender Wirkung,
d) Löschungsbewilligung.

1) offene Zession,
2) Grundschuld,
3) Ausfallbürgschaft,
4) Sicherungsübereignung.

a – 3

b – 4

c – 1

d – 2

13.7 Innenfinanzierung

618/1 a) Worin unterscheiden sich Beteiligungsfinanzierung und offene Selbstfinanzierung?

b) Was haben sie gemeinsam?

a) – Beteiligungsfinanzierung ist Außenfinanzierung. Aufbringung des Eigenkapitals durch die Gesellschafter.

– Selbstfinanzierung ist Innenfinanzierung. Aufbringung des Eigenkapitals durch Rücklagenbildung aus dem Gewinn.

b) – In beiden Fällen wird Eigenkapital gebildet, über dessen Verwendung die Unternehmensleitung von außen unbeeinflusst entscheiden kann.

– In beiden Fällen kann die Unternehmensleitung selbst Entscheidungen treffen.

618/2 Der Einzelunternehmer Heinrich Huber e. Kfm. erwirtschaftete im vergangenen Geschäftsjahr einen Gewinn von 200.000 EUR. Für seine private Lebensführung entnahm er 85.000 EUR.

Wie hoch war die offene Selbstfinanzierung im vergangenen Geschäftsjahr?

offene Selbstfinanzierung = Gewinn – Privatentnahmen = 200.000 EUR – 85.000 EUR = 115.000 EUR

618/3 Die Gesellschafter der Haitech OHG beabsichtigen, den Gesamtgewinn des Unternehmens in Höhe von 100.000 EUR nicht auszuschütten.

Beschreiben Sie zwei Auswirkungen, die die offene Selbstfinanzierung auf die Bilanz der Haitech OHG hat.

Der nicht ausgeschüttete Gewinn von 100.000 EUR wird den Kapitalgebern gutgeschrieben, d. h., das in der Bilanz ausgewiesene Eigenkapital erhöht sich. Damit erhöht sich ebenfalls die Bilanzsumme (Bilanzverlängerung).

618/4 August Schröder ist Kommanditist bei der Ketterer KG mit einer Kapitaleinlage von 50.000 EUR. Schröder hat seine Kapitaleinlage voll einbezahlt. Im Gesellschaftsvertrag wurde vereinbart, dass die Gewinnanteile an die Kommanditisten grundsätzlich auszuzahlen sind. In den letzten fünf Jahren ergaben sich folgende Gewinn- und Verlustanteile für Herrn Schröder:

Jahr	00	01	02	03	04
Gewinnanteil (EUR)	5.000			4.000	15.000
Verlustanteil (EUR)		15.000	2.000		

a) In welchem Umfang musste Kommanditist Schröder zur Selbstfinanzierung der Ketterer KG in den vier Jahren insgesamt beitragen?

b) Wie hoch war der Betrag, der dem Kommanditisten während der fünf Jahre insgesamt ausgezahlt wurde?

a) Die gesetzlich erzwungene Selbstfinanzierung lag für Schröder bei 17.000 EUR. Durch die Verluste in den Jahren 01 und 02 wurde seine vereinbarte Einlage unterschritten. Der Gewinnanteil 03 wurde komplett einbehalten, vom Gewinnanteil 04 wurden von der KG 13.000 EUR einbehalten, um die vereinbarte Einlage von 50.000 EUR wieder zu erreichen.

b) Schröder erhielt insgesamt 7.000 EUR (5.000 EUR aus dem Jahr 00 und 2.000 EUR aus dem Jahr 04).

619/5 Die MINT AG weist folgende Zahlen aus:

Gezeichnetes Kapital	25.000.000 EUR
Kapitalrücklage	2.000.000 EUR
gesetzliche Rücklage	400.000 EUR
andere Gewinnrücklagen	600.000 EUR
Verlustvortrag aus dem Vorjahr	150.000 EUR
Jahresüberschuss	2.000.000 EUR

a) Berechnen Sie die Höhe der gesetzlich erzwungenen Selbstfinanzierung für die MINT AG.

b) Vorstand und Aufsichtsrat möchten einen möglichst geringen Bilanzgewinn ausweisen. Ermitteln Sie unter diesen Bedingungen den Bilanzgewinn sowie den Betrag der offenen Selbstfinanzierung.

a) 10 % des Gezeichneten Kapitals   2.500.000 EUR

Kapitalrücklage und gesetzliche Rücklage   2.400.000 EUR

Einstellung von 5 % des Jahresüberschusses, der um den Verlustvortrag gemildert ist   92.500 EUR

Die Höhe der gesetzlich erzwungenen Selbstfinanzierung beträgt 92.500 EUR.

b)

Jahresüberschuss	2.000.000 EUR
– Verlustvortrag aus dem Vorjahr	150.000 EUR
= bereinigter Jahresüberschuss	1.850.000 EUR
– Einstellung von 5 % des bereinigten Jahresüberschusses, da Kapitalrücklage und gesetzliche Rücklage noch nicht 10 % des Gezeichneten Kapitals erreichen	92.500 EUR
= um die gesetzlich erzwungene Selbstfinanzierung bereinigter Jahresüberschuss	1.757.500 EUR

– Einstellung von 50 % des um die gesetzlich erzwungene Selbstfinanzierung bereinigten Jahresüberschusses in die anderen Gewinnrücklagen	878.750 EUR
= Bilanzgewinn	**878.500 EUR**
offene Selbstfinanzierung	**971.250 EUR**
davon gesetzlich erzwungen	92.500 EUR
davon freiwillig vorgenommen durch Vorstand und Aufsichtsrat	878.750 EUR

619/6 Für die Simmerring AG liegt am 31.12.20.. folgende vereinfachte Bilanz vor:

AKTIVA	Bilanz der Simmerring AG (in EUR)	PASSIVA
A. Anlagevermögen 30.415.000	A. Eigenkapital	
B. Umlaufvermögen 13.035.000	I: Gez. Kapital	20.000.000
	II: Kapitalrücklage	900.000
	III: Gewinnrücklagen	
	1. gesetzl. Rücklage	500.000
	2. andere Gewinn- rücklagen	1.200.000
	IV: Gewinnvortrag	125.000
	V: Jahresüberschuss	1.750.000
	C. Verbindlichkeiten	18.975.000
43.450.000		**43.450.000**

a) Berechnen Sie den Betrag der gesetzlich erzwungenen Selbstfinanzierung.

b) Vorstand und Aufsichtsrat wollen einen möglichst hohen Betrag in die Rücklagen einstellen. Berechnen Sie den Betrag, den Vorstand und Aufsichtsrat maximal einstellen können.

c) Ermitteln Sie den Bilanzgewinn, der der Hauptversammlung zur Ausschüttung an die Aktionäre vorgeschlagen wird. Der Gewinnvortrag soll dabei an die Aktionäre ausgeschüttet werden.

---

a) | 10 % des Gezeichneten Kapitals | 2.000.000 EUR |
|---|---|
| Kapitalrücklage und gesetzliche Rücklage | 1.400.000 EUR |
| Einstellung von 5 % des Jahresüberschusses | 87.500 EUR |

Die Höhe der gesetzlich erzwungenen Selbstfinanzierung beträgt 87.500 EUR.

b) | Jahresüberschuss | 1.750.000 EUR |
|---|---|
| – Einstellung von 5 % des Jahresüberschusses, da Kapitalrücklage und gesetzliche Rücklage noch nicht 10 % des Gezeichneten Kapials erreichen | 87.500 EUR |
| = um die gesetzlich erzwungene Selbstfinanzierung bereinigter Jahresüberschuss | 1.662.500 EUR |
| – Einstellung von 50 % des um die gesetzlich erzwungene Selbstfinanzierung bereinigten Jahresüberschusses in die anderen Gewinnrücklagen | 831.250 EUR |

Die freiwillig vorgenomme Selbstfinanzierung durch Vorstand und Aufsichtsrat beträgt 831.250 EUR.

c) Jahresüberschuss · 1.750.000 EUR

  – Einstellung von 5 % des Jahresüberschusses, da Kapitalrücklage
und gesetzliche Rücklage noch nicht 10 % des Gezeichneten
Kapitals erreichen · 87.500 EUR

  = um die gesetzlich erzwungene Selbstfinanzierung
bereinigter Jahresüberschuss · 1.662.500 EUR

  – Einstellung von 50 % des um die gesetzlich erzwungene
Selbstfinanzierung bereinigten Jahresüberschusses in die
anderen Gewinnrücklagen · 831.250 EUR

  = bereinigter Jahresüberschuss · 831.250 EUR

  + Gewinnvortrag · 125.000 EUR

  = Bilanzgewinn · **956.250 EUR**

619/7   **Vergleichen Sie die Eigen-, Selbst- und Fremdfinanzierung mithilfe eines Tabellen-kalkulationsprogrammes. Bisheriges Stammkapital 1 Mio. EUR, Rücklagen 1 Mio. EUR, Investitionsvorhaben 1 Mio. EUR, Gewinnerwartung aus der Investition 20 %, Gewinnausschüttung 10 %, Gewinnsteuersatz 30 %, Fremdkapitalzinssatz 10 %.**

	A B	C	D	E	F	G	H
1	Finanzierungs-vorschläge	Fall 1	Fall 2	Fall 3	Fall 4	Fall 5	Fall 6
2	Eigenfinanzierung durch Kapital-erhöhung	1.000.000	–	500.000	–	500.000	–
3	Selbstfinanzierung aus Rücklagen	–	1.000.000	500.000	–	–	500.000
4	Fremdfinanzierung mittels Darlehen	–	–	–	1.000.000	500.000	500.000
5	**Auswirkungen im 1. Jahr**						
6	Gewinnerwartung						
7	Zinsaufwand						
8	Gewinn vor Steuern						
9	30 % Steuern						
10	Gewinn nach Steuern						
11	Gewinnaus-schüttung 10 %						
12	Mittelzufluss						
13	Mittelabfluss						

Finanzierungsvorschläge	Fall 1	Fall 2	Fall 3	Fall 4	Fall 5	Fall 6
Eigenfinanzierung durch Kapitalerhöhung	1.000.000	–	500.000	–	500.000	–
Selbstfinanzierung aus Rücklagen	–	1.000.000	500.000	–	–	500.000
Fremdfinanzierung mittels Darlehen	–	–	–	1.000.000	500.000	500.000
Auswirkungen im 1. Jahr						
Gewinnerwartung	200.000	200.000	200.000	200.000	200.000	200.000
Zinsaufwand	–	–	–	100.000	50.000	50.000
Gewinn vor Steuern	200.000	200.000	200.000	100.000	150.000	150.000
30% Steuern	60.000	60.000	60.000	30.000	45.000	45.000
Gewinn nach Steuern	140.000	140.000	140.000	70.000	105.000	105.000
Gewinnausschüttung 10 %	200.000	100.000	150.000	100.000	150.000	100.000
Mittelzufluss durch Selbstfinanzierung	–	40.000	–	–	–	5.000
Mittelabfluss ohne Steuern	60.000	–	10.000	30.000	45.000	–

620/8 **Welche Wirkung tritt ein, wenn die Abschreibungsrückflüsse für private Zwecke verwendet werden?**

Die Liquidität und das Eigenkapital des Unternehmens werden geschwächt. Die für die Ersatzinvestition gedachten Rückflüsse fehlen. Es kommt zu einem Substanzverlust.

620/9 **Wie wirkt sich die Abschreibung**

a) auf den Gewinn,
b) auf die Ertragsteuern

des Unternehmens aus?

a) Die Abschreibung mindert den Gewinn.
b) Die Abschreibung mindert die gewinnabhängigen Steuern (ESt, KSt, GewSt).

620/10 **Eine Maschine hat eine Nutzungsdauer von acht Jahren und wird bilanziell linear abgeschrieben. Kalkulatorisch wird sie mit 25 % linear abgeschrieben. Wie hoch ist der Prozentsatz der Abschreibungsfinanzierung?**

Es erfolgt eine Abschreibungsfinanzierung in Höhe von 25 %.

620/11 **Die Extrol-AG hat ihren Fuhrpark bisher über Abschreibungen finanziert. Der Vorstand prüft, ob die Kraftfahrzeuge künftig nicht gekauft, sondern geleast werden sollen.**

Unter welchen Voraussetzungen reichen die Abschreibungsrückflüsse zur Wiederbeschaffung nicht aus?

– Die Wiederbeschaffungspreise für die Kraftfahrzeuge sind höher als die Abschreibungsrückflüsse.

– Die aus den Wiederbeschaffungspreisen kalkulierten Abschreibungen werden durch die Verkaufserlöse nicht gedeckt.

620/12 **Die Schulz KG benötigt liquide Mittel und möchte daher einen Teil ihrer Vorräte verkaufen.**

a) Begründen Sie, um welche Umfinanzierungsmaßnahme es sich dabei handelt.

b) Beschreiben Sie zwei Gefahren, die mit dieser Umfinanzierungsmaßnahme verbunden sein könnten.

a) Hier liegt eine Umfinanzierung durch Änderung der Vermögensstruktur vor. Die Vorräte werden in liquide Mittel umgewandelt.

b) Werden zu viele Vorräte verkauft, könnte die Produktionsbereitschaft des Unternehmens leiden.

Steigen in der Folge die Preise für die Vorräte, verteuern sich für das Unternehmen die Einkaufskosten bei der Ersatzbeschaffung der zuvor liquidierten Vorräte.

621/13 **Wie viel flüssige Mittel werden in einem Unternehmen bei folgenden Maßnahmen frei?**

a) Veräußerung von 1.000 Stück Aktien zu 460 EUR; Kaufpreis 240 EUR

b) Veräußerung von 500 Stück Aktien zu 280 EUR; Kaufpreis 310 EUR

c) Abbau des Lagerbestandes von 600.000 EUR um 20 % durch Barverkauf mit 30 % Preisnachlass

a) 460.000 EUR, b) 140.000 EUR, c) 84.000 EUR; insgesamt 684.000 EUR

621/14 **Die Nord-Süd-Bank AG verlangt vom Factoringnehmer eine Servicegebühr für die Übernahme der Debitorenbuchhaltung.**
Erläutern Sie die Vorteile für den Factoringnehmer, wenn die Bank die Debitorenbuchhaltung übernimmt.

– Entlastung des Rechnungswesens führt zu Kostenersparnissen

– größere Erfahrung im Umgang mit Debitoren bei Kreditinstituten

– Forderungsüberwachung/Mahnwesen übernimmt das Kreditinstitut

621/15 **Die Horex KG prüft, ob sie ihre Forderungen an die Factor-Bank AG verkaufen soll. Die Außenstände des Unternehmens belaufen sich auf durchschnittlich 250.000 EUR pro Jahr, die Forderungsausfälle liegen bei durchschnittlich 12.000 EUR pro Jahr. Folgendes Angebot der Factor-Bank AG liegt vor: Gebühren einschließlich Delkrederefunktion: 1,2 % der Außenstände; Ankauf von 75 % der Forderungen; Sollzinssatz 6,5 % p. a. der Forderungssumme.**

Prüfen Sie, ob sich für die Horex KG das Factoring lohnt, wenn damit Kostenvorteile von 10.000 EUR zu erzielen sind.

6,5 % p. a. auf 75 % der Forderung (187.500 EUR) für 12 Monate	12.187,50 EUR
+ 1,2 % Factoringgebühr der Forderungen (250.000 EUR)	3.000,00 EUR
= Kosten des Factorings	15.187,50 EUR

Da die Factor-Bank AG das Risiko der Forderungsausfälle übernimmt, lohnt sich für die Horex KG das Factoring, denn den Kosten des Factorings in Höhe von 15.187,50 EUR stehen Einsparungen von 22.000,00 EUR gegenüber (Kostenvorteil und Abwälzung der Forderungsausfälle auf die Bank).

14 Jahresabschluss mit Bewertung

14.1 Bestandteile des Jahresabschlusses

633/1 Ein Unternehmen weist zum 31. Dezember 01 in seinem Anlagenspiegel für den Bilanzposten »technische Anlagen und Maschinen« folgende Werte aus (in EUR):

AHK	Zugänge	Abgänge	kumulierte Abschreibungen
2.500.000,00	120.000,00	55.000,00	1.200.000,00

a) Ermitteln Sie den Buchwert zum 31. Dezember 01.

b) Erläutern Sie die Spalte »kumulierte Abschreibungen«.

c) Welche Aussagen können aus dem Anlagenspiegel über die Altersstruktur der technischen Anlagen und Maschinen dieses Unternehmens getroffen werden?

d) Im Jahr 02 hat das Unternehmen Anlagen verkauft: AHK 100.000,00 EUR; Buchwert 35.000,00 EUR; Veräußerungspreis 62.000,00 EUR.

Die gesamten Abschreibungen der Altanlagen des Jahres 02 belaufen sich auf 110.000,00 EUR. Außerdem wurden im Jahr 02 Anlagen für 60.000,00 EUR beschafft, die darauf entfallenden Abschreibungen betragen 15.000,00 EUR.

Erstellen Sie den Anlagenspiegel zum 31. Dezember 02.

a)

	EUR
AHK	2.500.000,00
+ Zugänge	120.000,00
− Abgänge	55.000,00
= AHK (31. Dezember 01)	2.565.000,00
− kumulierte Abschreibungen	1.200.000,00
= Bilanzansatz (31. Dezember 01)	1.365.000,00

b) Die kumulierten Abschreibungen bilden sich aus der Summe sämtlicher Abschreibungen der technischen Anlagen und Maschinen, die über ihre Nutzungsdauer angefallen sind. Die kumulierten Abschreibungen erhöhen sich um die jeweiligen Jahresabschreibungen und vermindern sich um die kumulierten Abschreibungen derjenigen Anlagen und Maschinen, die im Laufe des Geschäftsjahres aus dem Bestand ausscheiden (Verkauf oder Verschrottung).

c) Die AHK betragen 2.565.000,00 EUR, der Buchwert liegt bei 1.365.000,00 EUR (= 53,2 % der AHK). Bei überwiegend linearer Abschreibung haben die Anlagen etwas weniger als die Hälfte der Nutzungsdauer hinter sich.

d) Anlagenspiegel 02:

Bilanz-posten	(1) AHK	(2) Zugänge	(3) Abgänge	(4) kumulierte Abschreibungen	(5) Abschreibungen (lfd. Jahr)	(6) Bilanzansatz Vorjahr	Berichtsjahr
Anlagen u. Maschinen	2.565.000,00	60.000,00	100.000,00	1.260.000,00	125.000,00	1.365.000,00	1.265.000,00

633/2 **Erläutern Sie den Unterschied zwischen den Positionen Wertpapiere des Anlagevermögens und sonstige Wertpapiere des Umlaufvermögens.**

Die Wertpapiere des Anlagevermögens dienen zur langfristigen Kapitalanlage, während sonstige Wertpapiere des Umlaufvermögens nur kurzfristig Bestandteil des Vermögens sind, wenn sie z. B. aus Spekulationsmotiven gekauft wurden und bei Kurssteigerungen wieder verkauft werden.

633/3 **Erklären Sie den Begriff Rechnungsabgrenzungsposten und erläutern Sie, warum das HGB den Ausweis von Rechnungsabgrenzungsposten in der Bilanz vorsieht.**

– Aktive Rechnungsabgrenzungsposten sind Ausgaben des alten Geschäftsjahres, die aufwandsmäßig ganz oder teilweise dem neuen Geschäftsjahr zuzuordnen sind, z. B. Vorauszahlung von Kfz-Steuern.

– Passive Rechnungsabgrenzungsposten sind Einnahmen des alten Geschäftsjahres, die ertragsmäßig ganz oder teilweise dem neuen Geschäftsjahr zuzuordnen sind, z. B. im Voraus erhaltene Miete.

– Die Bildung von Rechnungsabgrenzungsposten basiert auf dem Grundsatz der periodengerechten Erfolgsermittlung. Nach § 252 HGB sind Aufwendungen und Erträge des Geschäftsjahres unabhängig von den Zeitpunkten der entsprechenden Zahlungen im Jahresabschluss zu berücksichtigen. Das bedeutet, dass Aufwendungen und Erträge, die nicht in das betreffende Geschäftsjahr gehören, auch nicht im Jahresabschluss zu berücksichtigen, sondern separat auszuweisen sind. Diese Forderung macht den Ausweis von Rechnungsabgrenzungsposten in der Bilanz notwendig, denn diese stellen Einnahmen bzw. Ausgaben dar, die erst im folgenden Geschäftsjahr zu Aufwendungen bzw. Erträgen führen.

633/4 **a) Begründen Sie, weshalb Rückstellungen zu bilden sind.**

b) Erläutern Sie den Unterschied zwischen Rückstellungen und Rücklagen.

a) Rückstellungen sind gemäß § 249 HGB für ungewisse Verbindlichkeiten, drohende Verluste aus schwebenden Geschäften, unterlassene Aufwendungen für Instandhaltungen und Abraumbeseitigung sowie für bestimmte Gewährleistungen zu bilden. Die Pflicht zur Bildung von Rückstellungen entspricht dem Vorsichtsprinzip der Rechnungslegung. Rückstellungen zählen zum Fremdkapital des Unternehmens.

b) Rücklagen entsprechen zwar ebenfalls dem Vorsichtsprinzip der Rechnungslegung, sie werden jedoch aus dem Gewinn gebildet und zählen zum Eigenkapital des Unternehmens. Rücklagen sollen im Verlustfalle dazu dienen, das Kapital der Gesellschafter/Anteilseigner zu schützen. Sie stellen Reserven des Unternehmens dar.

633/5 **Erläutern Sie die Unterschiede zwischen Brutto- und Nettoprinzip bei der Darstellung der GuV-Rechnung.**

Beim Bruttoprinzip müssen die Aufwands- und Ertragsarten gemäß der Gliederungsvorschrift des § 275 (2) HGB in der GuV-Rechnung dargestellt werden. Eine Saldierung von Aufwendungen und Erträgen ist nicht zulässig.

Das Nettoprinzip erlaubt hingegen die Zusammenfassung bestimmter Aufwands- und Ertragspositionen (siehe Lehrbuch, Seite 629 f.). Dadurch sind z. B. die Umsatzerlöse nicht mehr direkt aus der GuV-Rechnung ablesbar. Das Nettoprinzip darf nur von kleinen und mittelgroßen Kapitalgesellschaften angewandt werden.

633/6 In einer GuV-Rechnung ist das Betriebsergebnis kleiner als das Finanzergebnis. Beurteilen Sie diesen Sachverhalt.

Die Ursachen für diesen Sachverhalt können sein:

– höhere Erträge bei den Finanzanlagen (Beteiligungen Wertpapiere, Ausleihungen),

– höhere betriebliche Aufwendungen (Material, Personal, Abschreibungen),

– niedrigere Umsatzerlöse (Markteinbußen, Preisverfall, falsche Produktpolitik).

633/7 Die ABC-Werke AG bereitet den Jahresabschluss 20.. vor. Folgende Unterlagen aus der Buchhaltung liegen Ihnen vor:

zusammengefasstes vorläufiges GuV-Konto

Soll		zum 31.12.20.. (Mio. EUR)	Haben
Materialaufwand	24,8	Umsatzerlöse	98,4
Personalaufwand	41,9	Bestandsveränderungen an fertigen	
Abschreibungen auf Gegenstände des		und unfertigen Erzeugnissen	1,1
Anlagevermögens	12,8	andere aktivierte Eigenleistungen	2,7
Abschreibungen auf Finanzanlagen	3,3	Erträge aus Beteiligungen	2,1
Zinsaufwand	0,8	sonstige betriebliche Erträge	2,3
Steuern v. Einkommen u. sonstige Steuern	8,8		
sonstige betriebliche Aufwendungen	8,0		
vorläufiger Jahresüberschuss	6,2		
	106,6		106,6

zusammengefasste vorläufige Bilanz

Aktiva		zum 31.12.20.. (Mio. EUR)	Passiva
A. Summe Anlagevermögen	56,2	A. Eigenkapital	
B. Summe Umlaufvermögen	41,9	I. Gezeichnetes Kapital	42,0
		II. Kapitalrücklage	0,5
		III. Gewinnrücklagen	
		1. gesetzliche Rücklage	3,6
		2. andere Gewinnrücklagen	7,9
		IV. Verlustvortrag	– 2,2
		V. vorläufiger Jahresüberschuss	6,2
		B. Rückstellungen	4,9
		C. Verbindlichkeiten	35,2
	98,1		98,1

Erstellen Sie die Gewinn- und Verlustrechnung in Staffelform gemäß § 275 HGB und ermitteln Sie den Jahresüberschuss entsprechend den gesetzlichen Bestimmungen.

Gewinn- und Verlustrechnung in Staffelform nach dem Gesamtkostenverfahren:

	in Mio. EUR
Umsatzerlöse	98,4
Erhöhung des Bestandes an fertigen und unfertigen Erzeugnissen	+ 1,1
andere aktivierte Eigenleistungen	+ 2,7
sonstige betriebliche Erträge	+ 2,3
Materialaufwand	– 24,8
Personalaufwand	– 41,9
Abschreibungen auf Sachanlagen	– 12,8
sonstige betriebliche Aufwendungen	– 8,0

Erträge aus Beteiligungen	+ 2,1
Abschreibungen auf Finanzanlagen	– 3,3
Zinsaufwand	– 0,8
Steuern vom Einkommen und vom Ertrag	– 8,8
Jahresüberschuss	6,2

634/8 **Suchen Sie nach Beispielen, in welchen Fällen die im Anhang gesetzlich vorgeschriebenen Angaben besondere Bedeutung haben werden.**

Beispiele:

- Überprüfung der Grundsätze bei der Bewertung

- Feststellung außergewöhnlicher Geschäftstätigkeiten

- Finanzierungsbesonderheiten (Laufzeit, Verpfändungen)

- Steuerbelastungen

- Risiken, die im Zusammenhang mit Kreditaufnahmen, Sanierung, Vergleich nach
  dem Abschlussstichtag entstehen.

634/9 **Personengesellschaften müssen bei der Erstellung ihrer GuV-Rechnung keine Glie-
derungsvorschriften einhalten. Dennoch richten sie sich bei der Gliederung ihrer
Erfolgsrechnung nach dem HGB.**

Beschreiben Sie die Gründe hierfür.

Folgende Gründe sprechen auch bei Personengesellschaften für eine Gliederung der
GuV-Rechnung nach HGB:

- Vergleichbarkeit des Erfolgs mit Konkurrenten

- Informationswünsche der Kapitalgeber (z. B. Banken, Gesellschafter)

14.2 Adressaten des Jahresabschlusses

635 **Die Adressaten des Jahresabschlusses verfolgen teilweise unterschiedliche Interessen und Ziele. Entwickeln Sie jeweils ein Beispiel**

  – für übereinstimmende Interessen bzw. Ziele,

  – für unterschiedliche Interessen bzw. Ziele

der verschiedenen Adressaten des Jahresabschlusses.

- Beispiele für übereinstimmende Interessen bzw. Ziele:

  Aktionäre und Mitarbeiter haben ein gemeinsames Interesse an hohen Gewinnen des
  Unternehmens. Gewinne mehren das Vermögen der Aktionäre, gleichzeitig stärken sie
  die Existenz des Unternehmens und sichern damit die Arbeitsplätze der Mitarbeiter.

  Gläubiger und Öffentlichkeit haben ebenfalls ein Interesse an hohen Gewinnen des
  Unternehmens. Gewinne können das Haftungspotenzial des Unternehmens stärken
  und erhöhen damit die Wahrscheinlichkeit, dass die Forderungen der Gläubiger erfüllt
  werden. Gewinne sorgen außerdem für höhere ertragsabhängige Steuerzahlungen und
  ggf. für Wachstum und mehr Arbeitsplätze, was im öffentlichen Interesse ist.

– Beispiele für unterschiedliche Interessen bzw. Ziele:

Aktionäre und Mitarbeiter verfolgen unterschiedliche Interessen bezüglich der Gewinnverwendung des Unternehmens: Während Aktionäre eher eine Ausschüttung von Gewinnen bevorzugen, haben Mitarbeiter ein Interesse an einer Gewinneinbehaltung, um die Existenz des Unternehmens zu stärken. Zudem könnten sie eine Beteiligung am Gewinn fordern, da dieser durch deren Arbeit ermöglicht wurde.

Aktionäre und Gläubiger haben unterschiedliche Interessen bezüglich der Gewinnverwendung des Unternehmens. Gläubiger bevorzugen eher die Einbehaltung von Gewinnen, weil sie das Gesellschaftsvermögen und damit die Haftungsmasse des Unternehmens stärken, während Aktionäre eine möglichst hohe Ausschüttung der Gewinne fordern, um die Rentabilität ihrer Geldanlage zu erhöhen.

14.3 Allgemeine Vorschriften für den Jahresabschluss

637/1 Angenommen, es gäbe keine Buchführungspflicht. Würden Unternehmen auch freiwillig Bücher führen?

Begründen Sie Ihre Meinung.

Da die Buchführung eine vollständige und geordnete Dokumentation der Wertschöpfungsprozesse liefert, haben Unternehmen ein Eigeninteresse an der Rechnungslegung.

Die Rechnungslegung

– ermöglicht durch standardisierte Vorgänge beim Buchen der Geschäftsfälle und dem Jahresabschluss eine Vergleichbarkeit unterschiedlicher Geschäftsjahre,

– liefert die Grundlage für die Planung und Steuerung des Unternehmens,

– gibt Auskunft, ob und wie viel Gewinn erwirtschaftet wurde.

637/2 Erläutern Sie den Zweck der Grundsätze ordnungsmäßiger Buchführung.

Durch die Grundsätze ordnungsmäßiger Buchführung wird die Buchführung so gestaltet, dass sich ein sachverständiger Dritter einen Einblick in die Lage des Unternehmens verschaffen kann. Damit wird die zentrale Forderung des § 238 (1) HGB erfüllt.

637/3 Entscheiden Sie für die folgenden Fälle, ob gegen die Grundsätze der ordnungsmäßigen Buchführung und Bilanzierung verstoßen wird.

Begründen Sie jeweils Ihre Antwort.

a) Lieferantenrechnungen werden nach der Bezahlung und Buchung vernichtet.

b) Die Buchführung erfolgt in einer Loseblattsammlung.

c) Die Buchung der Kassenbelege erfolgt an jedem letzten Freitag im Monat.

d) Forderungen an Kunden werden mit Verbindlichkeiten gegenüber Kunden in einem Konto zusammengefasst.

e) Der Geschäftswagen erscheint in der Bilanzposition »technische Anlagen und Maschinen«.

f) Ein Bankkredit wird bei der Aufstellung der Bilanz nicht berücksichtigt.

a) Verstoß, für Lieferantenrechnungen gilt eine Aufbewahrungsfrist von zehn Jahren.

b) Verstoß, die Buchführung hat vollständig, richtig, zeitgerecht und geordnet zu erfolgen.

c) Verstoß, gemäß des À-jour-Prinzips soll die Buchführung tagfertig erfolgen.

d) Verstoß, gemäß des Saldierungsverbots dürfen Positionen der Aktivseite nicht mit Positionen der Passivseite verrechnet werden.

e) Verstoß, die Darstellung der Positionen hat den wahren Gegebenheiten des Betriebes zu entsprechen. Der Geschäftswagen gehört nicht zu den technischen Anlagen und Maschinen, sondern zur Position Fuhrpark.

f) Verstoß, die Bilanzpositionen müssen vollständig dargestellt sein.

14.4 Bewertung nach Handelsrecht

14.4.1 Bewertung des Anlagevermögens

14.4.2 Bewertung des Umlaufvermögens

654/1 Zeigen Sie in der nachfolgenden Tabelle, wie sich ein höherer bzw. niedrigerer Wertansatz eines *Aktivpostens* auf die Adressaten der Bewertung auswirkt, wenn Sie jeweils deren spezifische Interessenlage berücksichtigen. Verwenden Sie dazu jeweils eines der folgenden passenden Kriterien: Kreditwürdigkeit; Gewinnausschüttung und Steuerlast.

Adressaten	Auswirkungen	Bewertung des Aktivpostens zum höheren Wertansatz	Bewertung des Aktivpostens zum niedrigeren Wertansatz
Gläubiger	günstig		
	ungünstig		
Teilhaber	günstig		
	ungünstig		
Finanz-behörde	günstig		
	ungünstig		

Adressaten	Auswirkungen	Bewertung des Aktivpostens zum höheren Wertansatz	Bewertung des Aktivpostens zum niedrigeren Wertansatz
Gläubiger	günstig		höhere Kreditwürdigkeit
	ungünstig	niedrigere Kreditwürdigkeit	
Teilhaber	günstig	höhere Gewinnausschüttung	niedrigere Steuerlast
	ungünstig	höhere Steuerlast	niedrigere Gewinnausschüttung
Finanz-behörde	günstig	höhere Steuereinnahmen (Steuerverlagerung)	
	ungünstig		geringere Steuereinnahmen (Steuerverlagerung)

654/2 Ordnen Sie den folgenden Aussagen die passenden Bewertungsprinzipien zu:

a) Die AHK bilden die absolute Wertobergrenze für den Bilanzansatz eines Vermögensgegenstandes.

b) Nicht realisierte Gewinne dürfen nicht, nicht realisierte Verluste müssen ausgewiesen werden.

c) Von zwei möglichen Werten muss der niedrigere Wert in der Bilanz angesetzt werden.

d) Bei Finanzanlagen kann der niedrigere Wert in der Bilanz angesetzt werden.

a) Anschaffungskostenprinzip

b) Imparitätsprinzip

c) strenges Niederstwertprinzip

d) gemildertes Niederstwertprinzip

655/3 In einer Diskussion behauptet A, dass durch die Verwirklichung des Gläubigerschutzprinzips auch das Teilhaberschutzprinzip gefördert werde. B widerspricht und behauptet, dass zwischen beiden Prinzipien eine Konkurrenzbeziehung bestehe.

Nehmen Sie unter Berücksichtigung der handelsrechtlichen Vorschriften Stellung zu den Aussagen von A und B.

Folgende Schutzmaßnahmen dienen beiden Gruppen:

– Offenlegung und Transparenz des Abschlusses, um einen sicheren Einblick in die Vermögens-, Finanz- und Ertragslage zu erhalten;

– Erhaltung bzw. Mehrung der Unternehmenssubstanz als Überlebensgarantie für das Unternehmen und Notwendigkeit für den Erhalt der Beteiligungswerte bzw. Forderungswerte;

– gesicherte Finanzierung ebenfalls als Überlebensgarantie für das Unternehmen.

Die Interessen beider Gruppen divergieren unter folgendem Aspekt:

– Interesse der Teilhaber an einer hohen Gewinnbeteiligung; unter Umständen gekoppelt mit dem Wunsch, über die Verwendung des Unternehmensergebnisses verfügen zu können. Hier kommt es zu einer Konkurrenzsituation zum Gläubigerschutz, der am besten realisiert würde, wenn keine Gewinne an die Teilhaber ausgeschüttet würden.

655/4 Warum wurde das Realisationsprinzip nicht in seiner uneingeschränkten Form (»Aufwendungen und Erträge dürfen erst dann ausgewiesen werden, wenn sie eingetreten sind.«) in das Handelsrecht übernommen?

Im Handelsrecht nimmt das Gläubigerschutzprinzip eine vorrangige Stellung gegenüber allen anderen Prinzipien ein. Hinsichtlich der Bewertung der Bilanzpositionen ergibt sich aus dem Gläubigerschutz- das Vorsichtsprinzip, das wiederum als Grundlage für das Realisationsprinzip dient.

Nach dem uneingeschränkten Realisationsprinzip dürften Aufwendungen erst dann angesetzt werden, wenn sie eingetreten sind. Dies hätte zur Folge, dass mit größter Wahrscheinlichkeit auftretende Aufwendungen (z.B. eine mögliche Schadensersatzleistung für eine begangene Patentrechtsverletzung) im alten Wirtschaftsjahr unberücksichtigt bleiben würden. Der Gewinn würde zu hoch ausgewiesen (Scheingewinn), was evtl. zu hohe Gewinnausschüttungen und überhöhte Ertragszahlungen nach sich ziehen würde. Das Haftungspotenzial des Unternehmens wäre dadurch vermindert, die Liquidität verschlechtert.

Auch der Staat (Steuerbehörden) hat kein Interesse an der Besteuerung von Scheingewinnen, weil dadurch die Steuerkraft des Unternehmens in der Folgezeit gefährdet wäre.

655/5 »Die Bilanzierung immaterieller Vermögensgegenstände sehen wir kritisch. Wenn ein Unternehmen es nötig hat, seine umgesetzten Ideen zu bilanzieren, scheint ja an wirklichen Vermögenswerten nicht viel vorhanden zu sein.«

Die Aussage stammt von einem Bankberater, der über die Kreditvergabe an Unternehmen entscheidet. Nehmen Sie zu dieser Aussage Stellung.

Schülerabhängige Antwort; mögliche Argumente:

– Diese Aussage steht für ein eher konservatives Bilanzierungsverständnis, wonach materielle Vermögensgegenstände den immateriellen vorzuziehen sind, da diese sich leichter bewerten lassen und evtl. einen stabileren Wert darstellen als immaterielle Vermögensgegenstände. Aus Bankensicht erscheint das nachvollziehbar. Müssen Vermögenswerte als Sicherheiten im Rahmen einer Kreditentscheidung bewertet werden, sind Grundstücke, Gebäude oder Maschinen einfacher zu bewerten als z. B. eine selbst entwickelte chemische Rezeptur.

– Der Gesetzgeber hat die Wichtigkeit immaterieller Werte für Unternehmen erkannt, sonst hätte er die, wenn auch eingeschränkte, Bilanzierung immaterieller Vermögenswerte nicht zugelassen. Insbesondere in einer wissensbasierten Industrienation wie Deutschland, wo es auf die Qualität der Mitarbeiter, die Treue der Kunden oder das gute Betriebsklima möglicherweise mehr ankommt als auf Maschinen oder Anlagen, erscheint die Aussage des Bankberaters als nicht zeitgemäß.

655/6 Beim Kauf eines Hauses im Oktober sind folgende Kosten entstanden: Kaufpreis 300.000,00 EUR; Maklergebühr 2,5 %; Bankgebühren 500,00 EUR; Notariatsgebühr 550,00 EUR; Grundbucheintragungsgebühr 340,00 EUR; Reisekosten zur Besichtigung des Objektes 150,00 EUR. Grunderwerbsteuer 3,5 %, lineare Abschreibung 2 %.

Bilanzieren Sie den Vermögensgegenstand zum 31.12. Wie wird aktiviert, wenn der Grund- und Bodenanteil am Kaufpreis 30 % beträgt?

	insgesamt EUR	Bodenwert EUR	Gebäudewert EUR
Kaufpreis	300.000,00	90.000,00	210.000,00
Maklergebühr	7.500,00	2.250,00	5.250,00
Bankgebühren	500,00	150,00	350,00
Notariatsgebühr	550,00	165,00	385,00
Grundbucheintragung	340,00	102,00	238,00
Reisekosten	150,00	45,00	105,00
	309.040,00	92.712,00	216.328,00
Grunderwerbsteuer (3,5 % vom Kaufpreis)	10.500,00	3.150,00	7.350,00
Anschaffungskosten	319.540,00	95.862,00	223.678,00
planmäßige Abschreibung	1.118,39	–	1.118,39
Bilanzansatz 31.12. Bebaute Grundstücke	318.421,61	95.862,00	222.559,61

655/7 Bei der Herstellung einer Spezialmaschine für eigene Zwecke fallen folgende Kosten an:

Fertigungsmaterial	800.000,00 EUR
Fertigungslöhne	600.000,00 EUR
Sondereinzelk. d. Fert.	20.000,00 EUR

Materialgemeinkostenzuschlagssatz	15 %
Fertigungsgemeinkostenzuschlagssatz	110 %
Verwaltungsgemeinkostenzuschlagssatz	20 %

Welcher Bilanzwert muss mindestens angesetzt werden?

	Bilanzansatz nach Handels- und Steuerrecht (EUR)	
Fertigungsmaterial	800.000,00 EUR	
Materialgemeinkosten	120.000,00 EUR	
Fertigungslöhne	600.000,00 EUR	
Fertigungsgemeinkosten	660.000,00 EUR	
Sonderzeinzelkosten	20.000,00 EUR	
Herstellungskosten (Wertuntergrenze)	2.200.000,00 EUR	
Rechtsquellen	§ 255 (2) HGB	§ 6 (1) Z. 2 EStG Abschn. 33 (1) EStR
Für die Verwaltungsgemeinkosten besteht ein Aktivierungswahlrecht.		

655/8 Eine GmbH kauft am 15. Juli 20.. eine Spezialdrehbank zum Preis von 320.000,00 EUR netto, Nutzungsdauer acht Jahre. Folgende Anschaffungsnebenkosten stellt der Lieferant zusätzlich in Rechnung (jeweils netto):

Transportkosten 3.106,00 EUR, Fundamentierungskosten 28.600,00 EUR, Montagearbeiten 3.500,00 EUR. Der Lieferant gewährt 3 % Skonto.

Errechnen Sie die Anschaffungskosten nach Begleichung der Rechnung.

Kaufpreis am 15. Juli	320.000,00 EUR
– 3 % Skonto	9.600,00 EUR
	310.400,00 EUR
+ Transportkosten	3.106,00 EUR
+ Fundamentierungskosten	28.600,00 EUR
+ Montagearbeiten	3.500,00 EUR
= Anschaffungskosten	345.606,00 EUR

655/9 Für eine am 4. Oktober 01 angeschaffte Anlage (Nutzungsdauer sechs Jahre) sind folgende Aufwendungen angefallen:

Listenpreis	190.000,00 EUR
Transportkosten	6.000,00 EUR
Transportversicherung	200,00 EUR
Aufw. für das Anlernen des Personals (vom Lieferanten durchgeführt)	8.000,00 EUR

Die Fundamentierungsarbeiten wurden von eigenen Mitarbeitern durchgeführt: 30 Stunden à 30,00 EUR/Std.; Fertigungsmaterial 800,00 EUR. Für Materialgemeinkosten werden üblicherweise 8 % des Fertigungsmaterials und für die Fertigungsgemeinkosten 200 % der Fertigungslöhne verrechnet; die Verwaltungsgemeinkosten werden zu 7 % der Herstellungskosten verrechnet.

a) Bestimmen Sie den niedrigsten und den höchsten Wertansatz für die AHK zum 4. Oktober 01.

b) Mit welchem Wert ist die Anlage zum 31. Dezember 01 mindestens in der Handelsbilanz anzusetzen, wenn sie am 4. Oktober 01 mit den niedrigst möglichen AHK aktiviert wurde?

a) Die Anlage ist mit den Anschaffungskosten gemäß § 255 (1) HGB zu bewerten. Für den Ansatz der Verwaltungsgemeinkosten besteht ein Aktivierungswahlrecht, sodass sich folgende Ansatzmöglichkeiten ergeben:

Listenpreis	190.000,00 EUR
+ Transportkosten	6.000,00 EUR
+ Transportversicherung	200,00 EUR
+ Anlernaufwand	8.000,00 EUR
+ Fertigungslöhne	900,00 EUR
+ Fertigungsgemeinkosten	1.800,00 EUR
+ Materialkosten	800,00 EUR
+ Materialgemeinkosten	64,00 EUR
= Anschaffungskosten (Wertuntergrenze)	207.764,00 EUR
+ Verwaltungsgemeinkosten	14.543,48 EUR
= Anschaffungskosten (Wertobergrenze)	222.307,48 EUR

b) Anschaffungskosten	207.764,00 EUR
– planmäßige Abschreibung (3 Monate)	8.656,83 EUR
= Bilanzansatz zum 31.12.	199.107,17 EUR

656/10 Im Mai wurde eine elektronisch gesteuerte Metallsäge erworben. Die Rechnung wies folgende Positionen aus:

Listenpreis	**150.000,00 EUR**
Messerabatt	**7.500,00 EUR**
Verpackungskosten	**500,00 EUR**
Transportversicherung	**800,00 EUR**
Rechnungsbetrag netto	**143.800,00 EUR**
zzgl. 19 % USt.	**27.322,00 EUR**
Rechnungsbetrag brutto	**171.122,00 EUR**

Der Rechnungsbetrag wurde innerhalb des Zahlungszieles am 1. Juni mit 2 % Skontoabzug überwiesen. Bis zur Betriebsbereitschaft der Metallsäge (15. Juni) fielen folgende Aufwendungen an:

Montagekosten (inkl. 19 % USt.)	**2.380,00 EUR**
Aufwendungen für Frachtgeld (inkl. 19 % USt.)	**952,00 EUR**
Lohnaufwand für eigene Betriebsmonteure gemäß Einzelstundennachweis	**1.000,00 EUR**

Ermitteln Sie den Buchwert der Maschine zum 31. Dezember. Nutzungsdauer der Maschine: fünf Jahre.

Listenpreis	150.000,00 EUR
– Messerabatt	7.500,00 EUR
+ Verpackungskosten	500,00 EUR
+ Transportversicherung	800,00 EUR

= Rechnungsbetrag	143.800,00 EUR
– 2 % Skonto	2.876,00 EUR
= Anschaffungskosten (Zwischensumme)	140.924,00 EUR
+ Montagekosten	2.000,00 EUR
+ Aufwendungen für Frachtgeld	800,00 EUR
+ Lohnaufwand für Montage	1.000,00 EUR
= Anschaffungskosten	144.724,00 EUR
– planmäßige Abschreibung (7 Monate)	16.884,47 EUR
= Buchwert am 31.12.	127.839.53 EUR

656/11 Eine Spedition setzt einen Lkw ein, für den der Hersteller eine Fahrleistung von 600.000 km angibt. Der Anschaffungswert beträgt 180.000,00 EUR. Die Spedition schätzt die Nutzungsdauer auf sechs Jahre. Fahrleistung im ersten Jahr 140.000 km; im zweiten Jahr 90.000 km; im dritten Jahr 150.000 km.

a) Errechnen Sie die jeweiligen Abschreibungsbeträge für die lineare und die leistungsabhängige Abschreibung der ersten drei Jahre.

b) Zeichnen Sie ein Schaubild, das den Verlauf der Abschreibungsverfahren in den ersten drei Jahren zeigt.

c) Bei welchem Abschreibungsverfahren erreicht die Spedition den niedrigsten Gewinnausweis?

a) – Lineare Abschreibung:

180.000 EUR : 6 Jahre = 30.000 EUR/Jahr

	EUR
Anschaffungswert	180.000
Abschreibung 1. Jahr	– 30.000
Restbuchwert Ende 1. Jahr	150.000
Abschreibung 2. Jahr	– 30.000
Restbuchwert Ende 2. Jahr	120.000
Abschreibung 3. Jahr	– 30.000
Restbuchwert Ende 3. Jahr	90.000

– Abschreibung nach Leistung:

180.000 EUR : 600.000 km = 0,30 EUR/km

	EUR
Anschaffungswert	180.000
140.000 km · 0,30 EUR/km	– 42.000
Restbuchwert Ende 1. Jahr	138.000
90.000 km · 0,30 EUR/km	– 27.000
Restbuchwert Ende 2. Jahr	111.000
150.000 km · 0,30 EUR/km	– 45.000
Restbuchwert Ende 3. Jahr	66.000

b) Abschreibungsverlauf
   Entwicklung der Buchwerte

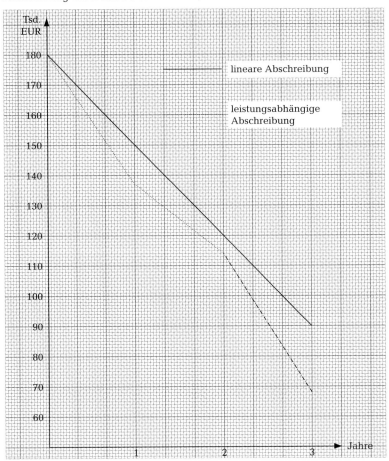

c) Beim leistungsabhängigen Abschreibungsverfahren

656/12 Der Listenpreis der Büroausstattung beträgt 25.000,00 EUR. Darauf gewährt der Händler einen Rabatt in Höhe von 25 % und einen Barzahlungsnachlass von 3 %. Transport und Montage durch einen Vertragsschreiner des Lieferanten kosten 589,05 EUR brutto. Die Anschaffung erfolgte im September 01.
a) Ermitteln Sie die Anschaffungskosten.
b) Wie ist der Wertansatz am Ende des Jahres 02, wenn von einer betriebsgewöhnlichen Nutzungsdauer von zehn Jahren ausgegangen wird.
c) Am Ende des dritten Jahres stellt man fest, dass die Listenpreise inzwischen um 30 % niedriger sind als zum Anschaffungszeitpunkt.
   Begründen Sie, zu welchem Wertansatz Sie bilanzieren würden.

a) Listenpreis	25.000,00 EUR
– 25 % Händlerrabatt	6.250,00 EUR
= Zieleinkaufspreis	18.750,00 EUR
– 3 % Skonto	562,50 EUR
= Barzahlungspreis	18.187,50 EUR
+ Transport- und Montagekosten	495,00 EUR
= Anschaffungskosten	18.682,50 EUR

b)
Anschaffungskosten		18.682,50 EUR
– planmäßige Abschreibung Jahr 01 (4 Monate)		622,75 EUR
= fortgeführte AHK zum 31.12.01		18.059,75 EUR
– planmäßige Abschreibung Jahr 02		1.868,25 EUR
= fortgeführte AHK zum 31.12.02		16.191,50 EUR

c) Sofern man davon ausgeht, dass es sich bei den Preissenkungen um dauerhafte Wertminderungen handelt, wären die fortgeführten AHK am Ende des dritten Nutzungsjahres auf Basis des ursprünglichen Listenpreises von 25.000 EUR mit den fortgeführten AHK am Ende des dritten Nutzungsjahres unter Berücksichtigung der Wertminderung zu vergleichen. Angenommen, das Unternehmen würde die gleichen Rabatte erzielen, ergibt sich folgender Vergleich:

	ursprünglich	Wertminderung um 30 %
Listenpreis	25.000,00 EUR	17.500,00 EUR
– 25 % Händlerrabatt	6.250,00 EUR	4.375,00 EUR
= Zieleinkaufspreis	18.750,00 EUR	13.125,00 EUR
– 3 % Skonto	562,50 EUR	393,75 EUR
= Barzahlungspreis	18.187,50 EUR	12.731,25 EUR
+ Transport- und Montagekosten	495,00 EUR	495,00 EUR
= Anschaffungskosten	18.682,50 EUR	13.226,25 EUR
– planmäßige Abschreibung Jahr 01	622,75 EUR	440,88 EUR
= fortgeführte AHK zum 31.12.01	18.059,75 EUR	12.785,37 EUR
– planmäßige Abschreibung Jahr 02	1.868,25 EUR	1.322,63 EUR
= fortgeführte AHK zum 31.12.02	16.191,50 EUR	11.462,74 EUR
– planmäßige AHK zum 31.12.03	1.868,25 EUR	1.322,63 EUR
= fortgeführte AHK zum 31.12.03	14.323,25 EUR	10.140,11 EUR
– außerplanmäßige Abschreibung zum 31.12.03 aufgrund der dauerhaften Wertminderung	4.183,14 EUR	
= Wertansatz zum 31.12.03	10.140,11 EUR	

Zum Ende des dritten Nutzungsjahres ist eine außerplanmäßige Abschreibung von 4.183,14 EUR vorzunehmen, um die Büroausstattung mit 10.140,11 EUR in der Bilanz ansetzen zu können. Es gilt das strenge Niederstwertprinzip, es muss daher auf den geminderten Wert abgeschrieben werden.

656/13 **Die Schwäbische Motorenwerke AG hat für den Jahresabschluss zum 31. Dezember noch Bewertungsprobleme zu lösen, wobei der Gewinn so niedrig wie möglich gehalten werden soll.**

a) Die Motorenwerke kauften am 2. Juli 01 folgende Einrichtungsgegenstände:

4 Schreibtische	zu je 312,00 EUR	1.248,00 EUR
4 Schränke	zu je 600,00 EUR	2.400,00 EUR
Nettowarenwert		3.648,00 EUR
zzgl. 19 % USt.		693,12 EUR
Bruttowarenwert		4.341,12 EUR

Die Zahlung erfolgte am 8. Juli unter Abzug von 3 % Skonto. Mit welchem Betrag sind die Büromöbel in der Schlussbilanz anzusetzen, wenn man von einer Nutzung von zwölf Jahren ausgeht und einen Sammelposten für GWG bilden will?

b) Eine Spezialmaschine wurde im August des Jahres durch eigene Mitarbeiter erstellt und in Betrieb genommen. Folgende Istkosten ergaben sich aus der Kostenrechnung:

Fertigungsmaterial	40.000,00 EUR
Materialgemeinkosten	20 %
Fertigungslöhne	19.000,00 EUR
Fertigungsgemeinkosten	300 %
Verwaltungsgemeinkosten	10 %
Vertriebsgemeinkosten	8 %

Die oben angeführten Gemeinkosten enthalten Zusatzkosten. Ohne Zusatzkosten ergaben sich nach einem gesondert aufgestellten BAB folgende Gemeinkostenzuschlagssätze:

Materialgemeinkosten	15 %
Fertigungsgemeinkosten	250 %
Verwaltungsgemeinkosten	8 %
Vertriebsgemeinkosten	5 %
Abschreibungssatz der Maschine	12,5 %

Ermitteln und begründen Sie den Bilanzansatz zum 31. Dezember.

a) Die Büromöbel sind GWG, da sie selbstständig nutzbare, bewegliche Anlagegüter sind, deren jeweiliger Wert nicht über 1.000,00 EUR liegt. Die Büromöbel können als GWG in einem Sammelposten erfasst und über fünf Jahre linear abgeschrieben werden.

Listenpreis der Büromöbel	3.648,00 EUR
– 3 % Skonto	109,44 EUR
= Anschaffungskosten	3.538,56 EUR
– planmäßige Abschreibung (20 %)	707,71 EUR
= Bilanzansatz des Sammelpostens GWG Jahr 01	2.830,85 EUR

b) Bei der Berechnung der Herstellungskosten dürfen keine Zusatzkosten einberechnet werden, daher müssen die gesondert für die Herstellung der Spezialmaschine erfassten Gemeinkosten verwendet werden.

Fertigungsmaterial	40.000,00 EUR
+ Materialgemeinkosten 15 %	6.000,00 EUR
+ Fertigungslöhne	19.000,00 EUR
+ Fertigungsgemeinkosten 250 %	47.500,00 EUR
= Herstellungskosten (Wertuntergrenze)	112.500,00 EUR
+ Verwaltungsgemeinkosten 8 %	9.000,00 EUR
= Herstellungskosten (Wertobergrenze)	121.500,00 EUR

Da das Unternehmen einen möglichst geringen Gewinn ausweisen will, sollte es die Wertuntergrenze als Herstellungskosten ansetzen, denn durch die Nichtaktivierung der Verwaltungsgemeinkosten und deren Berücksichtigung als Aufwand erhöht sich der Aufwand des Geschäftsjahres, was zu einem geringeren Gewinnausweis führt. Dies führt zwar zu einer geringeren Abschreibungsbasis als bei Berücksichtigung der Wertobergrenze, der Effekt der voll als Aufwand berücksichtigten Verwaltungsgemeinkosten ist auf den Gewinnausweis des Geschäftsjahrs jedoch deutlich größer. Die Vertriebsgemeinkosten bleiben unberücksichtigt, da für diese ein Aktivierungsverbot besteht. Es ergibt sich damit folgende Lösung:

Herstellungskosten (Wertuntergrenze)	112.500,00 EUR
– planmäßige Abschreibung (5 Monate)	5.859,38 EUR
= Bilanzansatz zum 31.12.	106.640,62 EUR

657/14 Die Lagerdatei für Kältemittel der KÜHLsys GmbH enthält folgende Informationen:

Vorgang	Menge (l)	Preis je 100 l (EUR)
01.01. Anfangsbestand	300.000	34,330
11.03. Zugang	120.000	32,670
24.05. Entnahme	184.502	
17.06. Zugang	230.050	33,542
27.09. Entnahme	310.240	

Ermitteln und bewerten Sie den Schlussbestand am 31. Dezember nach dem

a) **jährlichen Durchschnittswertverfahren,**

b) **permanenten Durchschnittswertverfahren.**

a) jährliches Durchschnittswertverfahren:

Vorgang	Menge (l)	Preis je 100 l (EUR)	Gesamtwert
01.01. AB	300.000	34,330	102.990,00 EUR
11.03. Zugang	120.000	32,670	39.204,00 EUR
17.06. Zugang	230.050	33,542	77.163,37 EUR
	650.050	33,745	219.357,37 EUR

b) permanentes Durchschnittswertverfahren:

Vorgang	Menge (l)	Preis je 100 l (EUR)	Gesamtwert
01.01. AB	300.000	34,330	102.990,00 EUR
11.03. Zugang	120.000	32,670	39.204,00 EUR
11.03. Bestand	420.000	33,856	142.194,00 EUR
24.05. Entnahme	184.502	33,856	62.465,00 EUR
24.05. Bestand	235.498	33,856	79.729,00 EUR
17.06. Zugang	230.050	33,542	77.163,37 EUR
17.06. Bestand	465.548	33,701	156.892,37 EUR
27.09. Entnahme	310.240	33,701	104.553,98 EUR
27.09. Bestand = SB	155.308	33,701	52.338,39 EUR

657/15 Eine Dieselmotorenfabrik hat am Bilanzstichtag aus der Dezemberfertigung noch 20 Dieselmotoren in ihrem Fertigerzeugnislager.

Die gesamten Herstellungskosten betrugen im Fertigungsmonat:

Materialkosten	100.000,00 EUR	MGK-Zuschlagssatz	20 %
Fertigungslöhne	150.000,00 EUR	FGK-Zuschlagssatz	200 %
fertigungsbezogene Verwaltungsgemeinkosten			65 000,00 EUR

In den Gemeinkosten sind enthalten:

kalkulatorischer Unternehmerlohn	10.000,00 EUR
Kosten der Fertigungsvorbereitung	25.000,00 EUR
Forschungskosten	15.000,00 EUR

Im Abrechnungsmonat wurden 120 Dieselmotoren gefertigt.

a) Wie ist der Bestand an fertigen Erzeugnissen nach Handelsrecht zu bewerten, wenn ein möglichst niedriger Gewinnausweis angestrebt wird?

b) Errechnen Sie auch den höchstzulässigen Bilanzansatz für die Handelsbilanz.

a) Kalkulatorische Kosten dürfen nicht in die Herstellungskosten mit einberechnet werden, auch für Forschungskosten besteht ein Aktivierungsverbot. Die Kosten für die Fertigungsvorbereitung sind als Herstellungskosten zu aktivieren.

Fertigungsmaterial	100.000,00 EUR
+ Fertigungsgemeinkosten	20.000,00 EUR
+ Fertigungslöhne	150.000,00 EUR
+ Fertigungsgemeinkosten	300.000,00 EUR
– kalkulatorischer Unternehmerlohn	10.000,00 EUR
– Forschungskosten	15.000,00 EUR
= Herstellungskosten (Wertuntergrenze)	545.000,00 EUR
Herstellungskosten je Stück	4.541,67 EUR
Wert des Bestands an Fertigerzeugnissen	90.833,33 EUR

b) Für die Verwaltungsgemeinkosten besteht ein Aktivierungswahlrecht. Werden diese mit berücksichtigt, ergibt sich die handelsrechtlich zulässige Wertobergrenze.

Herstellungskosten (Wertuntergrenze)	545.000,00 EUR
+ Verwaltungsgemeinkosten	65.000,00 EUR
= Herstellungskosten (Wertobergrenze)	610.000,00 EUR
Herstellungskosten je Stück	5.083,33 EUR
Wert des Bestands an Fertigerzeugnissen	101.666,67 EUR

658/16 Die Herrenbekleidungs-GmbH hat zum 31. Dezember u. a. 2.000 fertige Hosen und 3.000 fertige Anzüge auf Lager. Außerdem befinden sich noch 1.000 Hosen in der Produktion, die bisher 10,00 EUR Fertigungslöhne pro Stück verursacht haben.

Für die Produktion der Fertigerzeugnisse sind bisher folgende Kosten pro Stück angefallen:

	Fertigungsmaterial	Fertigungslöhne
Hose	50,00 EUR	20,00 EUR
Anzug	125,00 EUR	45,00 EUR

Aus der Kostenrechnung ergeben sich folgende Gemeinkostenzuschlagssätze:

Materialgemeinkosten	20 %	Verwaltungsgemeinkosten	40 %
Fertigungsgemeinkosten	140 %	Vertriebsgemeinkosten	30 %

Spezialverpackung für den Versand
der Anzüge an den Einzelhandel   5,00 EUR je Anzug

a) Zu welchem Mindestbetrag müssen die Erzeugnisse angesetzt werden?

b) Zu welchem Höchstbetrag können die Erzeugnisse angesetzt werden?

a) Mindest-Bilanzansatz (Wertuntergrenze ohne Verwaltungsgemeinkosten)

Fertigungsmaterial für:	
3.000 Hosen (50,00 EUR/Hose)	150.000,00 EUR
+ 3.000 Anzüge (125,00 EUR/Anzug)	375.000,00 EUR
= Fertigungsmaterial	525.000,00 EUR
+ Materialgemeinkosten	105.000,00 EUR
= Materialkosten	630.000,00 EUR

Fertigungslöhne für:

2.000 Hosen (20,00 EUR/Hose)	40.000,00 EUR
+ 1.000 Hosen (10,00 EUR/Hose)	10.000,00 EUR
+ 3.000 Anzüge (45,00 EUR/Anzug)	135.000,00 EUR
= Fertigungslöhne	185.000,00 EUR
+ Fertigungsgemeinkosten	259.000,00 EUR
= Fertigungskosten	444.000,00 EUR
Bilanzansatz (Material- und Fertigungskosten)	1.074.000,00 EUR

b) Höchster Bilanzansatz (Wertobergrenze mit Verwaltungsgemeinkosten)

Mindest-Bilanzansatz	1.074.000,00 EUR
+ Verwaltungsgemeinkosten	429.600,00 EUR
= Bilanzansatz (Wertobergrenze)	1.503.600,00 EUR

Die Spezialverpackung zählt zu den Vertriebskosten, die wie die Vertriebsgemein-kosten nicht als Herstellungskosten aktiviert werden dürfen, da der Vertrieb der Herstellung nachgelagert ist und daher nichts mit dem Herstellungsprozess zu tun hat.

658/17 **Ein Unternehmen erfährt im Januar, dass ein Kunde die Eröffnung des Insolvenzver-fahrens beantragt hat. Die Forderung beläuft sich auf 30.000,00 EUR.**

a) Nach welchem Bewertungsprinzip wird das Unternehmen vorgehen?

b) Wie hoch könnte der Wertansatz sein?

a) Der Grundsatz der kaufmännischen Vorsicht bedeutet, dass jede einzelne Forderung am Ende des Geschäftsjahres hinsichtlich ihrer Bonität geprüft werden muss. Hier lässt die Eröffnung des Insolvenzverfahrens die Vermutung zu, dass die vormals ein-wandfreie Forderung als zweifelhaft anzusehen ist. Nach dem Realisationsprinzip sind mögliche Verluste auszuweisen, auch wenn sie noch nicht realisiert sind.

b) Wertansatz bei Insolvenzplan und bei Insolvenzverfahren: Höhe des festgelegten Bruchteils der Forderung. Eine höhere Bewertung ist denkbar, wenn die Forderung vom Insolvenzverfahren nicht betroffen, wenn der Kaufmann Absonderungs-, Aus-sonderungs- oder Aufrechnungsberechtigter bzw. Massegläubiger ist.

14.4.3 Bewertung des Eigenkapitals

14.4.4 Bewertung von Rückstellungen

14.4.5 Bewertung der Verbindlichkeiten

665/1 **Die KÜHLsys GmbH hat vor fünf Jahren ein Grundstück für 120.000,00 EUR gekauft. Zum 31. Dezember des aktuellen Jahres liegt der Verkehrswert bei 150.000,00 EUR.**

Bewerten Sie das Grundstück zum 31. Dezember und begründen Sie Ihren Wertan-satz.

Das Grundstück ist gemäß § 253 (1) HGB höchstens mit den AHK von 120.000,00 EUR zu bewerten. Durch die gesetzlich erzwungene Unterbewertung der Aktiva ist eine stille Rücklage von 30.000,00 EUR entstanden.

665/2   Ein Bauunternehmer verkauft ein 8.000 m² großes Grundstück zum Quadratmeterpreis von 450,00 EUR. Das Grundstück wurde 1952 zum Quadratmeterpreis von umgerechnet 3,50 EUR gekauft. Wie hoch sind die aufgedeckten stillen Rücklagen?

Kauf im Jahr 1952 zu 3,50 EUR/m² · 8.000 m²	= 28.000,00 EUR
Verkauf heute zu 450 EUR/m² · 8.000 m²	= 3.600.000,00 EUR
aufgedeckte stille Rücklagen	= 3.572.000,00 EUR

665/3   Entscheiden Sie, ob und inwieweit bei folgenden Tatbeständen stille Rücklagen gebildet werden:

a) Am 10. Mai wurde ein Tischrechner für netto 145,50 EUR angeschafft. In der Jah-
resbilanz am 31. Dezember desselben Jahres ist dieser Posten nicht enthalten.

b) Das Rohstoffkonto weist folgende Eintragungen auf:

Soll

1. Januar	Anfangsbestand	1.000 Stück zum Stückpreis von 45,00 EUR
30. April	Zugang	1.000 Stück zum Stückpreis von 58,00 EUR

Haben

15. Februar	Entnahme	300 Stück
30. September	Entnahme	500 Stück

Aufgrund der näheren Umstände des Betriebes können für die Ermittlung des
Bilanzansatzes das Durchschnittswertverfahren, das LIFO-Verfahren und das
FIFO-Verfahren angewendet werden.

c) Das Konto »Wertpapiere des Umlaufvermögens« zeigt folgende Entwicklung:

Belastung für	1.000 Stück am 15. Januar mit 258.000 EUR;
Gutschrift für	500 Stück am 20. Oktober mit 172.000 EUR;
Kurswert für	500 Stück am 31. Dezember mit 154.000 EUR.

d) Eine Verbindlichkeit lautet über 154.000 CHF. Das Zahlungsziel beträgt zum Bilanzstichtag noch 14 Monate. Kurs bei Rechnungseingang 1,0689; Devisenkassamittelkurs am 31. Dezember 1,0421.

a) Obwohl der Tischrechner am 31. Dezember noch nicht voll abgenutzt ist, muss er als
geringwertiges Wirtschaftsgut sofort abgeschrieben werden. Dadurch entsteht eine
stille Rücklage. Wenn eine Nutzungsdauer von fünf Jahren angenommen wird, ist bei
linearer Abschreibung eine stille Rücklage von 145,50 EUR abzüglich 29,10 EUR =
116,40 EUR entstanden.

b) Stille Rücklagen bei unterschiedlicher Rohstoffbewertung:

			LIFO (EUR)	FIFO (EUR)	Durchschnitt (EUR)
1. Jan.	Anfangsbestand	1.000 St. · 45,00 EUR/St.	45.000,00	45.000,00	45.000,00
15. Febr.	Entnahme	300 St. · 45,00 EUR/St.	13.500,00	13.500,00	13.500,00
	Bestand	700 St. · 45,00 EUR/St.	31.500,00	31.500,00	31.500,00
30. April	Zugang	1.000 St. · 58,00 EUR/St.	58.000,00	58.000,00	58.000,00
	Bestand	1.700 St.	89.500,00	89.500,00	89.500,00
30. Sept.	Entnahme	500 St.*)	29.000,00	22.500,00	26.324,00**)
	Bestand	1.200 St.	60.500,00	67.000,00	63.176,00
stille Rücklagen			2.675,00**)	keine	0,00

*) LIFO: 500 St. · 58,00 EUR/St. = 29.000,00 EUR;
    FIFO: 500 St. · 45,00 EUR/St. = 22.500,00 EUR;
    Durchschnittswertverfahren = (89.500,00 EUR · 500 St.)/1.700 St. = 26.324,00 EUR
**) rundungsbedingte Abweichung

c) Der Kauf der Wertpapiere wurde dem Bankkonto belastet, beim Verkauf erfolgte eine entsprechende Gutschrift.

Kauf (Zugang)	1.000 St.	Anschaffungswert	258.000,00 EUR
Verkauf (Abgang)	500 St.		172.000,00 EUR
Bestand 31.Dez.	500 St.	Buchwert	86.000,00 EUR
	500 St.	Kurswert	154.000,00 EUR
	500 St.	Anschaffungswert	129.000,00 EUR
		stille Rücklage	25.000,00 EUR

Die Bilanzierung darf höchstens zu den AHK von 129.000,00 EUR erfolgen (strenges Niederstwertprinzip).

d) Bei Rechnungseingang zum Kurs von 1,0689 CHF für 1 EUR hatte die Verbindlichkeit von 154.000,00 CHF einen EUR-Wert von 144.073,35 EUR. Bei einem Devisenkassamittelkurs am 31. Dezember von 1,0421 CHF lag der EUR-Wert der Verbindlichkeit bei 147.778,52 EUR. Da die Währungsverbindlichkeit eine Restlaufzeit von mehr als einem Jahr hat, ist sie nach dem Höchstwertprinzip zu 147.778,52 EUR anzusetzen.

Es entstehen keine stillen Rücklagen.

665/4 Eine GmbH hat es unterlassen, im abgelaufenen Geschäftsjahr 01 wegen der angespannten Liquiditätslage die Außenfassade renovieren zu lassen. Ein Malerbetrieb wurde mit der Vornahme der Arbeiten beauftragt. Nach dem Werkvertrag ist der Malerbetrieb verpflichtet, die Arbeiten im Mai 02 für 32.000,00 EUR zzgl. USt. vorzunehmen.

Wie ist dieser Tatbestand zum 31. Dez. 01 von der GmbH im Jahresabschluss zu berücksichtigen?

Dieser Tatbestand hat keine Auswirkungen auf den Jahresabschluss des Geschäftsjahres 01. Die Bildung einer Rückstellung ist gemäß § 249 (1) Nr. 1 HGB nur vorzunehmen für im Geschäftsjahr unterlassene Instandhaltungen, wenn sie in den ersten drei Monaten des folgenden Geschäftsjahres nachgeholt werden.

665/5 Die KÜHLsys GmbH schließt mit ihrer Hausbank einen Darlehensvertrag über 50.000 EUR.

Welchen Betrag muss die KÜHLsys GmbH bilanzieren, wenn sie entweder

a) 47.000,00 EUR zur Verfügung gestellt bekommt oder

b) 53.000,00 EUR zurückzahlen muss?

a) 50.000,00 EUR (nach dem Höchstwertprinzip zum Erfüllungsbetrag)

b) 53.000,00 EUR (nach dem Höchstwertprinzip zum Erfüllungsbetrag)

665/6 Eine Aktiengesellschaft verpflichtet sich bei der Ausgabe einer Anleihe zur Rückzahlung nach zehn Jahren zu 102 %. Nominalwert 30 Mio. EUR.

Die Ausgabe erfolgt zu 99 %.

Wie muss diese Anleihe bilanziert, und wie kann das Disagio behandelt werden?

Die Bilanzierung der Anleihe erfolgt nach dem Höchstwertprinzip zum Erfüllungsbetrag, d.h. zu 102 % von 30 Mio. EUR = 30,6 Mio. EUR.

Das Disagio kann entweder als sofortiger Aufwand gebucht oder als Rechnungsabgrenzungsposten aktiviert und dann über die Laufzeit der Anleihe planmäßig abgeschrieben werden.

666/7 Für ein Darlehen gelten folgende Bedingungen:

Darlehensbetrag	250.000,00 EUR
Laufzeit	5 Jahre
Zinssatz	8 %
Auszahlungstag	1. Juni 20..
Auszahlungskurs	95 %
Rückzahlungsaufgeld	2 %

Bestimmen und begründen Sie den Bilanzansatz.

Alternative 1:

	Bilanzansatz
Darlehensverbindlichkeit (Erfüllungsbetrag):	255.000,00 EUR
Aktive Rechnungsabgrenzung (17.500,00 EUR, davon sind 2.042,00 EUR im Auszahlungsjahr abzuschreiben)*	15.458,00 EUR

* Das Auszahlungsjahr hat nur 7 Monate. Deshalb dürfen nur $^7/_{12}$ von 3.500,00 EUR abgeschrieben werden.

Die Verbindlichkeit ist zum Erfüllungsbetrag anzusetzen (§ 253 (1) HGB). Da der Erfüllungsbetrag der Verbindlichkeit höher als der Ausgabebetrag ist, darf dieser Unterschiedsbetrag als aktiver Rechnungsabgrenzungsposten bilanziert werden (§ 250 (3) HGB).

Alternative 2:

	Bilanzansatz
Darlehensverbindlichkeit (Erfüllungsbetrag):	255.000,00 EUR

Der Unterschiedsbetrag in Höhe von 17.500,00 EUR wird als sofortiger Aufwand im Auszahlungsjahr gebucht.

666/8 **Die Rechnung einer Importsendung aus der Schweiz lautet über 3.580,00 CHF. Bei Eingang der Rechnung im Dezember wurde der Rechnungsbetrag zum Devisenkassamittelkurs von 1,07110 CHF umgerechnet. Die Eingangsrechnung ist im Januar zu bezahlen.**

Mit welchem EUR-Betrag muss die Verbindlichkeit bewertet werden, wenn zum Bilanzstichtag

a) der Devisenkassamittelkurs bei 1,0423 CHF

b) der Devisenkassamittelkurs bei 1,1047 CHF liegt?

Bei Rechnungseingang wird die Importverbindlichkeit zum Devisenkassamittelkurs (1,07110 CHF) umgerechnet: 3.580 CHF/1,07110 CHF/EUR = 3.342,36 EUR

a) Bewertung zu 1,0423 CHF = 3.434,71 EUR. Der nicht realisierte Währungsverlust von 92,35 EUR ist als sonstiger betrieblicher Aufwand zu buchen.

b) Bewertung zu 1,1047 CHF = 3.240,70 EUR. Der nicht realisierte Währungsgewinn von 101,66 EUR ist als sonstiger betrieblicher Ertrag zu buchen.

Bei Fremdwährungsverbindlichkeiten mit einer Restlaufzeit von höchstens einem Jahr gilt das Höchstwertprinzip nicht.

666/9 **Bei importierten Rohstoffen aus den USA lautet die Rechnung über 40.500,00 USD. Devisenkassamittelkurs 1 EUR = 1,1588 USD.**

Wie ist diese Rechnung zu bilanzieren, wenn der Devisenkassamittelkurs am Bilanzstichtag bei 1,1482 USD liegt und die Rechnung im Folgemonat zu bezahlen ist?

Wert der Verbindlichkeit bei Rechnungseingang: 34.949,95 EUR

Wert der Verbindlichkeit am Bilanzstichtag: 35.272,60 EUR

Die Verbindlichkeit ist mit 35.272,60 EUR zu bilanzieren. Der nicht realisierte Währungsverlust von 322,65 EUR ist als sonstiger betrieblicher Aufwand zu buchen.

666/10 **Die KÜHLsys GmbH hat im Oktober zum Devisenkassamittelkurs von 137,87 JPY bei einer japanischen Bank einen endfälligen Kredit aufgenommen. Die Laufzeit beträgt sechs Jahre, der Erfüllungsbetrag beträgt 30 Mio. JPY.**

Mit welchem EUR-Betrag muss das Darlehen bewertet werden, wenn zum Bilanzstichtag

a) der Devisenkassamittelkurs bei 131,02 JPY,

b) der Devisenkassamittelkurs bei 140,48 JPY liegt?

Begründen Sie die Bewertung in a) und b) mit den dafür wesentlichen Bewertungsgrundsätzen.

Bei Fremdwährungsverbindlichkeiten mit einer Restlaufzeit von mehr als einem Jahr gilt das **Höchstwertprinzip,** d.h., der zum Bilanzstichtag gültige Devisenkassamittelkurs wird mit dem Devisenkassamittelkurs beim Zugang der Verbindlichkeit verglichen.

Wert der Verbindlichkeit im Oktober 00: 217.596,29 EUR

a) Umrechnung zum Devisenkassamittelkurs (131,02 JPY) am 31.12.: 228.972,68 EUR

   Das Darlehen muss nach dem Höchstwertprinzip zu 228.972,68 EUR bilanziert werden, da noch nicht realisierte Währungsverluste nach dem Höchstwertprinzip auszuweisen sind. Die Differenz von 11.376,39 EUR ist als sonstiger betrieblicher Aufwand zu buchen.

b) Umrechnung zum Devisenkassamittelkurs (140,48 JPY) am 31.12.: 213.553,53 EUR

   Das Darlehen ist nach dem Höchstwertprinzip zu 217.596,29 EUR zu bewerten. Der nicht realisierte Währungsgewinn von 4.042,76 EUR darf nicht ausgewiesen werden.

666/11 **Die Kieser GmbH bezog im Dezember Elektronikkomponenten aus den USA für 300.000,00 USD auf Ziel. Der Devisenkassamittelkurs bei Lieferung im Dezember lag bei 1 EUR = 1,24 USD. Die Rechnung ist im März des Folgejahres zu bezahlen.**

Mit welchem EUR-Betrag muss die Verbindlichkeit bewertet werden, wenn zum Bilanzstichtag

a) der Devisenkassamittelkurs bei 1 EUR = 1,08 USD,

b) der Devisenkassamittelkurs bei 1 EUR = 1,35 USD liegt?

Erläutern Sie die Auswirkungen der Bewertung in a) und b) auf den Unternehmenserfolg.

Wert der Verbindlichkeit bei Rechnungseingang: 241.935,48 EUR.

a) Umrechnung zum Devisenkassamittelkurs (1,08 USD) am 31.12.: 277.777,78 EUR

   Die Verbindlichkeit ist mit 277.777,78 EUR zu bilanzieren. Der nicht realisierte Währungsverlust von 35.842,30 EUR ist als sonstiger betrieblicher Aufwand zu buchen.

b) Umrechnung zum Devisenkassamittelkurs (1,35 USD) am 31.12.: 222.222,22 EUR

   Die Verbindlichkeit ist mit 222.222,22 EUR zu bilanzieren. Der nicht realisierte Währungsgewinn von 19.713,26 EUR ist als sonstiger betrieblicher Ertrag zu buchen.

666/12 Die Lohmeyer AG bezog im Oktober 2021 Zulieferteile aus Kanada für 600.000,00 CAD. Der Devisenkassamittelkurs bei Lieferung lag bei 1 EUR = 1,38 CAD. Der Devisenkassamittelkurs am Bilanzstichtag liegt bei 1 EUR = 1,40 CAD.

Mit welchem EUR-Betrag muss die Verbindlichkeit zum Bilanzstichtag (31.12.2021) bewertet werden, wenn

a) die Verbindlichkeit im März 2022 bezahlt wird,

b) die Verbindlichkeit im März 2023 bezahlt wird?

Begründen Sie Ihren Bewertungsansatz mit den jeweiligen Bewertungsgrundsätzen.

Wert der Verbindlichkeit bei Rechnungseingang im Oktober 2021: 434.782,61 EUR.

Wert der Verbindlichkeit am Bilanzstichtag (31.12.2021): 428.571,43 EUR

a) Die Währungsverbindlichkeit hat eine Restlaufzeit von unter einem Jahr, daher muss sie zum Devisenkassamittelkurs des Bilanzstichtags umgerechnet und zum Wert von 428.571,43 EUR in der Bilanz ausgewiesen werden. Der nicht realisierte Währungsgewinn von 6.211,18 EUR ist als sonstiger betrieblicher Ertrag zu buchen.

b) Bei Bezahlung im März 2023 liegt die Restlaufzeit der Währungsverbindlichkeit zum Bilanzstichtag bei über einem Jahr. Hier gilt das Höchstwertprinzip, d.h., die Währungsverbindlichkeit ist mit dem höheren EUR-Wert von 434.782,61 EUR anzusetzen. Der nicht realisierte Währungsgewinn darf nicht in der Bilanz ausgewiesen werden.

14.5 Ausgewählte Bewertungsunterschiede zwischen Handels- und Steuerbilanz

671/1 Erläutern Sie die Begriffe Handels- und Steuerbilanz.

Die Handelsbilanz ist Bestandteil des nach handelsrechtlichen Grundsätzen aufzustellenden Jahresabschlusses. Aufgabe der Handelsbilanz ist es, der Unternehmensleitung, den Anteilseignern, Gläubigern und weiteren Stakeholdern einen Überblick über Vermögen und Kapital des Unternehmens zu liefern.

Die Steuerbilanz liefert die Grundlage für den steuerrechtlich maßgebenden Unternehmensgewinn. Sie kann sich von der Handelsbilanz unterscheiden, wenn steuerrechtliche Vorschriften, z.B. bei den Abschreibungen, vom Handelsrecht abweichen.

671/2 Welche Bedeutung haben Abschreibungstabellen der Finanzverwaltung?

Abschreibungstabellen der Finanzverwaltung enthalten Abschreibungssätze für Wirtschaftsgüter, deren betriebsgewöhnliche Nutzungsdauer unabhängig vom Wirtschaftszweig ist. Unternehmen, die sich an diese vorgegebenen Abschreibungssätze halten, brauchen bei der Bewertung keine besonderen Nachweise vorzulegen. Somit vereinfachen die Abschreibungstabellen die steuerrechtliche Gewinnermittlung der Unternehmen.

671/3 Erläutern Sie den Begriff Teilwert.

Der Teilwert ist ein rein steuerlicher Wert und gibt den Betrag an, den ein Erwerber des ganzen Unternehmens im Rahmen des Gesamtkaufpreises für das einzelne Wirtschaftsgut ansetzen würde. Es ist ein Begriff des Bewertungs- und Einkommensteuergesetzes.

671/4 Ein Unternehmen hat im Januar 01 eine Produktionsanlage für 350.000,00 EUR gekauft. Die betriebswirtschaftliche Nutzungsdauer liegt bei acht Jahren, die AfA-Tabelle sieht eine Nutzungsdauer von zehn Jahren vor. Handelsrechtlich wählt das Unternehmen die geometrisch-degressive Abschreibung mit 25 % Abschreibungssatz.

Ermitteln Sie den Bilanzansatz zum 31. Dezember 02 in der Handels- und in der Steuerbilanz.

	Handelsbilanz	Steuerbilanz
AHK	350.000,00 EUR	350.000,00 EUR
Nutzungsdauer	8 Jahre	10 Jahre
Abschreibung Jahr 01	87.500,00 EUR	35.000,00 EUR
Bilanzansatz Jahr 01	262.500,00 EUR	315.000,00 EUR
Abschreibung Jahr 02	65.625,00 EUR	35.000,00 EUR
Bilanzansatz Jahr 02	196.875,00 EUR	280.000,00 EUR

671/5 Am 10. Januar d. J. wurden fünf PCs für brutto 5.057,50 EUR angeschafft. Die Nutzungsdauer wird mit drei Jahren angesetzt. Zeigen Sie, welche alternativen Abschreibungsmöglichkeiten der Gesetzgeber ermöglicht, und begründen Sie, welches die steuerlich günstigste ist.

Anschaffungswert je PC (netto): 850,00 EUR

Alternativen:

reguläre Abschreibung	Poolabschreibung
→ Günstiger: 33 $1/_3$ % lineare Abschreibung (Hier wird die größte Aufwandserfassung (Gewinnminderung) und damit Steuerersparnis erzielt.)	Die Anschaffungskosten werden in einem **Sammelposten** erfasst und über fünf Jahre mit jeweils 20 % linear abgeschrieben. (Der Sammelposten wird auch dann nicht verändert, wenn ein Wirtschaftsgut vor Ablauf der fünf Jahre ausscheidet.)

14.6 Bewertung von Vermögen und Schulden nach IAS/IFRS

687/1 Begründen Sie, für welche Unternehmen es sinnvoll sein könnte, den Jahresabschluss statt nach HGB nach IAS/IFRS aufzustellen.

Die Gründe können politischer und/oder wirtschaftlicher Natur sein, vgl. dazu Tabelle im Lehrbuch, Seite 672.

687/2 Beschreiben Sie den Unterschied zwischen einem asset nach IAS und einem Vermögensgegenstand nach HGB.

Unterschiede bestehen hinsichtlich der Bestandteile, die in die AHK im Rahmen der Bewertung einzubeziehen sind. So sind Fremdkapital- und Abbruchkosten bei der Bewertung eines assets in die AHK zu berücksichtigen, die im HGB nicht einbezogen werden dürfen (Kapitel 14.6.3 des Lehrbuches).

Außerdem spielt der zukünftige Nutzen eines assets eine wesentliche Rolle für dessen Bewertung. Entscheidet sich ein Unternehmen im Rahmen der Folgebewertung von assets für das Neubewertungsmodell, so existieren keine Wertobergrenzen für die Folgebewertung. Steigt der aktuelle Wert eines assets bspw. über die Anschaffungs- oder Herstellungskosten (AHK), so ist eine Zuschreibung auch über die AHK hinaus auf den aktuellen Wert möglich. Dieses Neubewertungsmodell zur Bewertung von Vermögensgegenständen existiert im HGB nicht.

687/3   Definieren Sie den Begriff beizulegender Zeitwert.

Der beizulegende Zeitwert (fair value) ist als ein Oberbegriff für verschiedene Wertmaßstäbe zu verstehen. Folgende Wertmaßstäbe konkretisieren den beizulegenden Zeitwert:

Nettoveräußerungswert (net realizable value)	Betrag, der sich durch den am Bilanzstichtag erzielbaren Verkaufserlöse abzüglich vorhandener Verkaufskosten ergibt
Wiederbeschaffungskosten (current cost)	Betrag, der am Bilanzstichtag für die Wiederbeschaffung eines identischen Vermögenswertes aufzuwenden ist
Barwert (present value)	Betrag, der sich aus den diskontierten Zahlungsströmen, aus der Nutzung oder dem Verkauf des Vermögenswerts voraussichtlich ergeben wird
Nutzwert (value in use)	Barwert, der sich aus den zukünftigen Cashflows ergibt, wenn der Vermögenswert durch das Unternehmen genutzt wird
erzielbarer Betrag (recoverable amount)	Betrag, der sich aus dem Vergleich von Nettoveräußerungswert und Nutzwert ergibt. Der jeweils höhere Wert ist der erzielbare Betrag.

687/4   Die Tech AG kauft eine CNC-Drehmaschine für 160.000,00 EUR. Der Lieferant gewährt 5 % Rabatt, die Transportkosten und die Leistungen für die Inbetriebnahme betragen 10.000,00 EUR. Für die Entsorgung der Maschine werden Kosten von 2.500,00 EUR angenommen. Die Fremdkapitalkosten, die bis zur Betriebsbereitschaft der Maschine zeitanteilig anfallen, liegen bei 2.800,00 EUR.

– **Berechnen Sie die Anschaffungskosten nach IAS/IFRS.**

– **Berechnen Sie die Anschaffungskosten nach HGB.**

Bestandteile der Anschaffungskosten	Ansatz nach IAS/IFRS	Ansatz nach HGB
Kaufpreis	160.000,00 EUR	160.000,00 EUR
– Anschaffungskostenminderungen	8.000,00 EUR	8.000,00 EUR
+ Anschaffungsnebenkosten	10.000,00 EUR	10.000,00 EUR
+ Abbruchkosten (Entsorgung)	2.500,00 EUR	Verbot
+ Fremdkapitalkosten	2.800,00 EUR	Verbot
= Anschaffungskosten	167.300,00 EUR	162.000,00 EUR

687/5 Die KÜHLsys GmbH hat eine Werkzeugmaschine selbst erstellt. Hierfür sind folgende Kosten angefallen: Fertigungsmaterial: 8.000,00 EUR, Fertigungslöhne 7.000,00 EUR, Konstruktionskosten 4.000,00 EUR, MGKZ 15 %, FGKZ 45 %, VWGKZ 14 % (davon sind produktionsbezogen 8 %, allgemeinverwaltungsbezogen 2 %, vertriebsbezogen 4 %), Kosten für soziale Einrichtungen und betriebliche Altersversorgung 2.500,00 EUR (davon produktionsbezogen 1.600,00 EUR), Abschreibungen auf die eingesetzten Anlagen zur Herstellung der Werkzeugmaschine 800,00 EUR, Kosten für die Entwicklung der Werkzeugmaschine 2.000,00 EUR, Kosten der konstruktionsbezogenen Grundlagenforschung 1.500,00 EUR.

Berechnen Sie die Herstellungskosten der Werkzeugmaschine.

Bestandteile der Herstellungskosten	Ansatz nach IAS/IFRS
Materialeinzelkosten	8.000,00 EUR
+ Materialgemeinkosten	1.200,00 EUR
+ Fertigungseinzelkosten	7.000,00 EUR
+ Fertigungsgemeinkosten	3.150,00 EUR
+ Sondereinzelkosten der Fertigung	4.000,00 EUR
+ Abschreibungen	800,00 EUR
+ Entwicklungskosten	2.000,00 EUR
+ produktionsbezogene Kosten für soziale Einrichtungen und betriebliche Altersversorgung	1.600,00 EUR
= Summe	27.750,00 EUR
+ Verwaltungsgemeinkosten (8 %)	2.220,00 EUR
= Herstellungskosten	29.970,00 EUR

687/6 Die nach IFRS bilanzierende Schlüter AG kauft im Januar 00 eine Produktionsanlage für 4,0 Mio. EUR. Die Maschine wird zehn Jahre genutzt und linear abgeschrieben. Am Jahresende 00 liegt der Nettoveräußerungspreis der Maschine bei 3,0 Mio. EUR.

a) Bewerten Sie die Produktionsanlage zum 31.12.00

– **mit dem Anschaffungskostenmodell,**

– **mit dem Neubewertungsmodell.**

Im Jahr 01 steigt der Nettoveräußerungspreis der Produktionsanlage aufgrund weltweit starker Nachfrage auf 3,4 Mio. EUR.

b) Bewerten Sie die Produktionsanlage zum 31.12.01

– **mit dem Anschaffungskostenmodell,**

– **mit dem Neubewertungsmodell.**

a) – Anschaffungskostenmodell:

Schritt 1: Ermittlung der fortgeführten Anschaffungskosten (AK):

AK bei Zugang:	4.000.000,00 EUR
– planmäßige Abschreibungen	400.000,00 EUR
= fortgeführte AK	3.600.000,00 EUR

Schritt 2: Liegen Gründe für eine außerplanmäßige Wertminderung vor?

Ja, denn der Marktwert der Produktionsanlage ist gesunken.

Schritt 3: Impairment-Test durchführen:

Nettoveräußerungspreis:	3.000.000,00 EUR
Nutzwert	keine Angabe
Der Nettoveräußerungspreis ist der **erzielbare Betrag:**	3.000.000,00 EUR

Vergleich des erzielbaren Betrags mit dem Buchwert zum Bilanzstichtag:

erzielbarer Betrag		Buchwert
3.000.000,00 EUR	<	3.600.000,00 EUR

Ergebnis:
Der erzielbare Betrag ist kleiner als der Buchwert am Ende des ersten Nutzungsjahres. Es ist eine außerplanmäßige Abschreibung von 600.000,00 EUR auf den erzielbaren Betrag vorzunehmen.

Bilanzansatz der Produktionsanlage am 31.12.00   **3.000.000,00 EUR**

– Neubewertungsmodell:

Beim Neubewertungsmodell erfolgt der Bilanzansatz des Vermögensgegenstandes zum beizulegenden Zeitwert.

Vergleich des beizulegenden Zeitwerts mit dem Buchwert zum Bilanzstichtag:

beizulegender Zeitwert		Buchwert
3.000.000,00 EUR	<	3.600.000,00 EUR

Ergebnis:
Der beizulegende Zeitwert ist kleiner als der Buchwert am Ende des ersten Nutzungsjahres. Es ist eine außerplanmäßige Abschreibung von 600.000,00 EUR auf den beizulegenden Zeitwert vorzunehmen.

Bilanzansatz der Produktionsanlage am 31.12.00   **3.000.000,00 EUR**

A	Bilanz 00	P	S	GuV-Konto 00	H
Anlagen	3.000.000	EK 3.000.000	a. o. Abschreibungen 600.000		

b) – Anschaffungskostenmodell:

Schritt 1: Ermittlung der fortgeführten Anschaffungskosten (AK):

Buchwert der Produktionsanlage zum Jahresbeginn 01	3.000.000,00 EUR
– planmäßige Abschreibung auf die Restnutzungsdauer von 9 Jahren	333.333,33 EUR
= fortgeführte AK (Buchwert zum 31.12.01)	2.666.666,67 EUR

Vergleich des erzielbaren Betrags mit dem Buchwert zum Bilanzstichtag 01:

erzielbarer Betrag		Buchwert
3.400.000,00 EUR	>	2.666.666,67 EUR

Der erzielbare Betrag ist größer als der Buchwert. Da der Grund für die ursprüngliche Wertminderung (gesunkener Marktwert der Anlage im Jahr 00) weggefallen ist, wird eine Zuschreibung notwendig. Allerdings ist die Wertobergrenze zu beachten: Zuschreibungen sind höchstens bis zu den **ursprünglich** fortgeführten AK möglich.

Ermittlung der ursprünglich fortgeführten AK:

AK bei Zugang	4.000.000,00 EUR
– kumulierte Abschreibungen	800.000,00 EUR
= ursprünglich fortgeführte AK zum 31.12.01	3.200.000,00 EUR

Ergebnis:
Es erfolgt eine Zuschreibung von 533.333,33 EUR bis zur Wertobergrenze der ursprünglich fortgeführten AK.

Bilanzansatz der Produktionsanlage am 31.12.01   **3.200.000,00 EUR**

– Neubewertungsmodell:

Vergleich des beizulegenden Zeitwerts mit dem Buchwert zum Bilanzstichtag:

beizulegender Zeitwert		Buchwert
3.400.000,00 EUR	>	2.666.666,67 EUR

Ergebnis:

Der beizulegende Zeitwert ist größer als der Buchwert am Ende des zweiten Nutzungsjahres. Es erfolgt eine Zuschreibung von 733.333,33 EUR auf den beizulegenden Zeitwert. Von den 733.333,33 EUR werden 600.000,00 EUR als sonstiger betrieblicher Ertrag zur Korrektur der außerplanmäßigen Abschreibung erfolgswirksam gebucht. Es entsteht eine Neubewertungsrücklage von 133.333,33 EUR

Bilanzansatz der Produktionsanlage am 31.12.01   **3.400.000,00 EUR**

A	Bilanz 01	P	S	GuV-Konto 01	H
Anlagen 3.400.000	EK 3.400.000 (davon Neubewertungsrücklage) (133.333)			sonst. betr. Ertrag 600.000	

Produktionsanlage	Anschaffungskostenmodell	Neubewertungsmodell
Bilanzansatz 31.12.01	3.000.000,00 EUR	3.000.000,00 EUR
Bilanzansatz 31.12.02	3.200.000,00 EUR	3.400.000,00 EUR

688/7   **Die Ritter AG hat vor 20 Jahren ein 5.000 m² großes und unbebautes Grundstück für 50,00 EUR/m² erworben. Der aktuelle Bodenwert liegt bei 150,00 EUR/m².**

Bewerten Sie das Grundstück zum Bilanzstichtag

– mit dem Anschaffungskostenmodell,

– mit dem Neubewertungsmodell.

– Anschaffungskostenmodell:

Bewertung des Grundstücks zu Anschaffungskosten: 250.000,00 EUR

– Neubewertungsmodell:

Bewertung des Grundstücks zum beizulegenden
Zeitwert (= aktueller Bodenwert):   750.000,00 EUR

Als Ausgleich für die Zuschreibung wird eine Neubewertungsrücklage in gleicher Höhe vorgenommen, sodass die Zuschreibung erfolgsneutral erfolgt.

688/8   **Die KÜHLsys GmbH kauft im Januar 00 das Nachbargrundstück, um die dortige Lagerhalle nutzen zu können. Der Kaufpreis liegt bei 400.000,00 EUR, wobei 100.000,00 EUR auf das Grundstück entfallen. Die Notargebühren liegen bei 6.000,00 EUR netto, es fallen 3,5 % Grunderwerbsteuer an. Die Abbruchkosten am Ende der 15-jährigen Nutzungszeit werden mit 15.000,00 EUR veranschlagt.**

a) Ermitteln Sie die Anschaffungskosten des bebauten Grundstücks.

b) Bewerten Sie das bebaute Grundstück mithilfe des Anschaffungskostenmodells.

a) und b)

Gesamtkaufpreis	100 %	400.000,00 EUR
– anteiliger Kaufpreis für das Grundstück	25 %	100.000,00 EUR
= anteiliger Kaufpreis für das Gebäude	75 %	300.000,00 EUR

	Grundstück (25 %)	Gebäude (75 %)	gesamt (100 %)
Kaufpreis	100.000,00 EUR	300.000,00 EUR	400.000,00 EUR
Grunderwerbsteuer	3.500,00 EUR	10.500,00 EUR	14.000,00 EUR
Notariatskosten	1.500,00 EUR	4.500,00 EUR	6.000,00 EUR
Abbruchkosten	–	15.000,00 EUR	15.000,00 EUR
gesamte Anschaffungskosten des bebauten Grundstücks	105.000,00 EUR	330.000,00 EUR	**435.000,00 EUR**
planmäßige Abschreibung	–	22.000,00 EUR	22.000,00 EUR
fortgeführte Anschaffungskosten zum 31.12.00	105.000,00 EUR	308.000,00 EUR	**413.000,00 EUR**

688/9 Die SBS AG hat in Spanien ein unbebautes Grundstück mit einer Größe von 10.000 m² gekauft. Anschaffungskosten im Jahr 00: 2,0 Mio. EUR. Die Bodenpreise in Spanien unterliegen starken Schwankungen. Es ergaben sich folgende Werte zu den jeweiligen Bilanzstichtagen: Jahr 00: 2,0 Mio. EUR; Jahr 01: 1,7 Mio. EUR; Jahr 02: 2,2 Mio. EUR; Jahr 03: 2,6 Mio. EUR, Jahr 04: 1,9 Mio. EUR.

a) Bewerten Sie das unbebaute Grundstück zu den jeweiligen Bilanzstichtagen mit dem Neubewertungsmodell.

b) Entscheiden Sie zu den jeweiligen Bilanzstichtagen, ob eine Neubewertungsrücklage gebildet bzw. aufgelöst werden muss.

a) und b)

Jahr	Bewertung des unbebauten Grundstücks	Höhe der Neubewertungsrücklage
00	2.000.000,00 EUR	–
01	1.700.000,00 EUR	–
02	2.200.000,00 EUR	200.000,00 EUR
03	2.600.000,00 EUR	600.000,00 EUR
04	1.900.000,00 EUR	–

– Zum Bilanzstichtag 01 erfolgt eine außerplanmäßige Abschreibung von 300.000,00 EUR.

– Zum Bilanzstichtag 02 erfolgt eine Zuschreibung von 500.000,00 EUR, davon werden 300.000,00 EUR als sonstiger betrieblicher Ertrag zum Ausgleich der außerplanmäßigen Abschreibung des Vorjahres gebucht. Es entsteht eine Neubewertungsrücklage von 200.000,00 EUR.

– Zum Bilanzstichtag 03 erfolgt eine Zuschreibung von 400.000,00 EUR, die Neubewertungsrücklagen steigen auf insgesamt 600.000,00 EUR.

– Zum Bilanzstichtag 04 beträgt die Wertminderung des Grundstücks 700.000,00 EUR. Die Wertminderung wird mit der gebildeten Neubewertungsrücklage verrechnet und diese aufgelöst. Es erfolgt eine zusätzliche außerplanmäßige Abschreibung von 100.000,00 EUR, um das Grundstück mit 1.900.000,00 EUR bilanzieren zu können.

688/10 Zum Bilanzstichtag sind die unfertigen Erzeugnisse noch nicht bewertet. Es liegen folgende Daten aus der Kostenrechnung vor: Fertigungsmaterial 400.000,00 EUR, MGKZ 15 %, darin sind enthalten 2 % kalkulatorische Abschreibungen; Fertigungslöhne 250.000,00 EUR, FGKZ 80 %, VWGKZ 12 %, davon ist ein Drittel produktionsbedingt; VtGKZ 10 %.

Berechnen Sie die Herstellungskosten der unfertigen Erzeugnisse.

	Herstellungskosten
Materialeinzelkosten	400.000,00 EUR
+ Materialgemeinkosten (13 %)	52.000,00 EUR
+ Fertigungseinzelkosten	250.000,00 EUR
+ Fertigungsgemeinkosten	200.000,00 EUR
= Summe	902.000,00 EUR
+ Verwaltungsgemeinkosten (4 %)	36.080,00 EUR
= Herstellungskosten	938.080,00 EUR

688/11 Zum Jahresende hat die KÜHLsys GmbH noch 60 Klimageräte im Lager. Herstellungskosten pro Gerät: 240,00 EUR. Für den Verkauf fallen pro Gerät zusätzlich 10,00 EUR Verkaufskosten an.

Bewerten Sie die Klimageräte zum Bilanzstichtag und ermitteln Sie den Bilanzwert,

a) wenn der Verkaufspreis bei 210,00 EUR liegt,

b) wenn der Verkaufspreis bei 300,00 EUR liegt.

a) HK (240,00 EUR) > Nettoveräußerungspreis (200,00 EUR)

→ Bilanzansatz zum niedrigeren Nettoveräußerungspreis von 200,00 EUR

b) HK (240,00 EUR) < Nettoveräußerungspreis (290,00 EUR)

→ Bilanzansatz zu niedrigeren HK von 240,00 EUR

15 Jahresabschlussanalyse

15.1 Aufbereitung der Bilanz (Beständeanalyse)

697/1 **Erläutern Sie, warum vor der Errechnung von Bilanzkennzahlen die vorliegenden Bilanzen bereinigt werden sollten.**

Die Beständebilanz und auch die GuV-Rechnung sollen zwar Rechenschaft ablegen, aber auch den interessierten Personenkreisen die Möglichkeit zur kritischen Beurteilung der wirtschaftlichen Lage und Informationen als Grundlage für zukünftige Entscheidungen liefern. Um aus den tatsächlichen Werten keine falschen Interpretationen abzuleiten und um die unternehmerischen Entscheidungen vorbereiten zu können, sollten Bilanzen bereinigt werden. Die Bilanzen werden dadurch »leichter« lesbar und gewinnen an Übersicht.

697/2 **Warum müssen die Rückstellungen für die Bilanzanalyse in lang- und kurzfristige Rückstellungen aufgeteilt werden?**

Rückstellungen müssen aufgeteilt werden, damit man das langfristige und das kurzfristige Fremdkapital bestimmen kann. Dies ist z.B. bei der Ermittlung der erweiterten Anlagendeckung und der Periodenliquidität notwendig.

697/3 **Erläutern Sie die Gründe und den Vorgang der Bereinigung folgender Bilanzposten:**

a) erhaltene Anzahlungen von Kunden,

b) Bilanzgewinn (teilweise Verwendung zur Dividendenausschüttung).

a) Erhaltene Anzahlungen von Kunden:
Erhaltene Anzahlungen, die in Kürze Lieferungen an Kunden zur Folge haben, werden mit den Vorräten saldiert. Als »Kundenkredit« ist die Zurechnung zum kurzfristigen Fremdkapital jedoch auch denkbar.

b) Bilanzgewinn (teilweise Verwendung zur Dividendenausschüttung):
Der Bilanzgewinn ist nur dann dem Eigenkapital (Gewinnrücklagen) zuzuordnen, wenn es sich nicht um auszuschüttende Gewinnanteile handelt, die in Kürze die Liquidität durch Dividendenzahlungen belasten werden. In diesem Fall empfiehlt sich eine Zuordnung zum kurzfristigen Fremdkapital.

697/4 **Herr Kofler, Mitarbeiter der Finanzabteilung der MaMüTec AG, soll wegen eines anstehenden Kreditgesuchs die Schlussbilanzen der vergangenen beiden Geschäftsjahre aufbereiten. Herr Kofler soll das Ergebnis in einer Strukturbilanz festhalten. Die folgenden zusammengefassten Bilanzzahlen liegen vor:**

Aktiva			Bilanzzahlen (in TEUR)			Passiva
	BJ	**VJ**			**BJ**	**VJ**
A. Anlagevermögen:			**A. Eigenkapital:**			
I. Sachanlagen			I. Gezeichnetes Kapital		2.600	2.400
1. Grundst./Bauten	1.385	1.535	II. Kapitalrücklage		600	600
2. Anlagen/Maschinen	1.610	1.811	III. Gewinnrücklagen:			
3. BuG-Ausstattung	706	990	1. gesetzl. Rücklage		300	300
II. Finanzanlagen			2. Rückl. f. Anteile an			
1. Beteiligungen	31	31	einem herrschenden			
2. sonst. Ausleihungen	17	41	Unternehmen		43	88
B. Umlaufvermögen:			3. andere Gewinnrückl.		885	825
I. Vorräte			IV. Gewinnvortrag		0	12
1. RHB-Stoffe	1.601	1.685	V. Jahresüberschuss		264	288
2. unfertige Erzeugn.	3.973	3.580	**B. Rückstellungen:**			
3. fertige Erzeugnisse	4.114	3.708	1. Pensionsrückst.		2.313	2.840
II. Ford./sonst. Verm.-Gg.			2. Steuerrückst.		53	116
1. Forderungen a. LL.	8.140	7.160	3. sonst. Rückstellungen		1.115	1.682
– Rest-Lz über 1 J.	(668)	(54)	**C. Verbindlichkeiten:**			
2. Ford. gg. Beteiligg.	641	451	1. Bankverbindlich.		5.644	4.837
– Rest-Lz über 1 J.	(0)	(0)	– Rest-Lz bis 1 J.		(2.801)	(2.032)
3. sonstige Verm.-Gg.	218	209	2. erhaltene Anzahlg.		156	88
III. Wertpapiere			– Rest-Lz bis 1 J.		(156)	(88)
1. Anteile an verbundenen			3. Verbindl. a. LL.		3.867	3.484
Unternehmen	43	88	– Rest-Lz bis 1 J.		(3.867)	(3.484)
IV. Schecks, Kasse, ...	63	31	4. Wechselverbindlichk.		2.385	1.610
C. Rechnungsabgr.-posten:			– Rest-Lz bis 1 J.		(2.385)	(1.610)
I. sonst. Rechnungsabgr.	88	60	5. sonst. Verbindlichk.		2.405	2.210
			– Rest-Lz bis 1 J.		(2.118)	(1.921)
	22.630	**21.380**			**22.630**	**21.380**

Die folgenden Zusatzinformationen stehen Herrn Kofler aus dem Anhang und aus den Kreditgesprächen zur Verfügung:

- Die sonstigen Vermögensgegenstände, die ARA und die Steuerrückstellungen sind als kurzfristig zu werten.

- Der Gesamtbetrag der Verbindlichkeiten mit einer Restlaufzeit von mehr als fünf Jahren beträgt 1.530 TEUR (VJ: 1.260 TEUR).

- Der Wert der Sachanlagen ist nach vorsichtiger Schätzung um 500 TEUR (VJ: 500 TEUR) höher zu bewerten.

- Die Dividende beträgt unverändert 10 % auf das eingezahlte Grundkapital.

- Die Kundenanzahlungen beliefen sich im Berichtsjahr auf 156 TEUR (VJ: 88 TEUR).

Erstellen Sie die Strukturbilanz.

Bereinigung (Zahlen in TEUR):

Nr.	Korrekturposten	BJ	VJ	Verrechnungsposten	BJ	VJ
1.	erhaltene Anzahlungen auf Bestellungen	– 156	– 88	Vorräte (fertige Erz.)	– 156	– 88
2.	Sachanlagen (Höhe der Unterbewertung)	+ 500	+ 500	Gewinnrücklagen	+ 500	+ 500

Gruppierung:

Nr.	Korrekturposten	BJ	VJ	Verrechnungsposten	BJ	VJ
1.	Jahresüberschuss (einschl. Gewinnvortrag):					
	– 10 % Dividende	– 260	– 240	Verbindlichk. (kfr.)	+ 260	+ 240
	– RL/Gewinnvortrag	– 4	– 60	Gewinnrücklagen	+ 4	+ 60
2.	Rechnungsabgr. (ARA)	– 88	– 60	Forderungen (kfr.)	+ 88	+ 60

319

Strukturbilanz MaMüTec AG	Berichtsjahr TEUR	%	Vorjahr TEUR	%	Zu-/Abnahme TEUR	%
Aktiva						
1. Immaterielle Verm.ggst. und						
Sachanlagen	4.201		4.836			
2. Finanzanlagen	48		72			
Anlagevermögen	4.249	18,5	4.908	22,5	– 659	– 13,4
3. Vorräte	9.532		8.885			
4. lfr./mfr. Ford. (über 1 Jahr)	668		54			
5. kfr. Ford. (bis 1 Jahr)	8.462		7.914			
6. flüssige Mittel	63		31			
Umlaufvermögen	18.725	81,5	16.884	77,5	+ 1.841	10,9
Gesamtvermögen	22.974	100,0	21.792	100,0	+ 1.182	5,4
Passiva						
1. Gezeichnetes Kapital	2.600		2.400			
2. Kapitalrücklage	600		600			
3. Gewinnrücklagen	1.732		1.773			
Eigenkapital	4.932	21,5	4.773	21,9	+ 159	3,3
4. lfr. FK (über 5 Jahre)	3.843		4.100			
5. mfr. Fk (über 1 bis 5 Jahre)	1.653		1.950			
6. kfr. FK (bis 1 Jahr)	12.546		10.969			
Fremdkapital	18.042	78,5	17.019	78,1	+ 1.023	6,0
Gesamtkapital	22.974	100,0	21.792	100,0	+ 1.182	5,4

Ergebniserläuterungen:

kfr. Forderungen: (BJ) = (8.140 – 668) + 641 + 218 + 43 + 88 = **8.462**
(VJ) = (7.160 – 54) + 451 + 209 + 88 + 60 = **7.914**

Gewinnrücklagen: (BJ) = 300 + 43 + 885 + 4 + 500 = **1.732**
(VJ) = 300 + 88 + 825 + 60 + 500 = **1.773**

lfr. Fremdkapital: (BJ) = 1.530 + 2.313 = **3.843**
(VJ) = 1.260 + 2.840 = **4.100**

mfr. Fremdkapital: (BJ) = 53 + (5.644 – 2.801) + (2.405 – 2.118) – 1.530 = **1.653**
(VJ) = 116 + (4.837 – 2.032) + (2.210 – 1.921) – 1.260 = **1.950**

kfr. Fremdkapital: (BJ) = 1.115 + 2.801 + 3.867 + 2.385 + 2.118 + 260 = **12.546**
(VJ) = 1.682 + 2.032 + 3.484 + 1.610 + 1.921 + 240 = **10.969**

698/5 Zur Vorbereitung der Entscheidung zur Übernahme der ROVENA GmbH sollen deren aufbereitete Bilanzen analysiert werden.

Aktiva	Strukturbilanzen der Rovena GmbH in TEUR			Passiva		
	(02)	**(03)**			**(02)**	**(03)**
Anlagevermögen			**Eigenkapital**			
Sachanlagen	8.255	7.990	Gezeichnetes Kapital		2.100	2.100
Finanzanlagen	520	520	Kapitalrücklage		1.460	1.460
			Gewinnrücklagen		450	585
AV	8.775	8.510	**EK**		4.010	4.145

Umlaufvermögen			Fremdkapital		
Vorräte	1.617	1.804	langfr. Verbindlichk.	6.610	6.848
Forderungen	4.053	5.188	kurzfr. Verbindlichk.	4.920	5.885
flüssige Mittel	1.095	1.376			
UV	6.765	8.368	FK	11.530	12.733
Gesamtvermögen	15.540	16.878	Gesamtkapital	15.540	16.878

a) Erstellen Sie die Bewegungsbilanz für das Jahr 03 aus den Strukturbilanzen der Jahre 02 und 03. Die Bruttoinvestitionen betrugen 517 TEUR.

b) Welche Erkenntnisse können aus dieser Bewegungsbilanz gezogen werden?

c) Formulieren Sie zwei Fragen, um die Ursache auffälliger Bewegungen bei der Mittelherkunft und der Mittelverwendung erläutert zu bekommen.

a)

Mittelverwendung	Bewegungsbilanz 03 (in TEUR)		Mittelherkunft
Investitionen Anlagen	517	**Innenfinanzierung**	
Zugänge		Selbstfinanzierung	135
– Vorräte	187	Abschreibungen	782
– Forderungen	1.135	**Außenfinanzierung**	
– flüss. Mittel	281	Erhöhung	
		– langfrist. Verbl.	238
		– kurzfrist. Verbl.	965
	2.120		2.120

b) Das Sachanlagevermögen schrumpfte um 265 TEUR, da der Abschreibungsrückfluss nicht in vollem Umfange im AV investiert wurde.

Starke Zunahme des Umlaufvermögens, insbesondere der Forderungen um über 1 Mio. EUR. Die anderen Gewinnrücklagen wurden um ca. 30 % erhöht, sodass die EK-Quote erhalten blieb.

Das FK hat stark zugenommen, wobei auffällt, dass die kurzfristigen Verbindlichkeiten um knapp 1 Mio. EUR anstiegen.

c) Warum hat das Anlagevermögen abgenommen?

Worin liegen die Gründe für den starken Forderungsanstieg?

Wie setzen sich die kurzfristigen Verbindlichkeiten zusammen, und welche Aufwendungen sind damit verbunden?

15.2 Auswertung der Bilanz mithilfe von Kennzahlen

15.2.1 Kennzahlen der Vermögensstruktur

700/1 Berechnen Sie die Kennzahlen der Vermögensstruktur entsprechend obigem Beispiel mit den Zahlen des Vorjahres aus der Strukturbilanz des Lehrbuches, Seite 694.

$$\text{Anlagenintensität} = \frac{136}{318} \cdot 100 = 42,8 \text{ %}$$

$$\text{Vorratsquote} = \frac{80}{318} \cdot 100 = 25,2 \text{ %}$$

$$\text{Forderungsquote} \quad = \frac{71}{318} \cdot 100 = 22,3 \ \%$$

$$\text{Zahlungsmittelquote} = \frac{31}{318} \cdot 100 = \ \ 9,7 \ \%$$

700/2 Die nachfolgende Tabelle enthält die Aktivwerte der Bilanzen einer kleinen Kapital-gesellschaft aus dem Berichtsjahr und aus dem Vorjahr in bereinigter Form sowie die prozentualen vorjährigen Branchendurchschnittszahlen.

Bilanzposten	Berichts-jahr (in TEUR)	Vorjahr (in TEUR)	Branche (in %)
Anlagevermögen:			
Grundstücke und Gebäude	500	450	12,31
technische Anlagen und Maschinen	1.380	970	25,42
Betriebs- und Geschäftsausstattung	350	280	10,21
Beteiligungen	–	–	5,72
Wertpapiere des AV	50	50	2,53
Umlaufvermögen:			
Vorräte	270	210	14,22
Forderungen/sonst. Vermögensgegenstände	408	382	18,56
– davon mit Restlaufzeit über 1 Jahr	(50)	(47)	(1,92)
Wertpapiere	–	10	1,03
Kasse, Bank	160	205	8,50
Rechnungsabgrenzungsposten	30	40	1,50
gesamte Aktiva	3.148	2.597	100,00

a) Errechnen Sie für das Berichts- und für das Vorjahr

  – die Anlagenintensität,

  – die Zahlungsmittelquote,

  – die Forderungsquote,

  – die Vorratsquote.

b) Erstellen Sie die Aktivseite der Bilanzen aus Berichts- und Vorjahr in der Weise, dass Sie die einzelnen Positionen als Prozentzahlen bezogen auf die Bilanzsumme ermitteln.

c) Vergleichen Sie die Ergebnisse aus b) mit den Zahlen der Branche und werten Sie die Ergebnisse aus.

a)

Kennzahl	Berichtsjahr	Vorjahr
Anlagenintensität	2.280 TEUR : 3.148 TEUR = 0,724	1.750 TEUR : 2.597 TEUR = 0,674
Zahlungsmittelquote	160 TEUR : 3.148 TEUR = 0,051	205 TEUR : 2.597 TEUR = 0,079
Forderungsquote	408 TEUR : 3.148 TEUR = 0,129	382 TEUR : 2.597 TEUR = 0,147
Vorratsquote	270 TEUR : 3.148 TEUR = 0,086	210 TEUR : 2.597 TEUR = 0,081

b) Aktivseite der Bilanzen (in % der bereinigten Bilanzsumme):

Bilanzposten	Berichtsjahr		Vorjahr	
Anlagevermögen:				
Grundstücke und Gebäude	15,88		11,33	
techn. Anlagen und Maschinen	43,84		37,35	
Betriebs- u. Geschäftsausstattung	11,12		10,78	
Wertpapiere des AV	1,59	72,43	1,93	67,39
Umlaufvermögen:				
Vorräte	8,58		8,09	
Forderungen/sonst. Vermögensg.	12,96		14,71	
– davon mit Rest-Lz über 1 Jahr	(1,59)		(1,81)	
Wertpapiere	–		0,38 (abgerundet)	
Kasse, Bankguthaben	5,08		7,89	
Rechnungsabgrenzungsposten	0,95	27,57	1,54	32,61
		100,00		100,00

c) Der Betrieb weicht sowohl im BJ als auch im VJ stark von den durchschnittlichen Werten der Branche ab.

Anlagen:

Auffallend ist insbesondere die hohe Anlagenintensität von 0,674 (VJ) bzw. 0,724 (BJ) gegenüber 0,562 der Branche (Konstitution 2,066 bzw. 2,627 gegenüber 1,283). Bedeutend ist vor allem die Abweichung im Posten »techn. Anlagen und Maschinen« mit 37,35 % bzw. 43,84 % gegenüber 25,42 %. Im BJ hat sich – diesen Posten betreffend – das Unternehmen sogar noch weiter vom Branchendurchschnitt entfernt.

Negative Konsequenzen sind vor allem durch die ungünstige Kostenstruktur (hoher Fixkostenblock) und die dadurch beeinträchtigte Flexibilität in Bezug auf Beschäftigungsschwankungen bzw. zunehmend preispolitische Inelastizität zu erwarten.

Der relativ hohe Maschinenbestand lässt aber auch darauf schließen, dass das Unternehmen gegenüber dem Branchendurchschnitt in ihrem Rationalisierungsbemühen weiter fortgeschritten ist. Diese Tatsache wird zumindest solange von positiven Aspekten begleitet sein, wie die Absatzchancen gut und die Kapazität ausgelastet sind. Andernfalls könnten Kostendruck und Inflexibilität zu einer krisenhaften Erfolgs- und Finanzlage führen.

Vorräte:

Der relativ geringe Vorratsbestand, der sich im BJ geringfügig erhöht hat (Vorratsintensität im BJ 0,086, im VJ 0,081 gegenüber dem Branchenwert von 0,142), lässt folgende zum Teil sich widersprechende Schlussfolgerungen zu:

a) Dem Unternehmen ist es gelungen, die Lagerhaltungsfunktion teilweise auf die Zulieferer (RHB-Stoffe) und/oder die Kunden (FE) zu verlagern (Abschluss entsprechender Verträge). Dies hätte den Vorteil, dass das Lagerrisiko und die Lagerkosten geringer sind als bei den Mitbewerbern.

b) Die Lagerhaltung ist mengenmäßig unzureichend; außerdem sind die Läger nicht genügend sortiert. Mögliche Folgen:

   – Produktionsausfall bei Fehlen eines Rohstoffes (in Anbetracht des hohen Kapitalstockes ein sehr hohes Risiko);

   – mangelnde Lieferfähigkeit den Kunden gegenüber.

c) Investitionen in die Lagerhaltung konnten vielleicht deshalb nicht durchgeführt werden, weil die Anlagenexpansion zu Finanzierungsengpässen führte.

Forderungen:

Die Forderungsquote (gesamt und kurzfristig) ist im Vergleich zu den Branchendurchschnittszahlen auffallend niedrig und im BJ noch weiter zurückgegangen (gesamt: 0,129 im BJ bzw. 0,147 im VJ gegenüber 0,18 im Durchschnitt der Branche). Da die Anlagen vergrößert wurden und deshalb anzunehmen ist, dass auch die Kapazität erweitert wurde, ist ein Umsatzrückgang sehr unwahrscheinlich, sodass im BJ die Zahlungsziele verkürzt wurden. Als Ursachen sind Finanzierungsengpässe bzw. Rationalisierungsmaßnahmen im Bereich der Kreditgewährung und -überwachung (evtl. Factoring) denkbar, begleitet von einer günstigen Marktsituation, die im Grund kundenunfreundliche Handlungsweisen zuließ.

Positive Folgen sind ein schnellerer Kapitalumschlag, höhere Kapitalrentabilität und geringeres Forderungsausfallrisiko; negative Folgen könnten sich, bedingt durch die ungünstigen Zahlungsbedingungen, in einer einsetzenden Kundenfluktuation bemerkbar machen.

Kasse, Bankguthaben:

Die Abweichungen in diesem Posten, vor allem die starke prozentuale Abnahme gegenüber dem VJ (5,08 % gegenüber 7,89 %) lassen den Schluss zu, dass das Unternehmen wenig liquide ist. Diese Annahme wird durch die Tatsache erhärtet, dass die Wertpapiere des UV im BJ verflüssigt wurden. Der Grund hierfür könnte in dem relativ hohen Finanzbedarf bei der Anlagenexpansion liegen.

15.2.2 Kennzahlen der Kapitalstruktur (vertikale Finanzierungsregel)

> **702/1** Berechnen Sie die Kennzahlen der Kapitalstruktur entsprechend obigem Beispiel mit den Zahlen des Vorjahres aus der Strukturbilanz des Lehrbuches, Seite 694.

$$\text{Eigenkapitalquote} = \frac{131 \text{ TEUR}}{318 \text{ TEUR}} \cdot 100 = 41,2 \text{ \%}$$

$$\text{Fremdkapitalquote} = \frac{187 \text{ TEUR}}{318 \text{ TEUR}} \cdot 100 = 58,8 \text{ \%}$$

$$\text{Verschuldungsgrad} = \frac{187 \text{ TEUR}}{131 \text{ TEUR}} \cdot 100 = 142,7 \text{ \%}$$

$$\text{Selbstfinanzierungsquote} = \frac{51 \text{ TEUR}}{70 \text{ TEUR}} \cdot 100 = 72,9 \text{ \%}$$

$$\text{Bilanzkurs} = \frac{138 \text{ TEUR}}{71 \text{ TEUR}} \cdot 100 = 194,3 \text{ \%}$$

> **702/2** Die bereinigten Bilanzen (Berichtsjahr und Vorjahr) einer Maschinenbau AG sind in der nachfolgenden Tabelle einander gegenübergestellt.
>
> Der Gesamtbetrag der Bankverbindlichkeiten mit einer Restlaufzeit von mehr als fünf Jahren beträgt im Berichtsjahr 420 TEUR, im Vorjahr 400 TEUR. Vom Bilanzgewinn wird so viel an die Aktionäre ausgeschüttet, dass ein ganzzahliger Dividendenprozentsatz möglich ist.

Bilanzposten	Berichtsjahr (in TEUR)	Vorjahr (in TEUR)
Anlagevermögen:		
Grundstücke und Gebäude	290	280
technische Anlagen und Maschinen	770	710
Betriebs- und Geschäftsausstattung	170	190
Beteiligungen	180	150
Wertpapiere des AV	80	80
Umlaufvermögen:		
Vorräte	290	250
Forderungen/sonst. Vermögensgegenstände	392	305
– davon mit Restlaufzeit über 1 Jahr	(52)	(50)
Wertpapiere	44	38
Kasse, Bank	128	114
Rechnungsabgrenzungsposten	18	13
gesamte Aktiva	2.362	2.130

Bilanzposten	Berichtsjahr (in TEUR)	Vorjahr (in TEUR)
Eigenkapital:		
Gezeichnetes Kapital	650	600
Kapitalrücklage	60	40
Gewinnrücklagen	260	230
Bilanzgewinn	118	69
Rückstellungen:		
Pensionsrückstellungen	38	35
sonstige (kurzfristige) Rückstellungen	6	6
Verbindlichkeiten:		
Bankverbindlichkeiten	920	900
– davon mit Restlaufzeit bis 1 Jahr	(220)	(190)
Verbindlichkeiten a. LL.	310	250
– davon mit Restlaufzeit bis 1 Jahr	(310)	(250)
gesamte Passiva	2.362	2.130

a) Erstellen Sie für das Berichts- und das Vorjahr eine Strukturbilanz gemäß dem Schema auf Seite 694 des Lehrbuches einschließlich der Anteile der einzelnen Positionen in Prozent der Bilanzsumme.

b) Ermitteln Sie für das Berichts- und das Vorjahr

   – die Anlagenintensität,

   – die Zahlungsmittelquote,

   – die Forderungsquote,

   – die Vorratsquote,

   – die Eigenkapitalquote,

   – die Fremdkapitalquote,

   – den Verschuldungsgrad,

   – die Selbstfinanzierungsquote.

c) Werten Sie die Ergebnisse aus.

Strukturbilanz	Berichtsjahr		Vorjahr		Zu-/Abnahme	
	TEUR	%	TEUR	%	TEUR	%
Aktiva						
1. immaterielle Verm.Ggst.						
und Sachanlagen	1.230	52,1	1.180	55,4	+ 50	4
2. Finanzanlagen	260	11,0	230	10,8	+ 30	13
Anlagevermögen	1.490	63,1	1.410	66,2	+ 80	6
3. Vorräte	290	12,3	250	11,7	+ 40	16
4. lfr./mfr. Ford. (über 1 Jahr)	52	2,2	50	2,3	+ 2	4
5. kfr. Ford. (bis 1 Jahr)	402	17,0	306	14,4	+ 96	31
6. flüssige Mittel	128	5,4	114	5,4	+ 14	12
Umlaufvermögen	872	36,9	720	33,8	+ 152	21
Gesamtvermögen	2.362	100,0	2.130	100,0	+ 232	11
Passiva						
1. Gezeichnetes Kapital	650	27,5	600	28,2	+ 50	8
2. Kapitalrücklage	60	2,5	40	1,9	+ 20	50
3. Gewinnrücklagen	261	11,1*)	233	10,9	+ 28	12
Eigenkapital	971	41,1	873	41,0	+ 98	11
4. lfr. FK (über 5 Jahre)	458	19,4	435	20,4	+ 23	5
5. mfr. FK (über 1 bis 5 Jahre)	280	11,9	310	14,6	− 30	10
6. kfr. FK (bis 1 Jahr)	653	27,6	512	24,0	+ 141	28
Fremdkapital	1.391	58,9	1.257	59,0	+ 134	11
Gesamtkapital	2.362	100,0	2.130	100,0	+ 232	11

*) aufgerundet

Ergebniserläuterungen:

kfr. Forderungen: (BJ) = (392 − 52) + 44 + 18 = 402

(VJ) = (305 − 50) + 38 + 13 = 306

Gewinnrücklagen: (BJ) = 260 + 1 (Gewinnvortrag) = 261

(VJ) = 230 + 3 (Gewinnvortrag) = 233

	Berichtsjahr	Vorjahr
Bilanzgewinn	118	69
Dividende	18 % v. 650 = 117	11% v. 600 = 66
Gewinnvortrag	1	3

lfr. Fremdkapital: (BJ) = 420 + 38 = 458

(VJ) = 400 + 35 = 435

mfr. Fremdkapital: (BJ) = (920 − 220) − 420 = 280

(VJ) = (900 − 190) − 400 = 310

kfr. Fremdkapital: (BJ) = 6 + 220 + 310 + 117 (Div.) = 653

(VJ) = 6 + 190 + 250 + 66 (Div.) = 512

b)

	Berichtsjahr	Vorjahr
Anlagenintensität	1.490 : 2.362 = 0,631	1.410 : 2.130 = 0,662
Zahlungsmittelquote	128 : 2.362 = 0,054	114 : 2.130 = 0,053
Forderungsquote	454 : 2.362 = 0,192	356 : 2.130 = 0,167
Vorratsquote	290 : 2.362 = 0,123	250 : 2.130 = 0,117
Eigenkapitalquote	971 : 2.362 = 0,411	873 : 2.130 = 0,410
Fremdkapitalquote	1.391 : 2.362 = 0,589	1.257 : 2.130 = 0,590
Verschuldungsgrad	1.391 : 971 = 1,433	1.257 : 873 = 1,440
Selbstfinanzierungsquote	60 : 650 = 0,092	40 : 600 = 0,067

c) – Die Anlagenintensität ist im Vergleich zum Vorjahr gestiegen. Das liegt am höheren UV, da sich sowohl die Vorräte als auch die Forderungen erhöht haben.

– Die Selbstfinanzierungsquote ist im Vergleich zum Vorjahr gestiegen, da die Kapitalrücklagen im Vergleich zum Gezeichneten Kapital stärker gestiegen sind.

– Bei den anderen Kennzahlen gibt es keine Veränderungen.

15.2.3 Kennzahlen der Kapital- und Vermögensseite (horizontale Finanzierungsregeln)

707/1 Berechnen Sie die Kennzahlen der Finanzstruktur und die Liquiditätsgrade entsprechend obigem Beispiel mit den Zahlen des Vorjahres aus der Strukturbilanz, Seite 694 des Lehrbuches. Die Roh-, Hilfs- und Betriebsstoffe sind im Jahresabschluss des Vorjahres mit 25 Mio. EUR ausgewiesen; als eiserner Bestand werden 20 Mio. EUR angenommen.

$$\text{Anlagendeckung I} = \frac{131 \text{ TEUR}}{136 \text{ TEUR}} \cdot 100 = 96,3 \ \%$$

$$\text{Anlagendeckung II} = \frac{183 \text{ TEUR}}{136 \text{ TEUR}} \cdot 100 = 134,6 \ \% = 1,346 \ > 1,0$$

$$\text{Anlagendeckung III} = \frac{183 \text{ TEUR}}{216 \text{ TEUR}} \cdot 100 = 84,7 \ \% = 0,847 \ < 1,0$$

$$\text{Barliquidität} = \frac{31 \text{ TEUR}}{90 \text{ TEUR}} \cdot 100 = 34,4 \ \% = 0,344 \ > 0,2$$

$$\text{einzugsbedingte Liquidität} = \frac{91 \text{ TEUR}}{90 \text{ TEUR}} \cdot 100 = 101,1 \ \% = 1,011 \ > 1,0$$

$$\text{umsatzbedingte Liquidität} = \frac{171 \text{ TEUR}}{90 \text{ TEUR}} \cdot 100 = 190 \ \% = 1,9$$

707/2 Die aufbereiteten Bilanzzahlen einer AG der verarbeitenden Industrie sind für zwei aufeinanderfolgende Geschäftsjahre (Berichts- und Vorjahr), zusammen mit den prozentualen Branchendurchschnittswerten, in der nachfolgenden Tabelle einander gegenübergestellt.

Strukturbilanz	Berichtsjahr (in TEUR)	Vorjahr (in TEUR)	Branche (in %)
Aktiva			
1. Sachanlagen	8.420	8.350	52,33
2. Finanzanlagen	1.630	1.520	3,82
Anlagevermögen	10.050	9.870	56,15
3. RHB-Stoffe	2.350	2.180	12,12
4. FE/UE	1 520	1.570	3,63
5. langfr./mittelfr. Forderungen			
(über 1 Jahr)	690	640	2,06
6. kurzfristige Forderungen (bis 1 Jahr)	4.890	4.530	14,43
7. flüssige Mittel	2.250	1.610	11,61
Umlaufvermögen	11.700	10.530	43,85
Gesamtvermögen	21.750	20.400	100,00
Passiva			
1. Gezeichnetes Kapital	10.000	10.000	27,49
2. Kapitalrücklage	200	200	0,75
3. Gewinnrücklagen	3.660	2.520	5,66
Eigenkapital	13.860	12.720	33,90
4. langfristiges FK (über 5 Jahre)	3.200	2.590	34,74
5. mittelfristiges FK (über 1 bis 5 Jahre)	750	630	8,73
6. kurzfristiges FK (bis 1 Jahr)	3.940	4.460	22,63
Fremdkapital	7.890	7.680	66,10
Gesamtkapital	21.750	20.400	100,00

a) Ermitteln Sie für das Berichts- und das Vorjahr die Kennzahlen der Kapitalstruktur, die Kennzahlen der Vermögensstruktur (ohne Bilanzkurs), die Anlagedeckung I bis III, die Liquiditätskennzahlen.

b) Prüfen Sie nach, ob die goldene Bilanzregel, die one-to-five-rule, die quick ratio, die current ratio erfüllt sind.

c) Diskutieren Sie die folgende Aussage:

Die Einhaltung der allgemeinen Normen betreffend die Finanzstruktur und die Liquidität (vgl. b) garantiert finanzwirtschaftliche Solidität und Stabilität.

d) Vergleichen Sie die ermittelten Ergebnisse mit den Branchendurchschnittsangaben und werten Sie diese aus.

a)

	Berichtsjahr	Vorjahr
Anlagenintensität	10.050 : 21.750 = 0,462	9.870 : 20.400 = 0,484
Zahlungsmittelquote	2.250 : 21.750 = 0,103	1.610 : 20.400 = 0,079
Forderungsquote	5.580 : 21.750 = 0,257	5.170 : 20.400 = 0,253
Vorratsquote	3.870 : 21.750 = 0,178	3.750 : 20.400 = 0,184
Eigenkapitalquote	13.860 : 21.750 = 0,637	12.720 : 20.400 = 0,624
Fremdkapitalquote	7.890 : 21.750 = 0,363	7.680 : 20.400 = 0,376
Verschuldungsgrad	7.890 : 13.860 = 0,569	7.680 : 12.720 = 0,604
Selbstfinanzierungsquote	3.660 : 10.000 = 0,366	2.520 : 10.000 = 0,252
Anlagendeckung I	13.860 : 10.050 = 1,379	12.720 : 9.870 = 1,289
Anlagendeckung II	17.060 : 10.050 = 1,698	15.310 : 9.870 = 1,551
Anlagendeckung III	17.060 : 13.920 = 1,226	15.310 : 13.620 = 1,124
Barliquidität	2.250 : 3.940 = 0,571	1.610 : 4.460 = 0,361
einzugsbedingte Liquidität	7.140 : 3.940 = 1,812	6.140 : 4.460 = 1,377
umsatzbedingte Liquidität	11.010 : 3.940 = 2,794	9.890 : 4.460 = 2,217

b) – Goldene Bilanzregel ist erfüllt, da Anlagendeckung I größer 1.
   – One-to-five-rule ist erfüllt, da Barliquidität größer 0,2.
   – Quick ratio ist erfüllt, da einzugsbedingte Liquidität größer 1.
   – Current ratio ist erfüllt, da umsatzbedingte Liquidität größer 0,5.

c) Die Aussage ist mit diesem Absolutheitsanspruch nicht haltbar. Die Einhaltung dieser Normen ist weder eine hinreichende Bedingung für finanzwirtschaftliche Solidität und Stabilität (Problem der Anschlussfinanzierung) noch führt die Nichtbeachtung dieser Normen zu finanzwirtschaftlicher Insolidität oder Instabilität. Es muss zu jedem Zeitpunkt das finanzwirtschaftliche Gleichgewicht gewahrt sein. Das verlangt, dass die Summe der Zahlungsmittelabgänge kleiner (höchstens gleich) sein muss als die Summe der Zahlungsmittelzugänge zuzüglich der vorhandenen Zahlungsmittelbestände und nicht ausgeschöpfter Kreditspielräume.

d) Die **Anlagenintensität** der Branche (0,562) ist wesentlich höher als beim betrachteten Unternehmen (BJ 0,462 bzw. VJ 0,484). Diese Tatsache lässt folgende Schlüsse zu:

   – Das Unternehmen ist gegenüber dem Branchendurchschnitt in seinem Anlagenbestand rückständig. Dagegen spricht allerdings die relativ gute Gewinnsituation (hoher Selbstfinanzierungsgrad, Anstieg der Gewinnrücklagen um 45 %).

   – Das Unternehmen ist überkapitalisiert, wobei ein Großteil des Kapitals im UV steckt. Diese Konsequenz wird zwar erhärtet durch die recht günstigen Liquiditätskennzahlen, doch diese hätten negative Folgen auf die Gewinnsituation mit sich bringen müssen, was in diesem Fall aber nicht zutreffend zu sein scheint.

   – Das Unternehmen hat eine optimale Auslastung seiner Kapazität erreicht. Dies ist in Anbetracht der Erfolgslage am wahrscheinlichsten und wird durch die im Vergleich zur Branche (0,158) höhere Vorratsquote (BJ 0,178 bzw. VJ 0,184) bestätigt.

Auffallend ist, dass im BJ die schon außerordentlich hohe Forderungsquote noch leicht zugenommen hat (kfr. Forderungen im BJ 0,257 bzw. VJ 0,253 gegenüber dem Branchenwert von 0,144). Dies lässt den Schluss zu, dass den Kunden großzügige Zahlungsziele eingeräumt werden. Der Einsatz dieses absatzpolitischen Instruments scheint unter Berücksichtigung der günstigen Liquiditätssituation angebracht. Im BJ bleibt der Anstieg der Umlaufintensität nahezu völlig der Ausweitung des Bestandes an flüssigen Mitteln vorbehalten.

Kapitalstruktur:

Der EK-Anteil der Branche (0,339) ist wesentlich niedriger als bei dem betrachteten Unternehmen (BJ 0,637 bzw. VJ 0,624). Zu einer guten Ausstattung mit Grundkapital kommt ein weit über dem Branchendurchschnitt liegender Selbstfinanzierungsgrad (mit ansteigender Tendenz). Voraussetzung dafür ist eine überdurchschnittliche Gewinnsituation. Für die Branche kompensiert vor allem das lfr. FK das fehlende EK. Die dadurch bedingte Zinsbelastung könnte mit ein Indiz für die schlechtere Ertragslage sein. Im Grunde lässt sich ein zur Branche umgekehrtes FK/EK-Verhältnis konstatieren (ca. 1 : 2 gegenüber 2 : 1 der Branche). Das Unternehmen zeichnen somit gesunde Haftungsverhältnisse und ein genügend großer kreditpolitischer Handlungsspielraum aus.

Finanzstruktur und Liquidität:

Der Langfrist-Finanzierungskoeffizient des AV (DG II) als Maßstab für die goldene Bilanzregel beträgt bei der Branche 1,222. Er ist damit schlechter als bei dem betrachteten Unternehmen (BJ 1,698 bzw. VJ 1,551), doch – bedingt durch den hohen Bestand an lfr. FK – immer noch größer als 1. Der Langfrist-Finanzierungskoeffizient des AV und des lfr. gebundenen UV (DG III, gleichermaßen errechnet wie beim betrachteten Unternehmen) beträgt 0,879 und liegt weniger entfernt von den Vergleichswerten (BJ 1,073 bzw. VJ 1,012). Die Finanzstruktur des Unternehmens kann als gut angesehen werden. Die Liquiditätskennzahlen sind ausgesprochen günstig; im BJ übertreffen sie durchweg die Vorjahres- und auch die Branchenwerte (Branche: Barliquidität 0,513; einzugsbedingte Liquidität 1,151; umsatzbedingte Liquidität 1,402).

708/3   Welche Risiken liegen in einem zu hohen (zu niedrigen) Anlagevermögen?

Risiken

- eines zu hohen Anlagevermögens: hohe und langfristige Kapitalbindung; hohe Fixkosten; mangelhafte Kapazitätsauslastung, wenn gleichzeitig der Absatz stagniert.

- eines zu niedrigen Anlagevermögens: Kapazitätsengpässe, lange Lieferzeiten, stärkerer Verschleiß durch Überbelastung der Anlagen.

708/4   Geben Sie an, welche Gefahren in einem zu großen Anteil an Fremdkapital bestehen.

hohe Zinsbelastung; im Zeitpunkt der Rückzahlung des Kredits können Liquiditätsengpässe entstehen; Abhängigkeit von den Kapitalgebern

---

708/5   Erläutern Sie die Bedeutung des Verschuldungsgrades im Hinblick auf die Möglichkeiten, zusätzliches Fremdkapital aufzunehmen.

Das Verhältnis zwischen Fremd- und Eigenkapital soll nach der goldenen Finanzierungsregel 1 : 1 betragen. Der Verschuldungsgrad zeigt an, ob dieser Spielraum noch vorhanden oder schon überschritten ist.

708/6 Die Bilanz eines Industrieunternehmens zeigt folgendes Bild (in EUR):

Aktiva	Bilanz zum 31. Dez. 20..	Passiva	
Grundstück	2.890.000,00	Stammkapital	3.890.000,00
Gebäude	5.900.000,00	Kapitalrücklage	560.000,00
Maschinen	256.000,00	Jahresüberschuss	89.000,00
Fuhrpark	455.000,00	Rückstellungen	950.000,00
Betriebs- u. Geschäftsausst.	150.800,00	Verbindlichkeiten	6.900.000,00
Vorräte	3.450.000,00	sonstige Verbindlichk.	1.160.200,00
Forderungen	278.400,00		
Zahlungsmittel	169.000,00		
	13.549.200,00		13.549.200,00

a) Errechnen Sie die Anlagendeckung I.

b) Beurteilen Sie Ihr Ergebnis, wenn im Branchendurchschnitt diese Kennzahl 55 % betragen würde.

c) Inwieweit sind Abweichungen von der »goldenen Bilanzregel« festzustellen?

d) Welche Untersuchungen müsste man noch anstellen, um die Finanzierung beurteilen zu können?

e) Wie wirkt sich die kalkulatorische Abschreibung in Höhe von 5 % auf Gebäude, 10 % auf Maschinen, 20 % auf Fuhrpark und 8 % auf Betriebs- und Geschäftsausstattung auf die Entscheidung für oder gegen eine Neuinvestition und die entsprechende Finanzierung aus?

a) Eigenkapital (in TEUR): $3.890 + 560 + 89 = 4.539$

Anlagevermögen (in TEUR): $2.890 + 5.900 + 256 + 455 + 151 = 9.652$

$$\text{Anlagendeckung I} = \frac{4.539 \text{ TEUR}}{9.652 \text{ TEUR}} \cdot 100 = 47,03 \text{ \%}$$

b) Die Anlagendeckung I ist geringer als im Branchendurchschnitt. Ein weitaus geringerer Teil an Eigenkapital wird in diesem Unternehmen zur Investierung im Anlagevermögen verwendet. Damit ist das Unternehmen von fremden Einflüssen abhängiger als die Konkurrenz.

c) 53 % des Anlagevermögens sind nicht durch Eigenkapital gedeckt.

d) Die Höhe und Fristigkeit der langfristigen Verbindlichkeiten sowie der Anteil der langfristigen Rückstellungen müssten ermittelt werden. Das könnte im Verbindlichkeitenspiegel oder im Anhang geschehen.

e) Eine Entscheidung für Investitionen ist dann möglich, wenn die Abschreibungen in die Kalkulation einbezogen werden und in den Verkaufserlösen zurückfließen. Die Abschreibungsrückflüsse würden dann betragen:

5 % von 5.900.000,00 EUR = 295.000,00 EUR
10 % von   256.000,00 EUR = 25.600,00 EUR
20 % von   455.000,00 EUR = 91.000,00 EUR
8 % von   150.800,00 EUR = 12.064,00 EUR, insgesamt 423.664,00 EUR

Werden die Abschreibungen unverzüglich in neue Anlagen investiert, entsteht eine Ausweitung der Kapazität (Neu- oder Zusatzinvestitionen).

15.4 Auswertung der Erfolgsrechnung

716/1 Auszug aus dem Jahresabschluss der Industrie GmbH (in Mio. EUR):

	Berichtsjahr	Vorjahr
Eigenkapital	8.780	7.500
langfristiges Fremdkapital	9.800	9.910
kurzfristiges Fremdkapital	5.763	6.344
einzugsbedingte Liquidität	7.620	6.035
Abschreibungen	3.250	4.560
Einstellung in Rückstellungen	498	350
Gewinn aus Anlagenabgang	2.199	3.400
Kursverluste	480	100
Einstellung in Rücklagen	490	290
Umsatzerlöse	37.000	42.000
Jahresüberschuss	875	980

a) Was versteht man unter Cashflow?

b) Errechnen und beurteilen Sie den vereinfachten Cashflow aus den obigen Jahresabschlüssen.

a) Cashflow = Kassenzufluss. Er beschreibt die Selbstfinanzierungskraft des Unternehmens. Der Cashflow kann errechnet werden:
- Umsatzerlöse minus ausgabewirksame Aufwendungen oder
- Bilanzgewinn plus nicht ausgabewirksame Aufwendungen minus nicht einnahmewirksame Erträge.

b) Jahresabschluss Industrie GmbH (in Mio. EUR)

	Berichtsjahr	Vorjahr	Index
Jahresüberschuss	875,00	980,00	0,89
Abschreibungen	3.250,00	4.560,00	0,71
Einstellung in Rücklagen	490,00	290,00	1,69
Einstellung in Rückstellungen	498,00	350,00	1,42
Kursverluste	480,00	100,00	4,80
	5.593,00	6.280,00	0,89
Gewinne aus Anlagenabgang	– 2.199,00	– 3.400,00	0,65
Cashflow	3.394,00	2.880,00	1,18
Eigenkapital	8.780,00	7.500,00	1,17
Fremdkapital	15.563,00	16.254,00	0,96
– langfristig	9.800,00	9.910,00	0,99
– kurzfristig	5.763,00	6.344,00	0,91
Gesamtkapital	24.343,00	23.754,00	1,02
Umsatzerlöse	37.000,00	42.000,00	0,88
Cashflow in % des Gesamtkapitals	13,94	12,12	1,15
Cashflow in % der Umsatzerlöse	9,17	6,86	1,34
Abschreibungen in % des Cashflows	95,76	158,33	0,60

Ergebnis: Der Cashflow hat sich um 17,8 % erhöht und dies, obwohl sich das Gesamtkapital nur um 2,5 % gesteigert hat. Mit nur geringfügig erhöhtem Gesamtkapital wurde also eine 17,8%-ige Steigerung des Cashflows erzielt.

716/2 Die Anlagenbau AG legt folgende Bilanz (in TEUR) vor:

Aktiva	Geschäfts-jahr	Vor-jahr
A. Anlagevermögen	376.899	389.478
B. Umlaufvermögen		
I. Vorräte	17.444	13.971
II. Ford. und sonstige Vermögensgegenstände		
1. Ford. aus Lieferungen und Leistungen	42.390	47.790
2. sonstige Vermögensgegenstände	20.399	19.844
III. Kassenbestand, Guthaben bei Kreditinstituten	38.713	41.615
C. Rechnungsabgrenzungsposten	782	782
	496.627	513.480

Passiva	Geschäfts-jahr	Vor-jahr
A. Eigenkapital		
I. Gezeichnetes Kapital	102.000	100.000
II. Kapitalrücklage	20.622	14.922
III. Gewinnrücklagen	47.851	46.974
IV. Jahresüberschuss	25.018	24.177
B. Rückstellungen		
1. Rückstellungen für Pensionen	19.335	20.883
2. Steuerrückstellungen	7.244	15.776
3. sonstige Rückstellungen	41.118	30.618
C. Verbindlichkeiten		
1. Verbindlichk. gegenüber Kreditinstituten	94.887	120.174
2. Verbindlichk. aus Lieferungen und Leistungen	33.708	25.489
3. sonstige Verbindlichkeiten	104.844	114.467
	496.627	513.480

a) Erstellen Sie die Strukturbilanz.

b) Ermitteln Sie die Kennzahlen der Kapitalstruktur.

c) Beurteilen Sie die Anlagendeckung.

d) Wie ist es um die Liquidität des Unternehmens bestellt?

e) Aus der Erfolgsrechnung ergeben sich folgende Angaben:

Jahresüberschuss: Geschäftsjahr 25.018 TEUR; Vorjahr 24.177 TEUR

Fremdkapitalzinsen: Geschäftsjahr 7.449 TEUR; Vorjahr 7.388 TEUR

Errechnen und beurteilen Sie die Eigenkapital- und die Gesamtkapitalrentabilität.

f) Es ist eine Investition in Höhe von 5 Mio. EUR geplant, die eine Rendite von 13 % verspricht.

   – Unter welchen Bedingungen könnte diese Investition mit Fremdkapital finanziert werden?

   – Welche Auswirkung hätte dies auf die Rentabilität des Eigenkapitals?

g) Errechnen Sie den vereinfachten Cashflow.

a)

	Geschäftsjahr		Vorjahr			Geschäftsjahr		Vorjahr	
	TEUR	%	TEUR	%		TEUR	%	TEUR	%
AV	376.899	76	389.478	76	EK	170.473	34	161.896	32
UV	119.728	24	124.002	24	FK langfr.*)	114.222	23	141.057	27
					FK kurzfr.	211.932	43	210.527	41
Bilanzsumme	496.627	100	513.480	100	Bilanzsumme	496.627	100	513.480	100

*) Pensionsrückstellungen und Verbindlichkeiten gegenüber Kreditinstituten.

b)

	Geschäftsjahr	Vorjahr
Eigenkapitalquote	34,33 %	31,53 %
Fremdkapitalquote	65,67 %	68,47 %
Selbstfinanzierungsquote	67,13 %	61,90 %
Verschuldungsgrad	191,32 %	217,17 %

c)

	Geschäftsjahr	Vorjahr
Anlagendeckung I	0,45	0,42
Anlagendeckung II	0,76	0,78

Ergebnis: Die Deckung des AV durch EK hat sich zwar verbessert, liegt aber weit unter der »goldenen Bilanzregel« (1,0). Die Verbesserung ist auf die Erhöhung des Eigenkapitals (Gezeichnetes Kapital und Kapitalrücklage) und auf die Verminderung des Anlagevermögens (Abschreibung, keine Investitionen) zurückzuführen. Auch bei Einbeziehung des langfristigen Fremdkapitals erreicht der Deckungsgrad nicht den Idealwert.

d)

	Geschäftsjahr	Vorjahr
Barliquidität	18,27 %	19,77 %
einzugsbedingte Liquidität	47,89 %	51,89 %

Ergebnis: Die ohnehin angespannte Liquiditätssituation hat sich weiter verschlechtert. Besondere Probleme entstehen in Bezug auf die Liquidität 2. Grades. Unter Einbeziehung der Forderungen können weniger als 50 % der kurzfristigen Verbindlichkeiten in den nächsten Monaten ausgeglichen werden.

e)

	Geschäftsjahr	Vorjahr
Eigenkapitalrentabilität	14,68 %	14,93 %
Gesamtkapitalrentabilität	6,54 %	6,15 %

Ergebnis: Die Eigenkapitalrentabilität hat sich geringfügig verschlechtert. Die Ursache ist die ungleiche Zunahme von Jahresüberschuss und Eigenkapital (JÜ + 3,5 %; EK + 5,3 %). Die Gesamtkapitalrentabilität hat sich dagegen verbessert. Das ist zurückzuführen auf eine leichte Steigerung des Jahresüberschusses bei gleicher Belastung mit Fremdkapitalzinsen und Verminderung von Fremdkapital. Der Zinssatz für den Einsatz von Fremdkapital liegt unter der Gesamtkapitalrendite. Der Einsatz von Fremdkapital war wirtschaftlich.

f) – Bedingungen für die Finanzierung mit Fremdkapital können sein:

- niedrige Fremdkapitalzinsen,

- eine Rendite, die neben den Zinsen auch die Amortisation des Fremdkapitals einschließt, und

- die Bereitschaft der Kreditgeber, die angebotenen Sicherheiten zu akzeptieren.

– Auswirkung der Finanzierung mit Fremdkapital auf die Eigenkapitalrentabilität:

- Die Eigenkapitalrentabilität bleibt gleich, wenn Zinssatz und Gesamtkapitalrendite übereinstimmen.

- Die Eigenkapitalrentabilität steigt, wenn die Fremdkapitalzinsen unter der Rendite des Gesamtkapitals liegen.

- Die Eigenkapitalrentabilität sinkt, wenn die Fremdkapitalzinsen über der erwarteten Gesamtkapitalrendite liegen.

Beispiel: Erhöhung der Eigenkapitalrentabilität bei 10 % Fremdkapitalzinsen:

Gewinn aus der Investition:	13 % von 5.000 TEUR	= 650 TEUR
Fremdkapitalzinsen:	10 % von 5.000 TEUR	= 500 TEUR
Nettogewinn aus der Erhöhung		= 150 TEUR

Eigenkapitalrentabilität nach der Investition	$\dfrac{\text{JÜ + Erhöhung durch Zusatzinvestition}}{\text{Eigenkapital}} \cdot 100$

Eigenkapitalrentabilität nach der Investition	$\dfrac{25.018 \text{ TEUR} + 150 \text{ TEUR}}{170.473 \text{ TEUR}} \cdot 100 = 14{,}76\ \%$

Ergebnis: Bei angenommenen 10 % Fremdkapitalzinsen erhöht sich die Eigenkapitalrentabilität von 14,68 % auf 14,76 %.

Beispiel: Verminderung der Eigenkapitalrentabilität bei 16 % Fremdkapitalzinsen:

Gewinn aus der Investition:	13 % von 5.000 TEUR	= 650 TEUR
Fremdkapitalzinsen:	16 % von 5.000 TEUR	= 800 TEUR
Nettoverlust aus der Verminderung		= 150 TEUR

Eigenkapitalrentabilität nach der Investition	$\dfrac{\text{JÜ – Verlust durch Zusatzinvestition}}{\text{Eigenkapital}} \cdot 100$

Eigenkapitalrentabilität nach der Investition	$\dfrac{25.018 \text{ TEUR} - 150 \text{ TEUR}}{170.473 \text{ TEUR}} \cdot 100 = 14{,}59\ \%$

Ergebnis: Bei angenommenen 16 % Fremdkapitalzinsen vermindert sich die Eigenkapitalrentabilität von 14,68 % auf 14,59 % kaum merklich.

g) Cashflow des Geschäftsjahres:

Jahresüberschuss	25.018 TEUR
+ Einstellung in die Rücklagen	6.577 TEUR
+ Einstellung in die Rückstellungen	420 TEUR
+ Abschreibungen*)	12.579 TEUR
Cashflow	44.594 TEUR

*) Eine GuV-Rechnung liegt nicht vor. Deshalb ist die Abnahme des Anlagevermögens mit den Abschreibungen gleichzusetzen.

717/3 Dem Zahlenmaterial zweier aufeinanderfolgender Jahresabschlüsse der Maschinenfabrik AG sind folgende aufbereitete Informationen entnommen:

	Berichtsjahr (in TEUR)	Vorjahr (in TEUR)
Gezeichnetes Kapital	8.000	8.000
Eigenkapital	13.200	12.800
Fremdkapital	28.200	26.200
Umsatzerlöse	86.400	
Zinsaufwendungen	660	
Jahresüberschuss	1.840	
Bilanzgewinn	1.440	

Der Bilanzgewinn wird in voller Höhe an die Aktionäre ausgeschüttet, der durchschnittliche Börsenkurs liegt bei 87,50 EUR/Stück.

Ermitteln Sie für das Berichtsjahr

– die Rentabilität des Eigenkapitals,

– die Rentabilität des Gesamtkapitals,

– die Rentabilität des Umsatzes,

– den Return on Investment (RoI).

– Rentabilität des Eigenkapitals $= \dfrac{1.840 \text{ TEUR}}{13.200 \text{ TEUR}} \cdot 100 = \underline{13,94\ \%}$

– Rentabilität des Gesamtkapitals $= \dfrac{(1.840 \text{ TEUR} + 660 \text{ TEUR})}{40.200 \text{ TEUR}} \cdot 100 = \underline{6,22\ \%}$

– Rentabilität des Umsatzes $= \dfrac{1.840 \text{ TEUR}}{86.400 \text{ TEUR}} \cdot 100 = \underline{2,13\ \%}$

– Return on Investment $= \dfrac{1.840 \text{ TEUR}}{86.400 \text{ TEUR}} \cdot \dfrac{86.400 \text{ TEUR}}{40.200 \text{ TEUR}} = \underline{0,0458\ (= 4,58\ \%)}$

718/4 Die Südbadische Kleiderfabrik GmbH plant die Errichtung einer neuen Produktionsstätte. Nach Berechnungen der Finanzabteilung wird hierfür ein zusätzlicher Kapitalbedarf in Höhe von 8,6 Mio. EUR entstehen. Die Hausbank ist bereit, einen Kredit in der entsprechenden Höhe zur Verfügung zu stellen, dessen effektive Jahresverzinsung 7,4 % beträgt. Als Finanzierungsalternative wird die Erhöhung des Stammkapitals in entsprechender Höhe von den Gesellschaftern in Erwägung gezogen.

Planungsrechnungen haben ergeben, dass sich durch diese Investition die Ertragslage (vor Abzug der Finanzierungskosten) um 1,2 Mio. EUR erhöhen wird. Die GmbH hat vor dieser Investition ein Eigenkapital (Stammkapital einschl. Rücklagen) von 18,4 Mio. EUR und eine durchschnittliche Eigenkapitalrentabilität von 11,3 %.

a) Ermitteln Sie die Rentabilität des Eigenkapitals der GmbH, wenn der Kapitalbedarf durch Eigenfinanzierung aufgebracht wird.

b) Wie hoch ist die Rentabilität, wenn das Investitionsvorhaben voll fremdfinanziert wird?

c) Da die Eigenkapitalrentabilität eines der Hauptziele dieser GmbH ist, entschied man sich für die Fremdfinanzierung. Bereits im ersten Jahr nach der Investition stellt man fest, dass die Ertragserwartungen zu optimistisch angesetzt waren. Der aus der Investition resultierende Ertragszuwachs wird (vor Abzug der Finanzierungskosten) bei 650.000,00 EUR liegen.

Ermitteln Sie für die neue Situation die Eigenkapitalrentabilität des Unternehmens.

a) Eigenkapitalrentabilität bei reiner Eigenfinanzierung:

$$R_{EK} = \frac{2.079.200 \text{ EUR} + 1.200.000 \text{ EUR}}{18.400.000 \text{ EUR} + 8.600.000 \text{ EUR}} \cdot 100 = \underline{\underline{12,145 \ \%}}$$

b) Eigenkapitalrentabilität bei reiner Fremdfinanzierung:

$$R_{EK} = \frac{2.079.200 \text{ EUR} + 1.200.000 \text{ EUR} - 636.400 \text{ EUR}}{18.400.000 \text{ EUR}} \cdot 100 = \underline{\underline{14,363 \ \%}}$$

c) Ist-Eigenkapitalrentabilität:

$$R_{EK} = \frac{2.079.200 \text{ EUR} + 650.000 \text{ EUR} - 636.400 \text{ EUR}}{18.400.000 \text{ EUR}} \cdot 100 = \underline{\underline{11,374 \ \%}}$$

16 Controlling

16.1 Begriff und Aufgaben des Controllings

719 **Nehmen Sie Stellung zur folgenden Karikatur.**

© ROGER SCHMIDT WWW.KARIKATUR-CARTOON.DE

Die Karikatur zeigt den Controller als »Erbsenzähler«, der detailversessen eventuelle Unregelmäßigkeiten kontrolliert. Die Kontrolle ist eine wichtige Aufgabe des Controllings, darf mit dem Controlling aber nicht gleichgesetzt werden. Controlling beinhaltet die Planung, Steuerung und Kontrolle von Unternehmensprozessen, um diese zu verbessern und dadurch die Gewinne des Unternehmens zu steigern. Der Controller ist dabei der Navigator, der die Geschäftsleitung durch die Nutzung verschiedener Controllinginstrumente mit entscheidungsrelevanten Informationen versorgt, damit das Unternehmen auf einem erfolgreichen Kurs bleibt bzw. diesen einschlägt.

16.2 Strategisches und operatives Controlling

720/1 **Grenzen Sie die Begriffe strategisches Controlling und operatives Controlling gegeneinander ab.**

Strategisches Controlling ist eine langfristige Planung, die aufzeigt, welchen Weg das Unternehmen gehen muss, um seine Existenz zu sichern.

Operatives Controlling gibt Hinweise, inwieweit bei der Umsetzung des Unternehmensleitbildes wirtschaftlich gearbeitet wurde.

Instrumente des strategischen Controllings:

- Portfolioanalyse: Sie ermöglicht die optimale Planung aller Geschäfte eines Unternehmens. Dabei werden die Marktchancen für ein Produkt anlaysiert.

- Benchmarking: Die Produkte bzw. betrieblichen Abläufe werden über mehrere Unternehmen hinweg verglichen, um die Qualität des »Klassenbesten« zu erreichen oder noch zu übertreffen.

Instrumente des operativen Controllings:

- ABC-Analyse: Sie dient bspw. der Optimierung der Beschaffungsplanung, indem die zu beschaffenden Materialien in Wertklassen eingeteilt werden. Der höchsten Wertklasse wird ein besonderes Augenmerk verliehen, da sich hier Preis- und Kostensenkungen besonders stark auswirken.

- Break-even-Analyse: Sie bestimmt die Ausbringungsmenge, ab der mit Gewinn produziert wird.

16.3   Funktionen und Prozessphasen des Controllings

721   **Stellen Sie den Controllingprozess an folgenden Situationen dar:**
   a) Die Lagerbestände für zwei Produktgruppen sind zu hoch.
   b) Die Transportkosten des eigenen Fuhrparks sind um 30 % gestiegen.

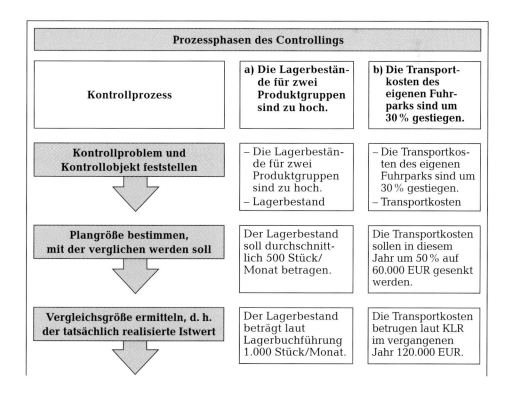

Prozessphasen des Controllings		
Kontrollprozess	**a) Die Lagerbestände für zwei Produktgruppen sind zu hoch.**	**b) Die Transportkosten des eigenen Fuhrparks sind um 30 % gestiegen.**
Kontrollproblem und Kontrollobjekt feststellen	– Die Lagerbestände für zwei Produktgruppen sind zu hoch. – Lagerbestand	– Die Transportkosten des eigenen Fuhrparks sind um 30 % gestiegen. – Transportkosten
Plangröße bestimmen, mit der verglichen werden soll	Der Lagerbestand soll durchschnittlich 500 Stück/Monat betragen.	Die Transportkosten sollen in diesem Jahr um 50 % auf 60.000 EUR gesenkt werden.
Vergleichsgröße ermitteln, d. h. der tatsächlich realisierte Istwert	Der Lagerbestand beträgt laut Lagerbuchführung 1.000 Stück/Monat.	Die Transportkosten betrugen laut KLR im vergangenen Jahr 120.000 EUR.

Plan- und Vergleichsgrößen gegenüberstellen	– Planbestand: durchschnittlich 500 Stück/Monat – Istbestand: durchschnittlich 1.000 Stück/Monat	– Plantransport-kosten 60.000 EUR – Isttransportkosten 120.000 EUR
Abweichungen feststellen	Abweichung von Plan- zu Istbestand: 500 Stück/Monat durchschnittlich	Abweichung von Plan- zu Isttransportkosten: 60.000 EUR
Abweichungsanalyse durchführen: Welche Ursachen haben die Planabweichungen?	– fehlendes Beschaffungscon-trolling – keine Verwen-dung von Lager-kennziffern	– veraltete Fahr-zeuge – fehlende Naviga-tionsgeräte
Änderungsmaßnahmen entwickeln und ergreifen	– Bestandscon-trolling einrichten – optimale Bestell-mengen berech-nen – integriertes Logistikkonzept entwickeln – Lagerkennzahlen entwickeln	– Fahrzeugflotte durch kosten- und umweltgünstigere Fahrzeuge austauschen – Fahrzeuge mit Navigationsgerä-ten ausstatten – Tourenplan optimieren – Fuhrpark out-sourcen

16.4 Budgetierung

16.5 Kennzahlen und Kennzahlensysteme

727/1 »Die BSC verhindert das Schmoren im eigenen Saft und fördert das Denken über Abteilungs- und Unternehmensgrenzen hinaus.«

Nehmen Sie begründet Stellung zu dieser Aussage.

Die BSC ist ein Kennzahlensystem, das vier Perspektiven beinhaltet, die sich an den Stakeholder-Interessen orientieren. Insbesondere die Berücksichtigung der Kunden- und Finanzperspektive führt zu Kennzahlen, die Aussagen über die Kundenzufrieden-heit oder die Renditeansprüche der Kapitalgeber zulassen und damit einen »Blick nach draußen« fördern. Die Berücksichtigung dieser vier Perspektiven soll für eine ausgewo-gene Formulierung von Unternehmenszielen sorgen. Das funktioniert jedoch nur, wenn das Unternehmen nicht nur darauf achtet, Ansprüche einzelner Interessengruppen zu erfüllen, sondern möglichst viele Interessen der Stakeholder ernst nimmt und diese im operativen Geschäft berücksichtigt. Hierzu sind geeignete Unternehmensstrukturen zu schaffen, wie z.B. abteilungsübergreifende Meetings, die den Austausch der verschie-denen Perspektiven über Abteilungsgrenzen ermöglichen. Damit ist der Aussage zuzu-stimmen.

727/2 Die Erfinder der BSC argumentieren, dass kein Pilot auf die Idee kommen würde, ein Flugzeug nur mit einem Instrument zu steuern. Darum sollten Manager ebenfalls ein umfangreiches Instrumentarium verwenden, um ihr Unternehmen zu steuern und sich nicht auf eine Kennzahl als Steuerungsinstrument allein zu verlassen.

Erläutern Sie, was im Hinblick auf die BSC mit diesem Vergleich gemeint ist.

Die BSC ist ein Unternehmensführungskonzept zur Verbesserung des Unternehmensergebnisses, das aber nicht allein auf Finanzkennzahlen beruht. Das geht schon aus dem Wort »balanced« hervor, d. h., es werden neben der Finanzperspektive noch drei weitere Perspektiven und deren Auswirkungen auf den Erfolg berücksichtigt. Die BSC macht damit deutlich, dass Erfolg sich nicht nur im Gewinn oder anderen Finanzkennzahlen abbilden lässt, sondern auch andere Kennzahlen den Erfolg eines Unternehmens bestimmen.

Um diese anderen Erfolgsfaktoren ermitteln zu können, sind jedoch weitere Instrumente zu deren Messung notwendig, so wie eben auch mehrere Instrumente im Cockpit eines Flugzeugs nötig sind, damit die Piloten Informationen zu mehreren Parametern für eine sichere Landung abrufen können.

727/3 Die Schmidt GmbH ist ein mittelständisches Unternehmen und entwickelt natürliche Aromastoffe für die Lebensmittelindustrie. Die strategische Zielsetzung für die Schmidt GmbH lautet, innerhalb von fünf Jahren zum innovativsten Unternehmen seiner Branche aufzusteigen sowie die Marktführerschaft zu erlangen. Die Geschäftsleitung hat hierzu folgende BSC entwickelt:

Ziel	Kennzahl	Vorgabe (Planwert)	Istwert
Finanzperspektive			
Renditeansprüche der Kapitalgeber erfüllen	EK-Rentabilität	20 %	15 %
Marktführer werden	relativer Marktanteil	> 1	0,7
Kundenperspektive			
Stammkundenanteil erhöhen	Wiederkaufquote	75 %	80 %
Neukunden gewinnen	Anzahl der Neukunden pro Jahr	10	5
Prozessperspektive			
Entwicklungszeit der Produkte verringern	durchschnittliche Entwicklungszeit	1,5 Jahre	1 Jahr
Produktqualität verbessern	Reklamationsquote	2 %	5 %
Potenzialperspektive (Mitarbeiterperspektive)			
Identifikation der Mitarbeiter mit dem Unternehmen fördern	Dauer der Betriebszugehörigkeit pro Mitarbeiter	9 Jahre	5 Jahre
Anzahl der Verbesserungsvorschläge der Mitarbeiter erhöhen	Anzahl der Verbesserungsvorschläge pro Jahr	2	0,5

a) Analysieren Sie die vorliegenden Zahlen der BSC und zeigen Sie die Stärken bzw. Schwächen der Schmidt GmbH auf.

b) Entwickeln Sie Maßnahmen, mit denen die Vorgaben der BSC erreicht werden können.

a) Die Stärken des Unternehmens liegen im hohen Anteil an Stammkunden sowie in der Entwicklungszeit der Produkte. Hier liegen die aktuellen Istwerte bereits über bzw. unter den Vorgaben. Alle anderen Istwerte liegen unter den Vorgaben, sodass Maßnahmen zu ergreifen sind, um die geplanten Werte zu erreichen. Bei der Finanzperspektive ist die Differenz zwischen Istwerten und Vorgaben vergleichsweise gering. Wesentlich größer sind die Unterschiede bei der Mitarbeiterperspektive. Hier sind die Vorgaben sehr ehrgeizig gewählt, die Anzahl der Verbesserungsvorschläge soll vervierfacht werden, die Betriebszugehörigkeit soll um nahezu das Doppelte steigen. Anspruchsvoll erscheint auch die Vorgabe zur Verbesserung der Produktqualität: Die Reklamationsquote soll um mehr als 50 % sinken.

b) Entscheidend bei der Entwicklung von Maßnahmen ist der Blick auf alle vier Perspektiven und das Wissen um den Zusammenhang zwischen diesen Perspektiven. Dabei sind Auswirkungen von geplanten Maßnahmen auf andere Ziele zu berücksichtigen.

Um die Anzahl der Verbesserungsvorschläge zu erhöhen, könnte z. B. ein Prämiensystem eingeführt werden, sodass Mitarbeiter von Verbesserungen bei Produkten oder Prozessen profitieren würden. Dieses könnte die Identifikation der Mitarbeiter mit dem Unternehmen fördern, mit entsprechend positiven Auswirkungen auf die Dauer der Betriebszugehörigkeit der Mitarbeiter.

Die Verbesserungsvorschläge der Mitarbeiter könnten zu höheren Produktqualitäten und damit zu einer Verringerung der Reklamationsquote führen. Eventuell lassen sich mit Produktverbesserungen, die werblich herausgestellt werden, auch neue Kunden gewinnen. Neue Kunden sind wiederum nötig, um das formulierte Ziel der Marktführerschaft zu erreichen.

Außerdem erscheint es sinnvoll, mehr Entwicklungszeit aufzuwenden, um die Qualität der Produkte zu verbessern. Dann würde zwar die Verlängerung der Entwicklungszeit die Kennzahl verschlechtern, da das Unternehmen aber hier bereits unter den Vorgaben operiert, wäre das akzeptabel, um mit besseren Produkten die Reklamationsquote zu senken, den Neukundenanteil zu erhöhen bzw. die Marktführerschaft zu erreichen.

Allerdings dürfen die Stärken nicht vernachlässigt werden. So darf z. B. die Gewinnung von Neukunden durch Werbemaßnahmen nicht dazu führen, dass die Stammkunden vernachlässigt werden.

Darüber hinaus sind die Kosten- und Nutzenauswirkungen der geplanten Maßnahmen ständig zu analysieren, damit den Renditeerwartungen der Kapitalgeber durch eine hohe EK-Rentabilität entsprochen wird.

Insgesamt sind noch weitere Ursache-Wirkungs-Zusammenhänge im Rahmen alternativer Lösungen möglich.

728/4 **Die E-Lux AG entwickelt und produziert Schnellladestationen für Elektrofahrzeuge. Das Unternehmen kann auf jahrzehntelange Erfahrungen in den Bereichen Energiespeicherung und Batterietechnik zurückgreifen. Die Strategie des Unternehmens besteht darin, seinen Entwicklungsvorsprung gegenüber der Konkurrenz zu nutzen, um innerhalb der nächsten acht Jahre Marktführer in seinem Bereich zu werden. Die Schnellladestationen sollen an Unternehmen, Privatkunden und Behörden verkauft werden. Die dahinterstehende Vision lautet: »Wir sind der Energielieferant für E-Mobility.«**

Die Geschäftsleitung will ihre Aktivitäten mithilfe einer BSC steuern.

a) Entwickeln Sie eine BSC, indem Sie für jede der vier Perspektiven jeweils zwei Ziele, Kennzahlen sowie Vorgaben formulieren.

b) Beschreiben Sie Maßnahmen, wie die von Ihnen formulierten Vorgaben erreicht werden können.

a) und b)

Ziel	Kennzahl	Vorgabe (Planwert)	Maßnahmen
Finanzperspektive			
Attraktivität für Investoren erhöhen	EK-Rentabilität	25 %	– Kosten senken – Erlöse steigern
Marktführer werden	relativer Marktanteil	> 1	– Umsatz steigern – neue internationale Märkte erschließen
Kundenperspektive			
Behörden als Key Accounts gewinnen	Anzahl der Key Accounts pro Quartal	10	– Anzahl der Vertriebs-mitarbeiter erhöhen – Lobbying betreiben
Anwenderfreund-lichkeit der Ladestationen erhöhen	Kundenzufrieden-heitsquote	90 % sehr zufriedene bzw. zufriedene Kunden	– Hausmessen für Kunden organisieren – Kundenhotline einrichten
Prozessperspektive			
innovative Marketing-prozesse entwickeln	Bekanntheitsgrad	95 %	– Zusammenarbeit mit Werbeagentur – Kooperation mit Auto-herstellern eingehen
Herstellungszeit der Ladestationen verkürzen	durchschnittliche Produktionszeit je Station	35 Minuten	– Verbesserungsvorschläge von Mitarbeitern initiieren – neue Produktionsanlagen kaufen
Potenzialperspektive (Mitarbeiterperspektive)			
Kreativität der Mitarbeiter fördern	Anzahl der Weiterbildungs-tage je Mitarbeiter pro Jahr	8	– Weiterbildungsbörse einrichten – Mitarbeiter über Weiter-bildungswünsche befragen
Zufriedenheit der Mitarbeiter steigern	Mitarbeiter-zufriedenheit	80 % sehr zufriedene bzw. zufriedene Mitarbeiter	– flexible Arbeitszeiten einführen – Fitness- und Entspannungs-räume bereitstellen